U0816464

高等职业教育产教融合特色教材 · 会计类

会计信息系统应用

KUAIJI XINXI XITONG YINGYONG

徐烨 杨智慧 主 编
邱玉霞 张逸 杨璐 副主编

东北财经大学出版社
Dongbei University of Finance & Economics Press
大连

图书在版编目（CIP）数据

会计信息系统应用 / 徐烨，杨智慧主编．—大连：东北财经大学出版社，2025.1．—（高等职业教育产教融合特色教材・会计类）．—ISBN 978-7-5654-5476-9

Ⅰ.F232

中国国家版本馆CIP数据核字第2024K2C798号

东北财经大学出版社出版

（大连市黑石礁尖山街217号　邮政编码　116025）

网　　址：http://www.dufep.cn

读者信箱：dufep@dufe.edu.cn

大连图腾彩色印刷有限公司印刷　东北财经大学出版社发行

幅面尺寸：185mm×260mm　　字数：515千字　　印张：23.75

2025年1月第1版　　2025年1月第1次印刷

责任编辑：张旭凤　　责任校对：刘贤恩

封面设计：原　皓　　版式设计：原　皓

定价：68.00元

教学支持　售后服务　　联系电话：（0411）84710309

版权所有　侵权必究　　举报电话：（0411）84710523

如有印装质量问题，请联系营销部：（0411）84710711

前　言

《“十四五”数字经济发展规划》指出：引导企业强化数字化思维，提升员工数字技能和数据管理能力，全面系统推动企业研发设计、生产加工、经营管理、销售服务等业务数字化转型。我们学习领会党的二十大和二十届二中、三中全会精神，从满足企业数字化转型的需要出发，融合“自信自强、守正创新，踔厉奋发、勇毅前行”课程思政元素，推进信息技术与教学的深度融合，结合多年校企合作育人的实践经验和对实际工作岗位的调查，与青岛宏象华瑞装备科技有限公司、青岛友鹏源信息科技有限公司等企业合作，设计并编写了本教材。

本教材立足于企业真实生产项目，聚焦于信息化主管岗位、总账会计岗位、出纳岗位、报表会计岗位、薪资主管岗位、固定资产管理岗位、应收会计岗位、应付会计岗位和供应链管理岗位等九个业财一体信息化岗位的工作流程、职责和实际工作内容设计教学项目，使学生在掌握会计信息化技能的同时树立职业岗位意识和责任意识。

本教材的编写特色如下：

1.新型活页式教材设计。本教材按照“以学生为中心、以学习成果为导向、促进自主学习”的思路进行了活页式教材设计，可根据实际教学需要拆卸和组装教学材料。以“项目资料”的使用为例，其可以与任务“操作演示”对照而进行初步学习，也可以单独用于学生独立思考和完成任务，还可以抽出后独立作为课堂竞赛资料，多种使用方法有助于纠正实操课程照本宣科的错误学习方法与习惯，践行“以学生为主体，以教师为主导，以能力为根本”的教育理念。

2.“导-讲-析-训-评”的五阶递进式结构设计。在每个项目和任务中，我们设置了“任务布置”栏目，导入技能训练内容；设置了“知识链接”和“操作演示”栏目，以“知识链接”解析操作难点和原理，以“操作演示”列示对应任务的完成步骤；设置了“常见问题和错误解析”，方便学生自主学习，提升分析问题和解决问题的能力；设置了“同步实训”和“项目测试”栏目，巩固所学技能；设置了“项目评价”栏目，引导学生反思和总结。完善的结构设计体现了“做中教，做中学，做中求进步”的职业教育特色。

3.对接课岗证赛融通的要求。本教材的内容设计从业财一体信息化岗位入手，融入会计职业岗位标准，突出职业岗位流程和工作要求；通过内容对接和技能训练，融合“1+X业财一体信息化应用职业技能等级证书”和世界职业院校技能大赛高职组“会计实务”赛项内容，契合了岗课赛证融通的育人模式。

4.进行数字化改革。本教材不仅是一本传统的纸质教材，更是一个融文字、图片、音频、视频及交互式练习于一体的多媒体学习资源包。教材可与“业财一体信息化应用”在线开放课程（https://www.xueyinonline.com/detail/244789664）配套使用，力求利用先进的数字化工具和平台，将理论知识与实践操作紧密结合，让抽象的概念生动起来、复杂的过程直观展现，让每一位学习者都能在轻松愉快的氛围中掌握知识，提升技能。通过扫描书中的二维码，读者可以即时访问配套的数字资源，包括在线课程微课视频、操作演示、同步实训、项目自测题等。线上线下相结合的学习方式，打破了时间和空间的限制，增强了学习的灵活性和趣味性，使学习不再受地域、时间或集体学习节奏的束缚。

5. 以大国工匠故事为载体开展浸润式教学。职业道德培养离不开榜样的力量。榜样的力量在于其具有示范和引导作用，能够为职业道德培养提供具体、生动且富有感染力的案例，从而激发学生学习和模仿的积极性，促进职业道德的养成和提升。大国工匠的榜样力量是深远而强大的，它不仅仅体现在个人的技艺和成就上，更在于其背后所蕴含的职业道德、创新精神和文化传承。本教材以大国工匠故事为载体，弘扬大国工匠精神，为培养学生的职业道德修养提供抓手和路径，如图0-1所示。

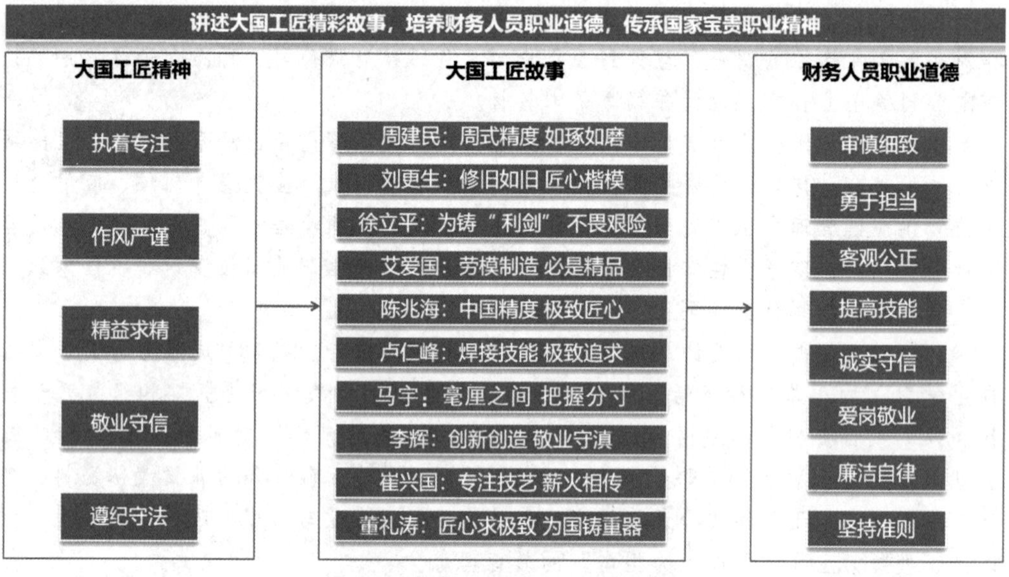

图0-1 财务人员大国工匠精神传承

本教材由山东外贸职业学院徐烨和杨智慧担任主编，邱玉霞、张逸、杨璐担任副主编，其他参编人员有山东外贸职业学院王越老师、青岛工程职业学院王丽老师、青岛华夏职业学校田甜老师。本教材在编写过程中，得到了山东外贸职业学院财会金融系教师和合作企业较多帮助，在此深表谢意！

本教材所作的探索是初步的，教材中难免有考虑不周之处，敬请读者批评指正。

编　者

2024年10月

目 录

本书配套数字化资源目录

续表

项目	任务	数字化资源名称	页码
项目三 总账会计 岗位实务	任务一　认识总账管理系统	3-1　总账会计岗位初认知（微课）	74
	任务二　总账管理系统初始设置	3-2　设置总账控制参数（操作演示）	78
		3-3　录入总账期初余额（操作演示）	80
	任务三　总账管理系统日常业务处理	3-4　填制凭证（操作演示）	84
		3-5　修改凭证（操作演示）	87
		3-6　删除凭证（操作演示）	95
		3-7　凭证审核与记账（操作演示）	96
		3-8　无痕迹修改已记账凭证（操作演示）	99
		3-9　冲销凭证（操作演示）	99
	任务四　总账管理系统期末业务处理	3-10　期末转账（操作演示）	104
		3-11　账簿管理和对账结账（操作演示）	111
项目四 出纳岗位实务	任务一　出纳日常业务处理	4-1　出纳岗位初认知（微课）	122
	任务二　出纳期末业务处理	4-2　出纳日常业务处理（操作演示）	123
		4-3　银行对账（操作演示）	127
项目五 报表会计 岗位实务	任务一　认识 UFO 报表管理系统	5-1　报表会计岗位初认知（微课）	136
	任务二　利用报表模板生成报表	5-2　利用报表模板生成资产负债表和利润表（操作演示）	139
		5-3　利用报表模板生产现金流量表（操作演示）	142
	任务三　自定义生成报表	5-4　自定义生成报表（操作演示）	148
项目六 薪资主管岗位 实务	任务一　认识薪资管理系统	6-1　薪资主管岗位初认知（微课）	165
	任务二　薪资管理系统初始设置	6-2　启用薪资管理系统和建立工资账套（操作演示）	167
		6-3　为薪资主管赋权（操作演示）	168
		6-4　银行档案设置与增加会计科目（操作演示）	170
		6-5　设置人员档案（操作演示）	171
		6-6　工资项目设置（操作演示）	173
		6-7　工资项目公式设置（操作演示）	174
		6-8　个人所得税设置（操作演示）	176

续表

续表

项目	任务	数字化资源名称	页码
项目八 应收会计岗位实务	任务一　认识应收款管理系统	8-1　应收会计岗位初认知（微课）	232
	任务二　应收款管理系统初始设置	8-2　应收款管理系统参数设置与初始设置（操作演示）	240
		8-3　应收款管理系统期初余额录入（操作演示）	244
	任务三　应收款管理系统日常业务处理	8-4　应收单据处理（操作演示）	248
		8-5　收款单据处理（操作演示）	251
		8-6　票据管理（操作演示）	255
		8-7　转账处理（操作演示）	258
		8-8　坏账处理（操作演示）	261
	任务四　应收款管理系统期末业务处理	8-9　应收款管理系统账表查询与月末结账（操作演示）	265
项目九 应付会计岗位实务	任务一　认识应付款管理系统	9-1　应付会计岗位初认知（微课）	278
	任务二　应付款管理系统初始设置	9-2　应付款管理系统参数及初始设置（操作演示）	280
		9-3　应付款管理系统期初余额录入（操作演示）	283
	任务三　应付款管理系统日常业务处理	9-4　应付单据处理（操作演示）	285
		9-5　付款单据处理（操作演示）	288
		9-6　票据管理（操作演示）	290
		9-7　转账处理（操作演示）	291
	任务四　应付款管理系统期末业务处理	9-8　账龄分析及期末结账（操作演示）	293
项目十 供应链管理岗位实务	任务一　供应链管理系统初始设置	10-1　供应链管理岗位初认知（微课）	306
		10-2　仓库档案（操作演示）	308
		10-3　收发类别（操作演示）	308
		10-4　采购、销售类型（操作演示）	308

续表

项目一

会计信息化职业认知

目标指引

知识目标

1. 能够掌握会计信息化发展的趋势；
2. 能够掌握会计信息系统之间的关系。

能力目标

1. 能够正确辨别会计信息化不同阶段的特点；
2. 能够根据企业行业性质和管理需求选择适合的会计信息系统及相应子系统。

素养目标

1. 具备自强不息和努力奋斗的品质；
2. 提升爱国情怀，增强民族自豪感。

价值引领　　融入　发展　壮大　引领

用友由王文京创立于1988年，最初是一个9平方米居委会办公室里的财务软件服务社。随着中国加入WTO，用友在1998年至2007年快速扩张。到2002年左右，用友在国内ERP市场上首次超过SAP、Oracle等外资企业，成为业内第一。随后用友迎来创新发展的阶段，用友不断完善产品矩阵，形成了ERP、HRM（人力资源管理）、CRM（客户关系管理）、SCM（供应链管理）、BI（商业智能）等品类齐全、功能全面的产品体系。2010年，用友推出"用友云ERP"，实现了产品向云端的转型，提供了基于互联网的企业信息化解决方案。从2018年到今天，用友进入全球化和数字化转型期。用友积极推进全球化战略，与国际企业开展合作，不断提升自身的国际竞争力。其产品已覆盖全球80多个国家和地区，成为一家在全球范围内具有影响力的企业管理软件和云服务提供商。近年来，用友前瞻性地洞察到AI技术对企业未来发展的深远影响，开始着手研究和布局AI技术。目前，用友已全面进入"ALL in AI"快速智能化的发展阶段，致力于将AI技术深度融入企业服务领域，推动企业迈向数智化新时代。

用友是我国企业由弱到强的一个缩影。2001年，中国刚刚加入WTO，这是中国在新世纪融入世界经济主流的开始。那时中国的企业在世界500强中的数量还相对较少，仅为12家。随着中国经济的快速增长和对外开放的不断深入，中国企业在世界500强中的数量开始稳步上升。到了2010年，中国上榜企业数量已经迅速增至54家，企业实力显著提升。这一时期，中国企业在制造业、科技、互联网等多个领域都取得了显著进展，不仅数量增多，质量也在不断提升。时间来到2023年，中国企业在世界500强中的数量实现了历史性的跨越。根据《财富》杂志公布的最新排行榜，中国（包括台湾地区）共有142家企业上榜，数量位居全球第一。这一数字不仅是中国企业实力的直接体现，更是中国经济快速发展的有力证明。在这些上榜企业中，不仅有传统的能源、金融巨头，还有新兴的科技与互联网企业，如阿里巴巴、腾讯等。它们在全球范围内的业务布局和影响力不断扩大，为中国经济的持续发展注入了新的活力。

用友只是中国众多企业的一个代表，是中国企业发展壮大的一个缩影。在改革开放的时代背景下，中国众多企业通过参与国际竞争与合作，不断壮大自身规模与实力，经过多年努力，中国企业在多个领域已经具备了较强的市场竞争力，不仅在国内市场占据领先地位，还在国际市场上赢得了广泛的认可和赞誉。

资料来源：作者根据相关资料整理而成。

精神传承：个人如同企业一样，在生活和学习中会不断遇到挫折、挑战和机遇。面对生活和学习的高峰，唯有不断攀登，努力进取，方能领略无限风光。每一次的挑战，都是对自我的超越；每一步的攀登，都在铸就坚韧的意志。让我们怀揣梦想，脚踏实地，以不懈的努力和坚定的信念，勇攀生活和学习的高峰，迎接属于自己的辉煌。

任务一　会计职能与会计信息化发展概况

1-1

会计职能与会计信息化发展（微课）

一、会计职能及其发展变化

（一）会计职能

会计职能是指会计在经济活动及其管理过程中所具有的功能。随着经济发展、技术进步和企业需求变化，会计职能逐渐丰富和完善。

1.基本职能。

（1）核算职能。

会计的核算职能，又称会计反映职能，是指会计以货币为主要计量单位，对特定主体的经济活动进行确认、计量、记录和报告。这是会计最基本的职能。

会计的核算职能主要包括：款项和有价证券的收付；财物的收发、增减和使用；债权、债务的发生和结算；资本、基金的增减；收入、支出、费用、成本的计算；财务成果的计算和处理；需要办理会计手续、进行会计核算的其他事项。

会计核算过程包括确认（运用特定会计方法描述交易或事项）、计量（确定交易或事项的金额）、记录（将交易或事项记录在会计账簿中）和报告（以财务报表等形式向有关各方报告财务状况、经营成果和现金流量信息）。

（2）监督职能。

会计的监督职能是指会计机构、会计人员对其特定主体经济活动和相关会计核算的真实性、完整性、合法性和合理性进行审查，使之达到预期经济活动和会计核算目标的功能。

会计的监督职能包括真实性审查（检查会计核算是否根据实际发生的经济业务进行）、合法性审查（检查各项经济业务是否符合国家有关法律法规）、合理性审查（检查各项财务收支是否符合客观经济规律及经营管理要求）。

会计监督过程分为事前监督、事中监督和事后监督，确保经济活动的合规性和效益性。

2.拓展职能。

（1）预测经济前景。

会计通过收集和分析历史财务数据，结合市场趋势和企业实际情况，判断和推测经济活动的发展变化规律，以指导和调节经济活动，提高经济效益。

会计可以为企业制定战略规划和经营决策提供重要参考。

（2）参与经济决策。

会计利用财务信息，对备选方案进行可行性分析，为企业的经济决策提供相关信息和支持，帮助企业选择最优方案，优化资源配置，提高决策的科学性和准确性。

（3）评价经营业绩。

会计通过对比实际经营成果与预算或计划目标，对企业的经营业绩进行客观、公正的评价，揭示企业经营管理中存在的问题和不足，提出改进建议，促进企业持续改进和提升竞争力。

综上所述，会计职能涵盖了核算、监督等基本职能以及预测经济前景、参与经济决策、评价经营业绩等拓展职能。这些职能共同促使会计在经济管理中发挥了重要作用，为企业的发展提供了有力的支持和保障。

（二）会计职能的发展变化

会计职能并不是从会计出现时就具备上述职能，而是经历了长时间的发展变化。会计职能的发展变化经历了多个阶段，这些变化反映了随着经济发展、技术进步和企业需求变化，会计角色和职责的不断演进。

1.早期记账阶段。

早期，会计职能是简单的记账，记录并分类整理企业的财务交易和费用支出。这是会计最基础的功能，旨在满足对收支状况及结果的基本信息需求。

此阶段会计主要作为一种“核算工具”，处理的数据量相对较小，且主要关注历史交易信息的记录。

2.报告阶段。

随着企业规模的扩大和财务信息需求的增加，会计职能逐渐发展到报告阶段。会计人员开始编制财务报表，如资产负债表、利润表等，为企业的内部决策者和外部投资者提供关键财务信息。

此阶段会计职能的重点转向信息的整理和呈现，旨在通过标准化的报表格式，向内外部利益相关者提供全面、准确的财务信息。

3.分析阶段。

随着信息技术的快速发展，会计人员的角色逐渐从简单的数据记录转变为数据分析和解释。会计人员开始运用各种财务指标和分析工具，对企业的财务状况和经营绩效进行评估和预测。

此阶段会计职能更加注重数据的深度挖掘和价值创造，通过专业的分析手段为企业决策提供支持。

4.策略规划阶段。

在当前的商业环境中，会计人员的角色进一步扩展，成为企业战略决策的重要参与者之一。会计人员通过深入了解企业的财务数据和市场动态，提供财务规划和风险管理建议，为企业的长期发展提供支持。

此阶段会计职能已经超越了传统的数据记录和报告范畴，而是深入企业的战略规划和风险管理层面。

会计职能的发展经历了从简单的记账到复杂的报告、分析、策略规划的转变。这一变化过程反映了会计在经济发展中的重要性日益凸显，以及会计人员需要不断提升自身专业能力并适应市场需求的变化。未来，随着科技的不断进步和经济的持续发展，会计职能有望进一步拓展和深化。

二、会计信息化及其发展历程

（一）会计信息化与业财一体化

会计信息化是会计与信息技术的结合，是信息社会对企业财务信息管理提出的一个新要求，是企业会计顺应信息化浪潮所做出的必要举措。它是网络环境下企业领导者获取信息的主要渠道，有助于增强企业的竞争力，解决会计电算化存在的“孤岛”现象，提高会计的管理决策能力和企业管理水平。1999年4月，深圳市财政局与深圳金蝶软件科技有限公司在深圳举办了“新形势下会计软件市场管理研讨会暨会计信息化理论专家座谈会”，与会专家提出了“会计信息化”这一概念，认为“会计电算化”会逐步向“会计管理信息化”（以下简称“会计信息化”）的高级阶段迈进。在这样的形势下，会计信息化逐步取代会计电算化成为会计发展的方向，并实现了财务业务一体化，这是会计发展过程中一次质的飞跃。

业财一体化是指企业在经营管理中实现业务流程与财务流程的深度融合，通过科学的信息技术手段实现全面、系统、准确、及时的数据收集、处理、汇总、反馈和分析，让业务活动与财务管理实时对接，增强业财数据的可靠性，为企业数智化创新和提升企业竞争力提供有力支撑。业财一体化的特点主要体现在以下几个方面：

1.信息一体化。

（1）无缝对接。

信息一体化通过整合业务管理系统和财务管理系统，实现了业务数据和财务数据的无缝对接。这意味着业务数据在产生的同时，可以自动转化为财务数据，无须人工重复录入，从而避免了数据孤岛和数据不一致的问题。

（2）实时同步。

信息一体化的核心在于建立统一的信息平台，通过信息平台，业务数据和财务数据可以实现实时同步。这使得企业管理层能够随时获取最新的业务信息和财务状况信息，从而为决策提供更加及时和准确的数据支持。

（3）提高数据准确性。

信息一体化减少了数据冗余和错误的可能性，提高了数据的准确性。同时，统一的信息平台为数据的分析和挖掘提供了便利，有助于企业发现潜在的经营问题和市场机会。

2.资源优化。

（1）跨部门协作。

业财一体化打破了业务部门和财务部门之间的壁垒，实现了跨部门的紧密协作。这种协作不仅限于数据层面的共享，还包括业务流程和财务流程的深度融合。

（2）资源优化配置。

通过业财一体化，企业可以更加灵活地配置人力、物力和财力资源。例如，在销售订单生成的同时，系统可以自动触发相应的财务凭证，实现业务操作和财务记录的同步进行，从而提高工作效率并降低运营成本。

（3）提升整体竞争力。

资源优化使得企业能够更加高效地利用有限资源，实现整体竞争力的提升。在激烈的市场竞争中，这种高效的资源配置能力带来的整体竞争力的提升是企业取得成功的关键因素之一。

3.决策协同。

（1）实现信息共享。

业财一体化建立了跨部门的信息共享机制，使得不同部门的管理层能够全面了解企业的整体状况。这种全面的信息视角有助于管理层做出更加科学、合理的决策。

（2）提高决策效率。

通过业财一体化，企业可以实现决策的协同化。这意味着在决策过程中，不同部门可以共同参与、相互协作，从而提高决策的速度和准确性。

（3）增强应变能力。

决策协同不仅提高了决策效率，还增强了企业整体的应变能力。在面对市场变化和经营风险时，企业能够迅速调整策略、采取行动，以应对潜在的风险和挑战。

（二）会计信息化发展历程

会计信息化是一个动态演变的过程，是信息从人工处理到计算机辅助处理再到智能化处理的发展过程。它不仅仅涉及技术层面，更与基础理论、会计实务、会计教育和信息系统建设密切相关。自1979年财政部在长春第一汽车制造厂启动会计电算化试点工作以来，我国会计信息化经历了从电算化到业财一体化，再到目前方兴未艾的智能化三次浪潮，如图1-1所示：

图1-1 会计信息化发展阶段

1.会计电算化阶段（1979—1997年）。

我国的会计信息化之路始于改革开放初期，当时的会计工作主要关注会计核算制度的恢复。20世纪80年代左右，由于计算机硬件和软件价格昂贵，处理技术相对落后，我国计算机应用尚处于起步阶段，会计电算化还没有得到企业的足够重视。随着信息技术的发展，我国开始大量应用微型计算机，解决了传统计算机使用不便和价格昂贵的问题，企业掀起了在会计领域应用计算机的热潮，由于企业对会计工作具有不同要求，会计软件多以定点开发为主。随着我国经济体制改革的深化，在激烈的市场竞争环境下，企业必须借助信息化手段开展会计工作。随着会计电算化在我国不断深入开展，企业对会计电算化的规范要求越来越高，从1988年开始，财政部陆续颁布了会计软件商品化的管理制度，我国会计软件进入商品化阶段。

2.业财一体化阶段（1997—2015年）。

随着市场经济的高速发展，证券、期货、金融、保险等衍生工具陆续出现，我国一些企业逐步演变成为集生产经营、投融资和资本运作为一体的集团企业。1997年，中国软件行业协会举办的“向ERP进军”发布会，拉开了我国会计核算软件向管理软件转型的序幕。随着互联网的发展，会计工作远程处理和会计报告实时呈现为网络财务提供了新的契机。

进入21世纪，我国积极扩大内需，拉动经济快速增长，企业集团业务规模不断扩张。从2005年开始，以中兴通讯为代表的大型集团企业开始建立财务共享服务中心，业财一体化成为财务发展的最新趋势。公司各类业务和财务系统打通，将财务数据、业务数据和管理信息集中于一个数据体系。经济一体化使全球经济规则、技术规则趋同，会计信息化标准成为企业解决财务管理问题的关键技术，2008年，XBRL中国地区组织成立，标志着我国会计信息化进入了标准化阶段。财务共享管理模式如图1-2所示。

图1-2　财务共享管理模式简介

3.财务智能化（2016年至今）。

大数据时代的到来要求企业具有经营管理的敏捷性和信息决策的实时性。现代企业以数据驱动来带动业务发展，需要在大数据环境下获取决策信息。企业需要借助人工智能技术智能化地处理会计工作，挖掘数据背后隐含的秘密，使数据变成信息和知识，辅助管理决策。2016年，德勤和Kira Systems联手宣布将人工智能引入会计、税务、审计等工作中，标志着我国进入了会计智能化阶段（如图1-3所示）。

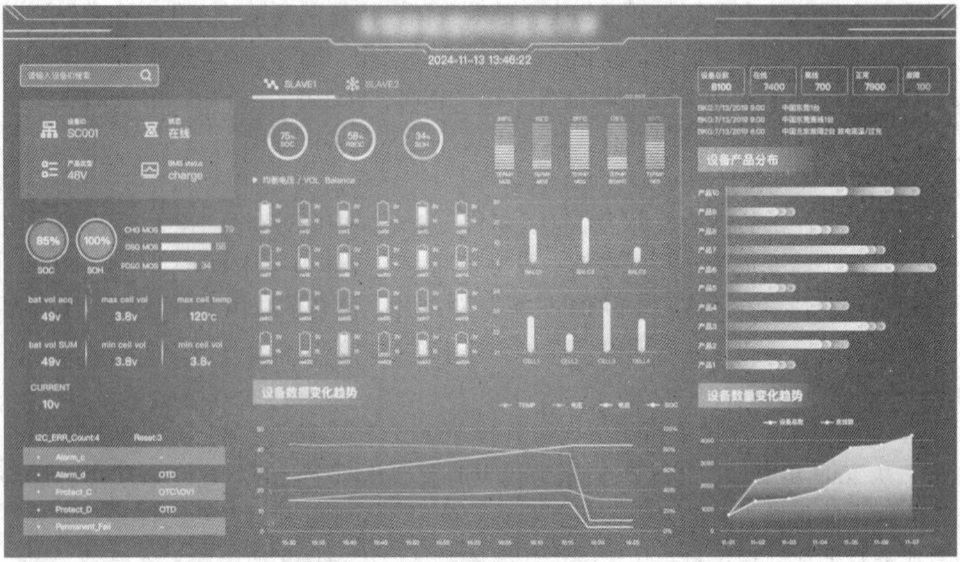

图1-3　财务智能化示例图

（三）会计信息化发展趋势

1.业财深度一体化。

财务业务一体化，将企业经营中的三大主要流程，即业务流程、财务会计流程、管理流程有机融合，将计算机的“事件驱动”概念引入流程设计，建立基于业务事件驱动的财务一体化信息处理流程，使财务数据和业务融为一体。财务会计工作源于业务活动，借助信息技术，使企业财务与业务的一体化进程进一步加快。

2.处理全程自动化。

从财务会计角度来讲，从记账凭证到财务报告是自动化的，但是从原始凭证到记账凭证，从财务报告再到财务分析报告还并非完全自动化。真正的处理全程自动化是从原始凭证到财务分析报告的全程自动化。会计由核算向管理迅速转变，借助商业智能、数据挖掘等技术，使财务工作处理向自动化大会计融合的方向发展。

3.内外系统集成化。

与企业相关的内外部信息系统很多，未来会计系统与外部的集成性会更高，可以便捷地交换信息，不仅实现与税务和金融系统的集成，还会实现与企业、客商、战略伙伴等机构信息系统的集成。

4.处理规则国际化。

当前，在财务共享服务中心中处理的很多业务来自不同的国家，在处理的时候会涉及很多准则、税法、汇率方面的问题，如果不考虑国际化的因素，可能很多财务共享服务中心没有办法适应全球化的需要。随着社会的发展，未来相关会计处理规则将会进一步走向一体化、国际化。

5.会计信息个性化。

未来会计信息向个性化、实时化发展。会计信息用于加强和改善企业经营管理，其帮助政府部门进行宏观调控等方面的作用将更加显著。

6.处理平台云端化。

云端是一种采用应用程序虚拟化技术的软件平台，集软件搜索、下载、使用、管理、备份等多种功能于一体。通过该平台，各类常用软件都能够在独立的虚拟化环境中被封装起来，从而使应用软件不会与系统产生耦合。

任务二　会计信息系统的构成和功能

1-2

会计信息系统的构成和功能（微课）

一、会计信息系统概念

会计信息系统（Accounting Information System，简称AIS）是现代企业管理中不可或缺的重要组成部分，它利用计算机技术为核心，将各种信息技术手段应用于会计核算、财务管理、经营决策等领域，旨在有效地将企业经营活动中产生的财务信息进行采集、整理、分析和利用，并最终为企业管理者提供决策支持。

二、会计信息系统构成和功能

一个实用的计算机会计信息系统，通常由若干个子系统组成。每个子系统处理特定部分的信息，各个子系统之间通过信息传递相互支持、相互依存，形成一个完整的系统。企业可以根据需要灵活地选择需要的子系统，并可以方便地分期分批组建和扩展自己的会计信息系统。

会计信息系统根据功能可以分为会计核算系统、购销存系统和管理决策系统三部分。会计核算系统主要进行会计的事后核算，记录、反映经济业务的发生及其结果，监督企业的经营活动；购销存系统用于会计工作中的事中控制，主要是对购销存等环节发生的业务进行追踪管理；管理决策系统用于事中控制和事前决策，主要是对会计核算产生的数据加以分析，从而进行相应的财务预测、管理和控制活动。会计信息系统功能结构如图1-4所示。

（一）会计核算系统

会计核算是会计信息系统最基本的职能，会计人员通过运用会计软件来完成核算工作，提供会计核算资料。其主要工作是填制各种单据、完成各种业务处理、编制会计报表，从而实现会计软件记账、算账和报账的任务。

1.总账管理子系统。

总账管理子系统是以凭证为原始数据，通过凭证的输入和处理，完成凭证的审核、记账、银行对账、账簿查询打印以及系统服务和数据管理等工作。总账管理子系统还包括不同种类的往来辅助核算、部门辅助核算及项目辅助核算等功能，它是整个财务系统的核心。

2.薪资管理子系统。

薪资管理子系统是以职工个人的原始工资数据为基础，完成每月职工工资的计算，工资费用的汇总和分配，个人所得税的计算，各种工资数据的查询、打印等功

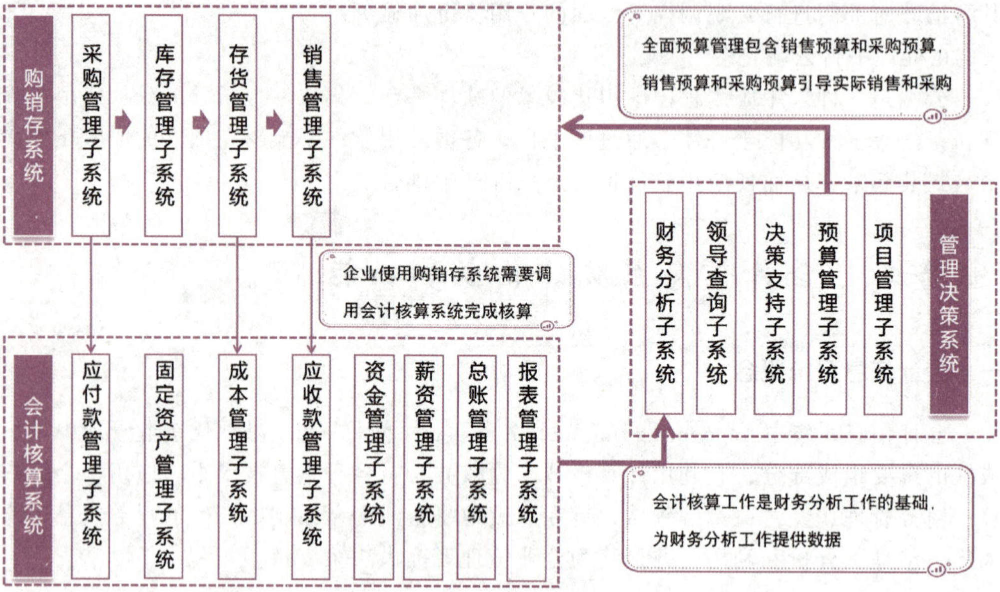

图1-4　会计信息系统功能结构图

能。同时，该子系统还可以通过工资费用分配功能自动生成工资费用分配凭证，并传输到总账管理子系统中，实现薪资管理子系统和总账管理子系统的连接。此外，该系统中还设有银行代发工资功能和票面分解一览表等管理功能。

3.固定资产管理子系统。

固定资产管理子系统主要是对单位的固定资产进行管理：存储和管理固定资产卡片，灵活地进行固定资产的增加、删除、修改以及进行固定资产相关项目的变动管理；自动计提折旧和减值准备；进行折旧的分配并生成折旧提取及分配明细表。通过基础设置还可自动生成与固定资产相关的增加、减少、折旧费用分配等凭证，并自动转入总账子系统，实现二者的连接。

4.应收款管理子系统。

应收款管理子系统主要完成各种应收账款的登记、冲销工作：动态反映每一客户的资料及欠款信息；进行账龄分析和坏账管理；自动生成计提坏账、冲销等相关凭证，实现与总账管理子系统的连接。应用该子系统能帮助企业财会人员有效地管理应收账款。

5.应付款管理子系统。

应付款管理子系统主要完成对各种应付账款的登记、冲销及应付账款的分析预测工作，及时分析各种流动负债的数额及偿还所需要的资金，为企业有效利用商业信用提供良好的保障。

6.资金管理子系统。

资金管理子系统能实现工业企业或商业企业、事业单位等对资金管理的需求。以银行提供的单据、企业内部单据、凭证等为依据，记录资金业务以及其他涉及资金管理业务的处理；处理对内、对外的收款、付款、转账等业务；提供逐笔计息管理等功能。

7.成本管理子系统。

成本管理子系统是根据成本核算的要求，通过用户对成本核算对象的定义，对成本核算方法的选择，以及对各种费用分配方法的选择，自动对从其他系统传入的数据或用户手工输入的数据进行汇总计算，从而提供成本核算结果和其他统计资料。

8.报表管理子系统。

报表管理子系统主要是根据会计核算数据完成企业内部报表及外部报表的编制与汇总工作。在该子系统中，财务人员可以套用该子系统提供的报表模板自动生成对外报送的报表；可以自行定义报表样式、报表公式，实现内部报表的编制；利用报表数据还可以生成各种分析图等。由于各企业内部报表有特殊性，系统还提供了报表系统二次开发的功能，用户可以根据自身需求定义本单位的报表管理子系统。

（二）购销存系统

1.采购管理子系统。

采购管理子系统是根据企业采购业务管理和采购成本核算的实际需要，制订采购计划，对采购订单、采购到货以及入库状况进行全程管理，为采购部门和财务部门提供准确及时的信息，有利于辅助管理决策。

2.销售管理子系统。

销售管理子系统是以销售业务为主线，兼顾辅助业务管理，实现销售业务管理与核算一体化。通常，销售管理子系统和存货核算子系统中的产成品核算相联系，实现对销售收入、销售费用、销售税金、销售利润的核算，并自动生成相关凭证，实现与总账管理子系统的联系。

3.库存管理子系统。

库存管理子系统能够满足采购入库、销售出库、产成品入库、材料出库、盘点管理等业务的需要，提供仓库货位管理、批次管理、保质期管理、出库跟踪、入库管理、可用量管理等全面的业务应用。库存管理子系统可单独使用，也可与采购管理子系统、销售管理子系统、存货核算子系统集成使用，以发挥更加强大的应用功能。

4.存货管理子系统。

存货管理子系统主要针对企业存货的收、发、存业务进行核算，掌握存货的耗用情况，及时、准确地把各类存货成本归集到各成本项目和成本对象上，为企业的成本核算提供基础数据；动态反映存货资金的增减变动，提供存货资金的周转和占用的分析，为降低库存、减少资金积压和加速资金周转提供决策依据。

（三）管理决策系统

管理决策系统，是在会计核算的基础上，对计算机所提供的会计核算资料信息进行加工处理，借助计算机和相应的软件，采用会计学、统计学、运筹学等方法，通过定量分析进行财务管理，监督企业的经营活动。

1.预算管理子系统。

预算管理子系统是ERP系统的重要组成部分，旨在帮助企业建立、完善、优化预算管理制度，在企业管理的基础上引入全面预算、责任中心、责任控制等管理理念、机制和方法，搭建企业管理控制、计划实施和业绩考核的平台，全面提升企业管理水平。预算管理子系统可以针对各类单体企业和集团企业运用预算管理方法，进行企业内部管理与控制。不同类型、不同管理形式的企业应根据其实际情况和自身需求来确定预算管理子系统的解决方案。

2.项目管理子系统。

项目管理子系统主要是对企业的项目进行核算、控制与管理。项目管理主要包括项目立项计划、跟踪与控制、终止的业务处理以及项目自身的成本核算等功能。该系统可以及时、准确地提供有关项目的各种资料，包括项目文档、项目合同、项目的执行情况，通过对项目中的各项任务进行资源的预算分配，实时掌握项目的进度，及时反映项目执行情况及财务状况，并且与总账、应收款管理、应付款管理、固定资产、采购管理、库存管理等子系统集成，对项目收支进行综合管理，是对项目的物流、信息流、资金流的综合控制。

3.财务分析子系统。

财务分析子系统的功能是从会计数据库中提取相关数据，运用各种专门的分析方法对财务数据做进一步的加工处理，为企业管理人员提供各种分析和评价企业财务状况和经营成果的信息。

4.领导查询子系统。

领导查询子系统是企业管理人员科学、有效地进行企业管理和决策的一个实用的重要帮手。它可以从各子系统中提取数据，并将数据进一步进行加工、整理、分析和研究，按照领导的要求提取有用信息，并以最直观的表格和图形显示。

5.决策支持子系统。

决策支持子系统是利用现代计算机、通信技术和分析方法，建立数据库和决策模型，并利用模型向企业的决策者提供及时、可靠的财务、业务等信息，帮助决策者对未来经营方向和目标进行量化分析，从而对企业的生产经营活动作出科学的决策。

会计信息系统各子系统之间既保持一定的独立性，也相互联系、相互参照，共同构成一个完整的整体。尤其是随着财务业务一体化的普遍应用，各子系统之间的联系程度逐渐提高，系统的集成性日益加强。

不同的单位由于其所处的行业不同，会计核算和管理需求不同，因此，其会计信息系统的结构和应用方案也不尽相同。企业在建立会计信息系统时，应该根据行业特点和企业规模，具体考虑会计信息系统的结构和应用方案。

三、用友U8软件简介

用友ERP-U8作为用友公司面向中型企业普及应用的一款产品，提供了从企业会计业务处理、日常运营到办公事务管理等全方位的企业管理解决方案，是满足各级管理者对信息化的不同要求的企业经营管理平台。该软件集财务与业务系统于一体，可以跨部门使用，使企业各种经济活动信息充分共享，尽可能消除企业各部门的信息

“孤岛”现象。

用友ERP-U8 V10.1管理信息化软件由企业门户、财务会计、管理会计、供应链管理、生产制造、分销管理、零售管理、决策支持、人力资源管理、办公自动化、集团应用等多个部分构成。本书选择其中的财务会计部分和供应链管理部分作为学习对象。财务会计部分包括总账管理、UFO报表、薪资管理、固定资产管理、应收款管理、应付款管理、成本管理等子系统，供应链管理包括采购管理、销售管理、库存管理、存货核算等子系统，这些模块之间的数据传递关系如图1-5所示。

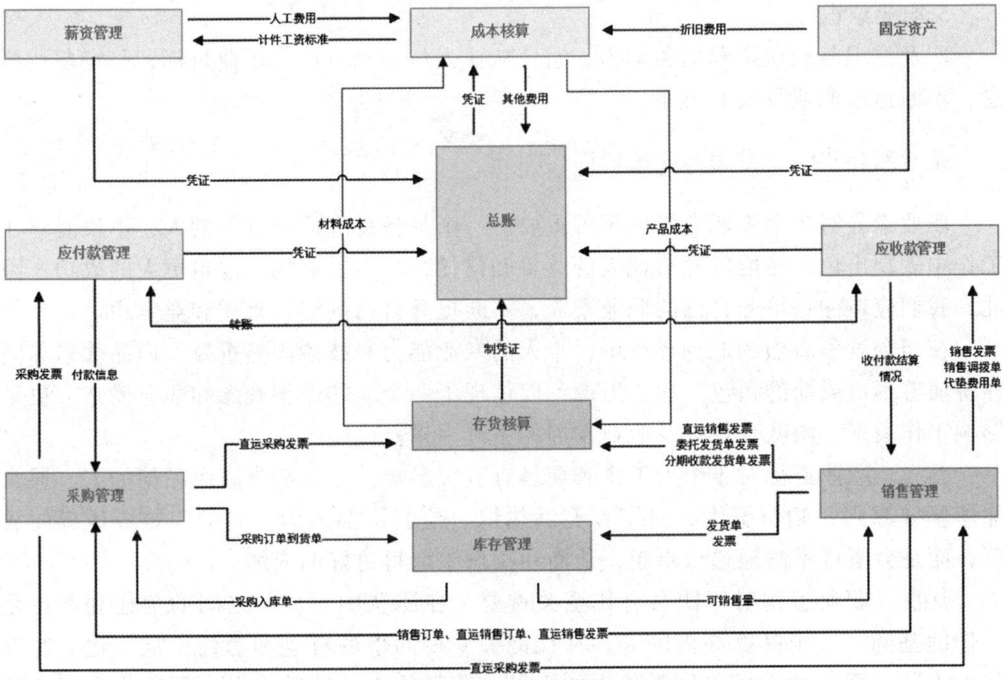

图1-5　用友ERP-U8 V10.1主要功能模块之间关系

任务三　会计人员职业素养的培养

1-3

以大国工匠精神培养会计人员职业素养（微课）

一、职业素养的内涵

职业素养是指职业内在的规范和要求，是在职业过程中表现出来的综合品质，包含职业道德、职业技能、职业行为、职业作风和职业意识等方面。

1. 职业道德。

职业道德是职业素养的核心，它涵盖了职业行为中的道德规范和原则。职业道德要求从业人员在职业活动中保持诚信、正直、公正和担当，维护职业荣誉和行业声誉。

2. 职业技能。

职业技能是职业素养的基础，指的是从业人员所掌握的专业知识和技能。良好的职业技能不仅有助于高效地完成工作任务，还能提升个人的职业竞争力。

3.职业行为。

职业行为是职业素养的外在表现，它涉及从业人员在工作中的言行举止。良好的职业行为包括遵守规章制度、尊重他人、善于沟通、注重细节等。

4.职业作风。

职业作风是职业素养的重要组成部分，它反映了从业人员的工作态度和精神风貌。职业作风包括严谨的工作作风、勤奋的工作态度、务实的工作方法等。

5.职业意识。

职业意识是职业素养的驱动力，它使从业人员明确自己的职业目标，坚定职业信念，不断追求职业发展和进步。

二、职业素养在职业发展中的重要性

职业素养对于个人职业发展至关重要。一个具备良好职业素养的人，不仅能够在工作中表现出色，还能够赢得他人的尊重和信任，从而在职场上取得更大的成功。因此，我们应该注重培养自己的职业素养，不断提升自己的综合素质和竞争力。

在当今竞争激烈的职场环境中，个人的专业能力和技能固然重要，但品德素养同样扮演着不可或缺的角色。职业道德不仅体现了一个人的道德观念和职业操守，更是影响工作表现、团队合作以及职业发展的关键因素。

首先，职业道德对于个人工作表现具有直接影响。一个拥有高尚品德的人，通常能够坚守原则，勤奋努力，对工作充满热情。他们不会因为一时的困难或诱惑而放弃，而是会坚持不懈地追求卓越，从而在工作中取得更好的成绩。

其次，职业道德对于团队合作至关重要。在团队中，成员之间的信任和尊重是合作的基础。一个品德高尚的人，往往能够赢得同事的尊重和信任，从而建立起良好的人际关系。他们懂得倾听他人的意见，尊重他人的劳动成果，愿意为了团队的共同目标而付出努力。这样的团队合作精神，能够极大地提升团队的凝聚力和战斗力。

最后，职业道德对于职业发展具有长远影响。一个品德高尚的人，往往能够获得更多的机会和资源，从而在职场上取得更大的成功。他们不仅受到同事和上级的认可，还能够赢得客户的信任和尊重，这些优势将为他们未来的职业发展奠定坚实的基础。

三、会计信息化岗位与会计人员职业素养

（一）会计信息化岗位

会计信息化岗位应根据会计业务需要进行设置，与本单位业务活动的规模、特点和管理要求相适应，可在保证会计数据安全的前提下交叉设置。因此，会计信息化岗位可以一人一岗、一人多岗、一岗多人。常见的会计信息化岗位包括但不限于以下几种。

信息化主管：负责财务系统的整体规划、实施和日常管理工作，保证信息化系统

的系统部署和正常运行；

总账会计：负责总账的录入、审核，确保财务数据的准确性和完整性；

出纳：负责办理现金收付、银行结算及有关账务，保管库存现金、有价证券、财务印章及有关票据等工作；

报表会计：负责编制会计报表并与其他会计报表相互核对，保证报表准确、数据合理；

薪资主管会计：负责计算和发放工资、分配工资费用并自动实现工资核算处理，完成薪资账务处理；

固定资产主管会计：负责计算固定资产的折旧，汇总、分配折旧费用，完成固定资产账务处理；

应收会计：负责管理和核算公司的应收账款，确保应收账款的准确性，及时进行账款的催收和核对，完成应收账款账务处理；

应付会计：处理与供应商之间的账务，包括审核和处理付款单据、对账、发票管理等，完成应付账款账务处理；

供应链主管会计：负责进、销、存核算和账务处理，计算供应链端成本、费用并做好数据统计。

伴随着数字经济时代的加速到来，信息化技术向各个行业全面渗透，数字化转型正在推动企业在业务、流程、人才等方面进行业财一体化全面变革。为了适应新环境、新技术的要求，会计人员除了掌握本身岗位工作内容之外，还应了解业务内容，只有明晰业务系统的业务逻辑和流程，才能更好地为企业管理服务。

（二）会计人员职业素养

会计人员的职业素养是指财务工作者在从事财务工作时，应具备的一系列职业道德、专业素养和能力素质的综合体现。

1. 爱岗敬业。

会计人员不仅应当热爱本职工作，努力钻研业务，使自己的专业知识和技能达到所从事工作岗位的要求，还应该敬重会计职业，严肃认真、一丝不苟，尽职尽责。

2. 诚实守信。

会计人员应忠于职守，对工作中遇到的有关问题要实事求是地反映，及时按规定处理，切实做到诚实可信，履行承诺，不虚假记载或误导性陈述。

3. 廉洁自律。

会计人员应清正廉明，以身作则，不得利用自身的工作和职务之便谋取私利、接受贿赂，应树立正确的人生观和价值观，公私分明，不贪不占。

4. 审慎细致。

会计人员的工作涉及大量的数据和数字，需要极高的精确度。执着专注的会计人员会格外关注细节，从每一个小数点、每一个符号开始，确保数据的准确无误。

5. 客观公正。

会计人员办理财会事务应当实事求是，以客观事实为依据，不隐瞒事实真相，依法办事，不偏不倚，保持独立性。

6. 坚持准则。

会计人员应坚持原则，遵守国家的《企业会计准则》《企业会计制度》和其他有关政策法规，严格把关，强化会计监督。

7. 持续成长。

会计人员应具备胜任本职工作的专业知识和技能，有不断提高会计专业水平的意识和愿望，具有勤学苦练的精神，掌握科学的学习方法，在职业生涯中持续更新专业知识、扩展认知、提升技能。

8. 勇于担当。

会计人员应对自己职责权限范围内的工作负责，如发生工作失误，应以事实为依据，勇于承担责任，积极配合，做好善后处理工作，确保财务工作的顺利进行。

四、大国工匠精神

大国工匠精神是一种追求卓越和完美的职业精神，它包含了多个方面的内涵。

1. 执着专注。

工匠们对于自己的工作或项目表现出极高的专注度。他们愿意花费数小时、数天、数年甚至一生来专注于一个发明、工艺的改进或作品的完成。这种专注精神是他们取得卓越成就的关键。

2. 作风严谨。

工匠们对待工作非常认真、规范，态度严谨。他们脚踏实地，一丝不苟，不浮躁，不投机取巧。即使在面对外界繁杂的世俗诱惑时，他们也能保持初心，坚持标准。

3. 精益求精。

工匠们追求技术的精湛和产品的完美。他们不满足于现状，而是不断地寻求改进和创新，即使是对微小的改动也会投入极大的精力。精益求精的精神使他们在技术或艺术上不断达到新的高度。

4. 敬业守信。

敬业表现为工匠们对工作的热爱和尊重，他们将自己的工作视为事业，全心全意投入。守信则体现在他们严格遵守职业道德，讲究信誉，不弄虚作假。敬业守信的精神是工匠们赢得尊重和信任的基础。

5. 遵纪守法。

工匠们之所以能够在某一领域或行业中取得卓越成就，离不开他们对法律法规的严格遵守。只有在遵守法律法规的前提下，他们才能够安心地投入工作，不断创新、追求卓越。同时，他们也会通过自身的行为示范，带动身边的人一起遵守法律法规，共同维护社会的稳定秩序。

五、大国工匠精神对会计人员职业素养培养的引领作用

大国工匠精神代表着一种价值取向和职业态度，强调从业者对职业的敬畏和热爱，追求极致和完美。这种精神对于会计人员职业素养的培养具有引领作用，能够促

使会计人员树立正确的职业观念，增强责任感和使命感。另外，工匠精神强调精益求精，不断追求卓越。这种精神不仅能够激励会计人员不断提升自己的专业技能和服务水平，持续进步，也有助于会计人员保持持续学习的态度，不断适应财务领域的新变化和新要求，与时俱进。

项目测试

项目一测试

一、单项选择题

1. 企业会计人员在工作中应始终保持的态度是（　　）。

A. 消极怠工，不负责任　　B. 积极主动，认真负责

C. 马虎大意，敷衍了事　　D. 随意更改，不遵循规定

2. 关于企业财务信息的保密性，以下说法中正确的是（　　）。

A. 财务信息可以随意向外界透露

B. 财务信息只需向部分内部人员公开

C. 会计人员应确保财务信息的机密性和安全性

D. 财务信息可以作为闲聊的话题

3. 在处理企业财务事务时，会计人员应遵循的首要原则是（　　）。

A. 个人利益至上　　B. 诚信、公正与透明

C. 尽可能规避风险和责任　　D. 随意调整账目以符合个人利益

4. 企业会计人员在进行财务分析时，应注重（　　）。

A. 仅仅关注表面数据，不进行深入分析

B. 主观臆断，不依据客观事实

C. 结合市场动态和企业实际情况进行综合分析

D. 篡改数据以符合个人预期或企业目标

5. 关于企业会计人员的职业道德，以下说法中不正确的是（　　）。

A. 会计人员应坚守职业道德，不参与任何违法违规行为

B. 会计人员可以利用职务之便为自己或他人谋取私利

C. 会计人员应保持独立性和客观性，不受外界干扰

D. 会计人员应尊重和保护企业的财产和权益

6. 在面对企业财务困境时，会计人员应采取的态度是（　　）。

A. 置身事外，不积极参与解决

B. 积极寻找解决方案，与企业共渡难关

C. 推卸责任，指责其他部门或人员

D. 隐瞒问题，希望问题自行解决

7. 关于企业会计人员的持续学习，以下说法中正确的是（　　）。

A. 会计人员只需完成入职培训，无须后续学习

B. 会计人员应不断学习新知识，提升专业素养和综合能力

C. 会计人员的学习仅限于书本知识，无须关注实践应用

D. 会计人员的学习与企业发展无关，是个人行为

8. 在处理企业财务关系时，会计人员应注重（　　）。

A. 仅仅关注企业内部利益，忽略外部关系

B. 平衡内外部利益，维护企业声誉和形象

C. 偏袒某一方利益，损害其他方利益

D. 不关注财务关系的维护，只关注账务处理

9. 关于企业会计人员的沟通能力，以下说法中正确的是（　　）。

A. 会计人员无须具备良好的沟通能力

B. 会计人员只需要与上级领导保持良好沟通

C. 会计人员应具备良好的沟通能力，以便更好地协调工作

D. 会计人员的沟通能力与企业财务管理无关

10. 在执行企业财务制度时，会计人员应（　　）。

A. 随意更改制度，以适应个人需求

B. 严格遵守制度，确保财务工作的规范性和准确性

C. 忽视制度要求，按照自己的意愿行事

D. 对制度进行选择性执行，只遵守部分规定

11. 用友ERP-U8系统主要服务于（　　）。

A. 小型微型企业　　B. 中大型企业

C. 所有类型企业，无限制　　D. 仅国有企业

12. 在用友ERP-U8系统中，负责企业财务管理的核心子系统是（　　）部分。

A. 供应链管理　　B. 人力资源管理　　C. 财务会计　　D. 生产管理

13. 用友ERP-U8的供应链管理子系统不包括（　　）模块。

A. 采购管理　　B. 库存管理　　C. 市场营销　　D. 销售管理

14. 在用友ERP-U8的人力资源管理子系统中，用于记录员工的基本信息和变动情况的功能是（　　）。

A. 薪资管理　　B. 绩效管理　　C. 人事信息管理　　D. 培训管理

15. 用友ERP-U8的生产管理子系统主要目的是（　　）。

A. 提高产品质量　　B. 优化生产流程，提高生产效率

C. 降低生产成本　　D. 增加产品种类

16. 在用友ERP-U8的财务会计子系统中，用于处理企业的日常账务的是（　　）模块。

A. 总账　　B. 固定资产　　C. 成本计算　　D. 应收应付

二、多项选择题

1. 会计信息化发展趋势包含（　　）。

A. 业财深度一体化　　B. 处理全程自动化　　C. 内外系统集成化

D. 会计信息个性化　　E. 处理平台云端化

2. 会计信息化发展阶段包含（　　）。

A. 会计电算化阶段　　B. 业财一体化阶段　　C. 财务智能化阶段

D. 会计信息个性阶段　　E. 内外系统集成阶段

3. 业财一体化的特点主要是（　　）。

A. 信息一体化　　B. 资源优化　　C. 决策协同

D. 核算职能　　E. 监督职能

4. 用友ERP-U8的财务会计子系统包括（　　）模块。

A. 总账管理子系统　　B. 应收款管理子系统　　C. 固定资产管理子系统
D. 应付款管理子系统　　E. 薪资管理子系统

5. 供应链管理子系统在用友ERP-U8中涵盖（　　）模块。

A. 采购管理子系统　　B. 库存管理子系统　　C. 销售管理子系统
D. 存货管理子系统　　E. 固定资产管理子系统

6. 用友ERP-U8的财务管理子系统包括（　　）模块。

A. 资金管理子系统　　B. 应收款管理子系统　　C. 薪资管理子系统
D. 应付款管理子系统　　E. 报表管理子系统

7. 会计信息系统的管理决策系统包含（　　）。

A. 预算管理系统　　B. 项目管理系统　　C. 财务分析子系统
D. 领导查询子系统　　E. 决策支持子系统

8. 职业素养的内涵包括（　　）。

A. 职业道德　　B. 职业技能　　C. 职业行为
D. 职业作风　　E. 职业意识

三、判断题

1. 用友ERP-U8的供应链管理子系统包括应收款管理模块。（　　）

2. 用友ERP-U8的财务会计子系统不包含薪资管理模块。（　　）

3. 用友ERP-U8系统只能应用于大型企业，不适合小型企业使用。（　　）

4. 会计人员既要努力提升专业水准，也要努力提升职业素养。（　　）

5. 在用友ERP-U8的财务会计子系统中，用于处理企业日常账务的是总账模块。（　　）

项目评价（见表1-1）

表1-1　项目一评价参考表

任务	要求	评价		
		自评	师评	小组互评
1.1 会计职能与会计信息化发展概况	能深入理解计职能与会计信息化发展概况	□A □B □C	□A □B □C	□A □B □C
1.2 会计信息系统的构成和功能	能够掌握会计信息系统的构成和功能	□A □B □C	□A □B □C	□A □B □C
1.3 会计人员职业素养的培养	能掌握会计人员职业基本素养	□A □B □C	□A □B □C	□A □B □C

续表

任务	要求	评价		
		自评	师评	小组互评
1.1 会计职能与会计信息化发展概况	能深入理解计职能与会计信息化发展概况	□A □B □C	□A □B □C	□A □B □C
1.2 会计信息系统的构成和功能	能够掌握会计信息系统的构成和功能	□A □B □C	□A □B □C	□A □B □C
1.3 会计人员职业素养的培养	能掌握会计人员职业基本素养	□A □B □C	□A □B □C	□A □B □C

自我总结与反思

一、请画出会计信息系统的功能结构图。

二、请以小组为单位讨论如何提高自身职业素养。

项目二

信息化主管岗位实务

目标指引

知识目标

1. 掌握系统管理模块功能，理解其在用友ERP-U8 V10.1中的地位和作用；
2. 熟悉账套建立的操作方法和注意事项；
3. 掌握账套备份与恢复的原理和方法；
4. 理解授权的含义，熟悉不同岗位操作员的分工规则与权限范围；
5. 理解基础档案在系统中的作用，掌握基础档案的设置方法和原理。

能力目标

1. 能够完成企业建账和修改账套、删除账套、备份账套等账套管理工作；
2. 能够进行操作员的建立、角色的划分以及权限的分配等系统管理工作；
3. 能够对信息系统进行监控、管理，及时掌握企业信息系统的运行状态，进行系统故障的维护；
4. 能够设置机构人员、客商信息、存货、财务、收付结算等基础档案。

素养目标

1. 具备爱岗敬业和精益求精的品质；
2. 具备主动思考、发现和解决问题的能力；
3. 具有较好的沟通技巧和良好的团队协作精神。

信息化主管岗位工作流程

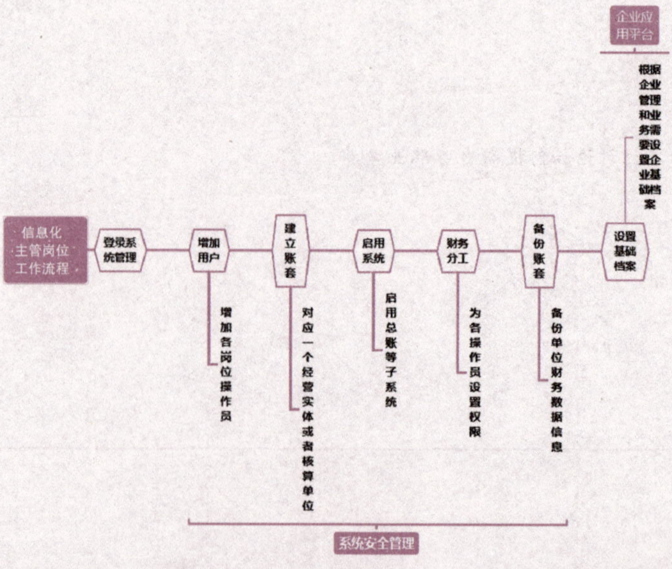

图2-1　信息化主管岗位工作流程

价值引领　　周式精度　如琢如磨

人物速写：作为国家级技能大师，周建民在工具钳工这个平凡的岗位上40余年的坚守，走出了一条令人尊敬的工匠之路。他用工匠担当，组织团队破解位置量规、无人机内外轴、中国现代第一枪电磁枪等工厂、国家乃至世界级的机械制造难题。面对一次次高薪聘请、各种诱惑，他选择了工具钳工这个平凡的工人岗位，敬业坚守、道技合一、精雕细琢、默默敬业奉献。他有一双神奇之手，完成创新成果1 000余项；他有一双可靠之手，研制的16 000余件专用量规无一发生质量事故；他有一双精准之手，凭借眼看、耳听与手感，使专用量具达到微米级精度。执着忘我练就一身功夫，巧思钻研成就创新达人，一人一册培养后辈新人，他用行动诠释着工匠精神。

资料来源：郭倩.周建民：一双巧手定乾坤［EB/OL］.［2021-07-19］. http://www.sxgrw.com/2021/07/19/9936391.html；佚名.每一个人都是一段传奇 走近2021年“大国工匠年度人物”［EB/OL］.［2022-03-02］. http://www.cnhubei.com/content/2022-03/02/content_14543410.html.有删改。

品质/精神传承：周建民大师40余年坚守自己平凡的岗位，书写了精益求精、爱岗奉献的不平凡故事。财务工作同样是平凡的工作，但是企业生存和发展都离不开财务精细化管理，在会计信息系统的实施和应用中，会计人员应该始终秉持爱岗敬业和精益求精的品质。让我们仰望大师，悉心学习。

项目资料[①]

一、建账资料[②]

（一）企业基本信息

青岛宏象华瑞装备科技有限公司，简称青岛宏象华瑞，从事机械设备及配件生产，从2025年1月开始使用用友ERP-U8 V10.1软件处理会计业务，账套号为001，单位地址为山东省青岛市李沧区九水东路320号，法定代表人孙宗伟，邮政编码266000，联系电话与传真0532-87635394，税号91370213MA3CCLAK3H，本币代码RMB，企业类型为工业，行业性质为2007新会计制度科目；账套主管是刘梅，要求按行业预置科目，存货、客户、供应商均需要分类核算，有外币业务。

科目编码级次：4-2-2-2-2；客户及供应商分类编码级次：2-2-3；其余分类编码及数据精度均采用系统默认值；启用总账管理系统，启用日期为2025年1月1日。

（二）用户资料和设置（见表2-1）

表2-1 用户资料和设置

用户编码	用户名	密码	部门	角色
001	刘梅	空	财务部	账套主管
002	姜涛	空	财务部	普通员工
003	张玲	空	财务部	普通员工
004	宋俊	空	财务部	普通员工
005	赵芳	空	财务部	普通员工
006	张亚洲	空	财务部	普通员工
007	蓝玉	空	财务部	普通员工
008	王林生	空	财务部	普通员工
009	周群	空	销售部	普通员工
010	孙进	空	采购部	普通员工
011	王勇	空	仓储中心	普通员工

（三）财务分工（见表2-2）

表2-2 财务分工

用户编码	用户名	功能级权限
001	刘梅	全部权限

① 本教材各项目的项目资料均可根据需要取下，与任务“操作演示”对照使用，或作为课堂竞赛材料单独使用。建议每个任务可操作2遍，第1遍参照“操作演示”完成，第2遍拆除“操作演示”脚手架，根据项目资料独立思考和完成任务。后不赘述。

② 此处为【任务二　建立账套】的任务资料。

续表

用户编码	用户名	功能级权限
002	姜涛	财务会计-总账-出纳 财务会计-总账-凭证-出纳签字 财务会计-总账-凭证-查询凭证
003	张玲	财务会计-总账
004	宋俊	财务会计-UFO报表
005	赵芳	人力资源-薪资管理
006	张亚洲	财务会计-总账-凭证、财务会计-固定资产
007	蓝玉	财务会计-总账-凭证、财务会计-应收账款、财务会计-应付账款
008	王林生	供应链-存货核算
009	周群	供应链-销售管理
010	孙进	供应链-采购管理
011	王勇	供应链-基本信息-公共单据、供应链-库存管理

二、自动备份计划①（见表2-3）

表2-3　　自动备份计划

计划编号：202501	计划名称：001青岛宏象华瑞
备份类型：账套备份	发生频率：每天
发生天数：1	开始时间：8：00
有效触发：2（小时）	保留天数：7
备份路径：C：\账套安全备份\	

三、基础档案②

（一）机构人员档案

1.部门档案（见表2-4）。

表2-4　　部门档案

部门编码	部门名称	部门属性
1	管理部	管理部门

① 此处为【任务四　系统安全管理】中设置自动备份计划的任务资料。
② 此处为【任务五　设置基础档案】中企业需要设置的基础档案资料。

续表

部门编码	部门名称	部门属性
101	总经理办公室	综合管理
102	财务部	财务管理
2	销售部	市场营销
3	采购部	采购供应
4	制造车间	生产制造
5	仓储中心	仓储管理

2.人员类别（见表2-5）。

表2-5　人员类别

编号	档案名称
1011	企业管理人员
1012	销售人员
1013	采购人员
1014	仓储管理人员
1015	车间管理人员
1016	生产人员

3.职员档案（见表2-6）。

表2-6　职员档案

人员编码	人员名称	性别	行政部门	雇佣状态	人员类别	是否操作员/业务员
01	李成	男	总经理办公室	在职	企业管理人员	否/是
02	刘梅	女	财务部	在职	企业管理人员	是/是
03	姜涛	男	财务部	在职	企业管理人员	是/是
04	张玲	女	财务部	在职	企业管理人员	是/是
05	宋俊	男	财务部	在职	企业管理人员	是/是
06	赵芳	女	财务部	在职	企业管理人员	是/是
07	张亚洲	男	财务部	在职	企业管理人员	是/是
08	蓝玉	男	财务部	在职	企业管理人员	是/是
09	王林生	男	财务部	在职	企业管理人员	是/是
10	周群	男	销售部	在职	销售人员	是/是
11	孙进	男	采购部	在职	采购人员	是/是
12	王勇	男	仓储中心	在职	仓储管理人员	是/是

（二）客商信息档案

1.供应商分类（见表2–7）。

表2–7　　供应商分类

类别编码	类别名称
01	钢材供应商
02	辅助材料供应商

2.供应商档案（见表2–8）。

表2–8　　供应商档案

供应商编码	供应商名称	供应商简称	所属分类	税号	开户银行	银行账号
001	淄博钢铁股份有限公司	淄博钢铁	01	91370300164102564L	中国建设银行淄博市博山区支行	22457536
002	青岛沃丰钢铁有限公司	沃丰钢铁	01	91370211693795271P	中国工商银行山东省胶南支行	25443489
003	华科正大机电设备有限公司	华科正大	02	91420102MA4KLJT54P	中国工商银行武汉江岸支行	2874548956
004	深圳市美天润滑油有限公司	深圳美天	02	91440300060278426B	中国建设银行深圳石岩支行	7886223231

3.客户分类（见表2–9）。

表2–9　　客户分类

类别编码	类别名称
01	本地
02	外地

4.客户档案（见表2–10）。

表2–10　　客户档案

客户编码	客户名称	客户简称	所属分类	税号	开户银行	银行账号	扣率
001	青岛宏利轻型车厂	青岛宏利	01	91370211MA3D4AWKX6	中国工商银行青岛李沧支行	24578975	5
002	青岛青特汽车科技有限公司	青特科技	01	913702147537991609	中国工商银行青岛城阳支行	56894455	0
003	长春润冠专用车辆有限公司	长春润冠	02	220105423225432	中国银行长春迎宾支行	23571236	0
004	四川思达机械有限公司	四川思达	02	510114589621487	中国银行成都沙河支行	58432892	2

（三）财务档案

1.外币及汇率设置。

币符：USD；币名：美元；2025年1月份固定记账汇率1：7.19。

2.会计科目。

（1）修改会计科目（见表2-11）。

表2-11 修改会计科目

科目编码	科目名称	辅助核算	受控系统
1001	库存现金	日记账	-
1121	应收票据	客户往来	应收系统
1122	应收账款	客户往来	应收系统
1123	预付账款	供应商往来	应付系统
2201	应付票据	供应商往来	应付系统
2202	应付账款	供应商往来	应付系统
2203	预收账款	客户往来	应收系统

（2）增加会计科目（见表2-12）。

表2-12 增加会计科目

科目编码	科目名称	账页格式	单位	辅助核算
100201	人民币户	金额式		日记账、银行账
100202	美元户	外币金额式		外币核算（美元） 日记账、银行账
101201	支付宝	金额式		
112101	银行承兑汇票	金额式		客户往来
112102	商业承兑汇票	金额式		客户往来
122101	应收个人款	金额式		个人往来
140301	原料及主要材料	数量金额式		
14030101	生铁	数量金额式	千克	数量核算
14030102	45MnB钢	数量金额式	千克	数量核算
14030103	GCr9钢	数量金额式	千克	数量核算
140302	辅助材料	数量金额式		
14030201	5356焊丝	数量金额式	卷	数量核算
14030202	润滑油	数量金额式	千克	数量核算

续表

科目编码	科目名称	账页格式	单位	辅助核算
140303	外购半成品	数量金额式	个	数量核算
140501	153中桥	数量金额式	支	数量核算
140502	153后桥	数量金额式	支	数量核算
140503	13寸轮毂	数量金额式	个	数量核算
140504	15寸轮毂	数量金额式	个	数量核算
220101	商业承兑汇票	金额式		供应商往来
220102	银行承兑汇票	金额式		供应商往来
2204	合同负债	金额式		客户往来
221101	应付工资	金额式		
221102	应付福利费	金额式		
221103	工会经费	金额式		
221104	职工教育经费	金额式		
222101	应交增值税	金额式		
22210101	进项税额	金额式		
22210105	销项税额	金额式		
222102	未交增值税	金额式		
410401	未分配利润	金额式		
500101	直接材料	金额式		项目核算
500102	直接人工	金额式		项目核算
500103	制造费用	金额式		项目核算
510101	工资	金额式		
510102	折旧费	金额式		
510103	其他	金额式		
660201	工资	金额式		部门核算
660202	福利费	金额式		部门核算
660203	折旧费	金额式		部门核算
660204	差旅费	金额式		部门核算

续表

科目编码	科目名称	账页格式	单位	辅助核算
660205	办公费	金额式		部门核算
660206	其他	金额式		部门核算
660301	利息费用	金额式		
660302	汇兑损益	金额式		
660303	其他	金额式		
6702	信用减值损失	金额式		

（3）指定会计科目。

将“1001库存现金”指定为现金总账科目，将“1002银行存款”指定为银行总账科目，将“1001库存现金、100201人民币户、100202美元户、1003存放中央银行款项、1011存放同业、101201支付宝、1021结算备付金、1031存出保证金”指定为现金流量科目。

3.凭证类别（见表2-13）。

表2-13 凭证类别

凭证类型	限制类型	限制科目
收款凭证	借方必有	1001，1002
付款凭证	贷方必有	1001，1002
转账凭证	凭证必无	1001，1002

4.项目档案（见表2-14）。

表2-14 项目档案

项目设置步骤	设置内容
项目大类	生产成本
核算科目	直接材料500101 直接人工500102 制造费用500103
项目分类	1.轮毂 2.车桥
项目目录	101　13寸　所属分类码1 102　15寸　所属分类码1 201　153中桥　所属分类码2 202　153后桥　所属分类码2

（四）收付结算档案

结算方式见表2-15。

表2-15　　结算方式

结算方式编号	结算方式名称	票据管理
1	现金结算	否
2	支票结算	否
201	现金支票	是
202	转账支票	是
3	商业汇票	否
301	银行承兑汇票	是
302	商业承兑汇票	是
4	电汇	否
5	网银结算	否
6	支付宝结算	否

2-1

信息化主管岗位初认知（微课）

任务一　认识系统管理和企业应用平台

一、任务布置

请打开用友ERP-U8 V10.1系统管理，以系统管理员（admin）的身份登录“系统管理”，尝试探索系统管理的各项功能。以小组为单位进行讨论，并思考下列问题：

1.系统管理都有哪些功能？

2.为什么有些功能显示为灰色，无法打开？

二、知识链接

2-2

认识系统管理和企业应用平台（微课）

（一）系统管理平台

用友ERP-U8管理软件由多个子系统构成，各子系统为企业的不同层面服务，具有独立的功能，但是这些子系统之间又相互联系，数据共享。那么，就需要一个平台对这些子系统进行统一操作管理和数据维护，为此，用友软件开发了一个对整个系统的公共任务进行统一管理的公共平台，就是系统管理平台。

系统管理平台具有管理账套、管理账套库、管理用户及权限、系统安全维护等功能。

1.管理账套。

账套是指存放会计核算对象的所有会计业务数据文件的总称。每个独立核算的单位可以建立一个账套，用友ERP-U8 V10.1最多可建立999个账套。管理账套一般包括建立、修改、删除、引入和输出账套等。

2.管理账套库。

账套库对应会计核算对象某年度区间内的业务数据。U8支持在一个账套库中保存连续多年数据，理论上一个账套可以在一个账套库中一直使用下去。但是由于某些原因，比如需要调整重要基础档案、调整组织机构、调整部分业务等，或者一个账套库中数据过多影响业务处理性能，需要使用新的账套库并重置一些数据，这样就需要新建账套库，自动将老账套库的基本档案信息结转到新的账套库中，对于以前业务产品余额等信息需要在账套库初始化操作完成后，由老账套库自动转入新库的下年数据中。

在用友ERP-U8软件，其账套和账套库是有一定区别的。

账套是账套库的上一级，账套是由一个或多个账套库组成，一个账套库含有一年或多年使用数据。一个账套对应一个经营实体或核算单位，账套中的某个账套库对应这个经营实体的某年度区间内的业务数据。例如：若某单位建立账套“001正式账套”后在2025年使用，然后在2026年的期初建2026账套库后继续使用，则“001正式账套”具有两个账套库即“001正式账套2025年”和“001正式账套2026年”；如果希望连续使用也可以不建新库，直接录入2026年数据，则“001正式账套”具有一个账套库即“001正式账套2025—2026年”。

3.管理用户及权限。

为了保证数据的安全性和保密性，未经授权的用户不得进入会计信息系统进行操作，而且不同用户对于系统功能和数据的需求是不同的，这就需要设置操作员及其权限。通过对系统操作分工和权限的管理，一方面可以避免与业务无关的人员进入系统，另一方面可以对用户进行严密的分工和管理，保证各司其职，流程顺畅。权限管理的主要内容包括：设置角色、设置用户、设置权限。

4.系统安全维护。

在系统管理中，可以监控并记录整个系统的运行过程，设置数据自动备份，清除系统运行中的异常任务等，以实现对系统运行安全和数据存储安全的保证。

（二）企业应用平台

企业应用平台是用友ERP-U8 V10.1管理软件的集成应用平台，为各子系统提供了一个公共的交流平台，是用户访问该系统的唯一入口。企业应用平台可以实现系统基础数据的集中维护、各种信息的及时沟通、数据资源的有效利用。企业员工可以通过该平台访问企业的各种信息，定义自己的业务工作，并设计自己的工作流程。

企业应用平台的主要功能模块包括基础设置、业务工作和系统服务三个方面：

1.基础设置。

基础设置包括基本信息、基础档案、业务参数设置、单据设置等。

（1）基本信息：设置系统启用、修改建账时设置的分类编码方案和数据精度。

（2）基础档案：根据企业实际情况，结合系统基础档案设置要求，设置机构人员、客商信息、财务信息、收付结算等基础数据。

（3）业务参数设置：根据企业具体情况或制度要求，进行已启用功能模块的业务参数的查看和调整。

（4）单据设置：根据企业管理需求对单据格式、单据编号、单据打印控制进行个性化设置。

2.业务工作。

用友ERP-U8 10.1管理软件分为财务会计、供应链、集团应用等功能群，每个功能群中又包括若干功能模块，此处也是用户访问用友ERP-U8 10.1管理软件中各功能模块的唯一入口。

3.系统服务。

系统服务包括系统管理、服务器配置、工具及权限设置等基本功能。

（1）系统管理：此处可通向“系统管理”平台。

（2）服务器配置：可应用服务器配置和远程配置方案。

（3）工具：提供财务、决策、数据传输、集团应用、多语言、预警和定时任务等维护工具，方便软件使用者使用。

（4）权限设置：提供三种不同性质的权限管理即功能权限、数据权限和金额权限，另外，数据权限设置可以选择对不同业务对象进行权限控制。

（三）信息化主管岗位职责

信息化主管岗位的主要工作职责如下。

第一，负责信息化系统的日常管理工作，监督并保证信息化系统的正常运行。

第二，建立信息化系统各种资源的调用、修改和更新的审批制度，并监督执行。

第三，完善企业现有的管理制度，充分发挥会计信息化的优势，提出单位会计工作的改进意见。

第四，负责信息化系统操作人员的岗位分工及授权工作。

第五，完成领导交办的其他工作。

三、操作演示

（一）登录系统管理

双击桌面上的系统管理图标，执行“系统”/“注册”命令，弹出登录界面，输入操作员“admin”，密码为空，账套选择“（default）”，登录到“系统管理”。

（二）查看子任务

在系统管理页面上方显示登录的子系统、站点、运行状态、注册时间、任务号等，下方则显示账套号、年度、用户编码、用户名称、执行功能等，如图2-2所示。

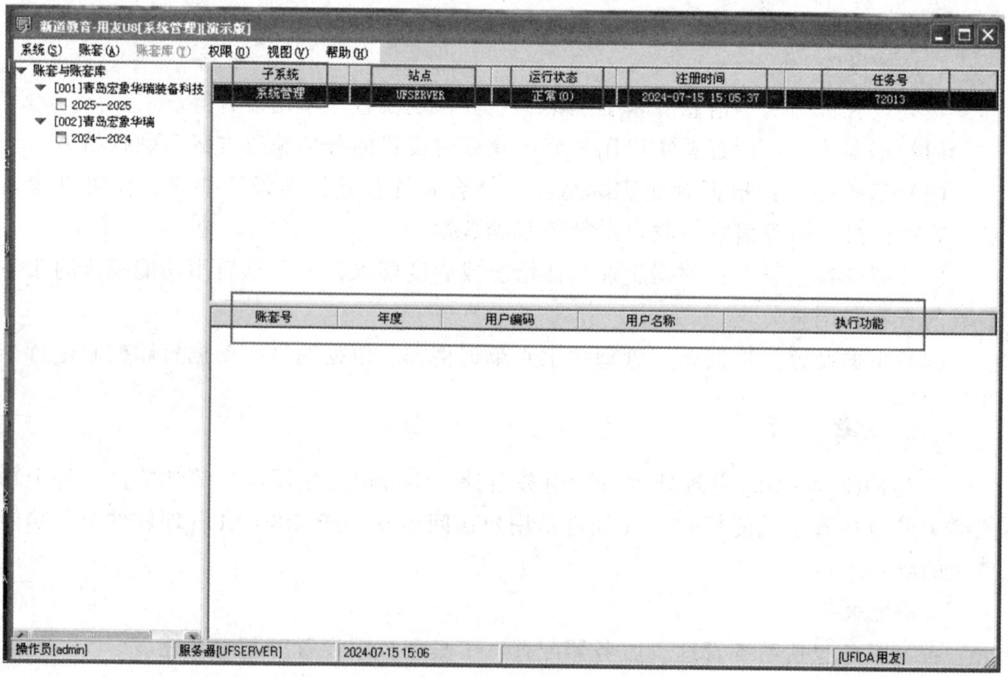

图2-2 系统管理界面

（三）查看系统管理功能

分别展开“系统”“账套”“权限”“视图”“帮助”等菜单，了解不同菜单下的功能。

任务二　建立账套

一、任务布置

在安装了用友ERP-U8 V10.1之后，首先我们要根据企业实际情况为企业量身定做一个账套，并增加相应的操作员，在系统里给操作员进行分工。

请根据“项目资料-一、建账资料”为青岛宏象华瑞装备科技有限公司完成增加用户、建立账套、财务分工的业务操作。以小组为单位进行讨论，并思考下列问题：

1.如果用户忘记了登录密码？该怎么做？

2.视图菜单有哪些功能？

二、知识链接

建立账套通常有三个步骤，可称之为建账三部曲。

（一）建账三部曲之第一步：增加用户

增加用户，就是在系统中增加有权利进行业务操作的人员，也称之为操作员。在增加用户时，还可以为系统设立角色，那么角色和用户有什么区别呢？角色是指在企业管理中拥有某一类职能的人员。常见的角色有会计主管、会计、出纳等，一个角色可以有多个人员。用友ERP-U8中已经设置了一些常用角色，如账套主管、预算主管、普通员工等。每个企业还可以根据自己的实际情况自行设置；用户是指有权进入系统进行操作的人员，也就是我们通俗所说的操作员。只有在账套管理中增加了用户，该用户才能进入信息系统进行业务处理。用户一定要设置，但是角色不是必须有。如果企业规模较大，可能多个用户同属于同一个角色，他们的权限是一样的，为每个用户单独设置权限工作量较大，这时可以先设置角色并赋权，然后增加用户的时候将用户归属于该角色即可；如果企业规模较小，就可以不必设置角色，直接为用户设置权限即可。

（二）建账三部曲之第二步：建立账套

建立账套，就是根据企业的基本资料为企业建立一个独立的账套，用以记录企业的会计信息。建账时，需要确定核算单位名称，所属行业性质、记账本位币、启用日期、会计日期等账套参数，这些参数决定了系统数据的输入、处理、输出的内容和形式，因此设置账套参数至关重要。账套参数一旦设置好后，一般不允许改变，否则会引起账套数据错误。部分账套参数可修改，但是系统管理员无法修改，需要以账套主管的身份登录系统管理修改。

（三）建账三部曲之第三步：财务分工

财务分工，就是将用户和账套联系起来，为每个用户分配其在账套中的权限。我们既可以为用户分配权限，同样，也可以为角色分配权限。账套主管自动具有该账套的所有权限，可以进行所有业务工作。

2-3

设置用户和角色（操作演示）

三、操作演示

（一）增加用户

根据“项目资料-—、建账资料-（二）用户设置”资料完成用户设置。

1.增加用户“刘梅”。

系统管理员admin（默认密码为空）注册进入“系统管理”，执行“权限”/“用户”命令，点击“增加”，增加用户“001”“刘梅”，选择“账套主管”角色，如图2-3所示。

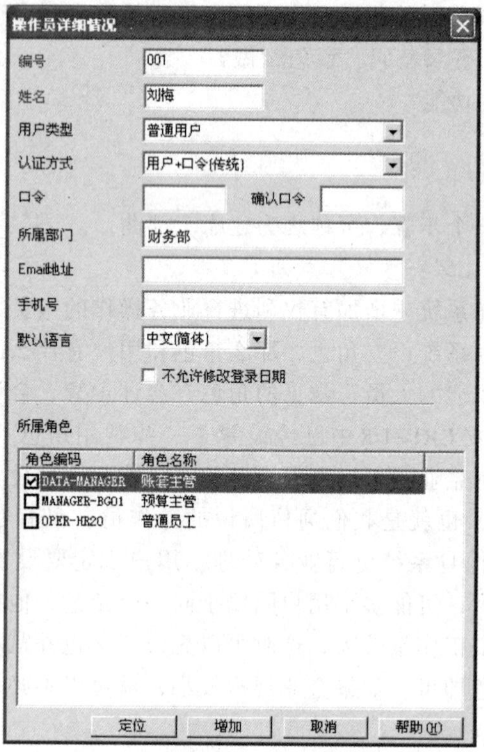

图2-3 增加操作员

2.增加其他用户。

单击“增加”，根据“表2-1 用户资料”录入全部用户信息。增加完成之后，退出用户管理。

温馨提示：

· 只有系统管理员才可以设置用户和角色。

· 用户增加以后，可以在用户管理界面进行修改、删除等操作，但是用户一旦被使用（即以该用户的身份登录系统进行了相关操作，或者其他用户在操作中引用了该用户的相关信息），便不能被修改和删除，如果要删除，必须将涉及该用户的工作全部删除才可以。如果某用户因为种种原因离开企业，可以在用户管理中通过修改功能将该用户进行注销。

（二）建立账套

2-4

建立账套
（操作演示）

根据“项目资料-一、建账资料-（一）企业基本信息”中给出的信息完成建账工作。

1.设置账套信息。

系统管理员admin执行“账套”/“建立”命令，进入建账页面，选择“新建空白账套”，输入账套信息，点击“下一步”，如图2-4所示。

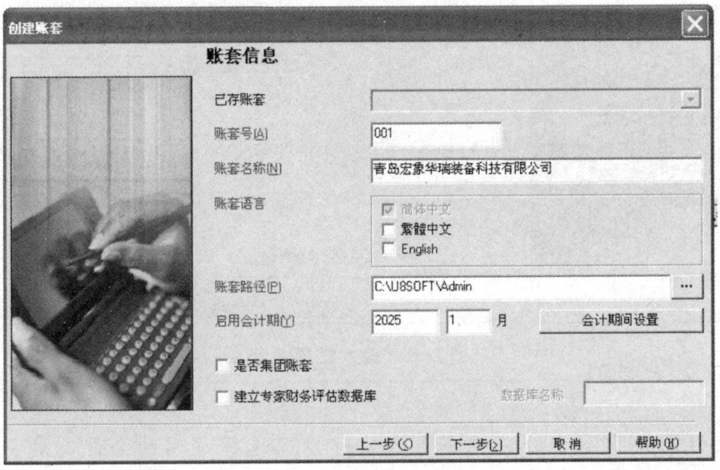

图2-4　输入账套信息

温馨提示：

- 账套号、账套路径、启用会计期不能修改，如果错误需要重新建账；
- 非集团账套不要在“是否集团账套”前面打钩，如果错误，需要重新建账；
- 蓝色为必填项。

2.设置单位信息。

输入单位信息，点击“下一步”，如图2-5所示。

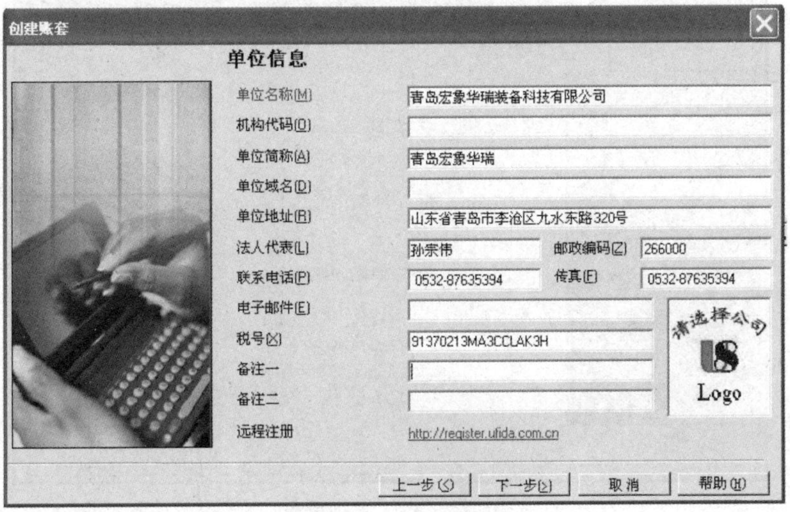

图2-5　输入单位信息

3.设置核算类型。

输入核算类型信息，点击“下一步”，如图2-6所示。

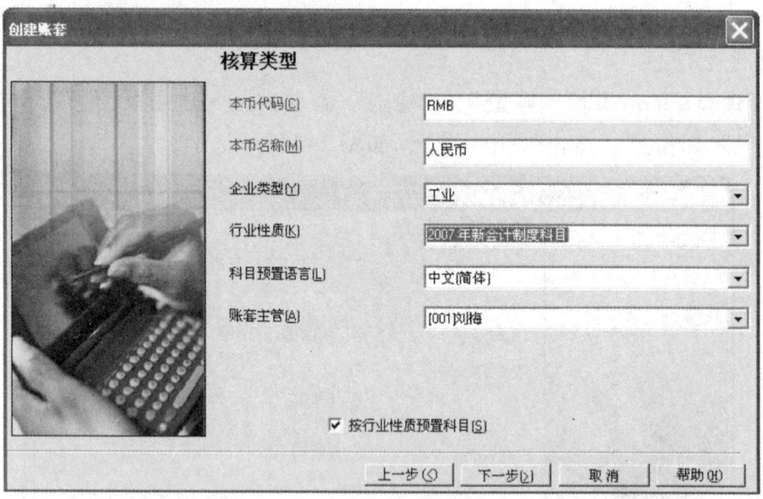

图2-6　输入核算类型

温馨提示：

· 行业性质处需要企业应根据自身实际情况选择适用的会计制度。行业性质一旦确定，便不可修改。

· 选择按行业性质预置科目，在后续总账业务中，系统会按照选择的会计制度自动预置相应的会计科目，用户只需要按照企业的需求再增加或修改一部分会计科目，使其满足自身管理需要。否则，会计科目为空，用户需要自己添加所有需要设置的会计科目。

4.设置基础信息。

输入基础信息，点击“下一步”，如图2-7所示。

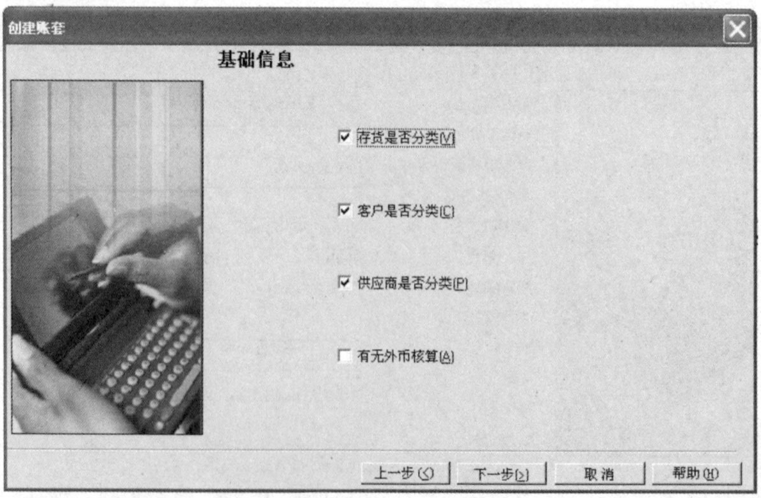

图2-7　输入基础信息

温馨提示：

· 这四个选项决定了在账套中能否增加分类档案和能否增加外币科目，这里是易错点，经常有同学设置错误。如果设置错误，可以以账套主管身份登录系统管理进行修改。

· 思考为什么要进行分类，请举例解释一下。

5. 创建完成。

在弹出的窗口中单击“完成”，此时系统开始创建账套，需要等待一段时间。

6. 设置编码方案。

弹出“编码方案”对话框，按照资料要求输入编码规则，单击“确定”后再单击“取消”退出，如图2-8所示。

图2-8　设置编码方案

温馨提示：

· 根据企业财务核算的要求，部分基础档案需要设置编码规则，以便更科学地对其进行管理。每一级次的长度指的是编码的位数，除了科目编码级次第一级4位数是按照新企业会计准则统一规定，不能自行设置，其他级次的位数可根据企业实际情况进行设置。例如会计科目编码为“4 2 2 2 2”，意味着会计科目最多有五级，第一级编码为“4”，例如银行存款总账科目编码为“1002”，如果下设有明细账“中行存款”，它的编码为“100201”，最多可以设五级明细账。

· 设置了编码规则的基础档案必须严格按照已设定的规则进行编码，否则无法保存。

· 如果编码方案设置错误或未设置，可日后以账套主管身份进入“企业应用平台”，点击“基础设置”/“基本信息”/“编码方案”进行修改。

· 严谨仔细是我们每一位会计从业人员应该具备的品质，是我们工作的基本素养要求，是我们对大国工匠精神的传承。

7.设置数据精度。

弹出“数据精度”对话框，按照默认设置，点击“确定”。

温馨提示：

· 如果数据精度设置错误或未设置，可日后以账套主管身份进入企业应用平台，点击“基础设置”/“基本信息”/“数据精度”进行修改。

8.启用“总账”系统。

最后，在弹出的“创建账套”对话框中单击“是”，进入“系统启用”界面，选择“总账”复选框，在弹出的“日历”对话框中选择启用时间2025年1月1日，单击“确定”，如图2-9所示。

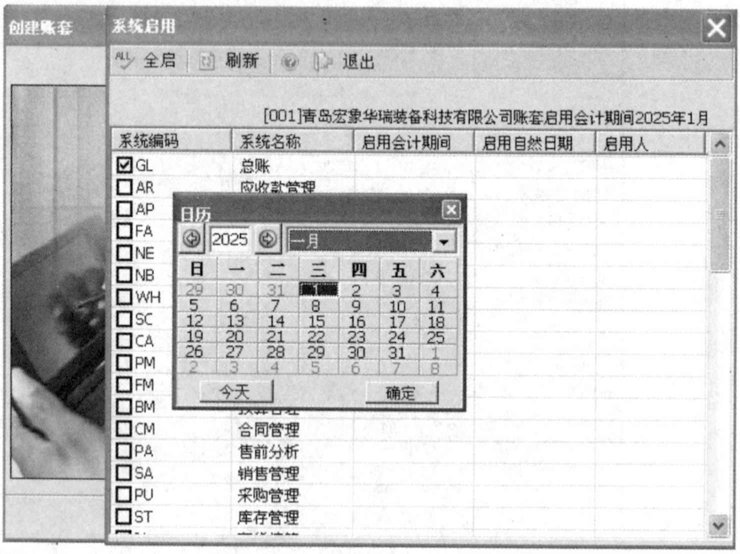

图2-9 系统启用

温馨提示：

· 启用子系统日期是易错点，如果启用日期设置错误，可日后以账套主管身份进入企业应用平台，点击“基础设置”/“基本信息”/“系统启用”进行修改。但是如果已经进行子系统业务操作，启用日期便不能修改。

（三）财务分工

2-5

财务分工（操作演示）

根据“项目资料-一、建账资料-（三）财务分工”资料完成对用户的权限分配。

1.为用户“姜涛”赋权。

（1）单击“权限”/“权限”，打开操作员权限窗口。

（2）选中“姜涛”，点击“修改”，按照资料要求，选中右边相应权限，进行赋权，如图2-10所示，最后保存。

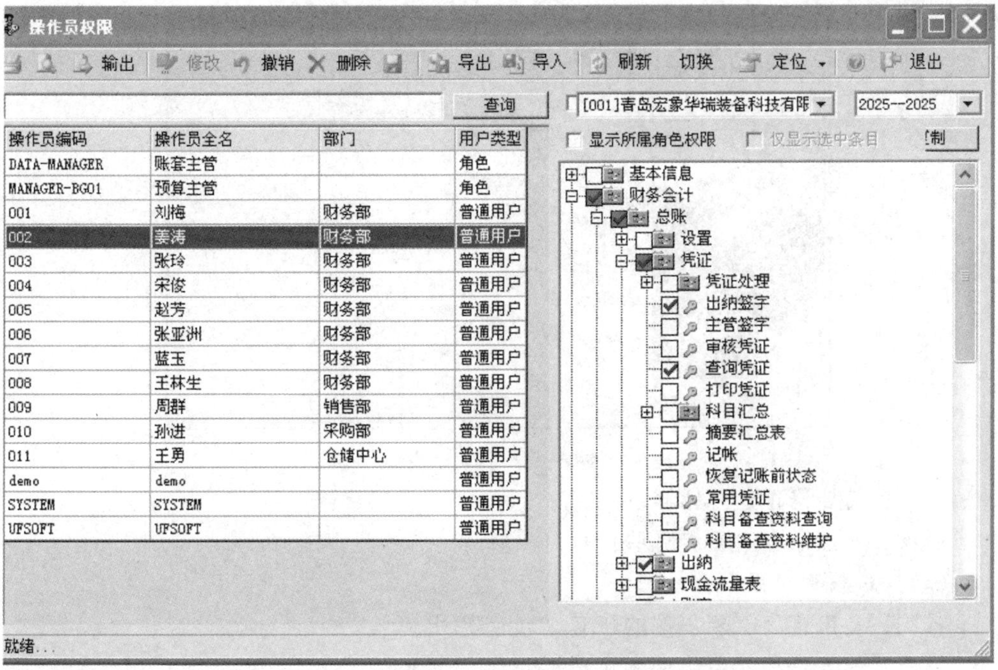

图2-10 财务分工

温馨提示：

· 进行财务分工时，要注意右上角账套的选择，尤其是在同时管理多个账套的情况下。

· 如果对操作员设置了角色，只有点击“显示所属角色权限”，才能显示此操作员的已有权限。

· 刘梅是账套主管，默认具有该账套所有权限，不必再设置。

· 一个账套可以有多个账套主管，若在之前未设置，可以在此处“账套主管”处打钩。

2. 为其他用户赋权。

同理，按照“表2-2 财务分工”资料按照完成对其他用户的赋权。

任务三 管理账套

一、任务布置

（一）修改账套

在任务二的操作演示中有一个错误，资料中要求有外币核算，但是操作过程中忘记勾选，如图2-11所示。

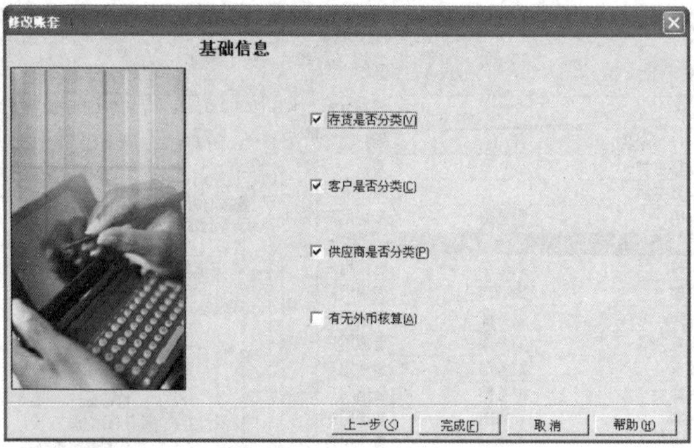

图2-11 错误信息

首先，需要修正这一错误。

其次，参照账套看看有哪些信息可以修改、哪些是不能修改的。

（二）账套的备份和引入

首先，备份青岛宏象华瑞的账套（账套/输出）。

其次，引入青岛宏象华瑞的账套（账套/引入）。

二、知识链接

（一）系统管理平台使用者

有两个身份可以登录系统管理：一是系统管理员；二是账套主管。账套主管与系统管理员虽然都能够登录系统管理，但是二者权限有差异，系统管理员负责系统的总体控制与维护，不能进行业务处理，只能登录系统管理，不能进行账套修改和年度账的管理；账套主管不但可以登录系统管理，还可以登录企业应用平台进行业务操作，但是在系统管理中的权限有限。

1.系统管理员。

系统管理员的用户名为admin，初始密码为空（可修改），他是系统指定的总体控制和数据维护者，可以管理系统中所有的账套。以系统管理员身份注册进入系统管理，可以进行账套的建立、引入、输出，设置用户、角色和权限（包括指定账套主管），设置备份计划，监控系统运行过程，清除异常任务等。

2.账套主管。

账套主管是系统管理员在建账过程中为账套指定的主管，负责所选账套的维护工作。一个账套可以指定多个账套主管。账套主管在系统管理中可以对账套进行修改，对年度账进行管理（包括年度账的建立、清空、引入、输出和结转上年数据），以及对该账套操作员权限的设置。

（二）账套数据的备份与恢复

由于各种不可预知的原因，如病毒、自然灾害、操作失误等，账套数据可能会遭到破坏，备份数据可以将企业的损失降到最小。因此，为了保证账套数据的安全，系统管理员通常需要定期对账套数据进行备份。

当账套数据遭到破坏，或者出现问题，系统管理员就可执行“账套”/“引入”，将预先备份的账套数据重新导入系统中。

只有系统管理员可以进行账套的备份和恢复。

三、操作演示

2-6

修改账套（操作演示）

（一）修改账套

1.注销。

如果此时已以系统管理员身份登录，单击“系统”/“注销”；如果还未登录，直接双击打开“系统管理”。

2.以账套主管身份登录系统管理。

在操作员处输入账套主管编码“001”，密码为空，选择“青岛宏象华瑞装备科技有限公司”账套，操作日期为“2025-01-01”，单击“登录”，进入系统管理。

> 温馨提示：
>
> · 操作员处可输入编码或操作员姓名，但是不能同时输入编码+姓名。一般建议输入编码，方便快捷不容易出错。
>
> · 输入操作员后必须输入密码，本项目中刘梅的密码为空，也需要在密码处点击一下。

3.修改账套。

点击“账套”/“修改”，在弹出的对话框中点击“下一步”，找到基础信息，按照资料要求勾选“有无外币核算”，如图2-12所示：

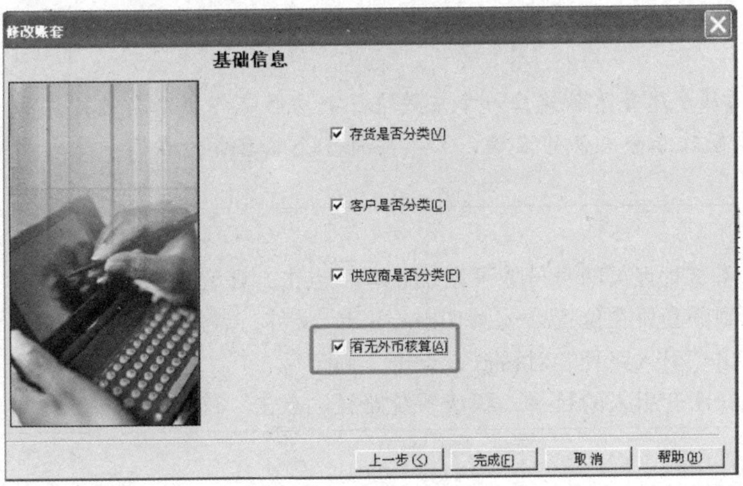

图2-12　修改账套

4.完成。

点击“完成”，确认修改账套“是”。在弹出的“编码方案”和“数据精度”对话框中选择“取消”（编码方案和数据精度不需要修改），弹出“账套修改成功”对话框。

2-7

备份和恢复账套（操作演示）

（二）账套的备份和引入

1.账套备份。

（1）在硬盘中新建文件夹并根据任务命名，本任务账套命名为“任务2-3 输出账套”。

（2）以系统管理员的身份进入系统管理，点击“账套”/“输出”。

（3）在弹出的对话框中选择账套号“001青岛宏象华瑞装备科技有限公司”，输出文件位置处选择事先设置好的文件夹（任务2-3管理账套），点击“确认”，如图2-13所示。

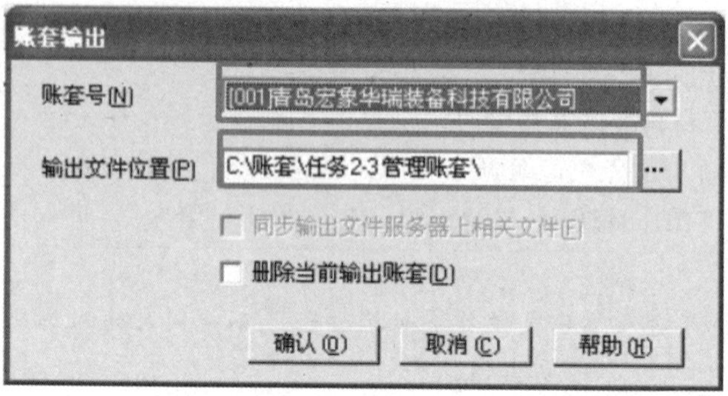

图2-13　输出账套

（4）等待一段时间，提示账套输出成功，点击“确定”，输出成功。

（5）打开账套所在文件夹，可以看到两个文件：“UfErpAct.Lst”和“UFDATA.BAK”。其中“UfErpAct.Lst”文件是账套备份文件，主要包含了账套号、账套路径等信息，是引入账套的执行文件；而“UFDATA.BAK”文件是数据库文件，存放了该账套的数据信息。这两个文件缺一不可。

温馨提示：

· 建议每个账套单独建立一个文件夹，将文件夹根据账套进行详细而具体的命名，而不要修改账套文件的名称，且不要将多个账套备份在同一个文件夹中，容易发生混乱。

2.账套引入。

（1）以系统管理员的身份登录系统管理，点击“账套”/“引入”。

（2）找到账套所在位置，选择UfErpAct.Lst文件，点击“确定”。

（3）弹出“引入路径”对话框，点击“确定”。

（4）选择账套引入的目录，默认系统路径，点击“确定”。

温馨提示：

· 需要特别注意的是，第（2）步中查找账套位置，是指从何处引入，需要查找备份文件所在文件夹，选中备份文件；第（4）步选择账套引入目录，是指将账套引入何处，只需默认系统路径即可，请勿再次查找账套位置，若引至非还原的硬盘中，可能会因为账套文件过大造成空间不足。

任务四 系统安全管理

一、任务布置

请根据“项目资料–二、自动备份计划”实现企业账套数据的定期输出，并存储到指定文件夹中，以保证系统数据的安全性。

二、知识链接

（一）清除任务和单据锁定

由于网络卡顿、电脑死机等可能会造成系统异常或某些单据被锁定的情况，为了更好地管理各项任务，系统管理平台还提供清除任务、清除单据锁定等功能。

1.清除异常任务。

有个别客户端会在登录使用过程中出现卡死的现象，系统视为异常；超过系统设定的登录时间，系统视为异常；突然断电、断网等突发性事件，系统视为异常。清除异常任务为以上情况的解决方案。

2.清除选定任务。

登录到系统管理中后，选中某行运行记录，进行任务清除。

3.清除所有任务。

不论是否为异常任务，只要有任务在系统中，就可以将所有任务全部清除。

4.清退站点。

在日常工作中，可能会存在多个站点共同登录平台同时进行业务操作的情况，大多数情况下是可以兼容的，个别工作如果希望能在不被其他站点影响的情况下操作，可选择清退站点。

5.清除单据锁定。

如果多个财务人员都在进行同一个客户或者供应商的业务/凭证处理，系统会提示“单据被锁定”，或者有时系统卡顿也会提示“单据被锁定”，可运行此功能清除单据锁定。

（二）定期备份账套

企业在实际运营中，存在很多不可预知的不安全的因素，这些因素有可能对系统安全造成致命性的损害。因此，对于企业系统管理员来讲，应该及时地将企业的数据存储到不同的介质上。为了保证账套数据的安全，系统管理员可以设置自动备份计划来实现账套数据的自动存储。

（三）记录上机日志

系统管理平台可以监控并记录整个系统运行过程，能够自动记录操作员的上机日志，包括操作时间、操作事项等，系统管理员可以对上机日志的内容进行查看和管理，以保证系统运行安全。

三、操作演示

2-8

系统安全管理（操作演示）

根据“项目资料-二、自动备份计划”资料完成自动备份设置。

1.在电脑中建立文件夹。

在“C：\my Documents”文件夹下建立“账套安全备份”子文件夹。

2.设置自动备份计划。

以系统管理员admin登录“系统管理”，执行“系统”/“设置备份计划”/“增加”/“备份计划详细情况”命令，参照“项目资料-二、自动备份计划”中“表2-3　自动备份计划”的相关内容录入信息，单击“增加”按钮，选择“C：\my Documents\账套安全备份”，保存备份计划，如图2-14所示。

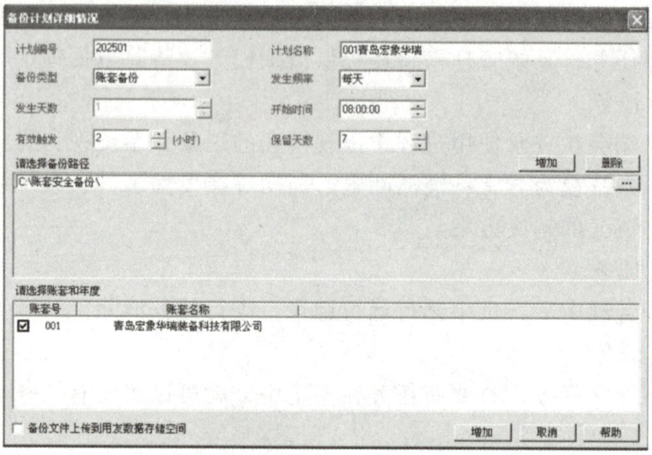

图2-14　设置自动备份计划

任务五　设置基础档案

一、任务布置

请根据项目资料中的“项目资料-三、基础档案”资料，完成青岛宏象华瑞装备科技有限公司基础档案的设置。

二、知识链接

（一）基础档案的概念

用友ERP-U8 V10.1管理软件各功能模块在应用中需要使用统一的基础数据，为了实现基础数据的集中维护和信息的及时沟通，在“基础设置”中设置了“基础档案”功能，以统一维护机构人员、客商信息、存货、财务、收付结算等信息，以实现企业个性化的管理需求。

（二）基础档案的内容

基础档案主要包括机构人员、客商信息、存货、财务、收付结算等，为以后系统进行部门核算、个人核算、往来核算、存货核算，增加科目的初始设置等做好准备。常用的基础档案设置具体包括以下内容：

1.机构人员。

设置部门档案、人员档案、人员类别、职务档案、岗位档案等。

2.客商信息。

设置地区分类、行业分类、供应商分类、供应商档案、客户分类、客户级别、客户档案等。

3.存货。

设置存货分类、计量单位、存货档案等。

4.财务。

设置会计科目、凭证类别、外币设置、项目档案等。

5.收付结算。

设置结算方式、付款条件、银行档案等。

三、操作演示

根据“项目资料-三、基础档案”资料完成基础档案设置。

【准备工作】引入“任务2-3管理账套”备份账套。

（一）登录“企业应用平台”

账套主管（001刘梅）登录“企业应用平台”（操作员：001；密码：空；账套：001青岛宏象华瑞装备科技有限公司；登录日期：2025-01-01）。

（二）设置机构人员档案

2-9

设置机构人员档案（操作演示）

1.设置部门档案。

（1）执行“基础设置”/“基础档案”/“机构人员”/“部门档案”命令，单击“增加”，增加管理部档案，完成后点击“保存”按钮，如图2-15所示。

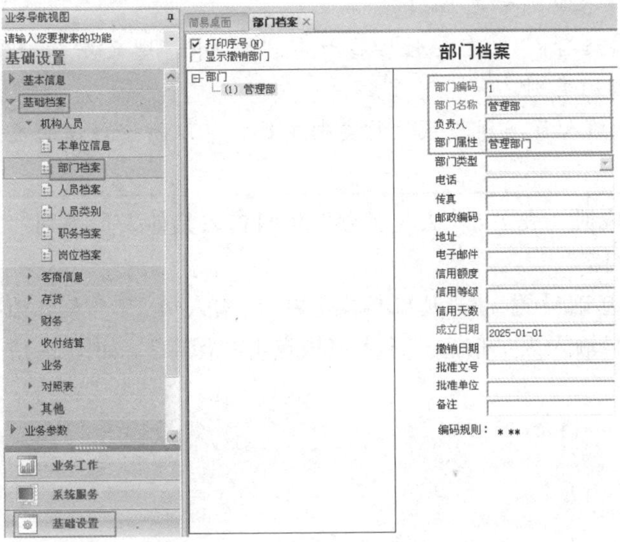

图2-15　增加部门档案

（2）同理，根据“表2-4　部门档案”资料输入其他部门的档案。

温馨提示：

· 要先添加上级部门，才能添加下级部门。

2.设置人员类别。

（1）执行“基础设置”/“基础档案”/“机构人员”/“人员类别”命令，选中“正式工”，点击“增加”，输入“企业管理人员”类别信息，输入完毕点击“确定”，如图2-16所示。

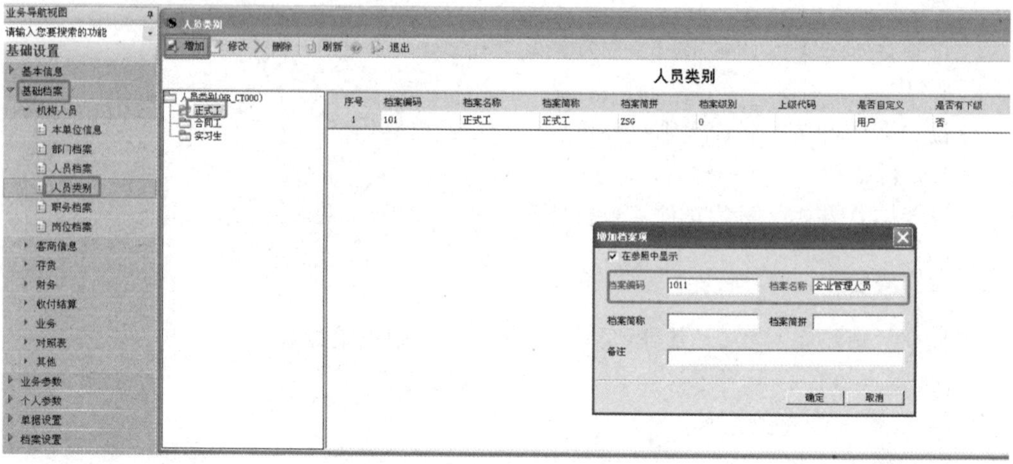

图2-16　增加人员类别

温馨提示：

· 在人员类别中，系统已经预设了三个一级类别：“101正式工”“102合同工”“103实习生”。在本任务中，需要在“正式工”下添加二级类别，因此要点击“正式工”，再点击“增加”。档案编码前三位为101（“正式工”编码），二级编号再从1开始，所以管理人员编号是1011。

· 如果直接选择“人员类别”后点击“增加”，则是增加一级的类别，是和“正式工”等并列的类别。

· 如果企业的人员类别与预设的类别不符，可以删除预设的类别，按照企业需要自行设置。

（2）同理，根据“表2-5　人员类别”资料输入其他人员类别。

3.设置职员档案。

（1）执行“基础设置”/“基础档案”/“机构人员”/“人员档案”命令，点击“增加”，按照资料输入人员信息，输入完毕点击“保存”，如图2-17所示。

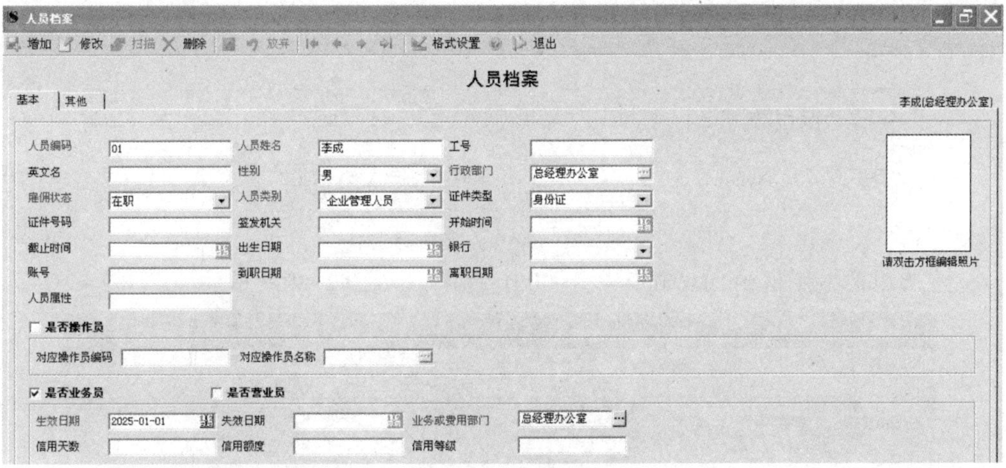

图2-17　增加人员档案-1

温馨提示：

· “是否操作员”是与系统管理中的“权限”/“用户”设置相联系的。添加完之后去系统管理中查看一下，“01李成”出现在用户名单中。

（2）同理，添加02刘梅的档案，但是在保存的时候却出现如下问题，如图2-18所示。

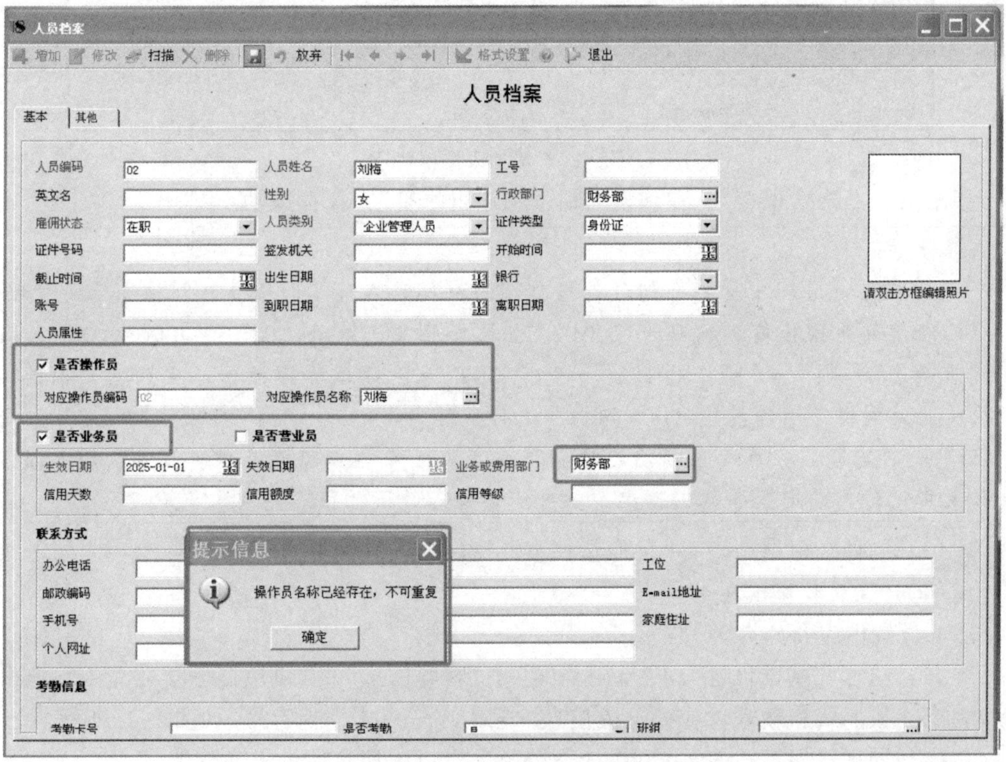

图2-18　增加人员档案-2

在弹出的提示信息对话框中点击“确定”之后，单击操作员刘梅对应的按钮，如图2-19所示。

图2-19　增加人员档案-3

在弹出的参照框中，双击第一行“001 刘梅”，如图2-20所示。

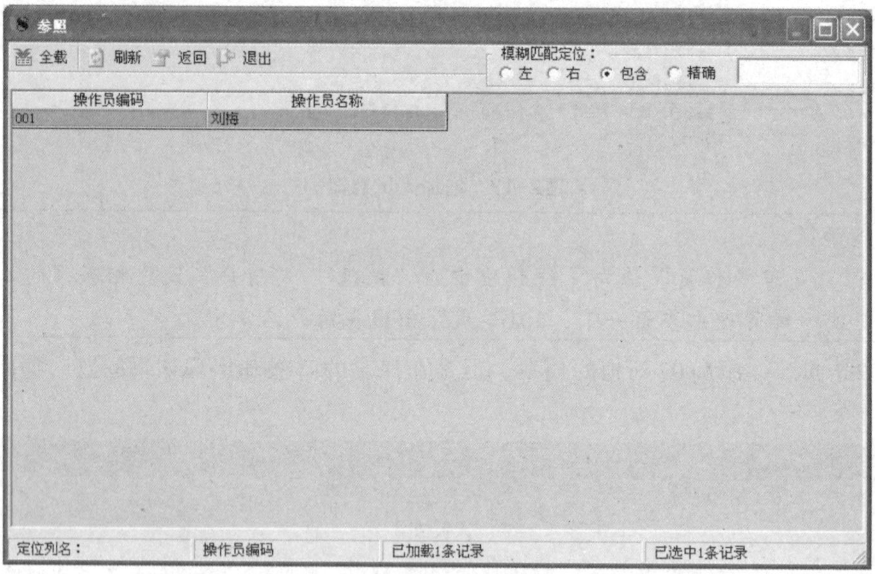

图2-20　增加人员档案-4

最后，点击“保存”，在弹出对话框中点击“是”，保存成功。

> 温馨提示：
>
> · 在系统管理中曾经介绍过，操作员的编码和名称不能重复。刘梅在系统管理中已经设置为操作员，编码为“001”。如果按照默认编码“02”再次保存，那刘梅就有两个编码，一个是“001”，一个是“02”，会对日后的操作产生影响。因此，应将此处刘梅与操作员中“001 刘梅”进行链接。
>
> · “是否业务员”选项决定填制记账凭证或业务单据时是否可以选择该人员，如果忘记勾选或者业务部门错误，都可能导致后续操作出现错误。

（3）同理，根据“表2-6　职员档案”资料输入其他职员档案。

2-10

设置客商信息（操作演示）

（三）设置客商信息

1.设置供应商分类。

（1）执行“基础设置”/“基础档案”/“客商信息”/“供应商分类”命令，点击“增加”，按照资料输入供应商分类信息，输入完毕点击“保存”，如图2-21所示。

（2）同理，根据“表2-7　供应商分类”资料添加其他供应商分类。

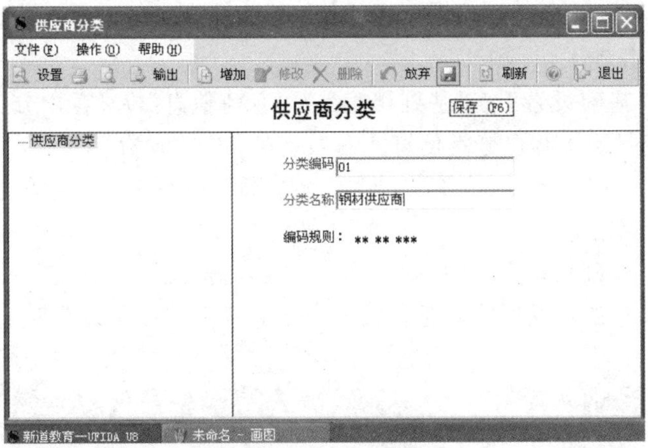

图2-21　设置供应商分类

温馨提示：

· 建立账套时在“有无供应商分类”的对话框内打钩，选择了供应商分类，才需要建立供应商分类档案。如果在基础档案无法增加供应商分类档案，应检查建账是否勾选此对话框。

· 建立账套时规定了供应商分类的编码方案是“223”，此处，一级供应商分类编码就必须是两位数。如果还有二级分类，编码也应该是两位数，三级分类编码应该是三位数。

2.设置供应商档案。

（1）执行“基础设置”/“基础档案”/“客商信息”/“供应商档案”命令，点击“增加”，按照资料输入供应商档案信息，输入完毕点击“保存并新增”，如图2-22所示。

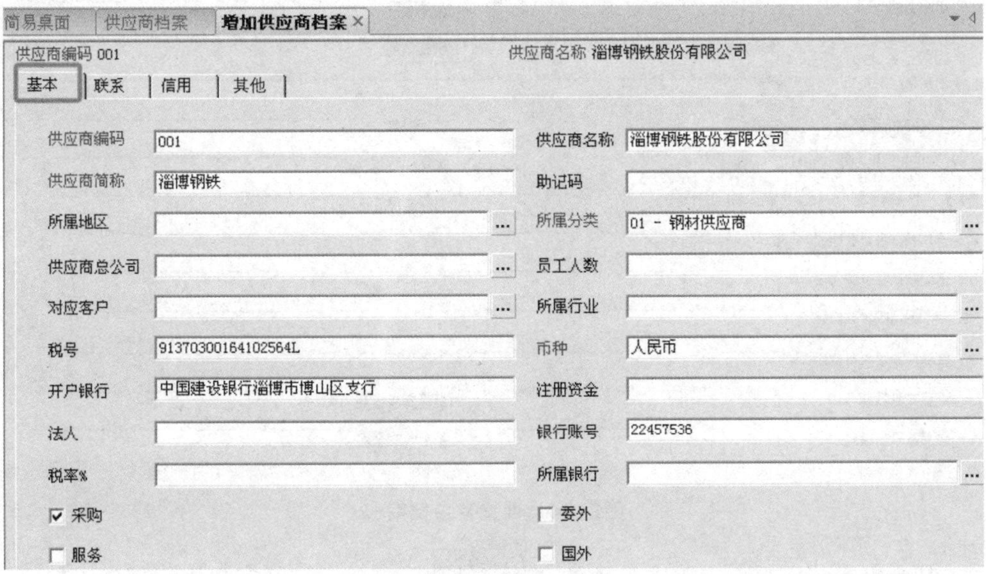

图2-22　设置供应商档案

（2）同理，根据“表2-8　供应商档案”资料输入其他供应商档案信息。

3.设置客户分类。

（1）执行“基础设置”/“基础档案”/“客商信息”/“客户分类”命令，点击“增加”，按照资料输入客户分类信息，输入完毕点击“保存”。

（2）同理，根据“表2-9　客户分类”资料输入其他客户分类信息。

4.设置客户档案。

（1）执行“基础设置”/“基础档案”/“客商信息”/“客户档案”命令，点击“增加”，按照资料输入客户档案息，输入完毕后点击“保存并新增”，如图2-23、图2-24所示。

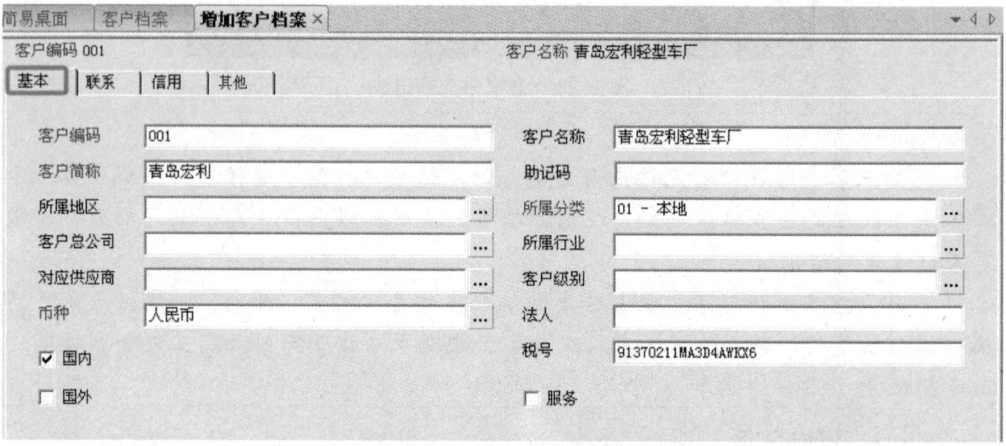

图2-23　设置客户档案-1

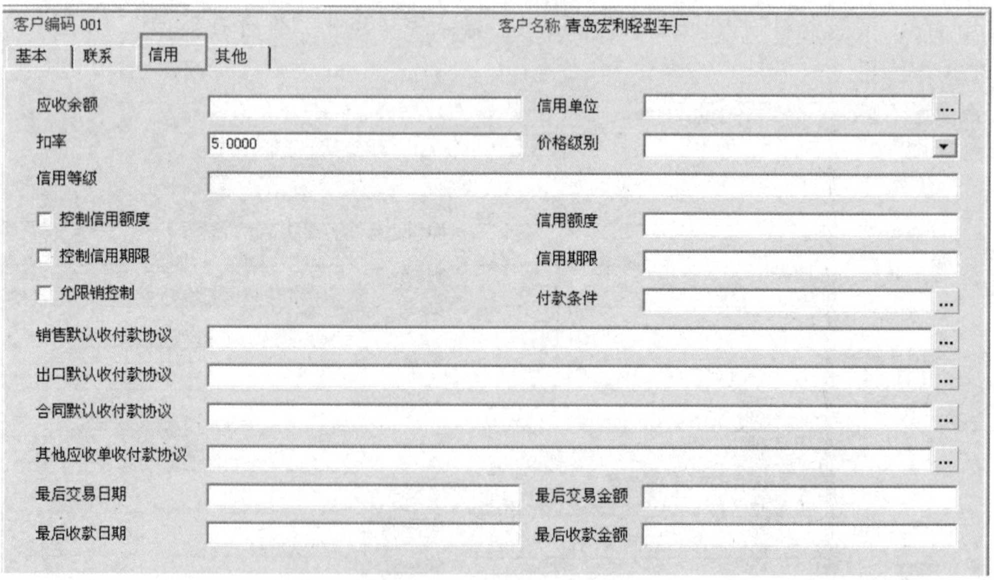

图2-24　设置客户档案-2

其中银行档案需要点击左上角的“银行”按钮，打开客户银行档案，输入相关信息，如图2-25所示。

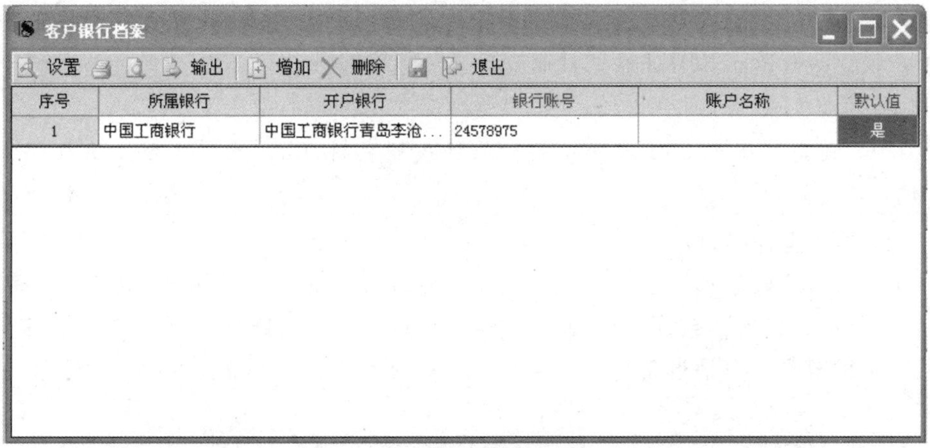

图2-25　设置客户档案-3

（2）同理，根据“表2-10　客户档案”资料输入其他客户档案。

（四）设置财务档案

1.设置外币及汇率。

（1）执行“基础设置”/“基础档案”/“财务”/“外币设置”命令，点击“增加”，按照资料输入币符“USD”、币名“美元”，点击“确认”。

（2）在1月份对应的记账汇率中输入7.19，如图2-26所示。

2-11

设置外币及汇率（操作演示）

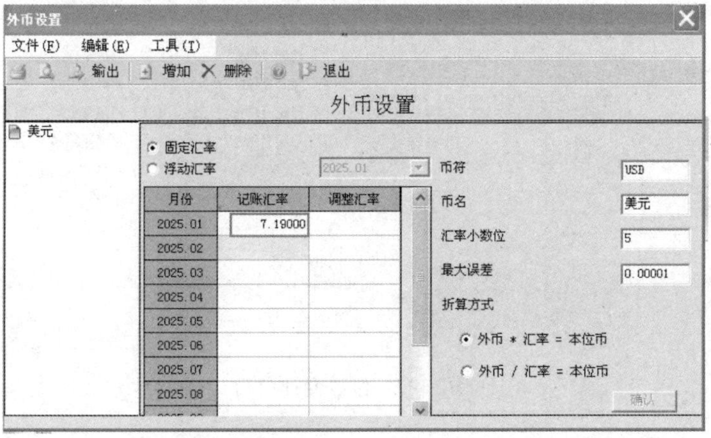

图2-26　外币设置

温馨提示：

· 注意折算方式和汇率的关系。本任务中折算方式是外币*汇率=本位币，因此记账汇率是7.19，意味着如果是1美元，折算成人民币是7.19元。如果选择外币/汇率=本位币，记账汇率就应该是1/7.19。

· 月末录入调整汇率。

· 最好先设置外币及汇率，再设置会计科目，因为有些会计科目涉及外币核算。

2-12

设置会计科目（操作演示）

2.设置会计科目。

（1）执行“基础设置”/“基础档案”/“财务”/“会计科目”，进入“会计科目”窗口，显示所有按“2007年新会计制度科目”预置的科目。

温馨提示：

·之前建账套的时候选择“按行业性质预置科目”，此处才会显示所有会计科目。

（2）修改会计科目。

①修改“应收票据”会计科目。在“会计科目”窗口，选中“应收票据”科目，点击“修改”，进入“会计科目_修改”窗口。点击下方“修改”，在“客户往来”前面的“辅助核算”对话框中打钩，这时会显示受控于应收系统，点击“确定”，如图2-27所示。

图2-27　修改会计科目

温馨提示：

·设置为客户往来的会计科目受控于应收系统，而设置为供应商往来的会计科目受控于应付系统。目的是如果企业启用了应收、应付系统，可以更有针对性地对相应科目进行核算。

②同理，根据“表2-11　修改会计科目表”资料修改其他会计科目。

（3）增加会计科目。

①增加“银行存款——人民币户”会计科目。在“会计科目”窗口，点击“增加”，在弹出的“新增会计科目”对话框，输入编码“100201”，科目名称“人民币户”，在“日记账”和“银行账”对话框打钩，点击“确定”，如图2-28所示。

图2-28　新增会计科目-1

温馨提示：

- 增加的会计科目编码长度要符合编码规则。
- 要按照资料要求设置辅助核算信息。

②增加“银行存款——美元户”会计科目。在“新增会计科目”窗口点击“增加”，输入编码“100202”，科目名称“美元户”，选择“外币核算”，币种选择“美元USD”，勾选“日记账”和“银行账”对话框，点击“确定”，如图2-29所示。

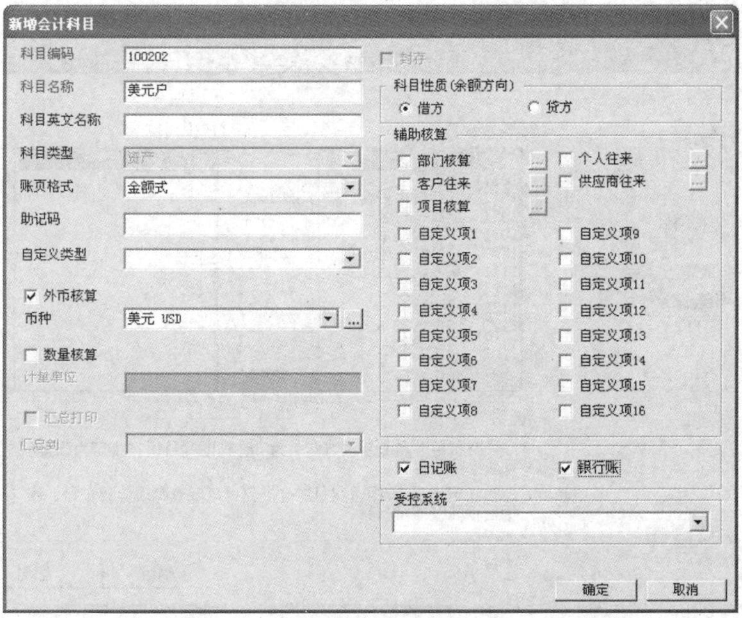

图2-29　新增会计科目-2

③同理，根据“表2-12　增加会计科目表”资料增加其他会计科目。

（4）指定会计科目。

①在“会计科目”窗口，点击“编辑”，选择“指定科目”，进入“指定科目”窗口。

②选中“现金科目”，将“1001 库存现金”从待选科目选入已选科目，如图2-30所示。

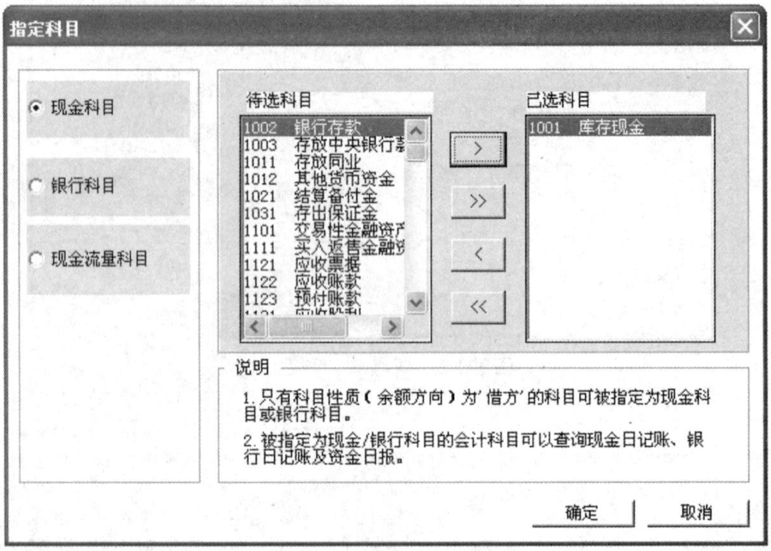

图2-30　指定会计科目-1

③选中“银行科目”，将“1002 银行存款”从待选科目选入已选科目，如图2-31所示。

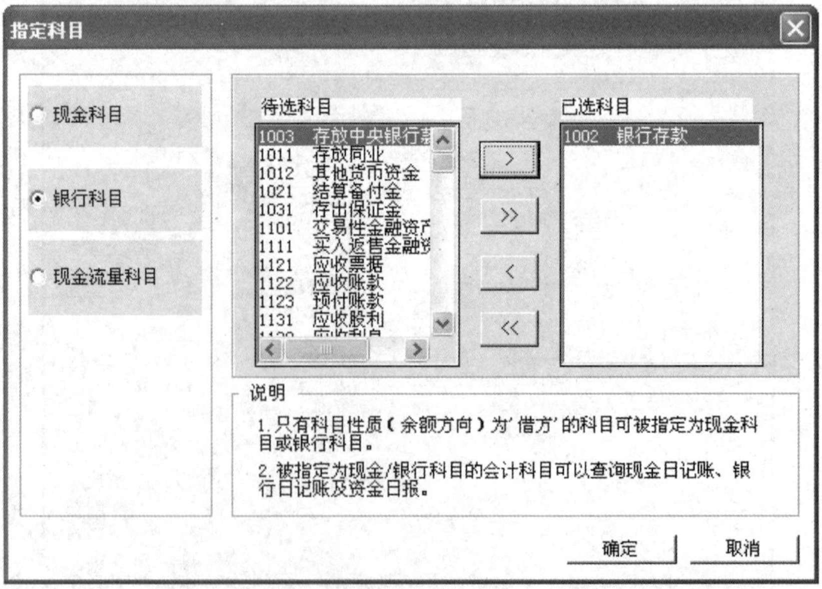

图2-31　指定会计科目-2

④选中“现金流量科目”，将“1001 库存现金”“100201 人民币户”“100202 美元户”“1003 存放中央银行款项”“1011 存放同业”“101201 支付宝”“1021 结算备付金”“1031 存出保证金”从待选科目选入已选科目，如图2-32所示。

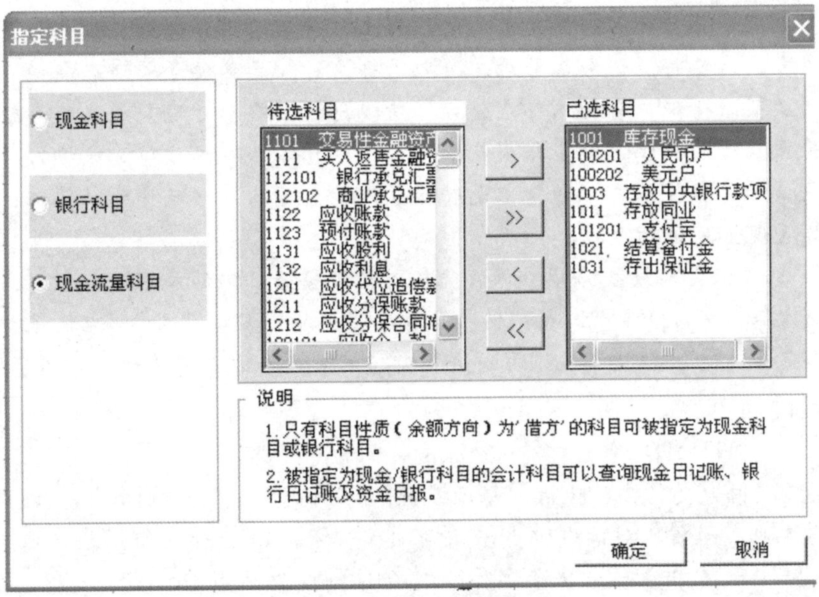

图2-32　指定会计科目-3

> 温馨提示：
>
> · 指定会计科目是指定出纳的专管科目。只有被指定为“现金科目”“银行科目”的会计科目，才能查询现金日记账、银行存款日记账和资金日报表，进行出纳签字。

3.设置凭证类别。

（1）执行“基础设置”/“基础档案”/“财务”/“凭证类别”命令，进入“凭证类别预置”窗口，选择“收款凭证 付款凭证 转账凭证”，点击“确定”。

2-13

设置凭证类别（操作演示）

（2）点击“修改”按钮，双击每种类别的“限制类型”和“限制科目”，按照“表2-13　凭证类别”资料输入，如图2-33所示。

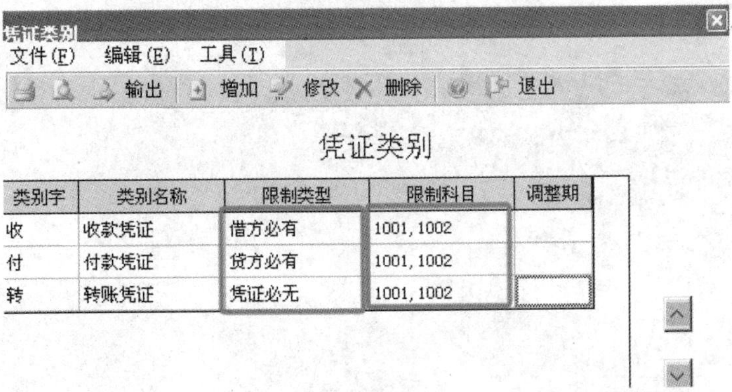

图2-33　设置凭证类别

（3）点击“退出”。

温馨提示：

· 记账凭证的分类方式有多种，企业可根据自身实际需要选择分类，最常用的有两种：一种是不分类，全部称之为记账凭证，如果企业经济业务较少，可以选择这种分类，简便易行；另一种是分为收款凭证、付款凭证和转账凭证，如果企业经济业务较多，需要将凭证分类管理，可以选择这种分类，便于管理和查询。收款凭证是收到款项的凭证，资金增加在借方，所以借方必有库存现金或银行存款，付款凭证是付出款项的凭证，资金减少在借方，所以贷方必有库存现金或银行存款，除了收款凭证和付款凭证之外的就都是转账凭证了，是指不涉及资金的凭证，所以凭证必无库存现金和银行存款。

· 一旦凭证类别设置完毕，保存凭证时必须按照设定的规则进行保存，如果不符合规则无法保存成功。例如，“借：应收票据；贷：应收账款”，应该保存为转账凭证，如果保存为收款凭证，则系统会提示“不满足借方必有条件”而不予保存。

2-14

设置项目目录（操作演示）

4.设置项目目录。

（1）定义项目大类。

①定义项目大类名称。执行“基础设置”/“基础档案”/“财务”/“项目目录”，在弹出的“项目档案”对话框中点击“增加”按钮，如图2-34所示。在弹出的“项目大类_定义”对话框，输入大类名称“生产成本”，然后点击“下一步”。

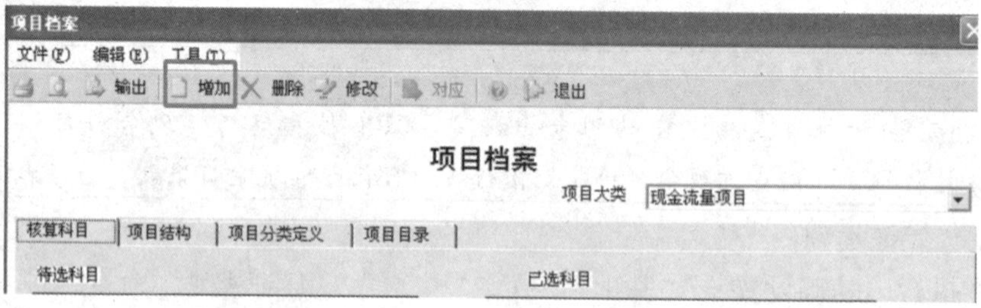

图2-34 增加项目大类

②定义项目级次。在弹出的对话框中设置项目级次，此处默认只设一级分类，编码长度为1，不需要修改，点击“下一步”，如图2-35所示。

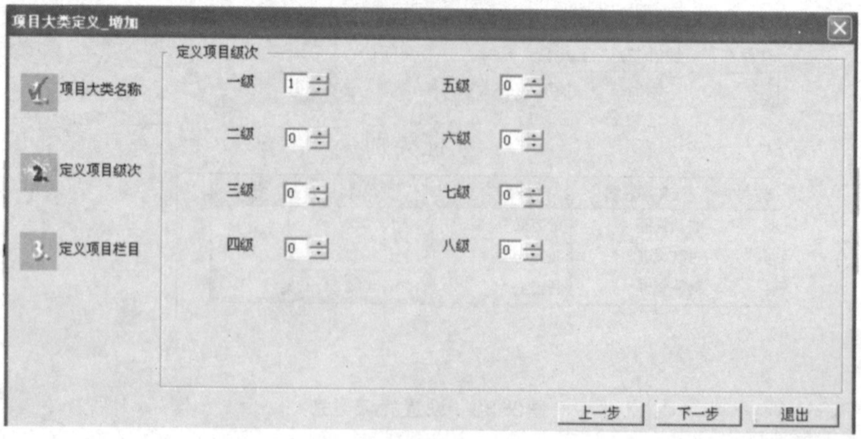

图2-35 定义项目级次

③定义项目栏目。在弹出的对话框中定义项目栏目，默认项目栏目为项目编号、项目名称、是否结算、所属分类码四项，此处不需要修改，直接点击“完成”，如图2-36所示。在工作中可以根据实际情况增加或删除栏目。

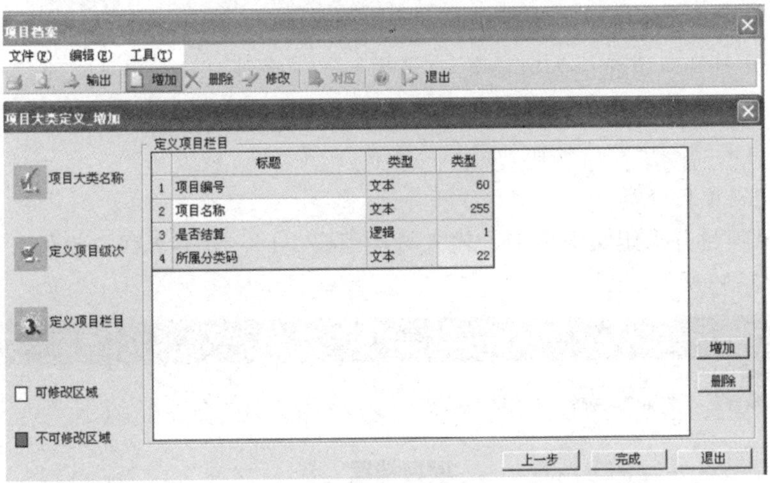

图2-36　定义项目栏目

温馨提示：

· “项目核算”这一辅助核算应用面较广，一个单位项目核算的种类可能多种多样，例如在建工程、对外投资、技术改造、融资成本、在产品成本、合同订单等，都可以使用项目核算功能进行明细核算。在本任务中，主要是对在产品的生产成本进行项目分类核算。本企业主要生产两种产品：轮毂和车桥，为生产产品而耗用的直接材料、直接人工、制造费用等，都应当具体分配到这两种产品中去，因此我们设置一个“生产成本”的项目大类对这些科目进行明细核算。

（2）指定核算科目。

选中“生产成本”项目大类，在“核算科目”选项卡中，将待选科目中的500101—500103选入“已选科目”，点击“确定”，如图2-37所示。

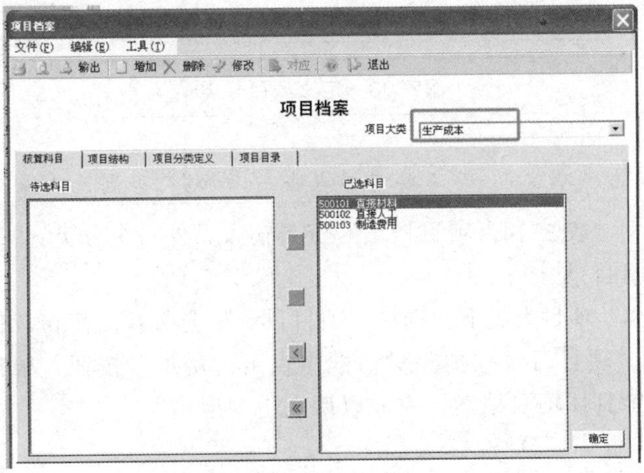

图2-37　指定核算科目

温馨提示：

· 项目大类中一开始默认的是现金流量项目，需要选中“生产成本”项目大类，再选择科目，否则会将会计科目选到现金流量项目中，一旦这些会计科目发生经济业务，就会计入现金流量项目中，产生错误。

· 会计科目必须在“基础档案”/“财务”/“会计科目”中设置为“项目核算”辅助核算，才会出现在待选科目中。若是你的待选科目中没有这些会计科目，请回到“基础档案-财务-会计科目”中重新设置。

（3）定义项目分类。

①选择项目分类定义选项卡，输入分类编码“1”，分类名称“轮毂”，点击“确定”，如图2-38所示。

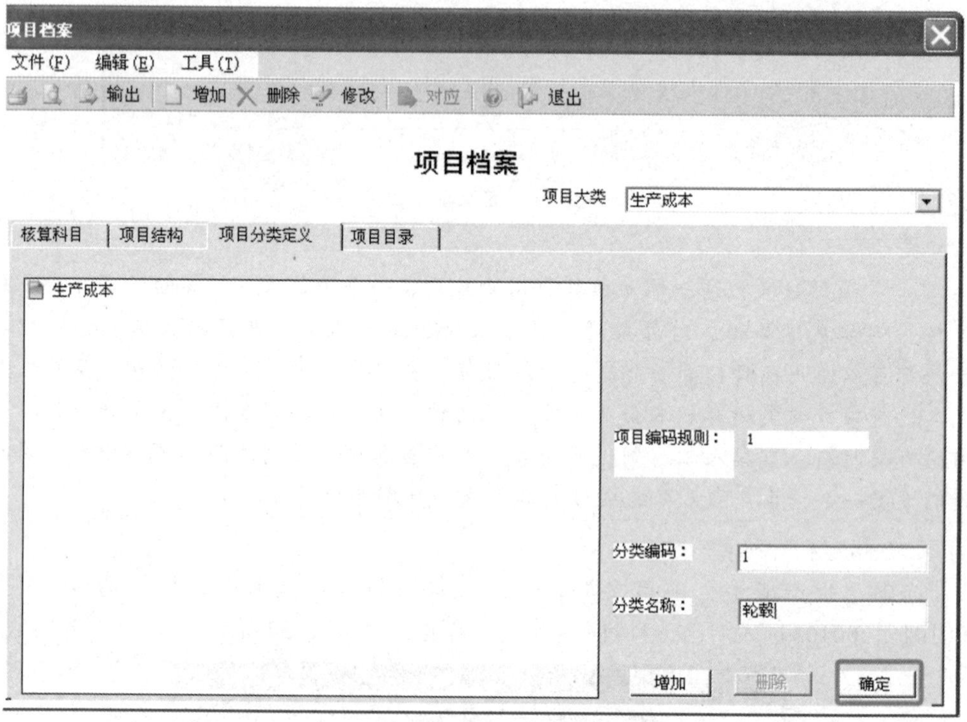

图2-38　定义项目分类

温馨提示：

· 此处要点击“确定”，而不要直接点击“增加”，否则无法保存。

②同理，根据“表2-14　项目档案”资料输入另外一个分类：“2”“车桥”。

（4）定义项目目录。

在“生产成本”项目大类下，选择“项目目录”选项卡，点击“维护”，如图2-39所示，在弹出的“项目目录维护”对话框中点击“增加”按钮，根据“表2-14　项目档案”资料添加具体项目档案，完成以后点击“退出”。

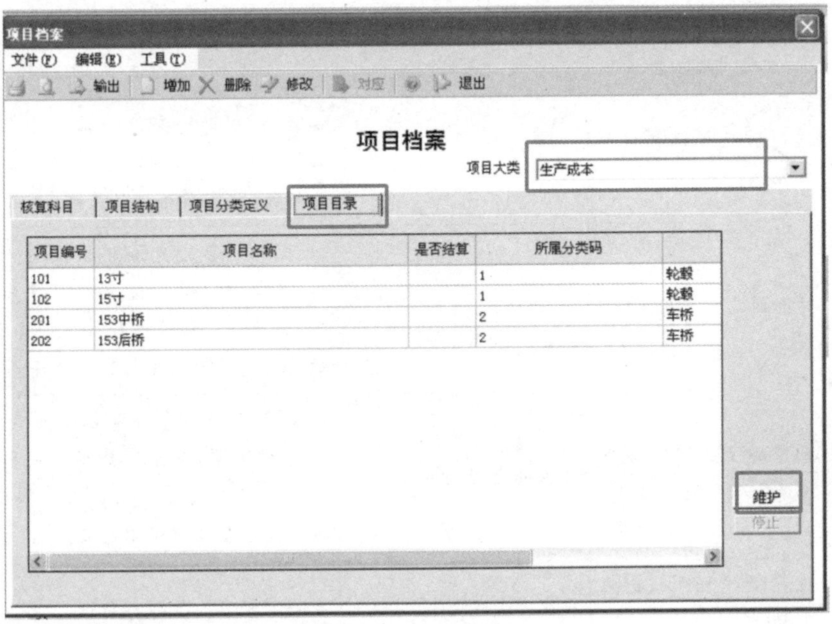

图2-39　定义项目目录

温馨提示：

· 不要点击“增加”，增加是增加项目大类，而不是项目档案。

· 项目目录是指具体的明细项目目录，例如在本任务中，明细项目就是产品，即轮毂和车桥，需要添加产品的具体档案和所属分类。

（五）设置收付结算档案

2-15 设置收付结算档案（操作演示）

首先，执行“基础设置”/“基础档案”/“收付结算”/“结算方式”命令，点击“增加”，按任务资料进行添加现金结算方式，点击“保存”。

然后，同理，按照“表2-15　结算方式”相关资料输入其他结算方式。

（六）备份账套

以admin的身份登录“系统管理”，执行“账套”/“输出”命令，备份为“任务2-5 设置基础档案”账套。

常见问题和错误解析

本项目操作过程中较易发生的错误和问题总结如下，可参考“解决方法”进行修改（见表2-16）。

表2-16　常见问题和错误的原因及解决方法

序号	常见问题和错误	原因	解决方法
1	操作员信息错误。	设置操作员时录入错误。	如果是用户编码错误，删除该操作员重新添加；如果是其他信息错误，可双击该操作员进行修改。

续表

序号	常见问题和错误	原因	解决方法
2	建账时忘记设置编码方案。		以账套主管的身份登录“企业应用平台”，执行“基础设置”/“基本信息”/“编码方案”命令进行修改。
3	建账时忘记启用系统。		以账套主管的身份登录“企业应用平台”，执行“基础设置”/“基本信息”/“系统启用”命令进行启用，将需要启用的系统前面勾选框打钩，选择启用日期。
4	账套建立以后发现账套基本信息录入错误。	建立账套时输入错误。	以账套主管的身份重新登录系统管理，执行“账套/修改”命令，进行账套修改。注意账套号、账套路径和启用会计期、是否集团账套不能修改。
5	设置操作员权限时点不动。	没有点击“修改”按钮。	点击“修改”按钮再勾选。
6	“账套-输出”处为灰色点不动，无法备份。	以账套主管身份登录。	以系统管理员（admin）身份重新登录后备份。
7	“账套-修改”处是灰色不能设置。	以系统管理员（admin）身份登录。	以账套主管身份重新登录后进行修改。
8	已经添加了人员档案，但是没有客户档案联系人。	添加人员档案的时候没有选择“是否业务员”。	找到该人员档案，选择“是否业务员”。
9	增加会计科目时，显示“已经有此会计科目，不能重复添加”。	可能是之前已经添加过该科目，或者本来应该是修改科目，却误操作为增加科目。	查看会计科目中是否有此会计科目，如果需要修改，可以点击修改，不需要再增加。
10	会计科目“银行存款——美元户”处的外币核算为灰色无法修改。	建账时未选择“是否有外币核算”。	以账套主管身份进入系统管理，点击账套——修改，找到“是否有外币核算”，打钩。
11	进行项目设置时，待选科目中不显示应该有的科目。	修改会计科目的时候，没有将这些会计科目设置为"项目核算"的辅助核算。	修改会计科目，将500101—500103设置为“项目核算”辅助核算。

续表

序号	常见问题和错误	原因	解决方法
12	进行项目目录设置时，待选科目选到已选科目，为什么设置不成功？	选完以后没有点击“确定”按钮。	重新设置并且点击“确定”按钮。
13	进行项目目录设置时，为什么项目分类点击“增加”一直增加不上？	不应“点击增加”按钮。	点击“确定”按钮。
14	进行项目目录设置时，项目目录中已经设置好了很多信息。	指定核算科目时，项目大类没有选择“生产成本”项目，而是默认的“现金流量”项目。	选中“现金流量”项目，将“5001—5003”反选回到“待选科目”，然后再选中“生产成本”项目，将这些会计科目选入“已选科目”

项目测试

项目二测试

一、单项选择题

1.在账套输出和引入前均要以（　　）的身份登录系统管理。

A.账套主管　　B.系统管理员　　C.公司总管　　D.总账主管

2.用友ERP-U8 V10.1最多可建立（　　）个账套。

A.9　　B.99　　C.998　　D.999

3.用户权限管理的实质是（　　）。

A.控制操作员的权限　　B.设置操作员的口令

C.设置操作员的代码　　D.设置操作员的姓名

4.在系统管理中，要清除单据锁定，必须以（　　）的身份注册。

A.账套主管　　B.admin　　C.demo　　D.system

5.只有（　　）才有权建立和管理用户。

A.demo　　B.admin　　C.user　　D.账套主管

6.如果部门编码级次为2-2-2，则下列部门编码中正确的是（　　）。

A.办公室101　　B.办公室01001　　C.办公室0101　　D.办公室0100101

7.修改账套时应该以（　　）的身份登录系统管理。

A.系统管理员　　B.账套主管　　C.出纳　　D.总账会计

8.设置为客户往来的会计科目受控于（　　）系统。

A.应付款　　B.应收款　　C.总账　　D.存货

9.定会计科目是指定（　　）专管科目。

A.总账会计　　B.账套主管　　C.会计主管　　D.出纳

10.设置凭证类别时，如果设置为“收款凭证、付款凭证和转账凭证”分类方式，其中“转账凭证”的限制类型须设置为（　　）。

A.借方必有　　B.贷方必有　　C.凭证必有　　D.凭证必无

二、多项选择题

1.用友软件中，系统管理的功能包括（　　）。

A.账套管理　　B.账套库管理

C.用户及权限管理　　D.凭证管理

2.进入系统管理时，用户允许（　　）身份注册

A.系统管理员　　B.凭证录入员　　C.账套主管　　D.出纳员

3.建账三部曲包括（　　）。

A.增加用户　　B.建立账套　　C.设置权限　　D.填制凭证

4.管理账套一般包括（　　）。

A.建立账套　　B.修改账套　　C.引入账套　　D.输出账套

5.建账成功后，（　　）不能修改。

A.账套号　　B.账套名称　　C启用会计期　　D单位名称

6.辅助核算的类型包括（　　）。

A.部门核算　　B.客户往来　　C.供应商往来

D.个人往来　　E.项目核算

7.只有被指定为（　　）科目的会计科目才能查询现金日记账、银行存款日记账和资金日报表，进行出纳签字。

A.现金　　B.银行　　C.现金流量　　D.以上都是

三、判断题

1.一个账套只可以指定一个账套主管。（　　）

2.以系统管理员身份登录系统管理平台，可以进行账套的建立、修改、引入和输出，设置用户和账套主管、设置和修改用户的密码及其权限等。（　　）

3.用户的编号必须唯一。（　　）

4.账套主管可以备份账套。（　　）

5.设置会计科目时，必须先设置上级科目，才可以设置下级科目。（　　）

6.如果建账时选择了对客户分类核算，在建立存货档案之前必须先建立客户分类档案。（　　）

同步实训

项目二同步实训

项目评价（见表2-17）

表2-17　　项目二评价参考表

任务	要求	评价		
		自评	师评	小组互评
2.1 认识系统管理和企业应用平台	能深入理解系统管理模块功能	□A □B □C	□A □B □C	□A □B □C
2.2 建立账套	能正确完成建账三部曲：增加用户→建立账套→财务分工	□A □B □C	□A □B □C	□A □B □C
2.3 管理账套	能根据要求修改账套，能熟练备份和引入账套	□A □B □C	□A □B □C	□A □B □C
2.4 系统安全管理	能够对信息系统进行监控、管理，设置数据自动备份，进行系统故障的维护	□A □B □C	□A □B □C	□A □B □C
2.5 设置基础档案	能深入理解系统管理模块功能	□A □B □C	□A □B □C	□A □B □C

续表

自我总结与反思		
重点任务操作流程梳理		

任务名称	操作流程简要概括
建立账套	
管理账套	
系统安全管理	
设置基础档案	

操作过程中出现的错误及其原因分析和改正方法

错误点	错误原因	改正方法

注：A，达标；B，基本达标；C，未达标。

项目三

总账会计岗位实务

目标指引

知识目标

1.理解总账控制参数的意义；
2.掌握辅助核算科目余额的设置方法，理解余额试算平衡的原理；
3.掌握记账凭证的内容与录入要求；
4.熟悉凭证类别的判断；
5.熟悉凭证填制、出纳签字、审核、记账与修改的流程和操作规则；
6.掌握错账更正的方法；
7.熟悉期末转账的原理、操作流程和方法。

能力目标

1.能够设置总账控制参数并正确录入期初余额；
2.能够填制和审核记账凭证并进行记账处理；
3.能够发现错误并采用适当的方法进行错账更正；
4.能够查询各类账簿数据；
5.能够进行期末转账操作；
6.能够完成期末对账、结账工作。

素养目标

1.具备爱岗敬业和乐于奉献的品质；
2.具备严谨的工作态度；
3.具有较高的社会责任感。

总账会计岗位工作流程

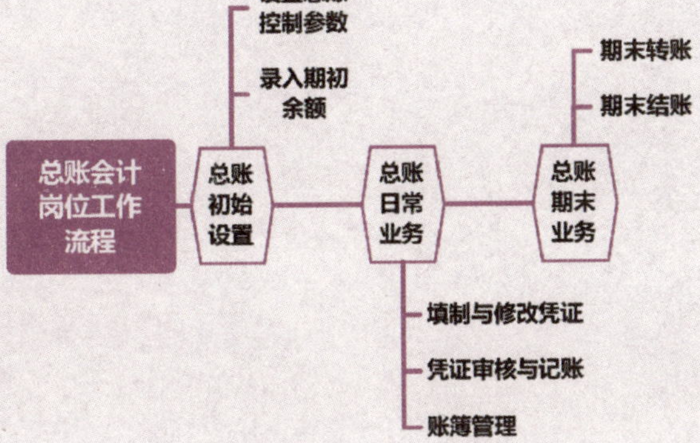

图3-1 总账会计岗位工作流程

价值引领　　修旧如旧　匠心楷模

人物速写：刘更生是中国非物质文化遗产京作硬木家具制作技艺代表性传承人，从事“京作”硬木家具制作与古旧家具修复已近40年。他多次参与重要文物的大修与复制，2013年故宫博物院“平安故宫”工程中，他成功修复故宫养心殿的无量寿宝塔、满雕麟龙大镜屏等数十件木器文物，复刻了故宫博物院金丝楠鸾凤顶箱柜、金丝楠雕龙朝服大柜，使经典再现，传承于世，为“京作”技艺、民族文化的继承和发扬作出了贡献。他多次承担国家重点工程任务，参与制作了香山勤政殿、颐和园延赏斋、北京首都机场专机楼元首厅等项目的经典家具，设计制作了2014年APEC峰会21位元首桌椅、内蒙古自治区成立70周年大座屏、宁夏回族自治区成立60周年贺礼、国庆70周年天安门城楼内部木质装饰等国家重点工程家具。他设计的“APEC系列托泥圈椅”荣获世界手工艺产业博览会“国匠杯”银奖。2021年4月，天坛家具成为“北京2022年冬奥会和冬残奥会官方生活家具供应商”，他秉承“产业报国、传承经典”理念，向世界讲好中国优秀传统文化故事，在冬奥会场馆中再现中华传统文化魅力。

资料来源：赖志凯.【身边的大国工匠】雕琢时光［EB/OL］.［2022-03-17］. https：//m.gmw.cn/baijia/2022-03/17/35592548.html.有删改。

品质/精神传承：刘更生大师凭借多年的经验和精湛技艺，心怀对中华传统文化的热爱与尊重，用爱岗敬业的态度、追求卓越的技术让许多珍贵文物重现光彩。敬业爱岗、追求卓越是中华民族优秀的传统品质。让我们感悟工匠事迹，传承文化精神。

项目资料

一、总账初始设置资料[①]

（一）总账控制参数

青岛宏象华瑞装备科技有限公司总账控制参数见表3-1。

表3-1　　总账控制参数

选项卡	参数设置
凭证	制单序时控制； 支票控制； 可以使用应收、应付、存货受控科目； 凭证编号方式：系统编号；
权限	出纳凭证必由出纳签字； 允许修改、作废他人填制的凭证； 可查询他人凭证；
会计日历	数量、单价小数位：2位；
其他	部门、个人、项目按编码方式排序； 汇率方式：固定汇率

（二）期初余额表

1.总账期初余额表。

青岛宏象华瑞装备科技有限公司2025年1月1日的总账期初余额表见表3-2。

表3-2　　总账期初余额表

2025年1月1日　　金额单位：元

科目名称	方向	币别/计量	期初余额
库存现金（1001）	借		6 844.50
银行存款（1002）	借		1 684 674.00
人民币户（100201）	借		1 612 774.00
美元户（100202）	借		71 900.00
	借	美元	10 000.00
应收票据（1121）	借		58 500.00
商业承兑汇票（112102）	借		58 500.00
应收账款（1122）	借		508 800.00

① 此处为【任务二　总账初始设置】的任务资料。

续表

科目名称	方向	币别/计量	期初余额
其他应收款（1221）	借		5 600.00
应收个人款（122101）	借		5 600.00
坏账准备（1231）	贷		25 000.00
原材料（1403）	借		540 000.00
原料及主要材料（140301）	借		540 000.00
生铁			240 000.00
		千克	100 000.00
45MnB钢			300 000.00
		千克	100 000.00
库存商品（1405）	借		1 700 000.00
153中桥（140501）	借		600 000.00
		支	60.00
153后桥（140502）	借		800 000.00
		支	100.00
13寸轮毂（140503）	借		300 000.00
		个	600.00
固定资产（1601）	借		14 246 028.69
累计折旧（1602）	贷		2 367 842.31
短期借款（2001）	贷		200 000.00
应付账款（2202）	贷		324 000.00
应付职工薪酬（2211）	贷		163 000.00
应付工资（221101）	贷		150 000.00
应付福利费（221102）	贷		5 600.00
工会经费（221103）	贷		3 600.00
职工教育经费（221104）	贷		3 800.00
实收资本（4001）	贷		10 000 000.00
资本公积（4002）	贷		5 000 000.00
利润分配（4104）	贷		827 604.88

续表

科目名称	方向	币别/计量	期初余额
未分配利润（410401）	贷		827 604.88
生产成本（5001）	借		157 000.00
直接材料（500101）	借		100 000.00
直接人工（500102）	借		24 000.00
制造费用（500103）	借		33 000.00

2.辅助账期初余额表。

青岛宏象华瑞装备科技有限公司2025年1月1日的辅助账期初余额表见表3-3至表3-7。

表3-3　商业承兑汇票期初辅助账明细

会计科目：112102商业承兑汇票　单位：元

日期	凭证号	客户	业务员	摘要	方向	金额
2024-12-15	转-21	青岛宏利	周群	销售	借	58 500.00

表3-4　应收账款期初辅助账明细

会计科目：1122应收账款　单位：元

日期	凭证号	客户	业务员	摘要	方向	金额
2024-12-1	转-2	青岛宏利	周群	销售	借	308 800.00
2024-12-18	转-25	青特科技	周群	销售	借	200 000.00
合计						508 800.00

表3-5　应收个人款期初辅助账明细

会计科目：122101应收个人款　单位：元

日期	凭证号	部门	个人	摘要	方向	金额
2024-12-31	付-36	总经理办公室	李成	出差借款	借	5 600.00

表3-6　应付账款期初辅助账明细

会计科目：2201 应付账款　单位：元

日期	凭证号	供应商	业务员	摘要	方向	金额
2024-12-25	转-30	淄博钢铁	孙进	采购	贷	120 000.00
2024-12-28	转-38	沃丰钢铁	孙进	采购	贷	204 000.00
合计						324 000.00

表3-7 生产成本期初辅助账明细

会计科目：5001生产成本 单位：元

科目名称	153中桥	153后桥	合计
直接材料（500101）	60 000.00	40 000.00	100 000.00
直接人工（500102）	14 000.00	10 000.00	24 000.00
制造费用（500103）	20 000.00	13 000.00	33 000.00
总计	94 000.00	63 000.00	157 000.00

二、总账管理系统日常业务①

（一）填制和修改凭证

青岛宏象华瑞装备科技有限公司2025年1月发生经济业务如下，总账会计（003张玲）完成凭证的录入和修改工作。

1.经济业务1：1月1日，财务部姜涛从银行人民币户提取现金5 000.00元，作为备用金，附单据1张，现金支票号XJ001。

借：库存现金 5 000.00

贷：银行存款——人民币户 5 000.00

2.生成常用凭证：根据第一张凭证生成常用凭证。

3.经济业务2：1月2日，采购部孙进出差预借差旅费3 000.00元，现金付讫，附单据1张。

借：其他应收款——孙进 3 000.00

贷：库存现金 3 000.00

4.修改辅助项：经济业务2出差人应为销售部周群，将“其他应收款”科目的辅助核算项中的采购部孙进改为销售部周群。

5.经济业务3：1月5日，采购部孙进从淄博钢铁股份有限公司购入生铁10吨，不含税单价2 500.00元，增值税税率13%，已验收入库，货款暂欠，附单据2张。

借：原材料/原料及主要材料——生铁 25 000.00

应交税费——应交增值税——进项税额 3 250.00

贷：应付账款——淄博钢铁 28 250.00

6.经济业务4：1月8日，总经理办公室李成在淘宝购买得力档案盒10个，不含税单价10元，增值税税率13%，支付宝支付价税合计113元，附单据2张。

借：管理费用——办公费 100.00

应交税费——应交增值税——进项税额 13.00

贷：其他货币资金——支付宝 113.00

7.经济业务5：1月13日，销售部周群销售10支153中桥给长春润冠，不含税单价12 000.00元，增值税税率13%，货已发出，货款未收，附单据1张。

① 此处为【任务三 总账管理系统日常业务处理】的任务资料。

借：应收账款——长春润冠　　135 600.00

贷：主营业务收入　　120 000.00

应交税费——应交增值税——销项税额　　15 600.00

8.经济业务6：1月18日，收到青岛宏利转账支票1张，支票号为ZZ001，金额208 800.00元，用以偿还前欠货款，附单据1张。

借：银行存款——人民币户　　208 800.00

贷：应收账款——青岛宏利　　208 800.00

9.经济业务7：1月22日，收到红星公司投资款50 000.00美元，固定汇率1：7.19，转账支票号为ZZ002，存入美元户，附单据1张。

借：银行存款——美元户　　359 500.00

贷：实收资本　　359 500.00

10.经济业务8：1月25日，生产领用生铁10吨，用于生产153中桥。按先进先出法计算发出原材料的成本，附单据1张。

借：生产成本——直接材料　　24 000.00

贷：原材料——原料及主要材料　　24 000.00

11.经济业务9：1月25日，财务部姜涛从银行人民币户提取现金10 000.00元，作为备用金，附单据1张，现金支票号为XJ002。请根据001号常用凭证生成记账凭证。

借：库存现金　　10 000.00

贷：银行存款——人民币户　　10 000.00

12.删除第4号转账凭证。

（二）凭证审核与记账

1.出纳（002 姜涛）对出纳凭证进行出纳签字。

2.账套主管（001 刘梅）对凭证进行审核。

3.账套主管（001 刘梅）对凭证进行记账。

（三）账簿管理

1.总账会计（003 张玲）查询总账、明细账和余额表。

2.总账会计（003 张玲）查询部门账，包括部门总账、部门明细账和部门收支分析。

三、总账管理系统期末业务①

要求总账会计（003 张玲）利用期末自动转账功能完成以下任务：

1.按照短期借款期末余额的0.4%计提短期借款利息（年利率4.8%）。

2.按照7.25的期末汇率结转美元户存款户汇兑损益。

3.结转期间损益。

① 此处为【任务四　总账管理系统期末业务处理】的任务资料。

3-1

总账会计岗位初认知（微课）

任务一　认识总账管理系统

一、任务布置

总账会计（003 张玲）登录进入“企业应用平台”，查看总账管理系统的各项操作，并以小组为单位进行讨论，回答以下问题：

1.总账管理系统在财务系统中的地位如何？它与其他系统的关系是怎样的？

2.总账管理系统都有哪些功能？

3.辅助核算都有哪几类？与手工核算相比有何差异？

二、知识链接

（一）总账管理系统与其他系统的关系

总账管理系统是会计信息系统的核心子系统，它好比是公司会计信息的中央处理器，对所有系统生成的会计信息进行统一核算和管理。它既可以独立运行，也可以和其他系统协同运转。

如果企业规模较小，对管理需求不高，财务核算简单，只是希望通过软件完成企业的一般账务核算工作，可以只启用总账管理系统，所有的账务处理都在总账中完成；如果企业希望能够通过ERP管理软件对企业的整体业务进行精细管理，对固定资产、薪资、往来业务、购销存业务进行详细核算和管理，就需要启用其他系统，此时，这些系统与总账管理系统共同协作，将在本系统生成的凭证传递到总账管理系统，最终在总账管理系统完成全部账务处理，生成报表数据，如图3-2所示。

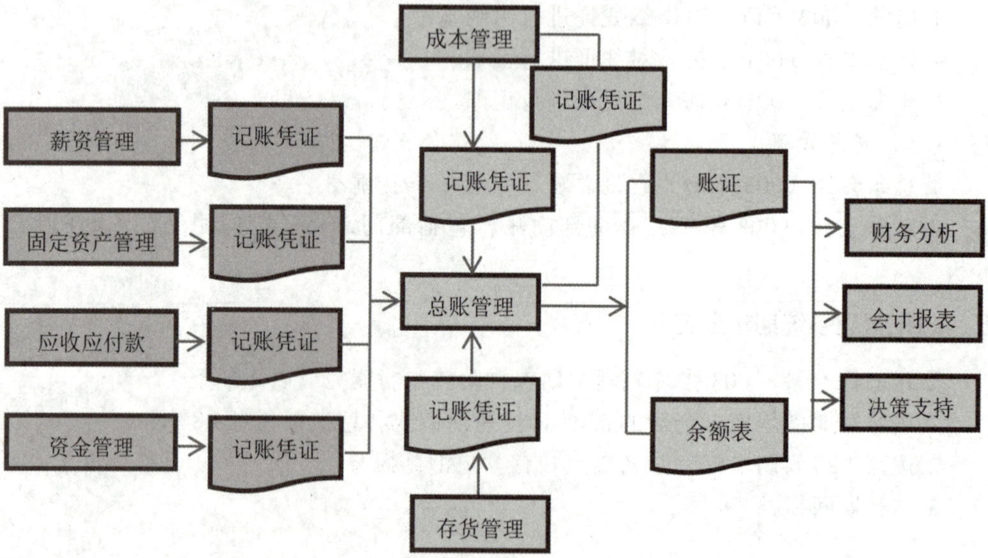

图3-2　总账管理系统与其他系统的主要关系

（二）总账管理系统的功能

总账管理系统的功能主要包括初始设置、凭证管理、出纳管理、账簿管理、辅助核算管理和期末处理等。这些工作由总账会计、出纳、会计主管等岗位共同完成，这几个岗位在工作中互相配合，共同完成总账管理系统的相关工作。

1.初始设置。

为了满足不同用户的不同需求，用友ERP-U8 V10.1配置了不同的选项设置，企业可以根据自身需要选择选项。另外，期初余额的录入也属于初始设置的内容。

2.凭证管理。

凭证管理主要包括记账凭证的录入、审核、出纳签字、记账、查询、打印、常用凭证定义等。

3.出纳管理。

出纳在总账管理系统中实现对库存现金和银行存款的管理。主要工作包括：进行支票登记，查询银行存款日记账、库存现金日记账和资金日报表，期末进行银行对账，编制银行存款余额调节表。

4.账簿管理。

可提供多方位、多角度的账簿查询工作，包括总账、明细账和凭证的联查和各种辅助账的查询及打印工作。

5.辅助核算管理。

用友ERP-U8 V10.1可以实现辅助核算管理功能。辅助核算管理是会计信息系统特有的功能，它主要实现了对会计信息的精细化、科学化管理。辅助核算一般通过核算项目来实现，核算项目是会计科目的一种延伸，设置某科目有相应的辅助核算后，相当于设置了科目按核算项目进行更为明细的核算，它发生的每一笔业务都会登记在总账和辅助明细账上。用友ERP-U8 V10.1管理软件可实现的辅助核算项目主要有部门核算、个人往来核算、客户往来核算、供应商往来核算、项目核算五种类型。但核算项目又不同于一般的明细科目，它具有更加灵活方便的特性。一个核算项目可以在多个科目下挂接。而且一个会计科目可以设置单一核算项目，也可以选择多个核算项目。例如，可以将应收账款科目同时设置为往来核算与部门核算，方便进行财务管理。

（1）部门核算。考核部门费用收支的发生情况，对各部门的收支情况加以比较，便于进行部门考核。提供各级部门总账、明细账的查询，并对部门收入与费用进行部门收支分析等功能。

（2）个人往来核算。主要进行个人借款、还款管理工作，及时地控制个人借款，完成清欠工作。提供个人借款明细账、催款单、余额表、账龄分析报告及自动清理核销已清账等功能。

（3）客户往来核算。主要进行客户往来款项的发生、清欠管理工作，及时掌握客户往来款项的最新动态，提供客户往来的总账、明细账、催款单、往来账清理、账龄分析报告等功能。

（4）供应商往来核算。主要进行供应商往来款项的发生、清欠管理工作，及时掌握供应商往来款项的最新动态，提供供应商往来的总账、明细账、往来账清理、账龄分析报告等功能。

（5）项目核算。用于生产成本、在建工程等业务的核算，以项目为中心为使用者提供各项目的成本费用、收入、往来等汇总及明细情况，以及项目计划执行报告等。提供项目总账、明细账及项目统计表的查询等功能。

（三）总账会计岗位职责

总账会计岗位的主要工作职责如下：

1.协助会计主管编制、完善会计核算制度和财务管理制度并监督执行。

2.审核公司的原始单据，编制记账凭证，执行业务收付款审核、报销审核等工作。

3.负责月末对账、结账工作。

4.负责各类会计资料的档案整理及归档工作。

5.完成上级主管交代的其他工作。

任务二　总账管理系统初始设置

一、任务布置

青岛宏象华瑞装备科技有限公司已经完成了企业的基础信息设置，总账会计张玲需要将总账管理系统设置为适合该单位核算要求的专用账务核算系统，并录入期初余额。请根据“项目资料-—、总账初始设置资料”相关要求，完成总账管理系统初始设置。

二、知识链接

总账管理系统初始设置是由总账会计完成的，它的主要内容包括总账控制参数和期初余额的录入。

（一）总账控制参数

由于每个企业对会计核算的要求不同，总账子系统中针对这些要求设置了总账控制参数选项，这些选项决定了总账管理系统的输入控制、处理方式、数据流向、输出格式等，企业可以根据自身管理需要和账务处理要求进行选择。常用总账控制参数选项及其功能说明见表3-8。

表3-8　常用总账控制参数选项及其功能说明

选项卡	常用选项	功能说明	注意事项
凭证	制单序时控制	凭证必须按制单日期进行排序，后增加的凭证日期不能插到以前的凭证之前。	如果凭证有分类，则不同类别的凭证分别排序。
	支票控制	提示登记支票登记簿。	

续表

选项卡	常用选项	功能说明	注意事项
	赤字控制	对出现赤字（负数）的会计科目进行控制，可以选择只对资金及往来科目进行控制，也可以对所有科目进行控制。	赤字控制方式：如果选择“提示”，则制单时系统如果发现该会计科目有赤字，会进行提示；如果选择“严格”，则不允许出现赤字，制单时如果系统发现该会计科目有赤字，凭证无法保存。
	可以使用应收/应付/存货受控科目	当启用应收/应付/存货系统时，为了避免在总账和应收/应付/存货系统同时使用这些科目产生重复录入的错误，可以选择“不使用应收/应付/存货受控科目”；如果只使用总账子系统，则需要选择“可以使用应收/应付/存货受控科目”，否则无法使用某些会计科目。	本项目暂不启用应收/应付/存货系统，应收应付业务在总账完成，参数须设置为“可以使用应收/应付/存货受控科目”。
	现金流量科目必录现金流量项目	选择该项目，凡是录入涉及现金流量科目（如库存现金、银行存款）的凭证，必会弹出一个对话框要求录入现金流量项目，用以最终编制现金流量表。	
权限	出纳凭证必须由出纳签字	凡是涉及现金总账科目和银行总账科目的凭证，必须由出纳进行签字审核，否则不允许记账。	必须指定会计科目才可以出纳签字
	允许作废、修改他人填制的凭证	可以作废或修改其他人填制的凭证。	
	可查询他人凭证	可以查询到其他人填制的凭证。	
会计日历	数量小数位 单价小数位 本币精度	数量、单价和本币金额要求保留的小数位数	

（二）期初余额

无论何时进行会计信息化的初始设置，都肯定会有一个初始状态。一般而言，将建账月的月初作为初始，那这个月的月初余额，即上个月的月末余额，就是我们的期初余额。总账会计需要将原先手工会计的上月月末余额录入信息系统中，作为期初余额。

三、操作演示

根据“项目资料-—、总账初始设置资料”完成总账管理系统初始设置。

【准备工作】引入“任务2-5 设置基础档案”备份账套。

（一）总账会计登录“企业应用平台”

总账会计（003张玲）登录“企业应用平台”（操作员：003；密码：空；账套：001青岛宏象华瑞装备科技有限公司；登录日期：2025-01-01）。

3-2

设置总账控制参数（操作演示）

（二）设置总账控制参数

1.执行“业务工作”/“财务会计”/“总账”/“设置”/“选项”命令，打开“选项”对话框，单击“编辑”按钮，根据“表3-1　总账控制参数”资料进行设置，如图3-3至图3-6所示。

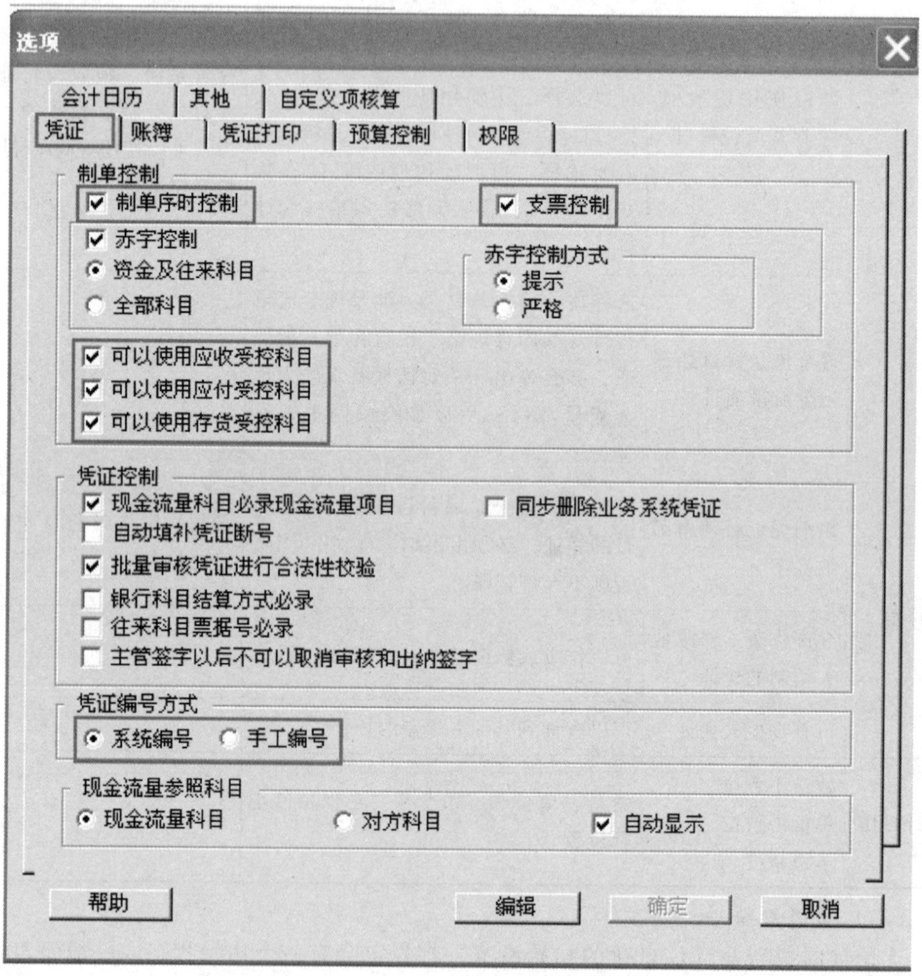

图3-3　【凭证】选项卡

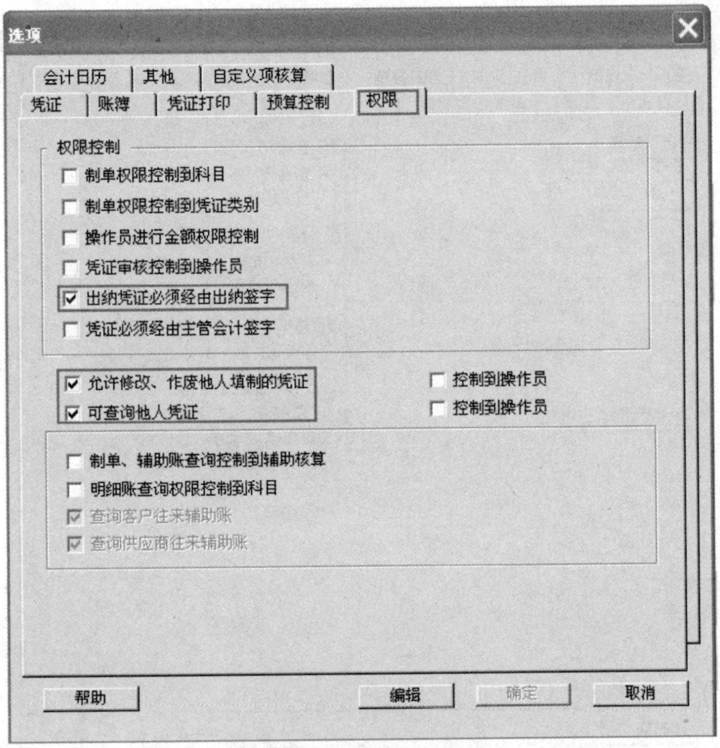

图3-4　【权限】选项卡

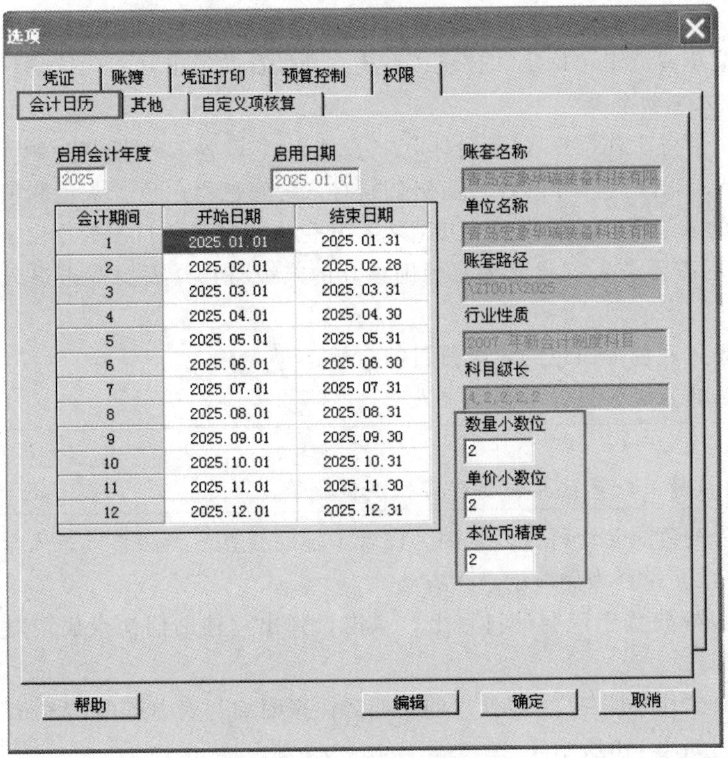

图3-5　【会计日历】选项卡

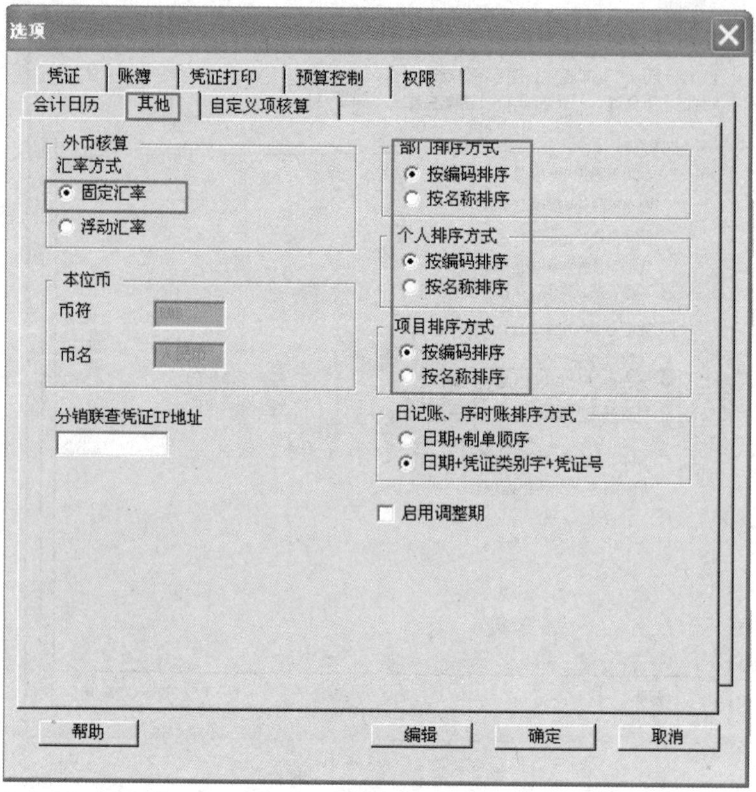

图3-6 【其他】选项卡

2.设置完毕，点击“确定”按钮，系统自动保存并退出。

3-3

录入总账期初余额（操作演示）

（三）录入期初余额

1.执行“业务工作”/“财务会计”/“总账”/“设置”/“期初余额”命令，打开“期初余额录入”窗口。可以看到期初余额有三种底色：白色、灰色和黄色。白色为无辅助核算的末级科目，数据可直接录入；灰色为非末级科目，数据由末级科目自动汇总而成，不需要录入；黄色为有辅助核算的末级科目，需要双击进入，输入详细信息。

2.直接录入底色为白色的末级科目的金额。

3.灰色为非末级科目，不需要录入。

温馨提示：

· 外币核算、数量核算需要填写外币和数量。

4.底色为黄色的会计科目，是因为设置了辅助核算，无法直接录入金额，下面以“商业承兑汇票”科目为例演示录入方法。

（1）将鼠标放置于该会计科目上，双击，弹出“辅助期初余额”对话框，如图3-7所示。

（2）点击“往来明细”，在弹出的“期初往来明细”表中点击“增行”，增加期初往来明细账，如图3-8所示。

图3-7　期初余额录入-辅助期初余额

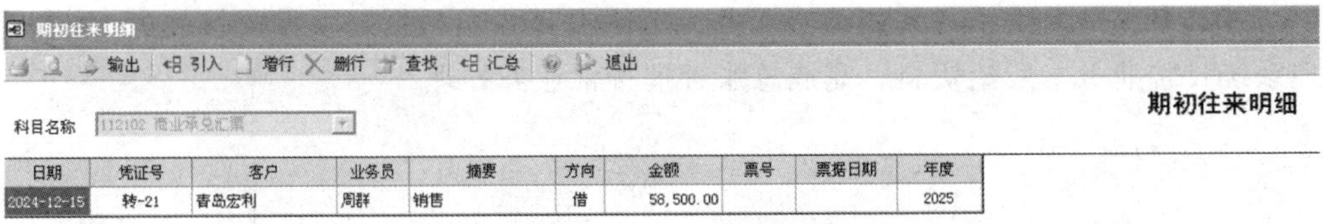

图3-8　期初余额录入-辅助期初余额—期初往来明细

（3）点击“汇总”，然后点击“退出”，完成从期初往来明细到辅助期初余额的汇总，如图3-9所示。

图3-9　期初余额录入-辅助期初余额—往来明细汇总

（4）点击“退出”，完成了“112102 商业承兑汇票”科目的期初余额录入。

5.按照上述方法，将全部期初余额录入完毕。

6.单击“试算”按钮，弹出“期初试算平衡表”对话框，如图3-10所示。

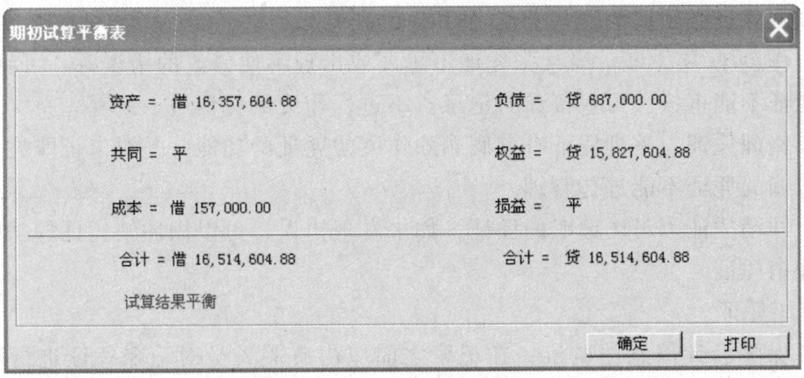

图3-10　期初试算平衡表

（四）备份账套

用户admin登录“系统管理”，备份为“任务3-2 总账管理系统初始设置”账套。

温馨提示：

· 如果期初余额试算不平衡，不能记账。

· 后续很多任务需要在本任务的基础之上完成，因此本账套备份后需妥善保管。

任务三　总账管理系统日常业务处理

一、任务布置

2025年1月发生了一系列经济业务，总账会计张玲根据“项目资料-二、总账管理系统日常业务”所给资料，完成总账管理日常业务处理。

二、知识链接

日常业务处理是财务人员的基础和核心工作，总账日常业务包括凭证管理和账簿管理等。

（一）凭证管理

凭证管理的内容包括填制凭证、查询凭证、审核凭证、出纳签字、凭证汇总、凭证记账等工作。

1.填制凭证。

（1）增加凭证。增加凭证需要录入凭证类别、凭证编号、制单日期、附单据数、摘要、会计科目、辅助信息、金额等内容。

（2）生成和调用常用凭证。可以将某张凭证作为常用凭证存入常用凭证库中，日后可调用这张常用凭证。

（3）修改凭证。可以在填制凭证中直接修改凭证，也可以在查询凭证中找到需修改的凭证进行修改。外部传递到总账的凭证不能在总账中修改。已经审核、主管签字、记账的凭证必须取消这些操作之后才可以修改。

（4）作废/恢复凭证。当某张凭证不想要或出现不便修改的错误时，可将其作废。作废的凭证不能审核，可直接参与记账。不过，作废的凭证可以恢复。

（5）整理凭证。整理凭证有彻底删除作废的凭证的功能，并对未记账凭证重新编号。已记账的凭证不能进行整理。

（6）冲销凭证。对已记账的凭证，如果发现错误，可以用冲销凭证的功能制作一张红字冲销凭证。

2.审核凭证。

为了保障会计信息的质量，在记账之前应由有关人员对记账凭证进行严格的审核。凭证的审核工作主要包括审核凭证、出纳签字、主管签字三个方面，其中出纳签字和主管签字可根据企业自身需要选择设置。审核人与制单人不能是同一人。

（1）审核凭证。为了保证录入经济业务的准确性和可靠性，制单员填制的凭证需要经过审核员的检查核对。审核凭证是会计制度的要求，审核员需要审核记账凭证是否与原始凭证相符、会计分录是否正确等。审核认为错误或有异议的凭证，应交与填制人员修改后再审核，只有具有审核权的人才能进行审核操作。

（2）出纳签字。涉及企业银行存款和现金收入和支出的凭证，需要加强管理，可通过出纳签字功能对制单员填制的带有现金和银行存款科目的凭证进行检查核对，主要核对出纳凭证的出纳科目金额是否正确，审查认为错误或有异议的凭证，应交与填制人员修改后再核对。

如果需要进行出纳签字，须事先在“总账”/“设置”/“选项”的“权限”选项卡中选中“出纳凭证必须经由出纳签字”。

（3）主管签字。为了加强对凭证的管理，企业还可以根据自身管理需要选择对凭证进行“主管签字”，如果需要进行主管签字，须事先在“总账”/“设置”/“选项”的“权限”选项卡中选中“出纳凭证必须经由主管会计签字”。

3. 查询凭证。

在业务处理过程中，经常需要查看以前填制的凭证。如果凭证未记账，可直接在填制凭证窗口通过翻页查看凭证，但是如果凭证很多，直接查询存在困难，或者凭证已经记账，无法在填制凭证中查看，便可以通过查询凭证的功能查看。

查询凭证时，可以通过选择记账范围、凭证标志、凭证类别、月份、审核日期、制单人、审核人等确定凭证查询范围，从而进行更有针对性的查询。

4. 科目汇总。

科目汇总的主要功能是使财务人员可随时查看各个会计科目的实时发生额合计，以便掌握企业的经营状况和其他财务信息。进行汇总的凭证可以是已记账凭证，也可以是未记账凭证。

5. 记账。

凭证经过审核之后，就可以通过记账功能进行登记。点击“记账”按钮，系统可自动登记总账、明细账、辅助账、日记账等账簿。相比人工记账而言，快速、准确，极大地提高了财务工作的效率。

（二）账簿管理

会计账簿的设置是各企事业单位根据《中华人民共和国会计法》、《会计基础工作规范》和《企业会计制度》的原则规定，结合本单位会计核算业务的需要，建立有关的会计账簿，构成本企业会计核算体系的过程。

用友ERP-U8管理软件总账管理系统中已经预置了各种格式的会计账簿，企业发生的经济业务，经过制单、审核、记账后，可以查询并打印账簿。

1. 查询科目账。

总账管理系统提供总账、余额表、明细账、序时账、多栏账、综合多栏账、日记账、日报表等不同格式账簿的查询和打印功能，并且可以提供总账、明细账与凭证的联查功能。

（1）查询总账。总账查询功能可用于查询总账的账务数据，以及总账科目的本期借方发生额、本期贷方发生额、本年借方累计发生额、本年贷方累计发生额、期初余额、期末余额等的数据。总账查询可以根据需要设置查询条件，如科目范围、科目级次、是否包含未记账凭证等。

（2）查询余额表。余额表查询功能主要用于查询各会计科目的期初余额、本期发生额及余额。余额表查询可以根据需要设置查询条件，如月份、科目范围、科目级次、余额范围、科目类型、外币名称、是否包含未记账凭证、本期无发生无余额，累计有发生显示等。

（3）查询明细账。明细账查询功能主要用于查询各明细科目的借方发生额、贷方发生额及余额。明细账查询可以根据需要设置查询条件，如科目范围、月份、余额范围、科目类型、是否按对方科目展开、是否包含未记账凭证、是否按对方科目展开、是否按科目排序等。明细账查询中可联查凭证和总账。

2.查询辅助账。

总账管理系统还可根据企业设置的辅助核算科目，查询客户往来辅助账、供应商往来辅助账、个人往来辅助账、部门核算辅助账、项目核算辅助账，提供各种辅助核算的总账、明细账并生成分析报表。

三、操作演示

根据“项目资料-二、总账管理系统日常业务”资料完成总账日常业务处理。

3-4

填制凭证
（操作演示）

【准备工作】引入“任务3-2 总账管理系统初始设置”备份账套。

（一）填制和修改凭证

1.填制经济业务1凭证。

（1）总账会计（003 张玲）登录“企业应用平台”，登录日期选择“2025-01-31”。

温馨提示：

· 正常情况下，日常业务一般以业务日期登录系统进行业务处理，但是为了操作方便，本任务假设在2025年1月31日一次性登录系统进行操作。

· 几种日期的关系梳理见表3-9：

表3-9 日期关系梳理

<table>
<tr><th>日期</th><th>解析</th><th>几种日期之间的关系</th></tr>
<tr><td>建账日期</td><td>建立账套时选择的日期。所有业务都必须在建账之后才能进行处理，不得超前于建账日期。</td><td rowspan="5">建账日期≤启用日期≤凭证日期≤操作日期≤系统日期
1.启用日期不得超前于建账日期。例如，不能2025年1月建账，2024年12月就启用系统。
2.凭证日期不得超前于总账管理系统启用日期。经济业务的发生必定在总账启用之后。
3.凭证日期不应在操作日期之后，操作日期一般被认为是用户进行业务处理的日期，如果凭证日期在这之后，则意味着用户能够预知将来发生的经济业务，与逻辑不符。
4.系统日期是计算机操作系统的日期，一般都会被系统认为是当前日期（今天），凭证日期不能在系统日期之后，原因同上</td></tr>
<tr><td>启用日期</td><td>某一模块的启用日期，如本教材总账的启用日期为2025年1月1日。</td></tr>
<tr><td>操作日期</td><td>登录“企业应用平台”的日期。</td></tr>
<tr><td>凭证日期</td><td>填制凭证输入的日期。凭证日期必须在总账启用日期之后，因为总账开始使用之后，才能填制凭证。</td></tr>
<tr><td>系统日期</td><td>电脑系统日期（电脑桌面右下角）。</td></tr>
</table>

（2）执行“业务工作”/“财务会计”/“总账”/“凭证”/“填制凭证”命令，

打开“填制凭证”对话框。

（3）在“填制凭证”窗口，点击左上角的“增加”按钮或按【F5】键，增加一张空白凭证。

（4）选择凭证类型“付款凭证”，输入制单日期“2025-01-01”，录入附单据数“1”。

（5）录入摘要“提现”，输入科目名称“1001”，借方金额“5 000.00”。

（6）按回车键，摘要自动复制到下一行，输入科目名称100201，弹出“辅助项”对话框，输入结算方式“201”，票号“XJ001”，点击“确定”，如图3-11所示。

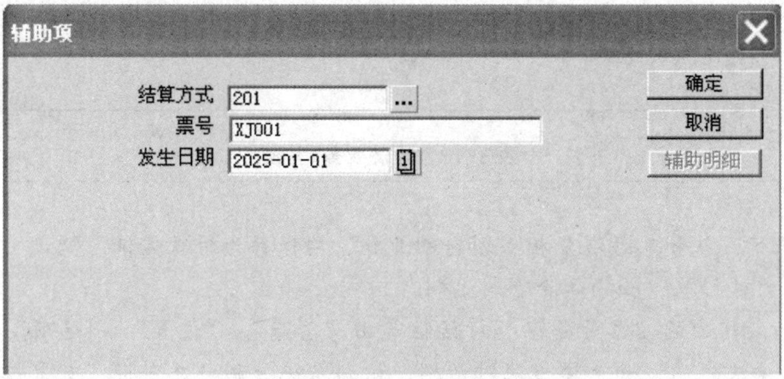

图3-11　经济业务1结算方式辅助项

（7）按回车键，鼠标在贷方金额处时，按等号键，金额自动等于借方金额5 000.00。

（8）点击“保存”或按【F6】键，弹出对话框，点击“是”，进入支票登记窗口，登记完支票，点击“确定”，如图3-12所示。

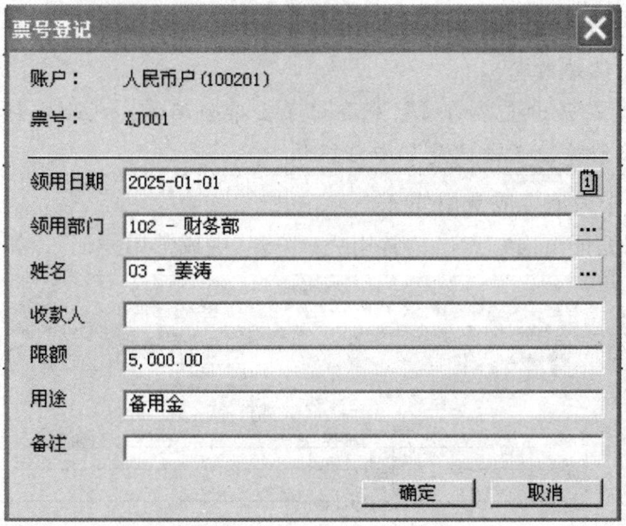

图3-12　支票登记

（9）最终结果如图3-13所示。

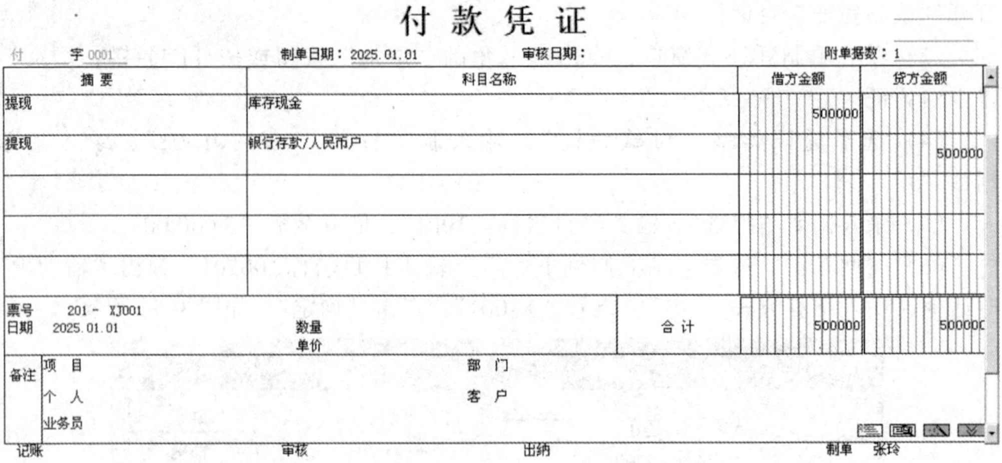

图3-13 经济业务1凭证

温馨提示：

· 银行存款和库存现金相互划转的业务，均保存为付款凭证。凭证类别一旦保存错误，无法修改，必须删除重新填制。

· 此处弹出的“票号登记”对话框是由“总账”/“设置”/“选项”中“支票控制”选项决定的，如未弹出此对话框，请到系统控制参数中将“支票控制”选项选中。

· 开出的支票才需要登记支票登记簿，收到的支票不需要登记。

· 已登记的支票在“总账”/“出纳”/“支票登记簿”中查看。支票登记簿一旦保存，就和凭证分离了，无论修改或删除凭证都不影响支票登记簿的内容，如果要修改支票登记簿，在“总账”/“出纳”/“支票登记簿”中修改（先将报销日期删除，再修改登记簿内容）。

· 若是出纳在开出支票的时候先登记了支票登记簿，则此处会提醒“此支票已登记过，是否报销?”，点击“是”即可报销。

2.根据第一张凭证生成常用凭证。

（1）在填制凭证页面，点击“常用凭证”/“生成常用凭证”，如图3-14所示。

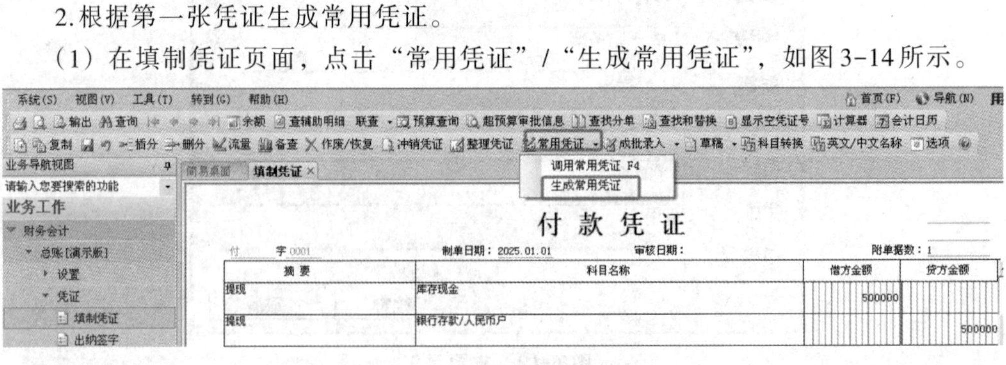

图3-14 生成常用凭证

（2）在弹出的对话框中输入代号“001”和说明“提现”，点击“确认”，生成常用凭证。

温馨提示：

· 常用凭证还可以在“总账/凭证/常用凭证”中录入，请尝试录入。

3.填制经济业务2凭证。

（1）点击“增加”按钮或按【F5】键，根据“项目资料-二、总账管理系统日常业务-（一）填制和修改凭证-3.经济业务2”资料录入业务2的会计凭证，方法同填制凭证1。

（2）“其他应收款”科目个人往来辅助项的录入信息如图3-15所示。

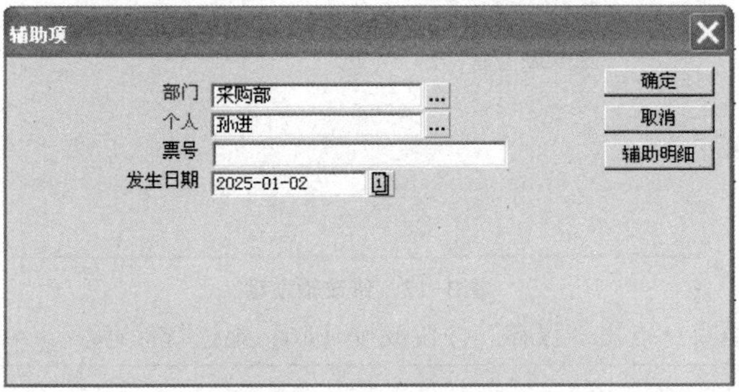

图3-15　个人往来辅助项

（3）录入结束，点击“保存”按钮。弹出“现金流量”对话框，选择“07支付其他与经营活动有关的现金”项目。最终结果如图3-16所示。

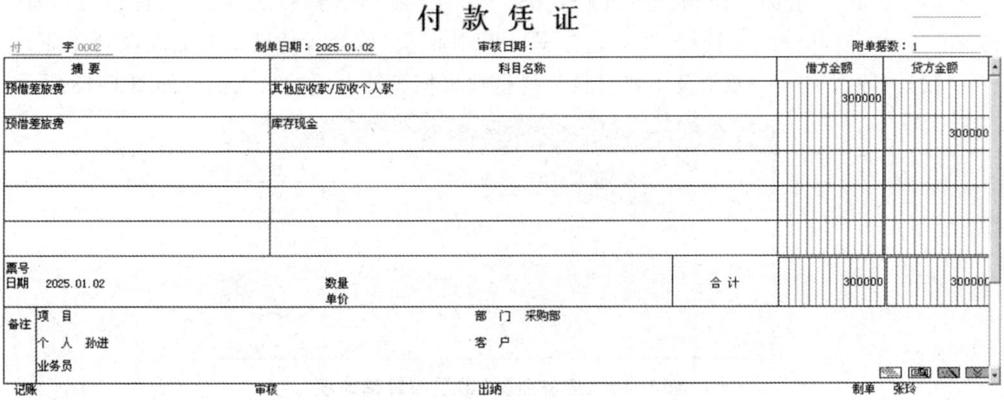
付款凭证

付 字 0002　制单日期：2025.01.02　审核日期：　附单据数：1

摘要	科目名称	借方金额	贷方金额
预借差旅费	其他应收款/应收个人款	300000	
预借差旅费	库存现金		300000
票号 日期 2025.01.02	数量 单价 合计	300000	300000

备注　项目　部门 采购部　个人 孙进　客户　业务员

记账　审核　出纳　制单 张玲

图3-16　经济业务2凭证

温馨提示：

· 凭证填制完毕点击“保存”，系统会自动将凭证分类保存，按照“收-付-转”的顺序，每一类凭证根据编号顺序排列。

· 如果采用序时控制，则每个凭证类别都会按日期进行序时控制，本凭证日期不能在上一张付款凭证之前，否则保存的时候会显示日期不序时，无法保存。

· 现金流量也可点击“流量”按钮录入。

3-5
修改凭证
（操作演示）

4.修改辅助项。

（1）在“付0002”凭证页面，单击第一条分录的任意一个位置，将鼠标移至左下角“个人”处，此时鼠标变为一个“ ”的图样，双击鼠标左键，弹出“辅助项”对话框。

（2）在“辅助项”对话框中，选中“采购部”，按【backspace】键或【delete】键删除，重新选择部门为“销售部”；同理，选中“孙进”，删除之后重新选择个人为“周群”，点击“确定”，如图3-17所示。

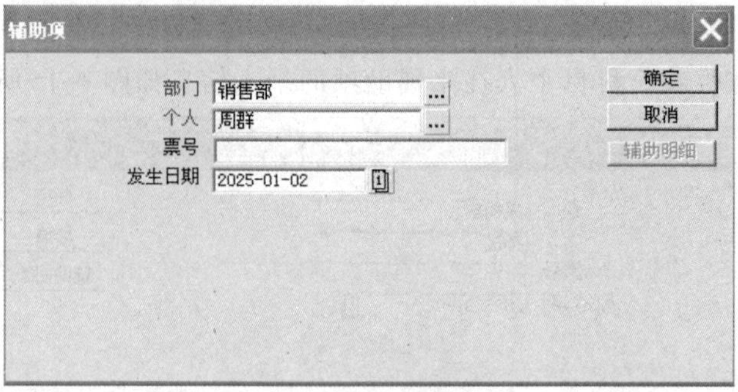

图3-17　修改辅助项

（3）修改结束，点击“保存”按钮或按【F6】键进行保存。

温馨提示：
· 其他辅助项均采用此方法进行修改。

5.填制经济业务3凭证。

（1）点击“增加”按钮或按【F5】键，根据“项目资料-二、总账管理系统日常业务-（一）填制和修改凭证-5.经济业务3”，填制业务3的会计凭证，方法同填制凭证1。

（2）“原材料——原料及主要材料”科目数量核算辅助项的录入信息如图3-18所示。

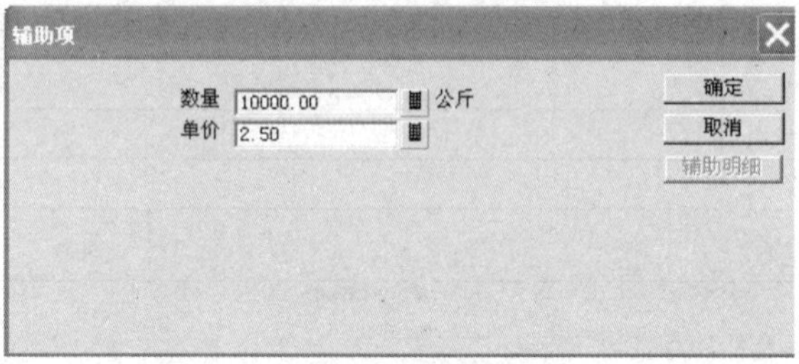

图3-18　经济业务3数量核算辅助项

（3）“应付账款”会计科目的供应商往来辅助项的录入信息如图3-19所示。

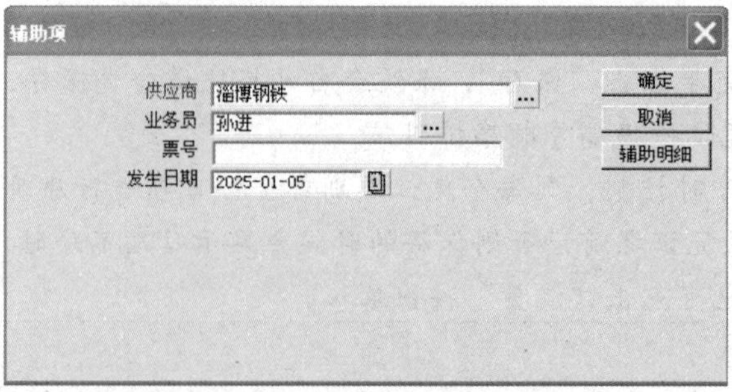

图3-19　供应商往来辅助项

（4）录入结束，点击“保存”按钮。最终结果如图3-20所示。

转 账 凭 证

转　字 0001　　制单日期：2025.01.05　　审核日期：　　附单据数：2

摘要	科目名称	借方金额	贷方金额
购入原材料，货款未付	原材料/原料及主要材料/生铁	2500000	
购入原材料，货款未付	应交税费/应交增值税/进项税额	325000	
购入原材料，货款未付	应付账款		2825000
票号 - 日期	数量 10000.00公斤 单价 2.50	合 计 2825000	2825000

备注　项　目　　　部　门

个　人　　　客　户

业务员

记账　　审核　　出纳　　制单　张玲

图3-20　经济业务3凭证

6.填制经济业务4凭证。

（1）点击“增加”按钮或按【F5】键，根据“项目资料-二、总账管理系统日常业务-（一）填制和修改凭证-6.经济业务4”，填制业务4的会计凭证。

（2）“管理费用——办公费”科目部门核算辅助项的录入信息如图3-21所示。

图3-21　部门核算辅助项

（3）录入结束，点击“保存”按钮。弹出“现金流量”对话框，选择“07支付其他与经营活动有关的现金”项目。最终结果如图3-22所示。

转 账 凭 证

转　字 0002　　制单日期：2025.01.08　　审核日期：　　附单据数：2

摘要	科目名称	借方金额	贷方金额
购买办公用品	660205	10000	
购买办公用品	应交税费/应交增值税/进项税额	1300	
购买办公用品	其他货币资金/支付宝		11300
票号 日期	数量 单价	合 计 11300	11300

备注　项　目　　　部　门　总经理办公室

个　人　　　客　户

业务员

记账　　审核　　出纳　　制单　张玲

图3-22　经济业务4凭证

7.填制经济业务5凭证。

（1）点击“增加”按钮或按【F5】键，根据“项目资料-二、总账管理系统日常业务-（一）填制和修改凭证-7.经济业务5”，填制业务5的会计凭证。

（2）“应收账款”科目客户往来核算辅助项的录入信息如图3-23所示。

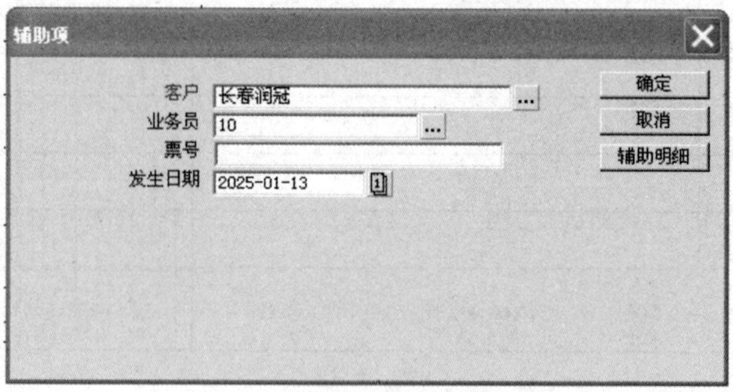

图3-23　经济业务5客户往来辅助项

（3）录入结束，点击“保存”按钮。最终结果如图3-24所示。

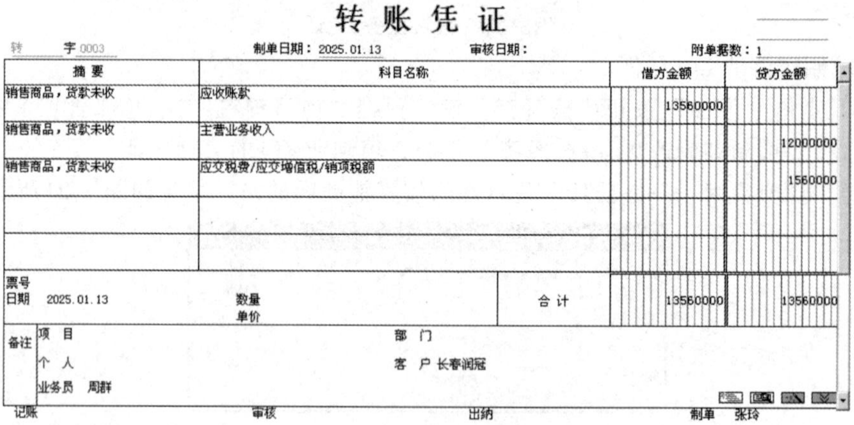

转 账 凭 证

转　字 0003　　制单日期：2025.01.13　　审核日期：　　附单据数：1

摘要	科目名称	借方金额	贷方金额
销售商品，货款未收	应收账款	13560000	
销售商品，货款未收	主营业务收入		12000000
销售商品，货款未收	应交税费/应交增值税/销项税额		1560000
票号 日期　2025.01.13	数量 单价　　合计	13560000	13560000

备注　项目　　部门

个人　　客户 长春润冠

业务员 周群

记账　　审核　　出纳　　制单 张玲

图3-24　经济业务5凭证

8.填制经济业务6凭证。

（1）点击增加按钮或按【F5】键，根据“项目资料-二、总账管理系统日常业务-（一）填制和修改凭证-8.经济业务6”，填制业务6的会计凭证。

（2）“银行存款——人民币户”科目结算方式辅助项的录入信息如图3-25所示。

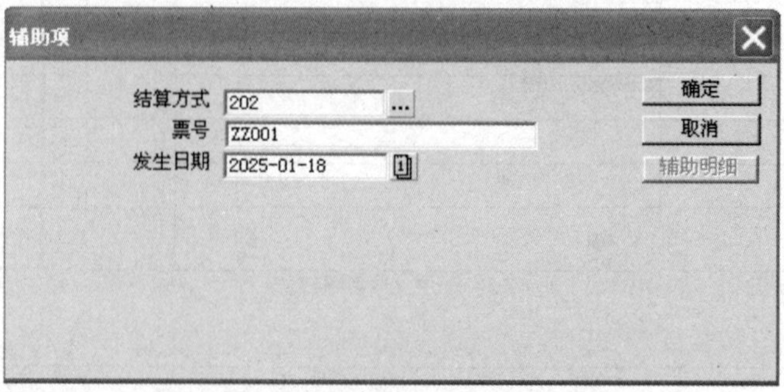

图3-25　经济业务6结算方式辅助项

（3）客户往来辅助项的录入信息如图3–26所示。

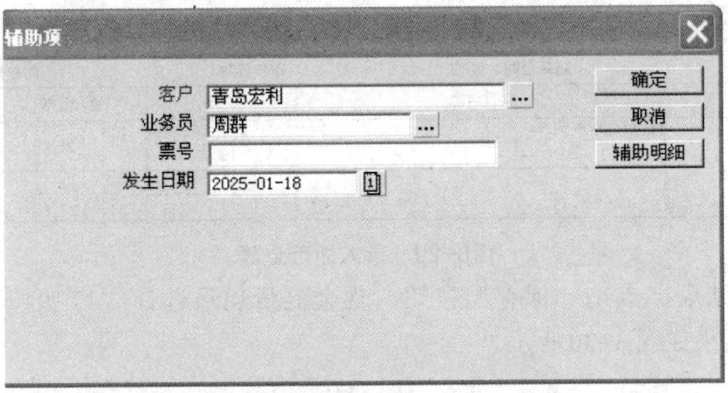

图3–26　经济业务6客户往来辅助项

（4）录入结束，点击“保存”按钮，现金流量项目选择“01 销售商品提供劳务收到的现金”。最终结果如图3–27所示。

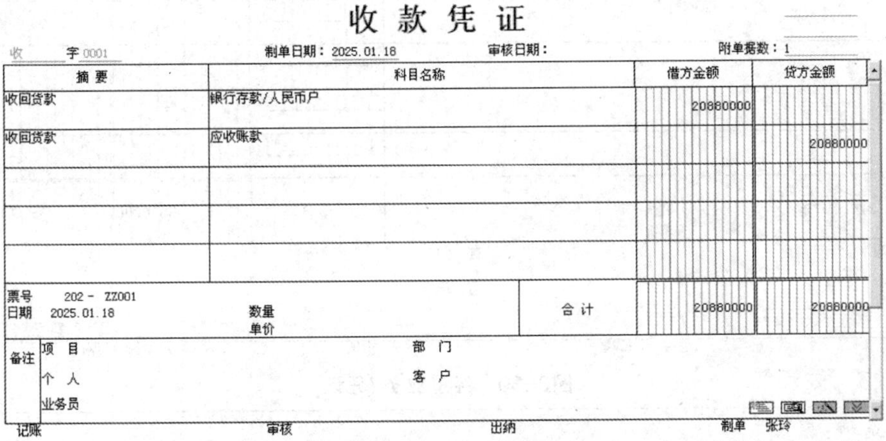

图3–27　经济业务6凭证

9.填制经济业务7凭证。

（1）点击增加按钮或按【F5】键，根据“项目资料–二、总账管理系统日常业务–（一）填制和修改凭证–9.经济业务7”，填制业务7的会计凭证。

（2）“银行存款——美元户”科目结算方式辅助项的录入信息如图3–28所示。

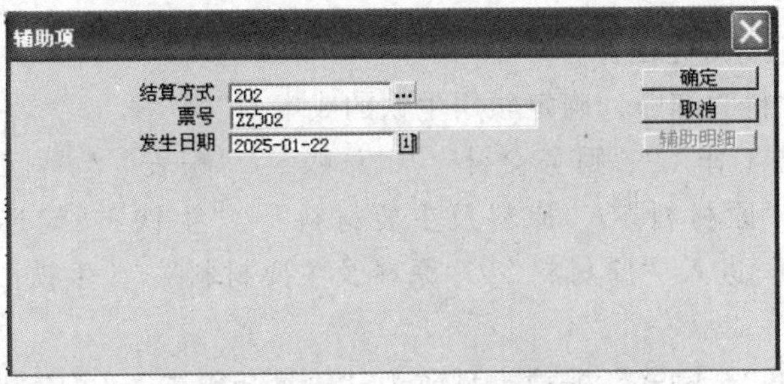

图3–28　经济业务7结算方式辅助项

（3）录入外币金额50 000.00，按回车键，自动换算为人民币金额359 500.00，如

图3-29所示。

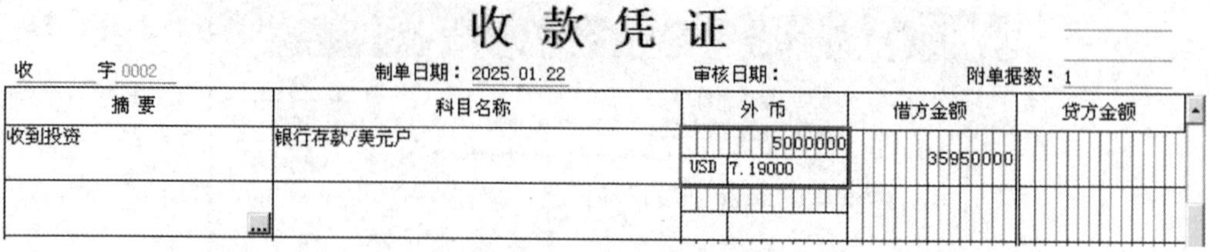

图3-29 录入外币金额

（4）录入结束，点击“保存”按钮，现金流量项目选择“17 吸收投资所收到的现金”。最终结果如图3-30所示。

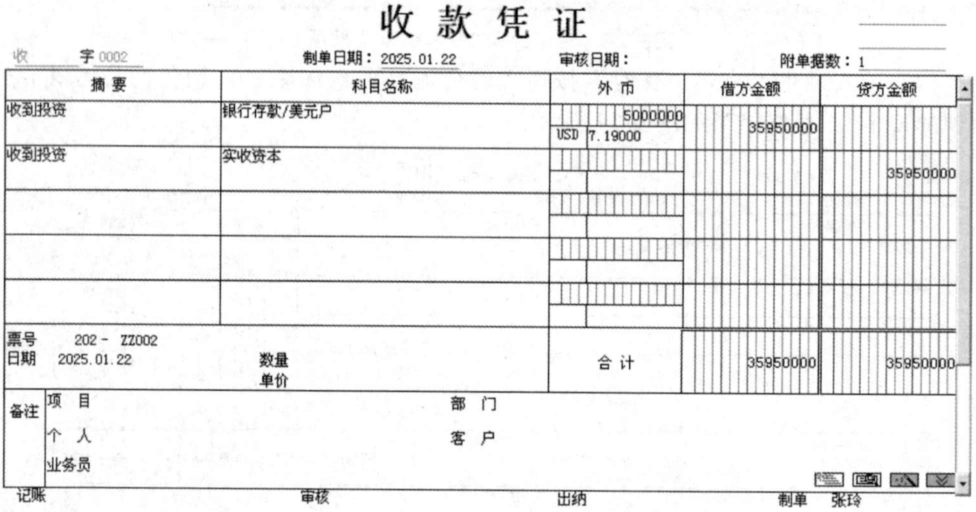

图3-30 经济业务7凭证

> 温馨提示：
>
> · 之前在外币设置中已经设定了汇率是固定汇率，且汇率已经设定好，此处不能修改。如果使用浮动汇率，汇率栏中显示最近一次汇率，可以直接修改。
>
> · 如若此处“银行存款/美元户”科目未显示外币栏目，则可能是在设置会计科目时未将本科目设置为外币核算，可进入“基础设置”/“基础档案”/“财务”/“会计科目”中进行修改。

10.填制经济业务8凭证。

（1）查询原材料明细账，确定领用生铁的成本。

①执行“业务工作”/“财务会计”/“总账”/“账表”/“科目账”/“明细账”命令，选择科目“原材料”/“原料及主要材料”/“生铁”，勾选“包含未记账凭证”，点击“确定”进入“原材料”/“原料及主要材料”/“生铁”的明细账，如图3-31所示。

②将右上角的“金额式”账簿类型改为“数量金额式”，可看到如图3-32所示账簿。根据先进先出法，确定本次领用10吨原材料的单价为2.40元/千克。

③关闭原材料明细账。

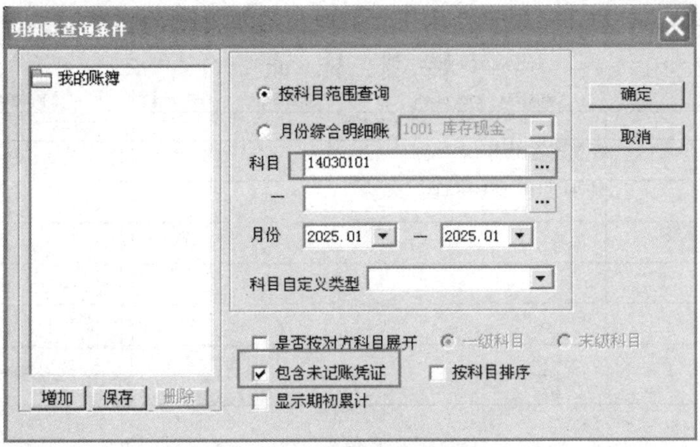

图3-31　明细账查询条件

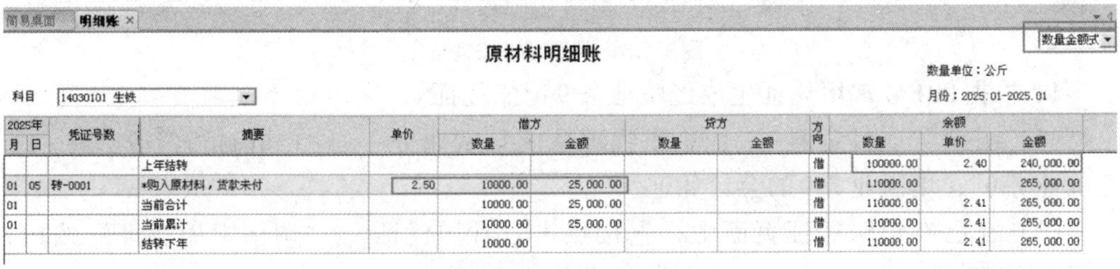

原材料明细账

数量单位：公斤

科目 14030101 生铁　　月份：2025.01-2025.01

2025年 月	日	凭证号数	摘要	单价	借方 数量	借方 金额	贷方 数量	贷方 金额	方向	余额 数量	余额 单价	余额 金额
			上年结转						借	100000.00	2.40	240,000.00
01	05	转-0001	*购入原材料，货款未付	2.50	10000.00	25,000.00			借	110000.00		265,000.00
01			当前合计		10000.00	25,000.00			借	110000.00	2.41	265,000.00
01			当前累计		10000.00	25,000.00			借	110000.00	2.41	265,000.00
			结转下年		10000.00				借	110000.00	2.41	265,000.00

图3-32　原材料明细账

（2）点击“增加”按钮或按【F5】键，根据“项目资料-二、总账管理系统日常业务-（一）填制和修改凭证-10.经济业务8”，填制业务8的会计凭证。

（3）“生产成本/直接材料”科目项目核算辅助项的录入信息如图3-33所示。

图3-33　项目核算辅助项

（4）“原材料”/“原料及主要材料”/“生铁”科目数量核算的录入信息如图3-34所示。点击“确定”之后，金额出现在借方，按空格键，金额自动调整为贷方。

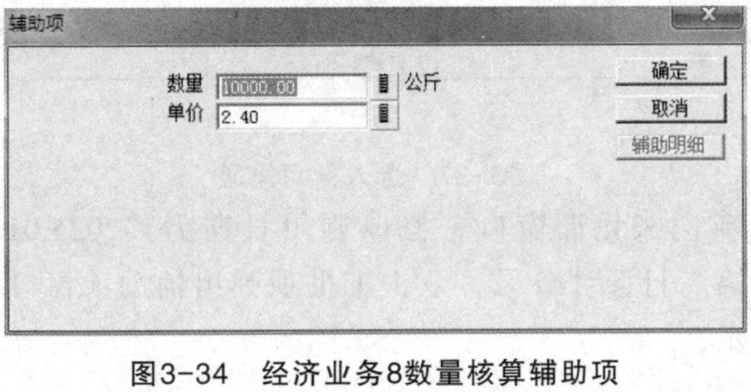

图3-34　经济业务8数量核算辅助项

（5）录入结束，点击“保存”按钮。最终结果如图3-35所示。

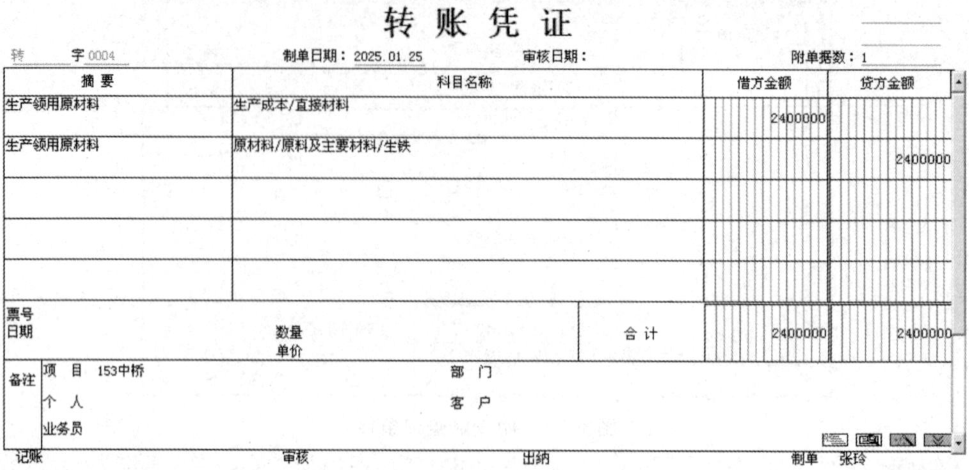

图3-35　经济业务8凭证

11.根据001号常用凭证生成经济业务9记账凭证。

（1）根据“项目资料-二、总账管理系统日常业务-（一）填制和修改凭证-11.经济业务9”，填制业务9的会计凭证。

（2）在已有记账凭证页面中，直接点击“常用凭证”/“调用常用凭证”按钮，如图3-36所示。

图3-36　调用常用凭证

（3）在弹出的“调用常用凭证”窗口中选择“001 提现”常用凭证，点击“选入”按钮，如图3-37所示。

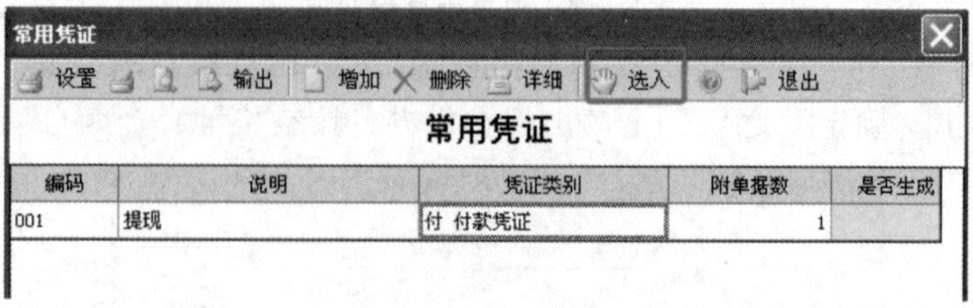

图3-37　选入常用凭证

（4）在生成的新记账凭证窗口，修改制单日期为“2025.01.25”，将金额改为10 000.00元。点击第二行会计分录，双击辅助项弹出辅助项窗口，输入票号、发生日期，如图3-38所示。

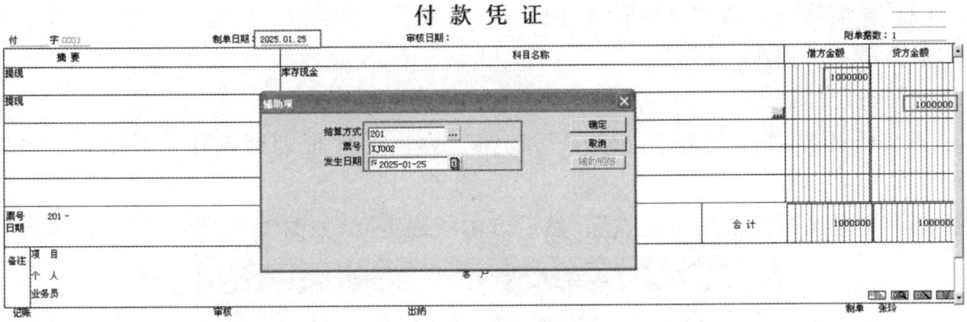

图3-38　录入结算方式辅助项

（5）点击“保存”按钮保存凭证，在弹出的提示登记支票的对话框中点击“是”。

（6）在弹出的“票号登记”对话框中输入如下信息，点击“确定”，如图3-39所示。

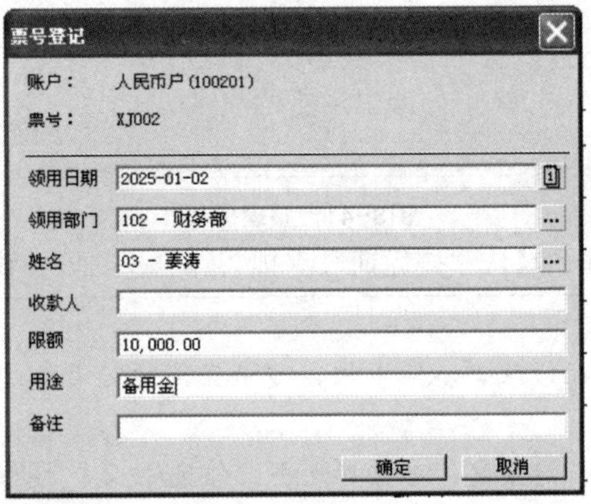

图3-39　票号登记

12.删除第4号转账凭证。

删除凭证需要先作废凭证，然后整理凭证。作废的凭证仍保留凭证内容及编号，只在凭证左上角显示“作废”字样。整理凭证是对凭证的彻底删除。

3-6
删除凭证
（操作演示）

（1）查询第4号付款凭证。

①在填制凭证窗口，点击“查询”按钮，打开“凭证查询”对话框。

②在对话框中选择凭证类别“转账凭证”，点击月份为2025年1月，输入凭证号“4”，点击“确定”按钮，如图3-40所示。

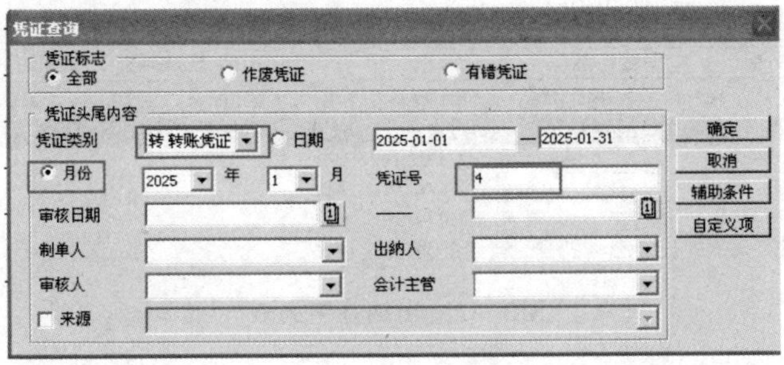

图3-40　查询凭证

（2）作废凭证。在第4号转账凭证界面，点击“×作废/恢复”按钮，将凭证作废，凭证左上角显示“作废”标志。

（3）整理凭证。

①在凭证界面，点击“整理凭证”按钮，弹出“凭证期间选择”对话框，点击“确定”。

②弹出对话框，点击“全选”，然后点击“确定”，如图3-41所示。

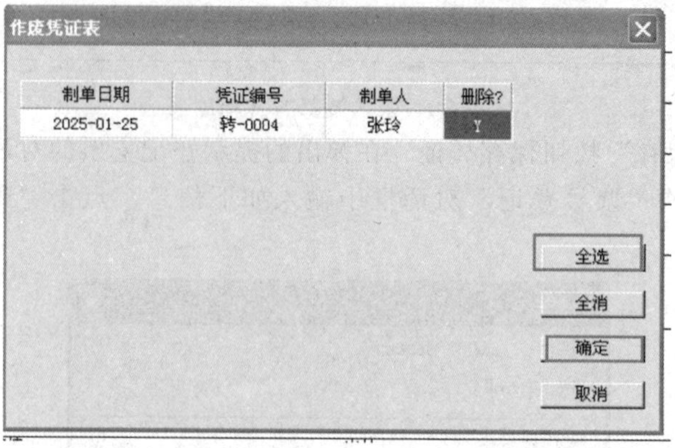

图3-41　整理凭证

③弹出提示对话框，默认“按凭证号重排”，点击“是”，该凭证被彻底删除。

温馨提示：

· 作废的凭证不能修改，不能审核，可以直接对它记账，但是它的数据相当于都是0。

· 作废的凭证如果想恢复，可重新点击“作废/恢复”按钮，可取消作废标志。

· 整理凭证断号是因为某些需要整理的凭证编号在中间，如果不整理，则会出现空号。一般按凭证号重排即可。

3-7

凭证审核与记账（操作演示）

（二）凭证审核与记账

1. 出纳（002 姜涛）对出纳凭证进行出纳签字。

（1）出纳（002 姜涛）登录“企业应用平台”，登录日期选择“2025-01-31”。

（2）执行“业务工作”/“财务会计”/“总账”/“凭证”/“出纳签字”命令，在弹出的“出纳签字”对话框中点击“确定”，进入“出纳签字列表”，如图3-42所示。

简易桌面　出纳签字列表

凭证共 5张　已签字 0张　未签字 5张　凭证号排序　制单日期排序

制单日期	凭证编号	摘要	借方金额合计	贷方金额合计	制单人	签字人	系统名	备注	审核日期	年度
2025-01-18	收 - 0001	收回货款	208,800.00	208,800.00	张玲					2025
2025-01-22	收 - 0002	收到投资	359,500.00	359,500.00	张玲					2025
2025-01-01	付 - 0001	提现	5,000.00	5,000.00	张玲					2025
2025-01-02	付 - 0002	预借差旅费	3,000.00	3,000.00	张玲					2025
2025-01-02	付 - 0003	提现	10,000.00	10,000.00	张玲					2025

图3-42　出纳签字列表

温馨提示：

· 可在弹出的“出纳签字”对话框中选择条件以缩小查找范围，若直接点“确定”则认定范围为本月的所有出纳凭证。

· 涉及指定为“现金科目”和“银行科目”的凭证才可以出纳签字。若此处弹出对话框提示“没有符合条件的凭证”，可能是没有指定会计科目。可以到“基础设置”/“基础档案”/“财务”/“会计科目”中，执行“编辑/指定科目”命令，查看是否已指定。

（3）在“出纳签字列表”中双击第一行，进入“出纳签字”窗口。

（4）点击左上角“签字”按钮执行出纳签字功能，凭证底部的“出纳”位置被自动签上出纳人姓名，如图3-43所示。

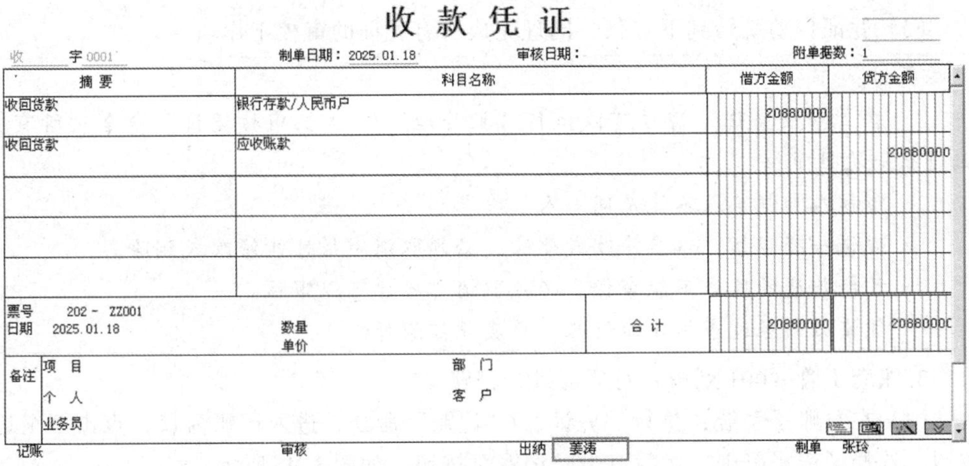

图3-43　出纳签字

（5）点击“➔”按钮，对下一张凭证进行签字，以此类推，完成所有凭证的出纳签字工作。

温馨提示：

· 在“出纳签字”窗口可以执行“批处理”/“成批出纳签字”命令对所有凭证进行一次性签字。

· 凭证一旦签字，就不可以被修改或删除，只有取消签字以后才可以修改或删除，取消签字必须由出纳自己进行。

· 如果在设置总账参数时，不选择“出纳凭证必须由出纳签字”，这个步骤可以省略。

2. 账套主管（001 刘梅）对凭证进行审核。

（1）账套主管（001 刘梅）登录“企业应用平台”，登录日期选择“2025-01-31”。

（2）执行“业务工作”/“财务会计”/“总账”/“凭证”/“审核凭证”命令，弹出“凭证审核”对话框，点击“确定”，进入“凭证审核列表”，如图3-44所示。

易桌面 凭证审核列表

凭证共 8张 已审核 0 张 未审核 8 张 ⊙凭证号排序 ○制单日期排序

制单日期	凭证编号	摘要	借方金额合计	贷方金额合计	制单人	审核人	系统名	备注	审核日期	年度
2025-01-18	收 - 0001	收回货款	208,800.00	208,800.00	张玲					2025
2025-01-22	收 - 0002	收到投资	359,500.00	359,500.00	张玲					2025
2025-01-01	付 - 0001	提现	5,000.00	5,000.00	张玲					2025
2025-01-02	付 - 0002	预借差旅费	3,000.00	3,000.00	张玲					2025
2025-01-25	付 - 0003	提现	10,000.00	10,000.00	张玲					2025
2025-01-05	转 - 0001	购入原材料，货款未付	28,250.00	28,250.00	张玲					2025
2025-01-08	转 - 0002	购买办公用品	113.00	113.00	张玲					2025
2025-01-13	转 - 0003	销售商品，货款未收	135,600.00	135,600.00	张玲					2025

图3-44 凭证审核列表

（3）在“凭证审核列表”中双击第一行，进入“审核凭证”窗口。

（4）检查无误后点击“审核”按钮执行审核凭证功能，凭证底部的“审核”位置被自动签上审核人姓名。

（5）凭证自动跳转到下一张，同理完成所有凭证的审核工作。

温馨提示：

· 在“审核凭证”窗口可以执行“批处理”/“成批审核凭证”命令对所有凭证进行一次性审核。

· 审核人和制单人不能是同一人。

· 凭证一经审核，不能修改或删除，必须取消审核才能修改或删除。

· 已经作废的凭证不能审核，必须取消作废才可以审核。

· 凭证必须经过审核才能记账，作废凭证除外。

3. 账套主管（001 刘梅）对凭证进行记账。

（1）在总账子系统，执行“凭证”/“记账”命令，进入记账窗口，点击“全选”按钮，选择了记账范围，然后点击“记账”按钮，如图3-45所示。

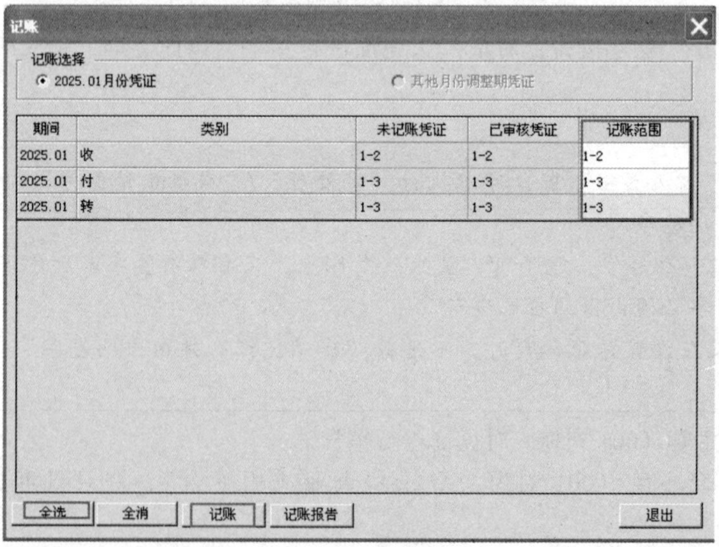

图3-45 记账选择

（2）弹出“期初试算平衡表”，点击“确定”，如图3-46所示。

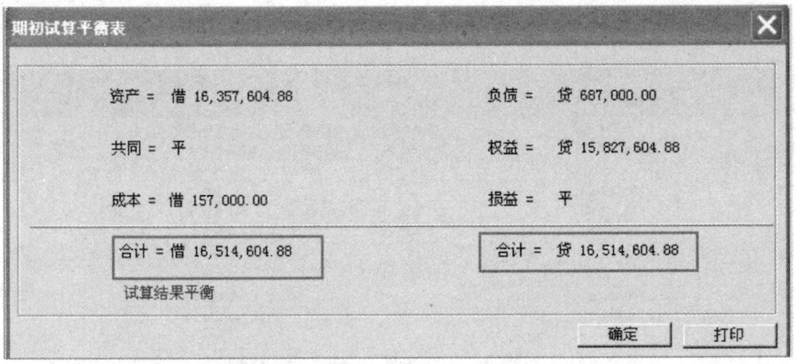

图3-46 期初试算平衡表

（3）系统自动记账，记账完毕后弹出“记账完毕”对话框，点击“确定”，然后点击“退出”。

温馨提示：

· 如果期初余额试算不平衡，不能记账。

· 凭证必须要经过审核才能记账，如果总账控制参数设置了“出纳凭证必须由出纳签字”，或者“凭证必须由主管会计签字”，则必须出纳签字或主管签字之后才能记账。

· 作废的凭证不需要审核可直接记账，但是记账后若要彻底删除该凭证，必须取消记账才可以整理凭证。

· 取消记账操作如下：

（1）在总账子系统中，点击“期末”/“对账”命令，进入对账窗口。按【ctrl】+【H】键，系统弹出“恢复记账前状态功能已被激活”信息提示对话框，同时在“凭证”菜单下显示“恢复记账前状态功能”菜单栏。

（2）执行“凭证”/“恢复记账前状态”命令，打开“恢复记账前状态”对话框。按照需求选择恢复方式进行取消。

3-8 无痕迹修改已记账凭证（操作演示）

3-9 冲销凭证（操作演示）

（三）账簿管理

1.总账会计（003 张玲）查询总账、明细账和余额表。

（1）查询总账。

①总账会计（003 张玲）登录“企业应用平台”，登录日期为“2025-01-31”。

②在总账子系统中，执行“账表”/“科目账”/“总账”命令，在弹出的“总账查询条件”中点击“确定”，进入总账窗口。

③点击科目下拉框，选择要查看的总账科目。

④查询完毕后，关闭总账窗口。

（2）查询明细账。在总账子系统中，执行“账表”/“科目账”/“明细账”命令，可查询明细账，查询方法同总账查询方法一致。

（3）查询余额表。在总账子系统中，执行“账表”/“科目账”/“余额表”命令，在弹出的“发生额及余额查询条件”中点击“确定”，进入发生额及余额表窗口如图3-47所示。

发生额及余额表

月份：2025.01-2025.01

科目编码	科目名称	期初余额		本期发生		期末余额	
		借方	贷方	借方	贷方	借方	贷方
1001	库存现金	6,844.50		15,000.00	3,000.00	18,844.50	
1002	银行存款	1,684,674.00		568,300.00	15,000.00	2,237,974.00	
1012	其他货币资金				113.00		113.00
1121	应收票据	58,500.00				58,500.00	
1122	应收账款	508,800.00		135,600.00	208,800.00	435,600.00	
1221	其他应收款	5,600.00		3,000.00		8,600.00	
1231	坏账准备		25,000.00				25,000.00
1403	原材料	540,000.00		25,000.00		565,000.00	
1405	库存商品	1,700,000.00				1,700,000.00	
1601	固定资产	14,246,028.69				14,246,028.69	
1602	累计折旧		2,367,842.31				2,367,842.31
资产小计		18,750,447.19	2,392,842.31	746,900.00	226,913.00	19,270,547.19	2,392,955.31
2001	短期借款		200,000.00				200,000.00
2202	应付账款		324,000.00		28,250.00		352,250.00
2211	应付职工薪酬		163,000.00				163,000.00
2221	应交税费			3,263.00	15,600.00		12,337.00
负债小计			687,000.00	3,263.00	43,850.00		727,587.00
4001	实收资本		10,000,000.00		359,500.00		10,359,500.00
4002	资本公积		5,000,000.00				5,000,000.00
4104	利润分配		827,604.88				827,604.88
权益小计			15,827,604.88		359,500.00		16,187,104.88
5001	生产成本	157,000.00				157,000.00	
成本小计		157,000.00				157,000.00	
6001	主营业务收入				120,000.00		120,000.00
6602	管理费用			100.00		100.00	
损益小计				100.00	120,000.00	100.00	120,000.00
合计		18,907,447.19	18,907,447.19	750,263.00	750,263.00	19,427,647.19	19,427,647.19

图3-47　查询发生额及余额表

> 温馨提示：
>
> · 若要查明细科目，请将级次按照需要进行修改；若要查末级科目，在“末级科目”处打钩。
>
> · 若要查询资产类科目的发生额及余额，可点击科目类型的下拉框，选择资产。

2.总账会计（003 张玲）查询部门账。

总账会计（003 张玲）查询的部门账包括部门总账、部门明细账和部门收支分析。

（1）查询部门总账。

①在总账子系统中，总账会计（003 张玲）执行“账表”/“部门辅助账”/“部门总账”/“部门三栏总账”命令，进入“部门三栏总账条件”窗口。

②输入查询条件：科目“660205 办公费”，部门“管理部”，点击“确定”。

③显示查询结果，如图3-48所示。

简易桌面　发生额及余额表　部门三栏总账 ×

部门总账

金额式

科目　660205 办公费

部门　管理部

2025年 月	日	凭证号数	摘要	借方	贷方	方向	余额
			上年结转			平	
01			当前合计	100.00		借	100.00
01			当前累计	100.00			

图3-48　部门三栏总账

④将鼠标置于要联查月份的行次（此处为第二行），点击“明细”按钮，可联查明细账，结果如图3-49所示。

图3-49　联查部门三栏明细账

⑤关闭“部门三栏总账”窗口和“部门三栏明细账”窗口。

（2）查询部门明细账。

①执行“账表”/“部门辅助账”/“部门明细账”/“部门多栏式明细账”命令，进入“部门多栏明细账条件”窗口。

②输入查询条件：科目选“6602管理费用”，部门选“总经理办公室”，分析方式选“金额分析”，点击“确认”，如图3-50所示。

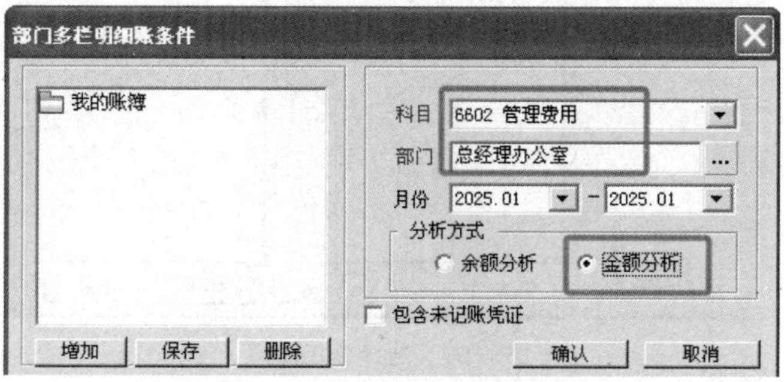

图3-50　部门多栏式明细账条件

③查询结果如图3-51所示。

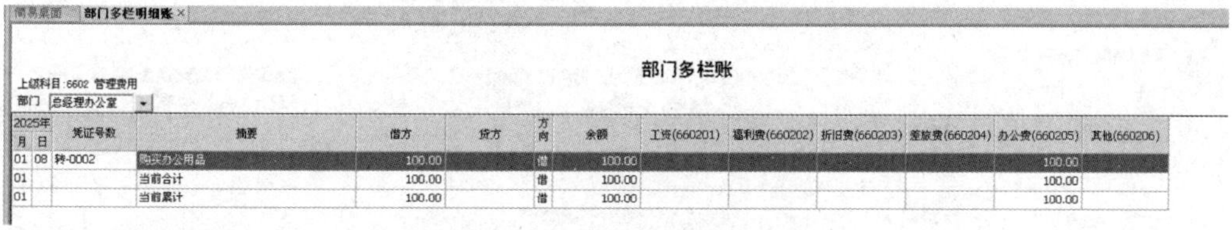

图3-51　部门多栏式明细账

④将鼠标置于要联查凭证的行次，点击“凭证”按钮联查凭证。

⑤关闭部门多栏明细账窗口和联查凭证窗口。

（3）部门收支分析。

①执行“账表”/“部门辅助账”/“部门收支分析”命令，进入“部门收支分析条件”窗口。

②在“部门收支分析条件”里点击“»”按钮，选中所有科目，点击“下一步”按钮，如图3-52所示。

③选中所有的部门，点击“下一步”，如图3-53所示。

④选择分析的月份“2025.01-2025.01”，点击“完成”按钮。

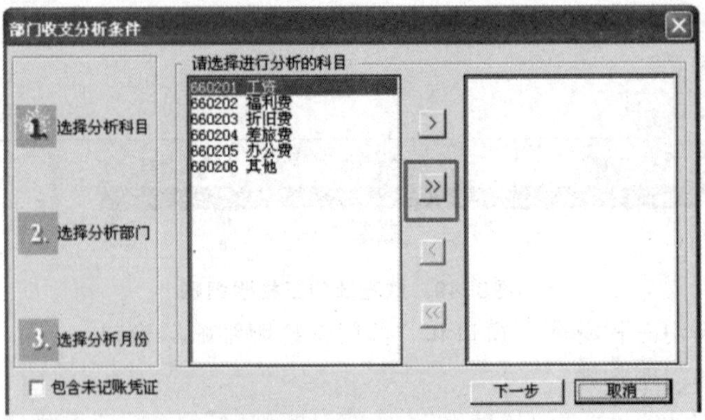

图3-52　选择分析科目

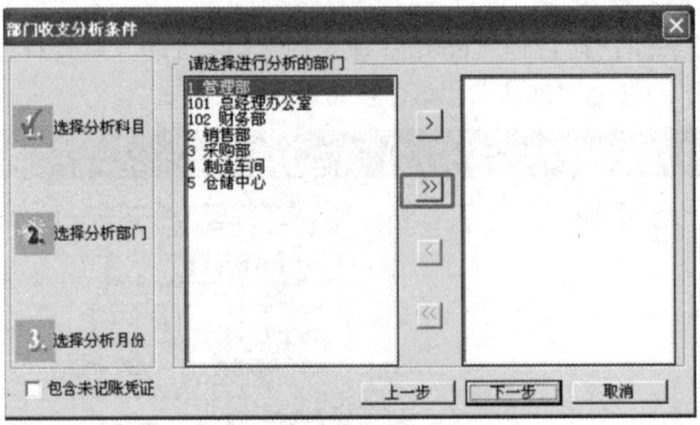

图3-53　选择分析部门

⑤显示部门收支分析表，如图3-54所示。

部门收支分析表

2025.01-2025.01

全部　收入科目　费用科目

科目编码	科目名称	统计方式	方向	合计 金额	1 管理部 金额	101 总经理办公室 金额	102 财务部 金额	2 销售部 金额	3 采购部 金额	4 制造车间 金额	5 仓储中心 金额
660201	工资	期初	借								
		借方									
		贷方									
		期末	借								
660202	福利费	期初	借								
		借方									
		贷方									
		期末	借								
660203	折旧费	期初	借								
		借方									
		贷方									
		期末	借								
660204	差旅费	期初	借								
		借方									
		贷方									
		期末	借								
660205	办公费	期初	借								
		借方		100.00	100.00	100.00					
		贷方									
		期末	借	100.00	100.00	100.00					

图3-54　部门收支分析表

（四）备份账套

用户admin登录“系统管理”，备份为“任务3-3 总账管理系统日常业务处理”账套。

任务四　总账管理系统期末业务处理

一、任务布置

2025年1月末，张玲根据“项目资料-三、总账管理系统期末业务”所给资料，完成总账管理期末业务处理。

二、知识链接

总账管理系统期末业务包括期末转账、对账、结账等工作。

（一）期末转账

手工系统中，每张凭证都需要自行输入借贷方会计科目和金额，劳心劳力。例如期间损益结转、销售成本结转、汇兑损益结转等凭证，需要一一查询账户余额，再将其结转到其他账户上去，极其烦琐。会计信息系统针对这个难题，开发了自动转账功能，通过设置借贷方会计科目和函数公式取值，每月根据实际经济业务自动生成凭证，大大减轻了会计人员工作量，提高了工作效率。

期末转账工作主要包括转账定义和转账生成两个步骤。

1.转账定义。

转账定义主要是定义凭证的借贷方科目和金额公式。系统根据用户需要设置了对应结转、销售成本结转、汇兑损益结转、期间损益结转、自定义比例转账、费用摊销和预提等各种转账功能，如果这些无法满足要求，还可以进行自定义转账。转账定义只需要设置一次即对所有会计期间生效，以后每月可按照此设置进行转账生成。

（1）自定义转账。自定义转账可以完成很多转账业务，包括制造费用的分配、工资分摊、税金的计算和结转、各项辅助核算的结转等。

（2）对应结转。对应结转可实现账户余额一对一或一对多的结转功能。对应结转如果是非末级科目，其下级科目结构必须一致；如果有辅助核算，辅助核算类型也必须一致。

（3）销售成本结转。销售成本结转设置主要用来辅助没有启用供应链管理系统的企业完成销售成本的核算和结转，分两种方法：全月平均法和售价（计划价）法。

（4）汇兑损益结转。汇兑损益结转用于期末自动计算外币账户的汇兑损益，并生成转账凭证。汇兑损益结转适用于外汇存款账户、外币现金账户、外币结算的各项债券和债务，但不适用所有者权益类、成本类和损益类账户。

（5）期间损益结转。期末时，应将各损益类科目的余额转入“本年利润”科目，可以反映集团企业在一个会计期间内实现的利润或亏损总额。系统提供期间损益结转功能，就是将所有损益类科目的本期余额全部自动转入“本年利润”科目，并生成结转损益记账凭证。

需要注意的是，期间损益结转一般是在期末其他经济业务都处理完毕之后再进行。为了保证结转的正确性，需要将其他凭证都记账后再生成期间损益结转凭证，否则数据有可能不准确。

2.转账生成。

转账定义结束之后，每月月末即可执行转账生成功能自动生成转账凭证，这些凭证自动追加到已填制的凭证之后，视同正常凭证，进行审核、记账等后续工作。

需要注意的是，由于转账定义中函数公式是从报表中取数，因此相关凭证必须已经记账，才能保证取数的准确性。尤其是期末自动转账凭证如果有多张的话，前一张凭证生成之后，最好先审核记账，再生成下一张凭证。期末结账之前所有的凭证都必须审核记账。

（二）对账

总账管理系统期末对账是指对各种账簿之间的有关数字进行核对，核对不同会计账簿记录是否相符，包括总账与明细账核对、总账与辅助账核对、辅助账与明细账核对。

（三）结账

总账管理系统期末结账是指在把一定时期内发生的全部经济业务登记入账的基础上，计算并记录本期发生额和期末余额后，将余额结转下期或新的账簿的会计行为。

结账后才可以开始下一期经济业务处理。

三、操作演示

根据“项目资料-三、总账管理系统期末业务”资料完成总账期末业务处理。

【准备工作】引入“任务3-3 总账管理系统日常业务处理”备份账套。

（一）期末转账

3-10

期末转账（操作演示）

总账会计（003张玲）登录“企业应用平台”，登录时间为“2025-01-31”。

1.转账定义。

（1）计提短期借款利息（自定义转账）。

①在总账子系统中，执行“期末”/“转账定义”/“自定义转账”命令，进入“自定义转账设置”对话框。

②单击“增加”按钮，在弹出的“转账目录”对话框录入信息，点击“确定”，如图3-55所示。

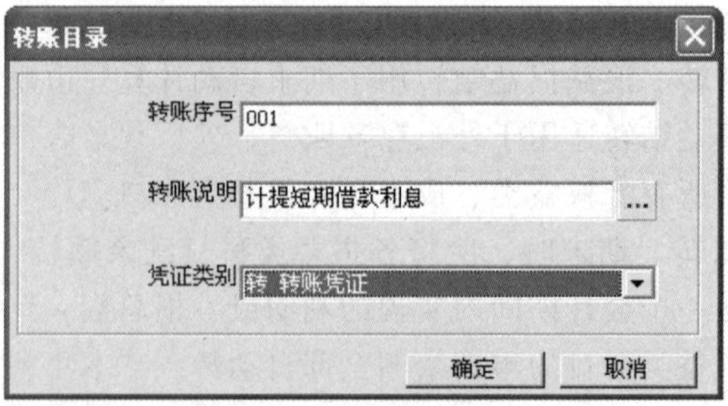

图3-55 转账目录

③在“自定义转账设置”页面，单击“增行”，双击第一行“科目编码”，选择

"660301 财务费用——利息费用"。

④双击"金额公式"，在公式向导中选择"期末余额"，如图 3-56 所示。

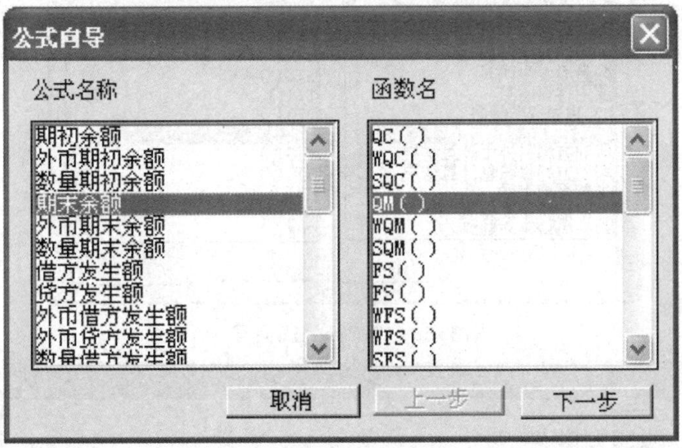

图3-56　第1行公式向导-1

⑤点击"下一步"，在科目编码中选择"2001 短期借款"，选择方向"贷"，点击"完成"，如图 3-57 所示。

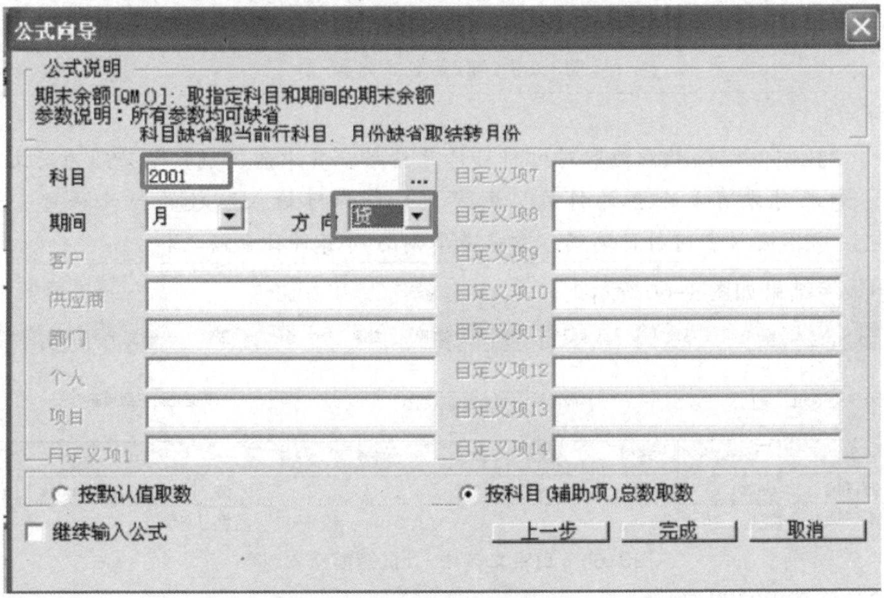

图3-57　第1行公式向导-2

⑥在第一行的"金额公式"处继续输入"*0.004"。

⑦再次点击"增行"，在第二行中选择"2231 应付利息"，双击"方向"将方向由"借"改为"贷"。

⑧双击金额公式，选择"取对方科目计算结果"，如图 3-58 所示。

⑨点击"下一步"，科目空置，点击"完成"，如图 3-59 所示。

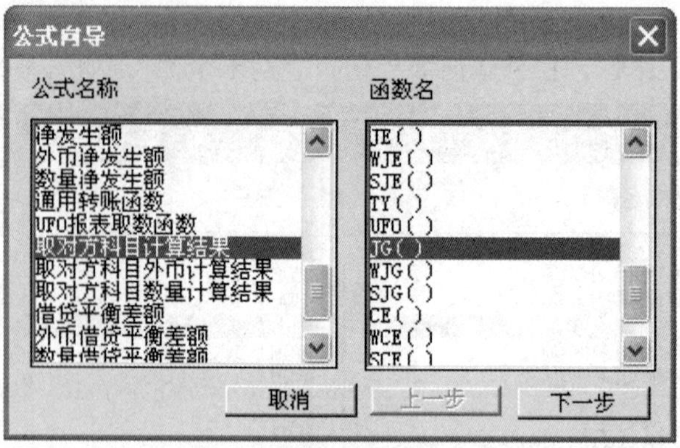

图3-58　第2行公式向导-1

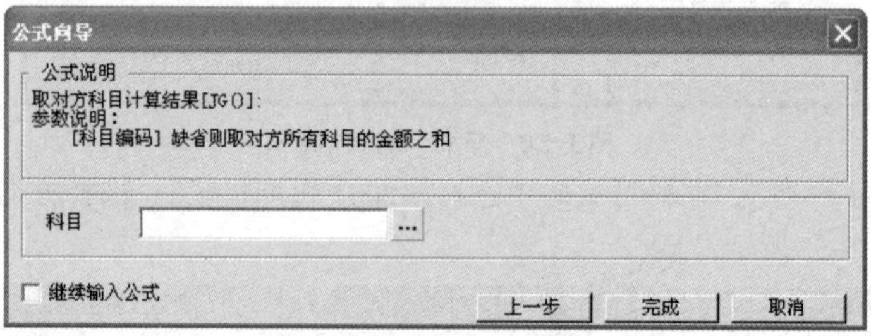

图3-59　第2行公式向导-2

温馨提示：

· “JG（）”函数意为取对方科目计算结果，其中的“（）”必须为英文半角符号，如果对方有多个会计科目，则“（）”内可输入取数的会计科目；如果“（）”内不输入任何科目编码，意味着取对方所有科目金额之和。

⑩最终结果如图3-60所示。

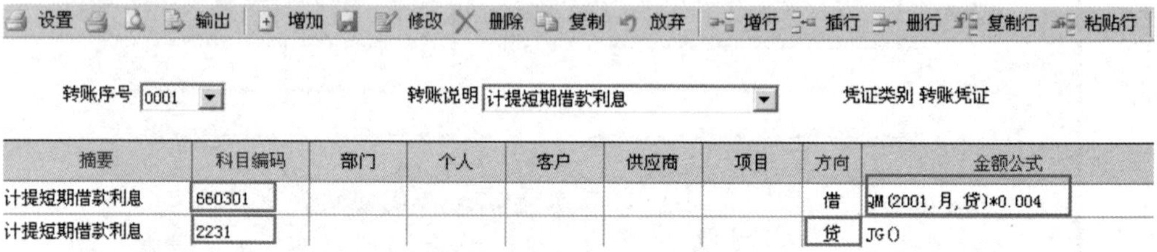

图3-60　自定义转账-计提短期借款利息

（2）结转汇兑损益。

①更换操作员，账套主管（001刘梅）登录“企业应用平台”，登录时间为“2025-01-31”。

②执行“基础设置”/“基础档案”/“财务”/“外币设置”命令，打开“外币设置”对话框，在“2025.01”调整汇率处输入“7.25”，然后退出此窗口。

温馨提示：

· 本任务中总账会计没有外币设置的权限，所以必须以账套主管登录进行设置。思考：在实际工作中是否可给总账会计设置相应权限？怎样设置？

③总账会计（003张玲）登录“企业应用平台”，登录时间为“2025-01-31”。

④在总账子系统中，张玲执行“期末”/“转账定义”/“汇兑损益”命令，进入“汇兑损益结转设置”对话框。选择汇兑损益入账科目“660302”财务费用——汇兑损益，在“是否计算汇兑损益”下方双击，显示“Y”，点击“确定”，如图3-61所示。

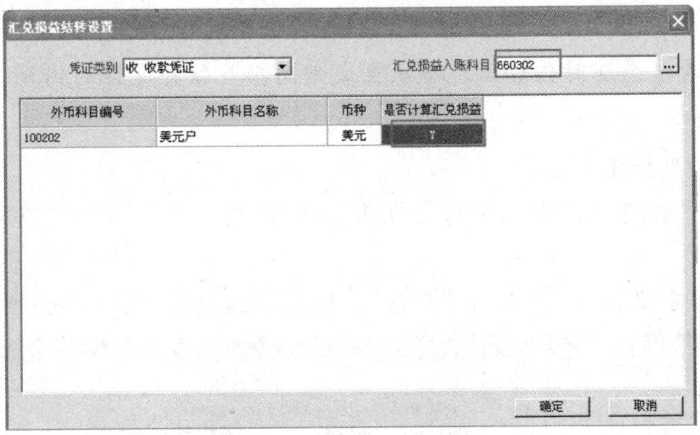

图3-61　汇兑损益结转设置

> 温馨提示：
>
> · 因为此时还不确定汇兑损益的正负，因此凭证类别暂时不用修改，在生成凭证时根据具体情况设置。

（3）结转期间损益。

①在总账子系统中，张玲执行“期末”/“转账定义”/“期间损益”命令，进入“期间损益结转设置”对话框。

②设置凭证类别为“转账凭证”，选择本年利润科目为“4103”，点击“确定”，如图3-62所示。

图3-62　期间损益结转设置

温馨提示：

· 本任务中转账生成凭证应由总账会计来完成，凭证审核工作由账套主管来完成。如果不小心由账套主管生成凭证，就会出现无法审核本人填制凭证的问题。一旦出现这种问题，应当把生成的凭证彻底删除，然后由会计进入账套重新转账生成。

· 此处切记只生成一次凭证即可，如果不能确认是否已生成凭证，可以到“查询凭证”处查看。个别时候会出现多次生成期间损益结转凭证的错误。

2.转账生成。

（1）计提短期借款利息。

①在总账子系统中，张玲执行“期末”/“转账生成”命令，进入“转账生成”对话框。

②选择“自定义转账”，点击“全选”，然后“确定”，如图3-63所示。

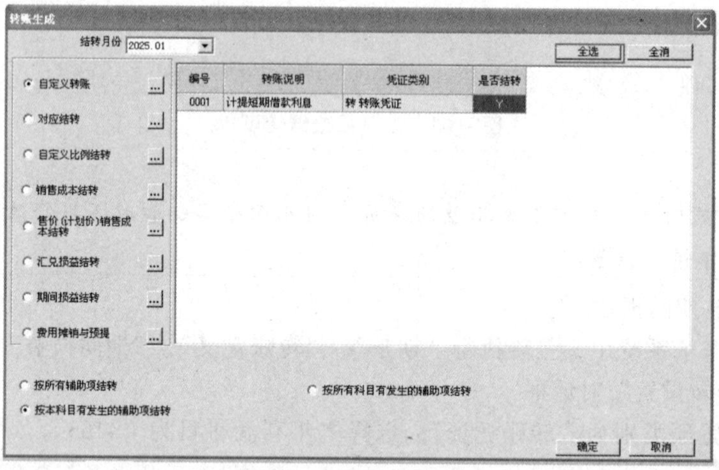

图3-63 转账生成-自定义转账-选择范围

③生成凭证，点击“保存”，如图3-64所示。

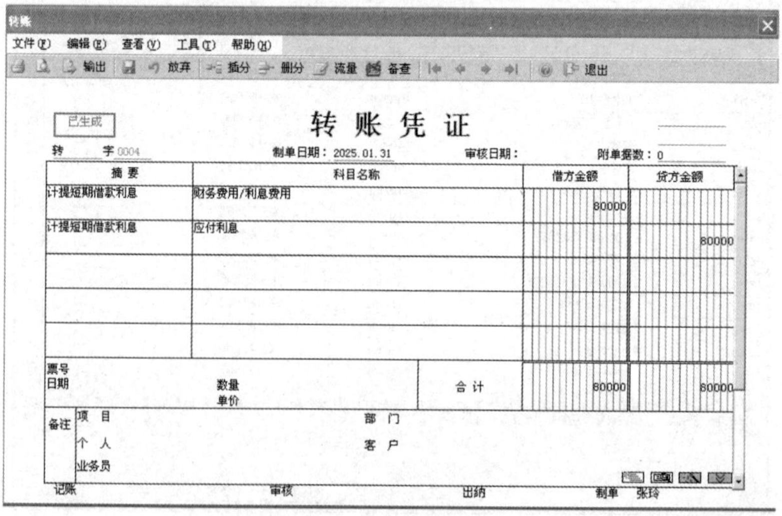

图3-64 转账生成-自定义转账-生成凭证

温馨提示：

· 转账生成之前要确保相关经济业务的记账凭证均记账。因为转账定义中函数公式是从报表中取数，因此相关凭证必须已经记账才能保证取数的准确性。

· 转账凭证每月只需生成一次，注意不要重复生成。

· 生成的转账凭证，也需要审核记账（出纳凭证还需出纳签字）。

（2）结转汇兑损益。

①在转账生成界面，选择“汇兑损益结转”，点击“全选”，然后点击“确定”。

②弹出对话框“2025.01月或之前月有未记账凭证，是否继续结转？”，单击“是”。

温馨提示：

· 转账凭证生成之前要确保相关经济业务记账凭证均已记账。因为生成第一张转账凭证时，无此提示，而生成本转账凭证时提示有未记账凭证，那意味着未记账凭证指的就是刚才生成的第一张转账凭证，而计提短期借款利息的凭证与汇兑损益无关，因此，不影响本转账凭证的生成，此处可以继续结转。

③在弹出的“汇兑损益试算表”中，拖动滚动条，查看汇兑损益金额为3 600.00元，如图3-65所示，点击“确定”。

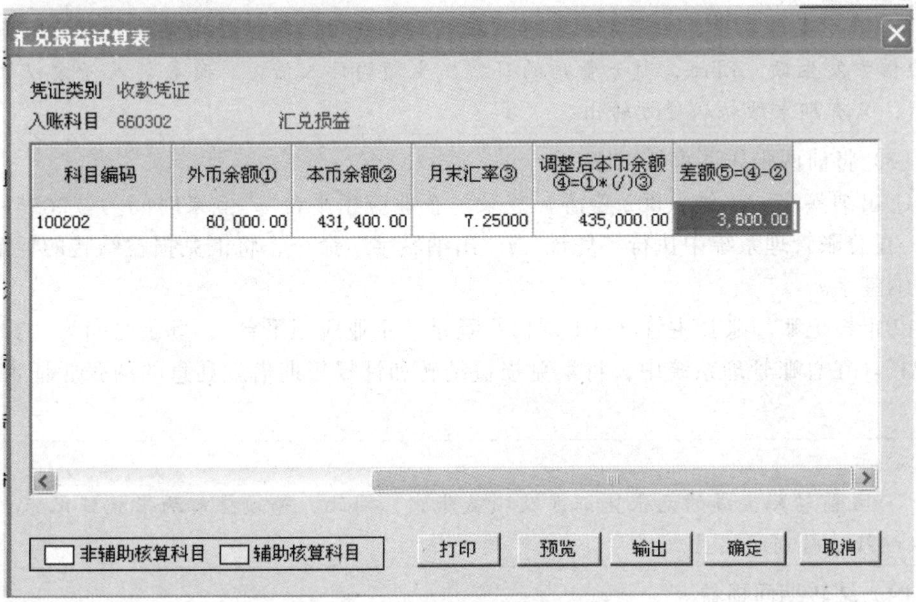

图3-65 汇兑损益试算表

④生成转账凭证。鼠标点击第二条分录的“贷方金额”，按空格键使贷方金额变为借方，然后按等号键，使借方金额变为红色。点击“保存”，现金流量表项目选择“23汇率变动对现金的影响”。凭证如图3-66所示。

⑤退出。

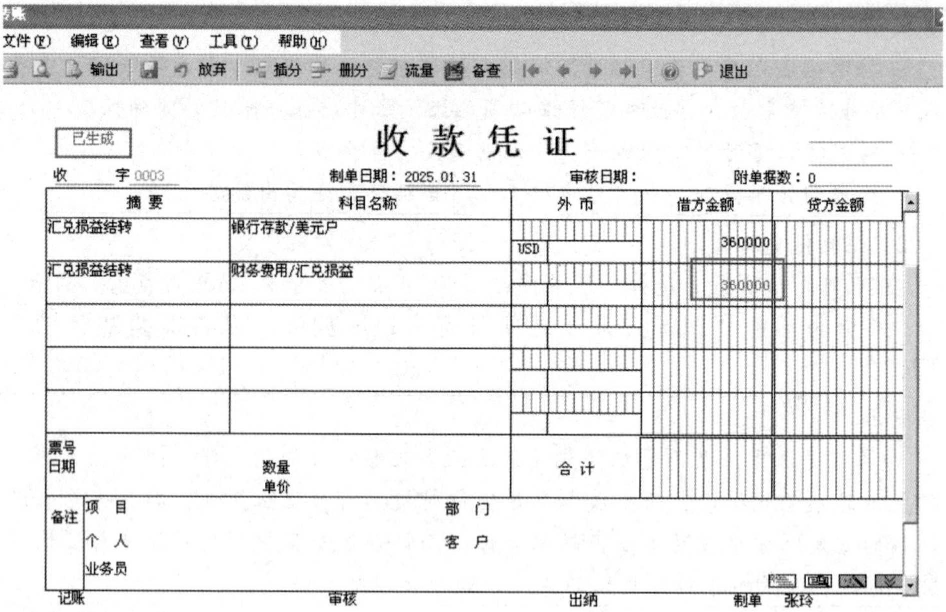

图3-66 生成汇兑损益凭证

> 温馨提示：
>
> · 在财务软件中，由于期末利润表中“财务费用”科目公式设置取数为财务费用的借方发生额，因此，财务费用的日常发生额均计入借方，负数计入借方以红字表示，只有期末结转从贷方转出。

（3）将前两张凭证审核记账。

①出纳签字。出纳（002 姜涛）登录“企业应用平台”，登录时间为“2025-01-31”。在总账管理系统中执行“凭证”/“出纳签字”命令，将汇兑损益结转的凭证进行出纳签字。

②审核记账。账套主管（001 刘梅）登录“企业应用平台”，登录时间为“2025-01-31”。在总账管理系统中，将汇兑损益结转和计提短期借款利息的两张凭证审核、记账。

> 温馨提示：
>
> · 之前转账生成的两张凭证涉及损益账户，因此，必须将前两张凭证记账，才可以继续结转期间损益。

（4）结转期间损益。

①总账会计（003 张玲）登录“企业应用平台”，登录时间为“2025-01-31”。在总账中，执行“期末”/“转账生成”命令，选择“期间损益结转”，选择类型“全部”，点击“全选”，然后点击“确定”。

> 温馨提示：
>
> · 此处类型选择“全部”，生成一张记账凭证。如果选择“收入”/“支出”，则可生成两张凭证。

②弹出凭证，点击“保存”，然后退出。凭证如图3-67所示。

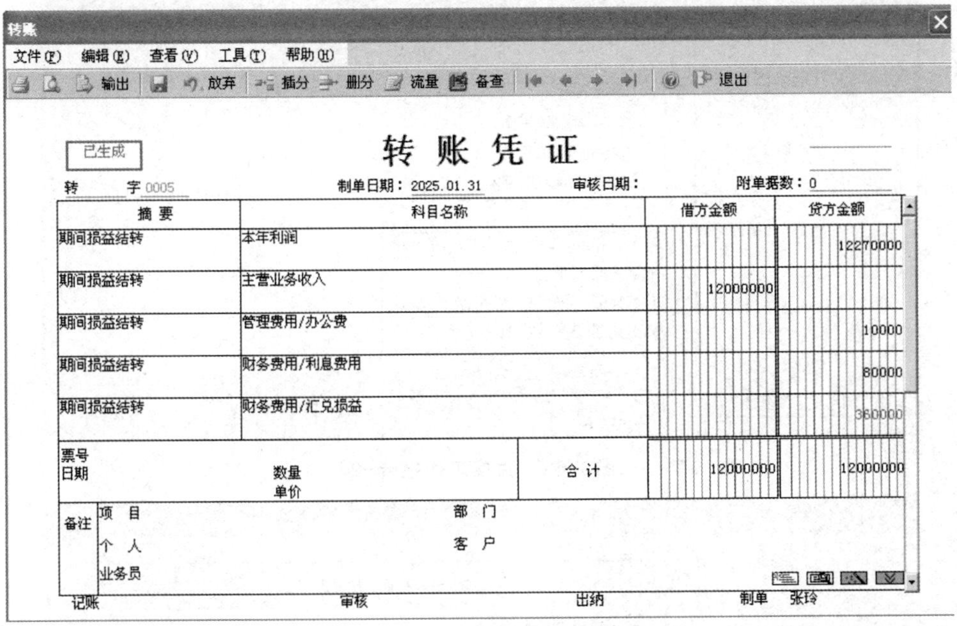

图3-67　转账生成-期间损益结转-2

③账套主管（001刘梅）登录“企业应用平台”，登录时间为“2025-01-31”，在总账管理系统中，将期间损益结转的凭证审核、记账。

（二）期末结账

总账会计（003张玲）登录“企业应用平台”，登录时间为“2025-01-31”。

1.开始结账。

在总账子系统，执行“期末”/“结账”命令，进入“结账”对话框，点击“下一步”。

3-11

账簿管理和对账结账（操作演示）

2.核对账簿。

在“核对账簿”对话框中点击“对账”，对账完毕后点击“下一步”。

3.核对月度工作报告。

核对月度工作报告结果如图3-68、图3-69、图3-70所示。点击“下一步”。

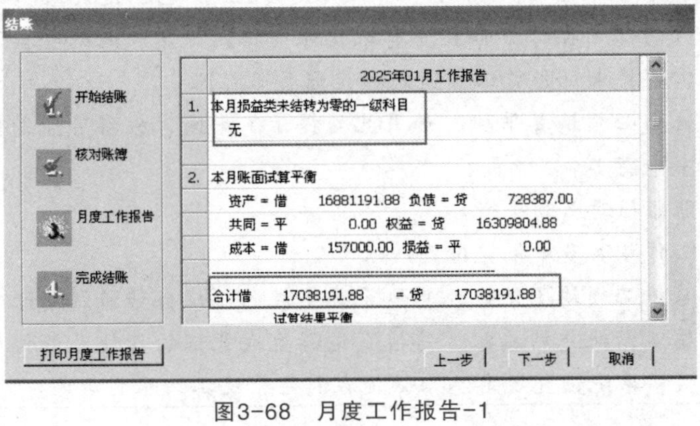

图3-68　月度工作报告-1

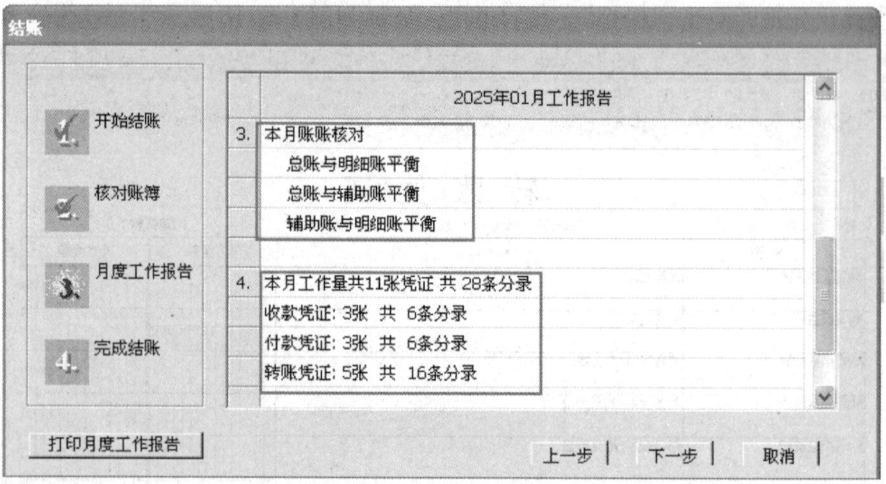

图3-69 月度工作报告-2

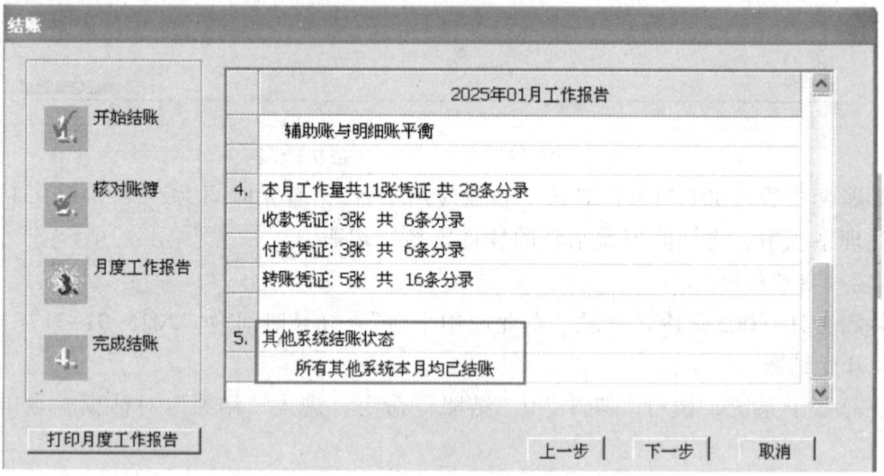

图3-70 月度工作报告-3

温馨提示：

· 月度工作报告有5个方面，必须都通过检查才可结账：

（1）本月损益类未结转为零的一级科目是“无”。也就是说所有的损益类一级科目余额都必须为零。操作中如果还有未记账凭证就结账，此处会提醒有多少张凭证尚未记账，需要将未记账凭证重新审核记账再来结账。

（2）本月账面必须试算平衡。如果此处提示不平衡，极有可能是因为录入期初余额时便试算不平衡。

（3）本月账账核对必须平衡。

（4）本月工作量共多少张凭证。

（5）其他系统必须均已结账。其他系统生成的凭证会传递到总账管理系统，所以如果其他系统不结账先结总账，其他系统再生成凭证的话便无处传递。因此，为了避免错误产生，系统设置规定总账必须在其他系统都结账之后才可结账。

4.完成结账，点击“结账”，结账成功。

温馨提示：

· 结账之后如果发现错误，需要取消结账，可以做“反结账”处理，具体步骤如下：

（1）执行“期末”/“结账”命令，进入“结账”窗口。

（2）选择要取消结账的月份“2025.01”。

（3）按【Ctrl】+【Shift】+【F6】键，激活“取消结账”功能。

（4）输入口令（进行反结账的操作员口令），单击“确认”，取消结账标志。

（三）备份账套

用户admin登录“系统管理”，备份为“任务3-4总账管理系统期末业务处理”账套。

常见问题和错误解析

本项目操作过程中较易发生的错误和问题总结如下，可参考“解决方法”进行修改（见表3-10）。

表3-10　**常见问题和错误的原因及解决方法**

序号	常见问题和错误	原因	解决方法
1	在编辑区退不出来怎么办？	系统设计原因。	按键盘左上角【Esc】键退出。
2	输入“银行存款”/“美元户”的期初余额时，没有显示“美元”项。	在“基础设置”/“基础档案”/“财务”/“会计科目”处，“银行存款”/“美元户”会计科目没有选择“外币核算”。	将“银行存款”/“美元户”会计科目设置为“外币核算”。
3	输入期初余额的时候系统弹出对话框，显示被××机器锁定，无法重复输入。	可能是由于操作过快。	首先，用账套主管登录“企业应用平台”，点击“总账/期末/对账”，在该对话框打开之后同时按【Ctrl】+【F6】键，弹出对话框询问是否“解除所有锁定记录”，点击“是”。 然后，用总账会计登录，重新输入余额。
4	为什么期初余额录完之后某个会计科目的数额改不了？	可能是在设置会计科目档案时忘记设置辅助核算，当完成录入这个科目期初余额之后发现了这个错误，于是就去会计科目设置了辅助核算。当重新打开期初余额时，以为没录入过期初余额，重复录入一次。	（1）删除这个科目期初余额； （2）执行“基础档案”/“财务”/“会计科目”命令，把辅助核算取消； （3）回到“总账”/“设置”/“期初余额”处，看看这个科目里是否还有期初余额，如果有，则再删除； （4）重新去会计科目设置辅助核算； （5）录入正确的期初余额。

续表

序号	常见问题和错误	原因	解决方法
5	第一张凭证输入贷方银行存款却没有弹出票据管理对话框。	(1) 之前设置会计科目的基础档案时，没有指定会计科目或指定错误； (2) 之前设置“基础档案”/“收付结算”/“结算方式”时，现金支票没有选择票据管理标志。	(1) 把“1002 银行存款”重新选择到“银行科目”中去。如果已经选到“现金科目”中，先选回到“待选科目”，再重新选到“银行科目”。 (2) 重新设置“现金支票”结算方式，选择票据管理标志。
6	经济业务 1 保存时没弹出“支票登记簿”。	(1) 选项中没有选择“支票控制”； (2) 设置“基础档案”/“收付结算”/“结算方式”时，现金支票或转账支票没有选择“票据管理”； (3) 设置“基础档案”/“财务”/“会计科目”时，没有指定会计科目。	自查原因，修改了原先错误之后，到总账管理中把原来的凭证作废，整理后再做一张新的。
7	填制凭证时因操作错误未登记支票登记簿。	填制凭证时弹出登记支票登记簿的提示，选择了“否”。	以出纳的身份登录，进入“出纳”/“支票登记簿”中，添加支票，记得要填写报销日期（即凭证日期）、实际金额，其他的信息根据题意录入。
8	保存凭证时，显示“日期不序时，××类凭证已制单到 2025-01-××”。	总账初始设置选择“制单序时控制”，因此，凭证按照业务日期的先后顺序保存。假设上一张凭证日期是 2025-01-30，这一张凭证的日期就不能在它之前。	应该是上一张凭证的日期有误，放弃现有凭证，找到上一张凭证，修改日期，保存之后再重新做这张凭证。
9	填制凭证时系统提示“日期不能超前建账日期”。	总账启用日期有误。	如果总账启用后已经制单，启用日期无法修改，只能修改凭证日期在启用日期之后再保存。
10	保存凭证时提示“不满足借方必有条件”（贷方必有，凭证必无）。	“基础档案”/“财务”/“凭证类别”设置错误。	先检查凭证的借贷方科目是否满足限制条件，如果都满足依然无法保存，请到“基础档案”/“财务”/“凭证类别”处看看当时设置得是否正确； 收款凭证的限制凭证是“借方必有库存现金和银行存款”，付款凭证的限制凭证是“贷方必有库存现金和银行存款”，转账凭证的限制凭证是“贷方必无库存现金和银行存款”。

续表

序号	常见问题和错误	原因	解决方法
11	记得选择部门、人员、供应商、客户等档案时进行了设置，但是选择的时候却出不来。	可能是误选了其他档案之后，没法显示其他档案。	先删除已选项目，然后重新点击“...”按钮，这样所有选项就出现了。 如果还没有，则可能是之前的档案就没设置全。
12	凭证记账不成功。	有可能是期初余额试算不平衡。	执行“总账”/“设置”/“期初余额”，试算如果不平衡，则意味着之前期初余额录入的时候输错了，仔细检查每一项期初余额与项目资料是否相符。
13	转账生成自定义转账凭证的时候提示“公式错误或者金额为0”。	一般有两种可能： （1）公式错误； （2）金额为0。	（1）如果公式错误，去转账定义处查找公式，很有可能是QM（2001，月，贷）公式中会计科目错为“660301”，按照题意，是按照短期借款期末余额计提利息，而不是财务费用； （2）如果金额为0。有可能是短期借款的期初余额录入错误。取消记账，然后去期初余额查看并修改。
14	结转汇兑损益结果与教材中的不一样。	一般有两种可能： （1）外币余额有错； （2）汇率有错。	生成汇兑损益转账凭证的时候，查看汇兑损益试算表中外币余额、本币余额、月末汇率、调整后本币余额、差额这几项，查看与教材截图的差异： 如果是外币余额有错，请查询银行存款日记账期初余额和发生额跟教材业务是否相符；如果是期初余额错误，请取消记账，然后修改期初余额；如果是日常业务做错，请取消记账，修改凭证；如果是汇率有错，就以账套主管的身份进入“基础设置”/“基础档案”/“财务”/“外币设置”检查记账汇率和调整汇率并进行修改

项目测试

项目三测试

一、单项选择题

1.期初余额试算不平衡，系统将不能（　　）。

A.填制凭证　　B.审核凭证　　C.记账　　D.修改期初余额

2.关于彻底删除一张未审核凭证的要求，下面的操作正确的是（　　）。

A.可直接删除　　B.可将其作废

C.先作废，再整理凭证断号　　D.先整理凭证断号，再作废

3.3.期初余额录入是将手工会计资料录入计算机的过程之一。余额和累计发生额的录入要从（　　）科目开始。

A.一级　　B.二级　　C.三级　　D.最末级

4.“应收账款”科目通常设置（　　）辅助核算。

A.部门　　B.个人往来　　C.客户往来　　D.供应商往来

5.账务处理的三个关键环节是（　　）。

A.凭证录入、审核、记账　　B.凭证录入、查询、修改

C.凭证修改、汇总、记账　　D.凭证审核、汇总、记账

6.定义的自动转账凭证与普通凭证的最大差别是前者（　　）。

A.科目用实际数据表示　　B.金额用计算公式表示

C.摘要用实际数据表示　　D.凭证类型用公式表示

7.凭证的审核工作中，（　　）是会计制度的要求。

A.出纳签字　　B.主管签字　　C.审核凭证　　D.记账

8.银行存款和库存现金相互划转的业务，应保存为（　　）凭证。

A.收款　　B.付款

C.转账　　D.收款和付款均可

二、多项选择题

1.凭证管理的内容包括（　　）。

A.填制凭证　　B.查询凭证　　C.审核凭证

D.出纳签字　　E.凭证记账

2.在输入记账凭证过程中，遇到（　　），会计软件提示操作员必须更正。

A.记账凭证借贷双方金额本应是10 000元，却错误地输入为1 000元

B.记账凭证有借方科目而无贷方科目或者有贷方科目而无借方科目

C.输入的收款凭证借方科目不是“现金”或“银行存款”科目

D.输入的付款凭证贷方科目不是“现金”或“银行存款”科目

3.总账管理系统是用友会计信息系统的核心，可以（　　）。

A.管理会计凭证　　B.管理工资　　C.管理存货　　D.管理会计账簿

4.总账管理系统日常业务处理的任务主要包括（　　）。

A.填制凭证　　B.审核凭证　　C.记账　　D.结账

5.记账凭证的辅助核算功能一般包括（　　）。

A.客户往来　　B.项目核算　　C.固定资产核算

D.个人往来　　E.外币核算

6.下列关于总账管理系统中记账凭证分类的说法中，正确的有（　　）。

A.可以将凭证按收付转分类

B.既可以分类，也可以不分类

C.只能有记账凭证一种类型

D.可以分成银收、银付、现收、现付和转账凭证

7.结账要在本期所有业务处理完毕之后才能进行，所以系统在结账之前必须检查（　　）。

A.是否还有未过账的凭证　　B.是否已经进行银行对账

C.是否已经执行期末调汇　　D.是否已经进行结转损益

三、判断题

1.在会计核算软件中，总账管理系统是核心系统。（　　）

2.制单人发现自己登记某笔业务时发生错误，不能够立即修改，只能审核以后进行修改。（　　）

3.财务系统中，没有提供对辅助账进行查询的功能。（　　）

4.期初余额试算不平衡将不能记账。（　　）

5.总账管理系统是会计信息系统的关键和核心部分，会计信息系统的所有业务都要经过总账管理系统的处理。（　　）

6.在记账凭证的输入过程中，输入的会计科目编码可以不是最明细的会计科目编码。（　　）

7.会计科目一旦正式使用，就不能删除。（　　）

8.外部传递到总账的凭证不能在总账中修改。（　　）

9.作废的凭证不能审核，可直接参与记账。（　　）

10.总账必须在其他系统都结账之后才可结账。（　　）

同步实训

项目三同步实训

项目评价（见表3-11）

表3-11　**项目三评价参考表**

任务	要求	评价		
		自评	师评	小组互评
3.1 认识总账管理系统	能深入理解总账管理系统功能，了解总账会计岗位职责。	□A □B □C	□A □B □C	□A □B □C

续表

任务	要求	评价		
		自评	师评	小组互评
3.2 总账管理系统初始设置	能设置总账控制参数并正确录入期初余额。	□A □B □C	□A □B □C	□A □B □C
3.3 总账管理系统日常业务处理	能根据任务资料完成总账管理系统日常经济业务处理和常见错误更正。	□A □B □C	□A □B □C	□A □B □C
3.4 总账管理系统期末业务处理	能根据任务资料完成总账管理系统期末自动转账和结账工作。	□A □B □C	□A □B □C	□A □B □C
自我总结与反思				

重点任务操作流程梳理

任务名称	操作流程简要概括
总账管理系统初始设置	
总账管理系统日常业务处理	
总账管理系统期末业务处理	

操作过程中出现的错误及其原因分析

错误点	错误原因	改正方法

注：A，达标；B，基本达标；C，未达标。

项目四

出纳岗位实务

目标指引

知识目标

1. 了解国家财经政策和会计、税务法规；
2. 掌握现金日记账、银行存款日记账、资金日报表的查询方法；
3. 掌握支票登记的方法；
4. 掌握银行对账的原理与流程。

能力目标

1. 能够严格按照现金管理制度和企业结算制度规定办理现金及银行结算业务；
2. 能够实时掌握企业资金动态，确保资金收付的准确与安全；
3. 能够及时完成银行对账工作。

素养目标

1. 具备爱岗敬业和精益求精的品质；
2. 具备较强的法治观念和安全意识；
3. 具备强烈的责任心，工作中能够坚持原则、以身作则。

出纳岗位工作流程

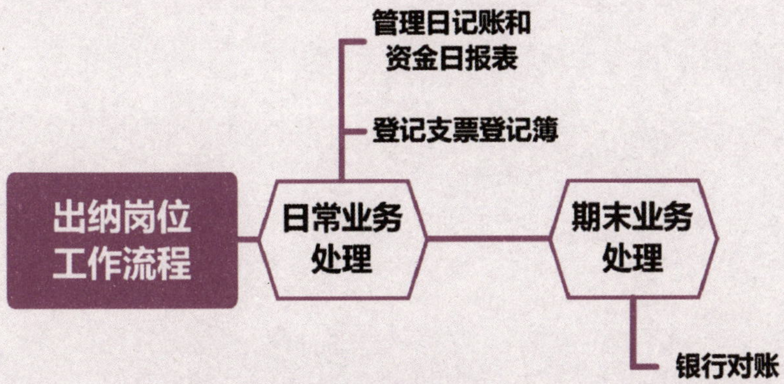

图4-1 出纳岗位工作流程

价值引领　　劳模制造　必是精品

人物速写：艾爱国是第一位从湘钢走出来的焊接大师。从世界最长跨海大桥——港珠澳大桥，到亚洲最大深水油气平台——南海荔湾综合处理平台，这些国际国内超级工程中，都活跃着他的身影；从助力中国船舶制造业提升国际竞争力，比肩世界一流水平，到突破国外企业“卡脖子”技术，填补国内技术空白，都离不开他的焊接绝活。凭借一身绝技、执着追求，他2021年被中共中央授予“七一勋章”。他在20世纪80年代采用交流氩弧焊双人双面同步焊技术，解决了当时世界最大的3万立方米制氧机深冷无泄漏的“硬骨头”问题；20世纪末带领团队10年攻坚，打破国外技术垄断，填补国内空白，实现大线能量焊接用钢国产化；花甲之年带领团队解决工程机械吊臂用钢面临的“卡脖子”技术，大幅度降低中国工程机械生产成本；主持的氩弧焊接法焊接高炉贯流式风口项目获得国家科技进步二等奖，申报专利6项，获发明专利1项。他用50多年的时间，实现了自己最初写下的“攀登技术高峰”的目标，将自己活成了一座高峰。

资料来源：方大丰.【身边的大国工匠】|“好焊工”的不老传说［EB/OL］.［2022-03-04］. https://www.workercn.cn/papers/grrb/2022/03/04/2/news-6.html；张盟，肖依诺，汪衡，等.好评中国·走进湖南 | 艾爱国：心怀热爱，步伐迈得比谁都快［EB/OL］.［2023-04-05］. https://moment.rednet.cn/pc/content/646748/97/12532385.html.有删改。

品质/精神传承：艾爱国坚守焊工岗位50余年，为冶金、矿山、机械、电力等国家重点行业攻克400多项焊接技术难题，改进焊接工艺100多项，年过七旬仍奋斗在科研生产第一线。爱岗敬业求极致、精益求精勇攀登同样是我们财务人员所应该具备的品质，让我们聆听大师故事，追随大师脚步，学习大师品质。

项目资料

一、出纳日常业务资料①

1. 出纳（002 姜涛）管理支票登记簿。

出纳管理支票登记簿，1月25日，采购部孙进借转账支票一张，用于购买原材料，票号ZZ003，预计金额5 000元。

2. 出纳（002 姜涛）查询账表。

出纳查询2025年1月份现金日记账、银行存款日记账和2025年1月31日的资金日报表。

二、出纳期末业务资料②

1. 银行对账期初数。

青岛宏象华瑞装备科技有限公司银行账的启用日期为“2025-01-01”，人民币户企业日记账调整前余额为1 612 774.00元，未达账项一笔，为2024年12月30日已收企业未收款200 000.00元，结算方式202，票号111；银行对账单调整前余额为1 778 774.00元，未达账项一笔，为2024年12月31日企业已收银行未收款34 000.00元，已填制第20号收款凭证，结算方式202，票号222。

2. 银行对账单（见表4-1）。

表4-1　2025年1月人民币账户银行对账单

日期	结算方式	票号	借方金额（元）	贷方金额（元）
2025.1.1	202	222	34 000.00	
2025.1.1	201	XJ001		5 000.00
2025.1.18	202	ZZ001	208 800.00	
2025.1.31	202	ZZ004	30 000.00	

① 此处为【任务一　出纳日常业务处理】的任务资料。
② 此处为【任务二　出纳期末业务处理】的任务资料。

4-1

出纳岗位初认知（微课）

任务一　出纳日常业务处理

一、任务布置

出纳姜涛登录企业门户，根据“项目资料--一、出纳日常业务资料”登记支票登记簿，并查询现金日记账、银行存款日记账和资金日报表。

二、知识链接

（一）出纳管理功能

1.日记账。

日记账包括现金日记账和银行存款日记账。在会计信息系统中，凭证执行记账功能，系统自动登记现金日记账和银行存款日记账，出纳不需要再登记。日记账管理主要是对库存现金和银行存款日记账进行查询和核对。

要进行日记账管理，需要进行两方面的设置：首先是打开“基础设置”/“基础档案”/“财务”/“会计科目”，在需要管理的会计科目选项卡中选中“日记账”选项；其次是在“基础设置”/“基础档案”/“财务”/“会计科目”中，执行“编辑/指定科目”命令，指定现金总账和银行总账科目。

2.资金日报表。

资金日报表是反映现金、银行存款发生额及余额情况的报表。它主要用于查询、输出或打印资金日报表，提供当日借、贷金额合计和余额。

3.支票登记簿。

在手工记账时，为了保证资金安全，明确人员责任，通常要求出纳员登记“支票领用登记簿”，详细登记开出的支票的各项信息：领用日期、支票号码、领用人、用途、收款单位等。同样，在会计信息系统中，也开发了该功能以供出纳对支票进行管理。

要使用支票登记簿，需要进行两方面的设置：首先是打开“基础设置”/“基础档案”/“财务”/“会计科目”，在需要登记的银行会计科目选项卡中选中“银行账”选项；其次是在“基础设置”/“基础档案”/“收付结算”/“结算方式”中，选择“票据管理”。

支票领用和报销的程序如下：

（1）领用支票时，出纳须在支票登记簿中据实登记领用日期、领用部门、领用人、支票号、备注等。

（2）支票支出时，经办人须持原始凭证报销，会计人员据此填制记账凭证，在录入该凭证时，系统要求录入该支票的结算方式和支票号，并自动填写报销日期，该支票即报销。已报销的支票，在支票登记簿中变为黄色。

需要注意的是，如果在填制记账凭证之前出纳没有事先登记支票登记簿，则完成填制凭证保存时，系统会弹出对话框，提示“此支票尚未登记，是否登记?”，如果需要登记，点击“是”，支票自动登记，同时报销。

（二）出纳岗位职责

出纳岗位主要工作职责如下：

1. 按照国家有关现金管理和银行结算制度的规定，办理现金收付和银行结算业务。

2. 审核、办理费用报销业务。

3. 负责支票、汇票、收据等各种票据的保管工作，并做好领用及注销的登记手续。

4. 审核收款凭证、付款凭证。

5. 登记现金和银行存款日记账，编制资金日报表。

6. 每日盘点库存现金，保证账实相符。

7. 定期与银行对账，按月编制银行存款余额调节表，处理未达账项。

8. 协助合同收款管理工作和员工借款的跟进催收。

9. 完成会计主管交办的其他工作。

三、操作演示

4-2

出纳日常业务处理（操作演示）

根据“项目资料—一、出纳日常业务资料”完成出纳日常业务处理。

【准备工作】引入“任务3-4 总账管理系统期末业务处理”备份账套。

（一）登记支票登记簿

1. 以“002 姜涛”的身份登录“企业应用平台”，登录日期选择“2025-01-31”。

2. 执行“业务工作”/“财务会计”/“总账”/“出纳”/“支票登记簿”命令，在弹出的对话框选择银行科目“100201 人民币户”，点击“确定”按钮，进入“银行存款/人民币户”支票登记簿。

3. 单击“增加”按钮，根据“项目资料—一、出纳日常业务资料”中给出的资料登记支票登记簿，输入领用日期“2025.01.25”，领用部门“采购部”，领用人“孙进”，支票号“ZZ003”，预计金额5 000元，用途“采购原材料”，单击“保存”按钮，如图4-2所示。

支票登记簿

科目：人民币户 (100201)　　支票张数：2(其中：已报2 未报0)

领用日期	领用部门	领用人	支票号	预计金额	用途	收款人	对方科目	付款银行名称	银行账号	预计转账日期	报销日期
2025.01.01	财务部	姜涛	XJ001	5,000.00	备用金						2025.01.01
2025.01.25	财务部	姜涛	XJ002	10,000.00	备用金						2025.01.25
2025.01.25	采购部	孙进	ZZ003	5,000.00	采购原材料						

图4-2 支票登记

（二）查询现金日记账、银行存款日记账和资金日报表

1. 查询1月份现金日记账。

（1）在总账子系统中，执行“出纳”/“现金日记账”命令，弹出“现金日记账查询条件”对话框。选择“对方科目显示”为“名称+编码”“末级”，选中“是否按对方科目展开”，点击“确定”，如图4-3所示。

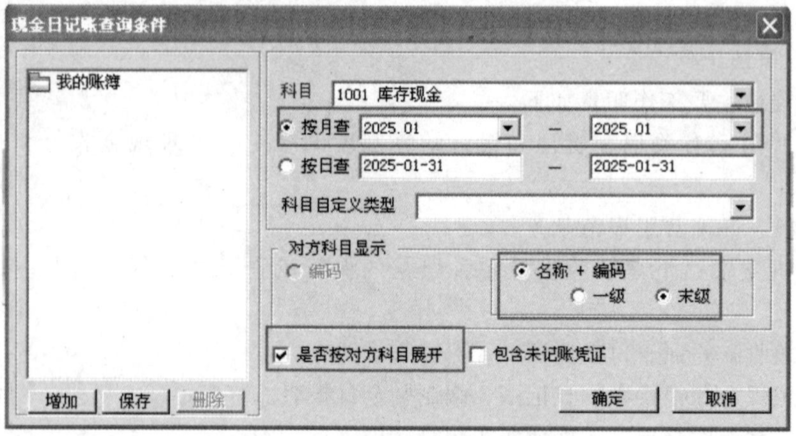

图4-3　现金日记账查询条件

温馨提示：

· 可按照查询月份和日期进行有针对性的查询，例如：如果想查询本月1—10号的现金日记账，可以选择按日查，日期处输入“2025-01-01”和“2025-01-10”。

· 正常情况下，凭证记账以后才能查询各种账簿，包括现金日记账，如果还未记账时便需要查询现金日记账，可选中“包含未记账凭证”按钮。

（2）现金日记账如图4-4所示，摘要栏按凭证对方科目辅助项详细展开，对方科目按末级科目显示。

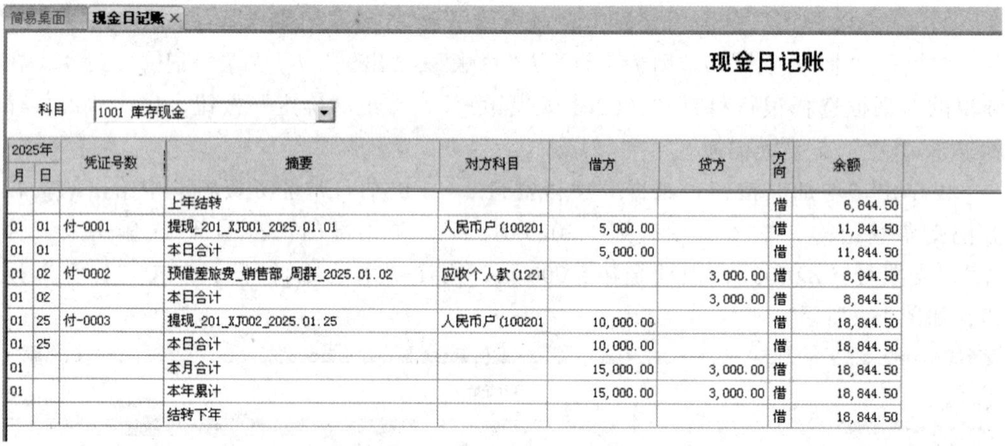

2025年 月	日	凭证号数	摘要	对方科目	借方	贷方	方向	余额
			上年结转				借	6,844.50
01	01	付-0001	提现_201_XJ001_2025.01.01	人民币户(100201	5,000.00		借	11,844.50
01	01		本日合计		5,000.00		借	11,844.50
01	02	付-0002	预借差旅费_销售部_周群_2025.01.02	应收个人款(1221		3,000.00	借	8,844.50
01	02		本日合计			3,000.00	借	8,844.50
01	25	付-0003	提现_201_XJ002_2025.01.25	人民币户(100201	10,000.00		借	18,844.50
01	25		本日合计		10,000.00		借	18,844.50
01			本月合计		15,000.00	3,000.00	借	18,844.50
01			本年累计		15,000.00	3,000.00	借	18,844.50
			结转下年				借	18,844.50

图4-4　现金日记账

2.查询1月份银行存款日记账。

在总账管理系统，执行“出纳”/“银行存款日记账”命令，查询方法与现金日记账查询方法基本相同，最终结果如图4-5所示。

3.查询2025年1月31日资金日报表。

（1）在总账管理系统中，执行“出纳”/“资金日报”命令，将日期修改为“2025-01-31”，级次修改为“1”-“2”，选择“有余额无发生也显示”，点击“确定”，如图4-6所示。

简易桌面　现金日记账　银行日记账 ×

银行日记账

科目　1002 银行存款

2025年 月	日	凭证号数	摘要	结算号	对方科目	借方	贷方	方向	余额
			上年结转					借	1,684,674.00
01	01	付-0001	提现		库存现金(1001)		5,000.00	借	1,679,674.00
01	01		本日合计				5,000.00	借	1,679,674.00
01	18	收-0001	收回货款_青岛宏利_2025.01.18_周群		应收账款(1122)	208,800.00		借	1,888,474.00
01	18		本日合计			208,800.00		借	1,888,474.00
01	22	收-0002	收到投资		实收资本(4001)	359,500.00		借	2,247,974.00
01	22		本日合计			359,500.00		借	2,247,974.00
01	25	付-0003	提现		库存现金(1001)		10,000.00	借	2,237,974.00
01	25		本日合计				10,000.00	借	2,237,974.00
01	31	收-0003	汇兑损益结转			3,600.00		借	2,241,574.00
01	31		本日合计			3,600.00		借	2,241,574.00
01			本月合计			571,900.00	15,000.00	借	2,241,574.00
01			本年累计			571,900.00	15,000.00	借	2,241,574.00

图4-5　银行存款日记账

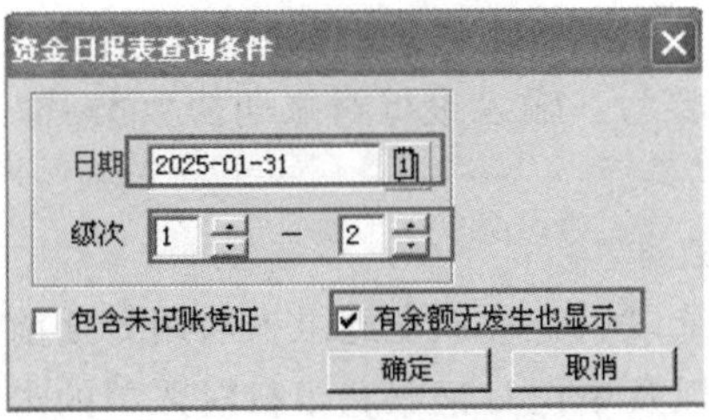

图4-6　资金日报表查询条件

温馨提示：

· 级次是指资金日报表中显示的会计科目的级次，级次为“1”-“2”，则资金日报表中会计科目可显示二级科目。

· 在会计科目中被指定为“现金科目”和“银行科目”的会计科目才会出现在资金日报表中。正常情况下，如果某日没有资金进出，但是想查看余额，可选择“有余额无发生也显示”。

（2）资金日报表如图4-7所示。

简易桌面　资金日报表 ×

资金日报表

科目编码	科目名称	币种	今日共借	今日共贷	方向	今日余额	借方笔数	贷方笔数
1001	库存现金				借	18,844.50		
1002	银行存款		3,600.00		借	2,241,574.00	1	
100201	人民币户				借	1,806,574.00		
100202	美元户		3,600.00		借	435,000.00	1	
		美元			借	60,000.00		
合计			3,600.00		借	2,260,418.50	1	
		美元			借	60,000.00	1	

图4-7　1月31日资金日报表

任务二　出纳期末业务处理

一、任务布置

出纳姜涛根据“项目资料-二、出纳期末业务资料”完成期末银行对账工作。

二、知识链接

企业的结算业务大部分要通过银行进行，而由于企业和银行的入账时间不一致，往往会出现双方账面金额不一致的情况，即所谓“未达账项”。为了能够准确掌握银行存款的实际情况，了解实际可以用的货币资金数额，防止可能发生的记账错误，企业必须定期将银行存款日记账与银行出具的对账单进行核对，并编制银行存款余额调节表。在银行对账单余额与企业账面余额的基础上，各自加上对方已收、本单位未收款项数额，减去对方已付、本单位未付款项数额，以调整双方余额使其一致。在会计信息系统中银行对账的步骤为：输入银行对账期初数据-输入银行对账单-银行对账-查询输出余额调节表。

1.输入银行对账期初数据。

企业使用会计信息系统以后，应该在此录入启用日期前最后一次手工对账企业方与银行方的调整前余额，以及单位日记账和银行对账单的未达账项。双方调整后的余额应该是一致的。

2.输入银行对账单。

会计信息系统可实现单位日记账和银行对账单自动对账。单位日记账的数据，只需要将凭证记账便可得到，银行对账单可手工输入或引入外部数据。在月末对账之前，必须将银行开出的银行对账单输入或导入系统。

3.银行对账。

银行对账采用自动对账与手工对账相结合的方式。

（1）自动对账。凭证记账并录入银行对账单后，单位日记账和银行对账单便可对照显示，这时可在系统中点击“对账”，则系统可根据核销条件进行自动核对勾销。对于已经核对上的银行业务，系统将自动在单位日记账和银行对账单双方画上两清标记，视为已达账项。若想达到自动对账成功必须保证对账数据的规范和完整。例如：如果选择“结算票号相同”和“结算方式相同”的核销条件，那两方面款项的结算票号和结算方式必须都相同，否则无法对账成功。

（2）手工对账。手工对账是对自动对账的补充。采用自动对账后，可能由于一些特殊原因，某些已达账项没有对出来（比如，输入不够完整和规范，无法满足自动对账的严格条件），于是，为了保证款项的准确性，就需要通过手工对账进行二次核对。手工对账需在两清标志处双击打钩，需要注意的是，单位日记账和银行对账单都必须进行打钩核销。

4.查询输出余额调节表。

银行对账之后，系统自动整理汇总未达账项和已达账项，生成“银行存款余额调节表”，以检查对账是否正确。出纳可进行查询和数据输出。

5.其他功能。

在银行对账功能中，还可以进行“查询对账勾对情况”和“核销银行账”处理。前者可以进一步详细了解对账单勾对的明细情况，后者则通过核销银行账来核销已达账项（对账正确无误可进行核销）。

三、操作演示

根据“项目资料-二、出纳期末业务资料”完成出纳期末业务处理。

【准备工作】上接“任务一 出纳日常业务处理”。

（一）银行对账期初录入

4-3

银行对账（操作演示）

1.出纳（002姜涛）登录“企业应用平台”，登录日期选择“2025-01-31”。

2.录入单位日记账。

（1）在总账子系统，执行“出纳”/“银行对账”/“银行对账期初录入”，选择银行科目“人民币户”，点击“确定”进入“银行对账期初”对话框。

（2）输入单位日记账调整前余额1 612 774.00元，如图4-8所示。

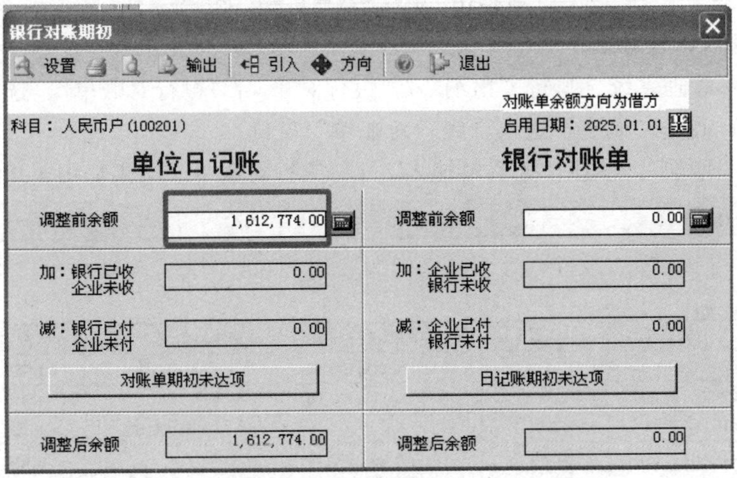

图4-8　银行对账期初录入-1

（3）单击“对账单期初未达项”，输入期初企业未达账项，对账单期初未达数据如图4-9所示。

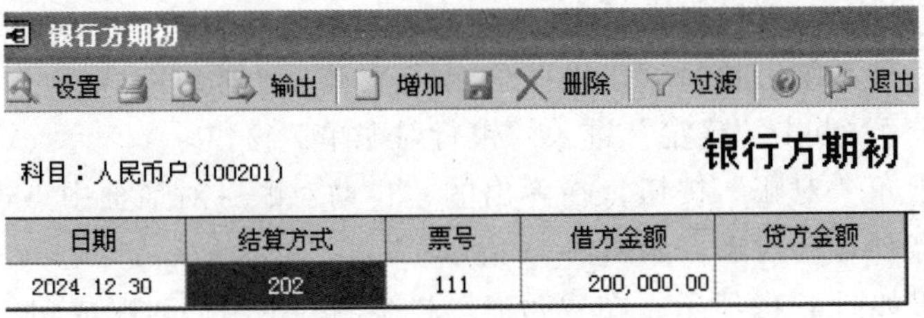

图4-9　银行对账期初录入-2

3. 录入银行对账单。

同理，录入银行对账单调整前余额和未达账项。最终结果如图4-10所示。

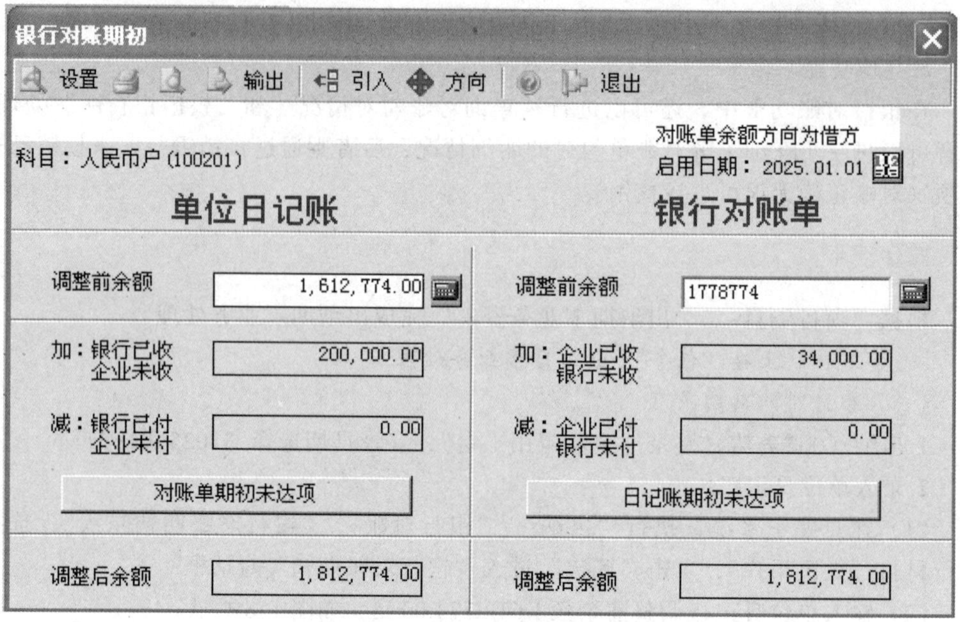

图4-10　银行对账期初录入-3

（二）录入银行对账单

1. 在总账管理系统，执行“出纳”/“银行对账”/“银行对账单”，选择银行科目“人民币户”，点击“确定”进入“银行对账单”窗口。

2. 点击“增加”，参照任务资料输入1月份银行对账单。结果如图4-11所示。

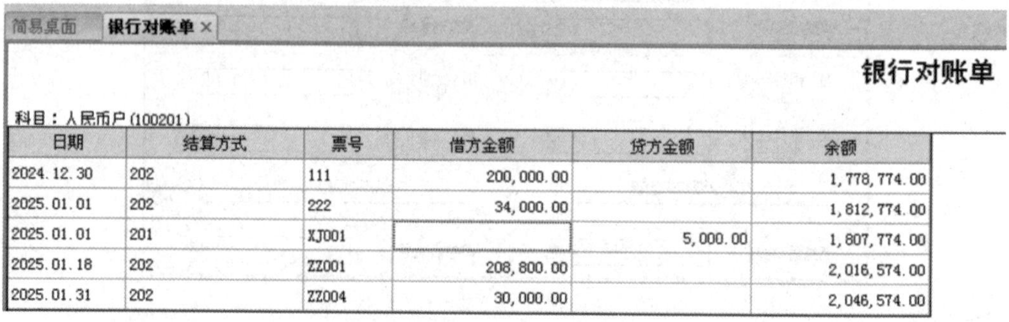

简易桌面　银行对账单

银行对账单

科目：人民币户（100201）

日期	结算方式	票号	借方金额	贷方金额	余额
2024.12.30	202	111	200,000.00		1,778,774.00
2025.01.01	202	222	34,000.00		1,812,774.00
2025.01.01	201	XJ001		5,000.00	1,807,774.00
2025.01.18	202	ZZ001	208,800.00		2,016,574.00
2025.01.31	202	ZZ004	30,000.00		2,046,574.00

图4-11　银行对账单

3. 关闭银行对账单。

（三）银行对账

1. 在总账管理系统，执行“出纳”/“银行对账”/“银行对账”命令，选择银行科目“人民币户”，点击“确定”进入“银行对账单”窗口。

2. 点击左上角“对账”按钮，在弹出的“自动对账”对话框中点击“确定”，系统根据默认的条件自动对账，如图4-12所示。

3. 对账结果如图4-13所示，在“两清”栏画圈的款项即对账成功。

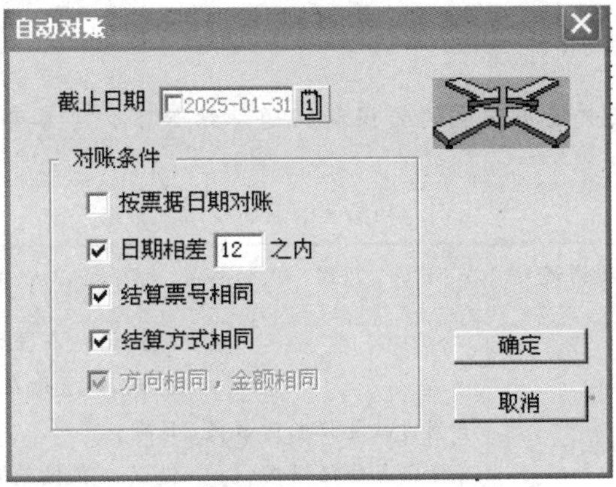

图4-12　自动对账-1

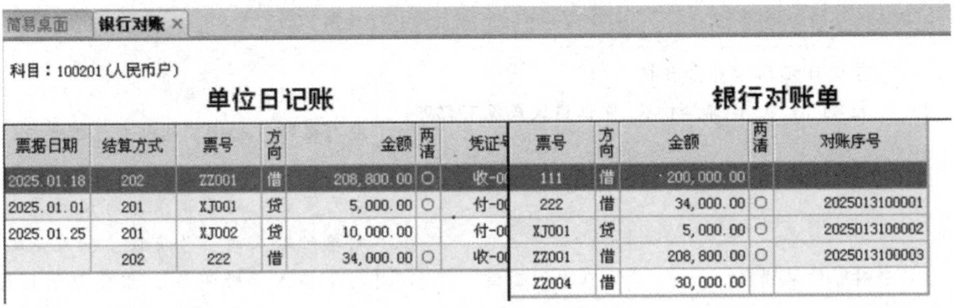

单位日记账

票据日期	结算方式	票号	方向	金额	两清	凭证号
2025.01.18	202	ZZ001	借	208,800.00	○	收-0
2025.01.01	201	XJ001	贷	5,000.00	○	付-0
2025.01.25	201	XJ002	贷	10,000.00		付-0
	202	222	借	34,000.00	○	收-0

银行对账单

票号	方向	金额	两清	对账序号
111	借	200,000.00		
222	借	34,000.00	○	2025013100001
XJ001	贷	5,000.00	○	2025013100002
ZZ001	借	208,800.00	○	2025013100003
ZZ004	借	30,000.00		

图4-13　自动对账-2

温馨提示：

· “方向相同，金额相同”是必要条件，其他条件如日期、结算票号、结算方式可根据需要进行选择。

· 自动对账结束之后最好再检查一遍未达账项（未画圈款项），查看有无漏项，如果有，可用手工对账方式进行对账（鼠标双击两清栏即可手工对账，为了与自动对账表示区分，手工对账标记以“√”显示）。

（四）余额调节表查询

在总账管理系统，执行“出纳”/“银行对账”/“余额调节表查询”命令，进入“银行存款余额调节表”查询窗口，如图4-14所示。

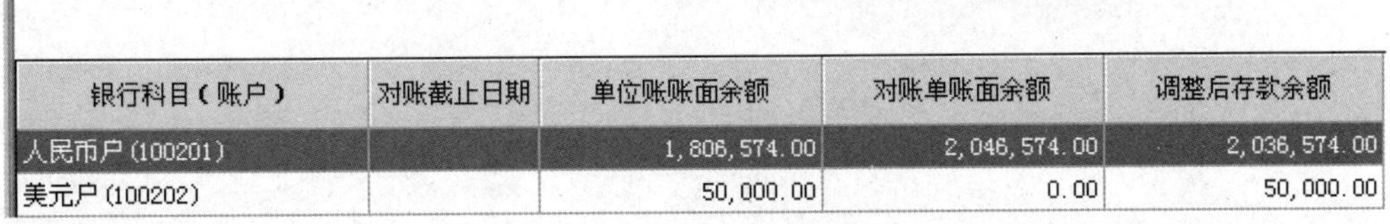

银行存款余额调节表

银行科目（账户）	对账截止日期	单位账账面余额	对账单账面余额	调整后存款余额
人民币户(100201)		1,806,574.00	2,046,574.00	2,036,574.00
美元户(100202)		50,000.00	0.00	50,000.00

图4-14　银行存款余额调节表

（五）备份账套

用户admin登录“系统管理”，备份为“任务4-2 出纳期末业务处理”账套。

常见问题和错误解析

本项目操作过程中较易发生的错误和问题总结如下，可参考“解决方法”进行修改（见表4-2）。

表4-2　常见问题和错误的原因及解决方法

序号	常见问题和错误	原因	解决方法
1	支票登记簿错误。	填制付款凭证的时候没有登记或登记错误。	没登记：在登记簿增加支票，按照信息录入，并在报销日期处填写凭证日期； 错误：在报销日期处删除日期，然后修改信息，修改完毕后再填上报销日期。
2	查询日记账、资金日报表的结果和教材不一样。	凭证错误或没有记账。	凭证错误：修改凭证； 没有记账：选择“包含未记账凭证”。
3	对账结果错误。	之前录入错误。	查看是银行对账单录入有误还是之前制单时输入的票号有误。如果是之前制单输入票号有误，需要取消记账、取消出纳签字、取消审核，修改凭证。如果简化处理，可以手工对账

项目测试

项目四测试

一、单项选择题

1.企业必须定期将（　　）与银行出具的对账单进行核对，并编制银行存款余额调节表。

A.银行存款日记账　　B.现金日记账

C.资金日报表　　D.现金支票

2.银行对账是企业（　　）最基本的工作之一。

A.出纳　　B.会计　　C.财务经理　　D.总会计师

3.银行自动对账时，（　　）是必要条件，其他条件可根据需要进行选择。

A.方向相同，金额相同　　B.日期相同

C.结算票号相同　　D.结算方式相同

二、多项选择题

1.下列各项中，属于银行对账功能的有（　　）。

A.录入银行存款期初余额　　B.录入银行对账单

C.银行对账　　D.生成银行存款余额调节表

2.进行现金日记账管理，需要进行的设置有（　　）。

A.“库存现金”会计科目设置选中“日记账”选项

B.“银行存款”会计科目设置选中“日记账”选项

C.指定“现金总账科目”

D.指定“银行总账科目”

3.使用支票登记簿，需要进行的设置有（　　）。

A.在“银行存款”及其明细科目设置中选中“银行账”选项

B.结算方式中选择“票据管理”

C.指定“现金总账科目”

D.指定“银行总账科目”

三、判断题

1.企业使用会计信息系统以后，应该录入银行对账期初余额，单位日记账和银行存款日记账调整后期初余额应该是一致的。（　　）

2.单位日记账需要出纳手工录入。（　　）

3.银行对账单一定要手工录入。（　　）

4.银行存款余额调节表的编制方法是在银行对账单余额与企业账面余额的基础上，各自加上对方已付、本单位未付款项数额，减去对方已收、本单位未收款项数额，以调整双方余额使其一致。（　　）

同步实训

项目四同步实训

项目评价（见表4-3）

表4-3 项目四评价参考表

任务	要求	评价		
		自评	师评	小组互评
4.1出纳日常业务处理	能正确完成日常支票登记、查询日记账和资金日报表	□A □B □C	□A □B □C	□A □B □C
4.2出纳期末业务处理	能正确完成期末银行对账工作	□A □B □C	□A □B □C	□A □B □C

自我总结与反思

重点任务操作流程梳理

任务名称	操作流程简要概括
出纳日常业务处理	
出纳期末业务处理	

操作过程中出现的错误及其原因分析

错误点	错误原因	改正方法

注：A，达标；B，基本达标；C，未达标。

项目五

报表会计岗位实务

目标指引

知识目标

1.掌握UFO报表的基本概念和原理；

2.熟悉UFO报表管理系统的功能，掌握UFO报表的编制方法；

3.掌握UFO报表的公式和函数；

4.掌握UFO报表的模板使用方法。

能力目标

1.能够编制自定义UFO报表；

2.能够利用模板生成UFO报表；

3.具备UFO报表的数据处理能力。

素养目标

1.具备乐于奉献和精益求精的品质；

2.具备较强的团队协作能力；

3.具有较强的心理素质和社会责任感。

报表会计岗位工作流程

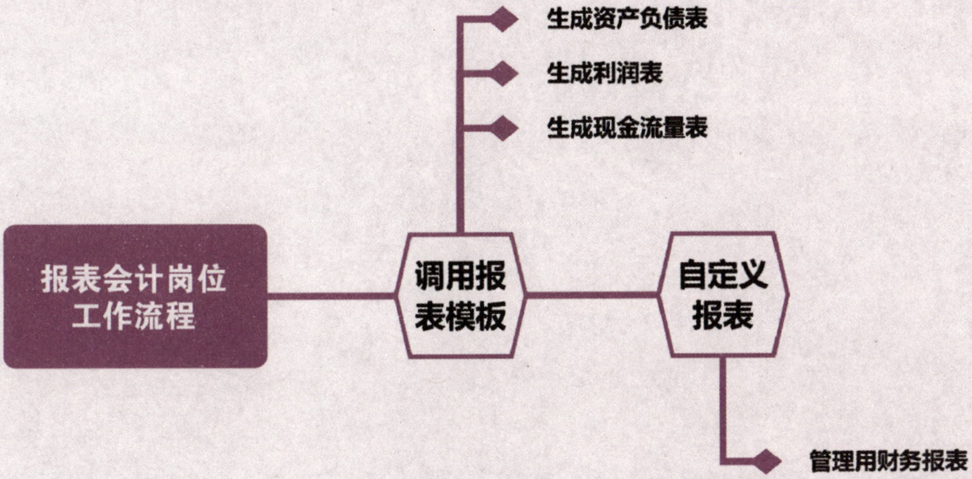

图5-1　报表会计岗位工作流程

价值引领　　中国精度　极致匠心

人物速写：陈兆海先后参建大连湾海底隧道、大连港30万吨级矿石码头、大船重工香炉礁新建船坞、星海湾跨海大桥等多项国家战略工程，坚守“用一辈子做好工程的眼睛”，从攻克悬索安装到高精度测量，将测深技术从原有的二维推展到三维，对海上沉管安装测量工艺进行革命性创新，用执着和匠心雕琢“中国精度”，诠释“中国速度”。2001年，陈兆海参建福建石湖港项目，海域情况非常复杂，在没有测深仪的情况下，水深测量施工只能采用“打水跎”（采用水准仪配合水准尺作业）。在高流速的海域放水准尺好比是顶着2~3节流速练百步穿杨，测深读数时间必须在配重触及海底的2秒内完成，最佳读数时间不足1秒。为抓住这1秒钟，只要没有施工，他就反复练习眼力和反应速度，最后将一整套快速读数方法练成了条件反射，练就了一手在高流速海域秒内精准读取水准尺的绝活，创下了靠人工测量方法将沉箱水下基床标高精度控制在毫米的奇迹。随着大连湾海底隧道项目全面启动，他向着更高精度目标发起攻坚，提出了立体成像测量方法，成功引进多波束测量设备和系统并进行优化，实现海底沉管“毫米”级精度对接。

资料来源：佚名.陈兆海［EB/OL］.［2023-02-02］. https://www.sizhengwang.cn/a/gjjs_dxrw/230202/1210437.shtml.有删改。

品质/精神传承：陈兆海坚守在测量一线近30年。他对待工作乐于奉献，精益求精，练就了一双慧眼和一双巧手，以追求极致的匠人匠心，为大国工程建设保驾护航。精益求精保质量、乐于奉献勇担当是我们每个人要追求的工作态度，让我们追寻大师足迹，端正工作态度。

项目资料

一、利用报表模板生成报表[①]

（一）调用报表模板生成资产负债表并保存

调用“2007年新会计制度科目”行业报表模板，生成青岛宏象华瑞装备科技有限公司2025年1月份的资产负债表并保存。

（二）调用报表模板生成利润表并保存

调用“2007年新会计制度科目”行业报表模板，生成青岛宏象华瑞装备科技有限公司2025年1月份的利润表并保存。

（三）调用报表模板生成现金流量表并保存

调用“2007年新会计制度科目”行业报表模板，生成青岛宏象华瑞装备科技有限公司2025年1月份的现金流量表并保存。

二、自定义报表资料[②]

（一）定义报表格式（见表5-1）

表5-1　　财务费用明细表

单位名称：　　　　年　月　　　　金额：元

项目	行次	本月数	本年数
利息费用	1		
汇兑损益	2		
合计	3		

制表人：

要求：标题“财务费用明细表”设置为黑体、14号、居中；“单位名称”“年”“月”设置为关键字；“金额：元”右对齐；表体中文字设置为宋体、12号、居中。

（二）定义报表公式

设置利息费用、汇兑损益及合计的本月数和本年数的公式。

（三）增加2张表页

在当前表页之后追加2张表页。

（四）输入关键字，生成数据

输入关键字“年：2025”“月：1”“日：31”，生成数据。

（五）表页排序：按照月份递减排序

将表页按照月份进行递减排序。

（六）录入制表人

1月份制表人为宋俊，2月份制表人为刘梅。

---

① 此处为【任务二　利用报表模板生成报表】的任务资料。
② 此处为【任务三　自定义生成报表】的任务资料。

5-1

报表会计岗位初认知（微课）

任务一　认识UFO报表管理系统

一、任务布置

请阅读“知识链接”之后以报表会计（004宋俊）的身份登录进入企业应用平台，尝试进行简单操作，并以小组为单位进行讨论，回答以下问题：

1.UFO报表管理系统都有哪些功能，你能在系统中找到吗？

2.请实际操作演示“格式”状态和“数据”状态的区别。

3.请说出数值单元、字符单元和表样单元之间的区别。

二、知识链接

UFO（User Friend Office）报表管理系统是用友ERP系统内置的办公软件，可独立运行，处理日常办公事务，也可以结合用友账务管理软件进行报表事务处理。利用UFO报表管理系统既可编制对外报表，又可编制各种内部报表。它的主要任务是设计报表的格式和编制公式，从总账管理系统或其他业务系统中取得有关会计信息自动编制各种会计报表，对报表进行审核、汇总，生成各种分析图，并按预定格式输出各种会计报表。

（一）常用功能

1.管理文件。

UFO报表管理系统提供了报表文件的创建、读取、保存和备份等各项文件管理功能。它能够进行不同文件格式如文本文件、MDB文件、DBF文件、EXCEL文件、LOTUS 1-2-3文件等的转换；支持多个窗口同时显示和处理，可同时打开的文件和图形窗口达40个；提供了标准财务数据的“导入”和“导出”功能，可以和其他流行财务软件交换数据。

2.管理格式。

UFO报表管理系统提供了丰富的格式设计功能，如定义组合单元、画表格线、调整行高列宽、设置字体和颜色、设置显示比例，等等，可以制作各种要求的报表。它不仅内置了11种套用格式和不同行业的标准财务报表模板，可以满足一般用户需求，还提供了自定义模板功能，可以满足客户自制需求。

3.处理数据。

UFO报表管理系统以固定的格式管理大量不同的表页，能将多达99 999张具有相同格式的报表资料统一在一个报表文件中管理，并且在每张表页之间建立有机的联系。它提供了排序、审核、舍位平衡、汇总功能；提供了绝对单元公式和相对单元公式，可以方便、迅速地定义计算公式；提供了种类丰富的函数，可以从账务等用友产品中提取数据，生成财务报表。

4.图表功能。

UFO报表管理系统将数据表以图形的形式进行表示。采用“图文混排”，可以很方便地进行图形数据组织，制作包括直方图、立体图、圆饼图、折线图等10种图式的分析图表。用户不仅可以编辑图表的位置、大小、标题、字体、颜色等，还可以打印输出图表。

5.二次开发功能。

UFO报表管理系统具有强大的二次开发功能。提供批命令和自定义菜单，自动记录命令窗中输入的多个命令，可将有规律性的操作过程编制成批命令文件。提供了Windows风格的自定义菜单，综合利用批命令，可以在短时间内开发出本企业的专用系统。

（二）基本概念

1.“格式”状态和“数据”状态。

UFO报表管理系统将报表制作分为两部分来处理：报表格式设计和数据处理，这两部分工作分别在“格式”和“数据”状态下完成。

（1）“格式”状态。在“格式”状态下可以设计报表的格式，如表尺寸、行高列宽、单元属性、单元风格、组合单元、关键字、可变区等。报表的三类公式，单元公式（计算公式）、审核公式和舍位平衡公式也在“格式”状态下定义。在“格式”状态下所做的操作对本报表所有的表页都发生作用。在“格式”状态下不能进行数据的录入、计算等操作。在“格式”状态下，用户看到的是报表的格式，报表的数据全部都隐藏了。

（2）“数据”状态。在“数据”状态下可以管理报表的数据，如输入数据、增加或删除表页、审核、舍位平衡、做图形、汇总、合并报表等。在“数据”状态下不能修改报表的格式。在数据状态下，用户看到的是报表的全部内容，包括格式和数据。

2.单元。

单元是组成报表的最小单位，单元名称由所在行、列标识。行号用数字1～9999表示，列标用字母A-IU表示。例如：D22表示第4列第22行的那个单元。

3.组合单元。

组合单元由相邻的两个或更多的单元组成，这些单元必须是同一种单元类型（表样、数值、字符），UFO报表管理系统在处理报表时将组合单元视为一个单元。既可以组合同一行相邻的几个单元，又可以组合同一列相邻的几个单元，还可以把一个多行多列的平面区域设为一个组合单元。

组合单元的名称可以用区域的名称或区域中的单元名称来表示。

例如：把B2到B3定义为一个组合单元，这个组合单元可以用“B2”、“B3”或“B2：B3”来表示。

4.区域。

区域由表页上的一组单元组成，自起点单元至终点单元是一个完整的长方形矩阵。在UFO报表中，区域是二维的，最大的区域是一个二维表的所有单元（整个表页），最小的区域是一个单元。

5.表页。

一个UFO报表最多可容纳99 999张表页，每一张表页是由许多单元组成的。一个报表中的所有表页具有相同的格式，但其中的数据不同。表页在报表中的序号在表页的下方以标签的形式出现，称为页标。页标用第1页~第99999页表示。

（三）报表会计岗位职责

报表会计岗位主要工作职责如下：

1.核对各会计科目的发生额及余额的合理性、准确性。发现问题及时通知有关人员改正，保证结账顺利、报表准确、数据合理。

2.核对账簿记录是否完整，是否账账相符，发现不符应查明原因，并按规定更正。

3.编制会计报表并与其他会计报表相互核对，有对应关系的数据必须保持一致。

4.根据报表编写财务情况说明书。

任务二　利用报表模板生成报表

一、任务布置

2025年1月31日，报表会计（004宋俊）根据“项目资料-—、利用报表模板生成报表”资料要求生成青岛宏象华瑞装备科技有限公司2025年1月份的资产负债表、利润表和现金流量表并保存。

二、知识链接

调用报表模板生成报表的步骤如下：

（一）调用模板

用友ERP-U8 V10.1的UFO报表管理系统为用户提供了33个行业的标准财务报表格式，企业可以根据需要利用报表模板快速建立财务报表。另外，企业也可以将自定义的报表保存为报表模板，方便将来直接调用。

（二）修改格式、公式

系统中自带的财务报表可能不能完全满足企业的需要，用户可以在调用模板之后对格式和公式等项目进行相应的修改。修改格式和公式要在“格式”状态下进行。

（三）录入关键字，生成报表数据

关键字是游离于单元之外的特殊数据单元，可以唯一标识一个表页，用于在大量表页中快速选择表页。关键字在“格式”状态下设置，关键字的值则在“数据”状态下录入，每个报表可以定义多个关键字。通常以单位名称、单位编号、年、季、月、日等作为关键字。

（四）补充：审核报表

部分报表的某些项目之间存在一定的勾稽关系，比如资产负债表中资产合计数应等于负债与所有者权益的合计数，如果生成的数据不满足这一平衡公式，则说明该报表数据错误，在用友ERP-U8财务软件中可以利用审核公式校验报表数据的正确性。

三、操作演示

5-2

利用报表模板生成资产负债表和利润表（操作演示）

根据“项目资料-—、利用报表模板生成报表”要求完成本任务。

【准备工作】引入“任务3-4总账管理系统期末业务处理”备份账套。

（一）调用模板生成资产负债表并保存

1.报表会计（004宋俊）登录“企业应用平台”，登录时间为“2025-01-31”。

2.打开UFO报表管理系统并新建空白报表。

（1）执行“业务工作”/“财务会计”/“UFO”报表命令，打开UFO报表。关闭“日积月累”对话框。

（2）点击左上角“新建”按钮“🗋”，新建空白表页，报表名默认为“report1”。

3.调用资产负债表报表模板。

（1）点击“格式”/“报表模板”，打开“报表模板”对话框，如图5-2所示。

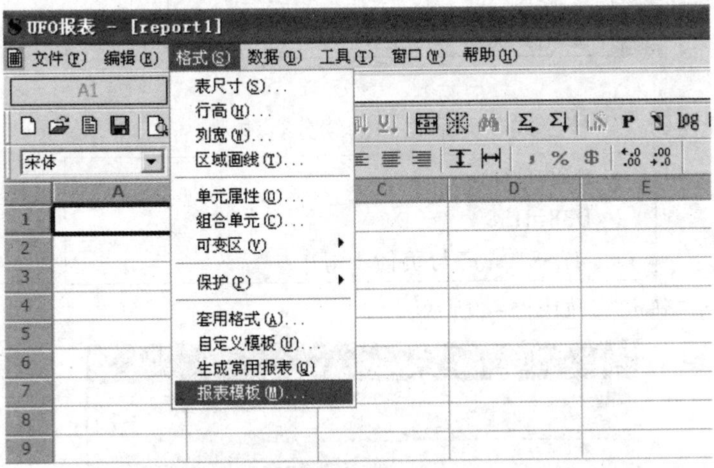

图5-2　调用报表模板

（2）选择行业“2007年新会计制度科目”，财务报表“资产负债表”，点击“确定”。

（3）弹出提示“模板格式将覆盖本表格式！是否继续?”，点击“确定”。

4.录入关键字。

（1）点击左下角“格式”按钮，切换为“数据”状态，表页发生变化。（观察与“格式”状态下有何不同）

（2）执行“数据”/“关键字”/“录入”命令，在弹出的“录入关键字”对话框中输入年“2025”、月“1”、日“31”，点击“确认”。

（3）弹出“是否重算第一页”，点击“是”。

（4）生成数据。

温馨提示：

·报表中如果显示很多#号，是因为列宽不够，数字无法全面显示，只需调整列宽即可完全显示。

5.审核报表。

（1）点击左下角“数据”按钮，换到“格式”状态。

（2）执行“数据”/“编辑公式”/“审核公式”，如图5-3所示。

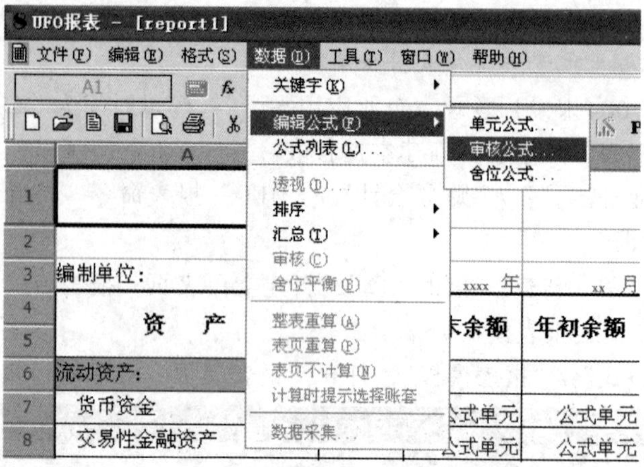

图5-3 编辑审核公式-1

（3）在弹出的“审核公式”对话框中陆续分行输入：

C38=G38, D38=H38 MESS "资产与负债不等!"

（4）单击“确定”，如图5-4所示。

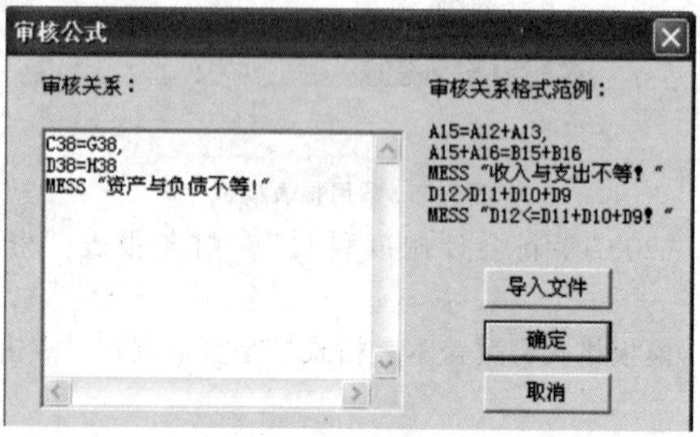

图5-4 编辑审核公式-2

温馨提示：

· 本任务中审核公式的含义是：C38单元格与G38单元格数据相等，D38与H38单元格数据相等（即期末与年初的资产合计与所有者权益和负债合计分别相等），如果不相等，则审核之后提示“资产与负债不等！”。

· 公式的格式必须和范例一样：每个公式一行，中间用逗号隔开，最后一条公式之后不用写逗号。如果不规范，公式无法执行。

· 符号必须为半角符号，否则公式无法执行。

· 公式不区分大小写。

（5）点击左下角“格式”按钮，换到“数据”状态。

（6）执行“数据”/“审核”命令，页面左下角出现“完全正确”字样，如图5-5所示。

	A	B	C	D	E	F	G	H
16	一年内到期的非流动资产	10			其他应付款	41		
17	其他流动资产	11			一年内到期的非流动负债	42		
18	流动资产合计	12	5,160,005.50	4,636,418.50	其他流动负债	43		
19	非流动资产：				流动负债合计	44	728,387.00	687,000.00
20	可供出售金融资产	13			非流动负债：			
21	持有至到期投资	14			长期借款	45		
22	长期应收款	15			应付债券	46		
23	长期股权投资	16			长期应付款	47		
24	投资性房地产	17			专项应付款	48		
25	固定资产	18	11,878,186.38	11,878,186.38	预计负债	49		
26	在建工程	19			递延所得税负债	50		
27	工程物资	20			其他非流动负债	51		
28	固定资产清理	21			非流动负债合计	52		
29	生产性生物资产	22			负债合计	53	728387.00	687000.00
30	油气资产	23			所有者权益（或股东权益）：			
31	无形资产	24			实收资本（或股本）	54	10,359,500.00	10,000,000.00
32	开发支出	25			资本公积	55	5,000,000.00	5,000,000.00
33	商誉	26			减：库存股	56		
34	长期待摊费用	27			盈余公积	57		
35	递延所得税资产	28			未分配利润	58	950,304.88	827,604.88
36	其他非流动资产	29			所有者权益（或股东权益）合计	59	16,309,804.88	15,827,604.88
37	非流动资产合计	30	11878186.38	11878186.38				
38	资产总计	31	17038191.88	16514604.88	负债和所有者权益（或股东权益）总计	60	17,038,191.88	16,514,604.88

图5-5　提示正确

温馨提示：

· 如果审核公式设置错误，审核之后左下角会显示“审核公式错误”。

· 如果审核公式格式有误，审核之后左下角会显示“区域格式错误”。

（7）点击“保存”按钮，将文件另存为“资产负债表.rep”。

6.关闭资产负债表。

温馨提示：

· 在调用报表模板生成下一个新报表之前，必须关闭原有报表，新建一张空白报表，否则会覆盖原报表的格式和数据。

（二）调用模板生成利润表并保存

1.调用利润表模板。

（1）点击“新建”按钮，新建一张空白报表。

（2）执行“格式”/“报表模板”命令，打开“报表模板”对话框。

（3）选择行业“2007年新会计制度科目”，财务报表“利润表”，点击“确定”。

（4）弹出提示“模板格式将覆盖本表格式！是否继续？”，点击“确定”。

2.录入关键字。

（1）鼠标单击左下角“格式”按钮，切换为“数据”状态。

（2）执行“数据”/“关键字”/“录入”命令。

（3）在弹出的“录入关键字”对话框中输入年“2025”，月“1”，点击“确认”。

（4）弹出“是否重算第一页”，点击“是”。

（5）生成数据，结果如图5-6所示。

利润表

演示数据　　会企02表

编制单位:　　2025 年　　1 月　　单位:元

项　　目	行数	本期金额	上期金额
一、营业收入	1	120,000.00	
减：营业成本	2		
营业税金及附加	3		
销售费用	4		
管理费用	5	100.00	
财务费用	6	-2,800.00	
资产减值损失	7		
加：公允价值变动收益（损失以“-”号填列）	8		
投资收益（损失以“-”号填列）	9		
其中:对联营企业和合营企业的投资收益	10		
二、营业利润（亏损以“-”号填列）	11	122700.00	
加：营业外收入	12		
减：营业外支出	13		
其中：非流动资产处置损失	14		
三、利润总额（亏损总额以“-”号填列）	15	122700.00	
减：所得税费用	16		
四、净利润（净亏损以“-”号填列）	17	122700.00	
五、每股收益:	18		
（一）基本每股收益	19		
（二）稀释每股收益	20		

图5-6　利润表

3. 另存为“利润表.rep”并关闭。

5-3

利用报表模板生产现金流量表（操作演示）

（三）调用模板生成现金流量表并保存

1. 调用现金流量表模板。

（1）点击“新建”按钮，新建一张空白报表。

（2）点击“格式”/“报表模板”，打开“报表模板”对话框。

（3）选择行业“2007年新会计制度科目”，财务报表“现金流量表”，点击“确定”。

（4）弹出提示“模板格式将覆盖本表格式！是否继续?”，点击“确定”。

2. 调整公式。

系统自带现金流量表模板只有各种现金流入小计、流出小计，现金流量净额处有公式，其他公式需要自行补充，可通过系统中现金流量公式进行设置。

（1）选择C6单元格，单击左上角“fx”按钮，弹出“定义公式”对话框，如图5-7所示。

图5-7　定义公式-1

（2）点击“函数向导”，在弹出的对话框中选择“用友账务函数”类别的“现金流量项目金额（XJLL）”，点击“下一步”，如图5-8所示。

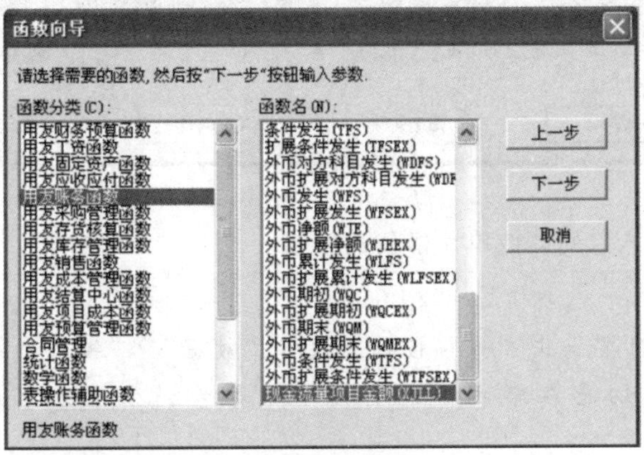

图5-8　定义公式-2

（3）点击“参照”按钮，在弹出的“账务函数”对话框中选择方向“流入”，现金流量项目编码“01”，点击“确定”，如图5-9所示。

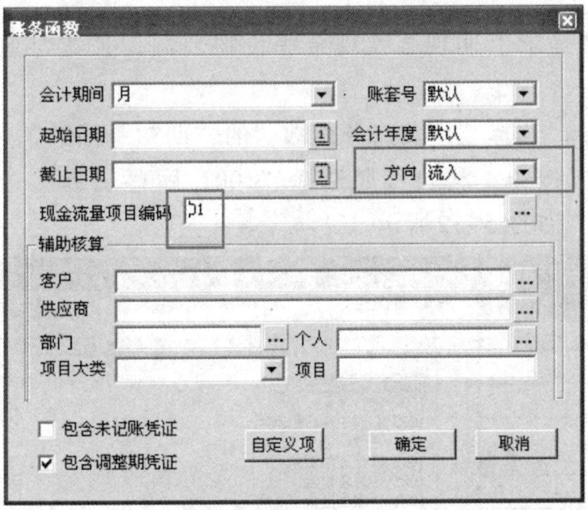

图5-9　定义公式-3

（4）回到上一层窗口，点击“确定”，如图5-10所示。

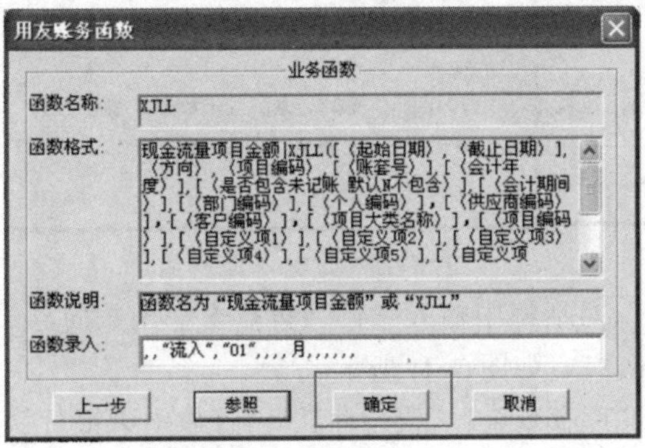

图5-10　定义公式-4

（5）回到上一窗口，点击“确认”，如图5-11所示。

图5-11　定义公式-5

（6）同理，输入C列其他单元格公式。

温馨提示：

· 录入公式时要点击“fx”按钮或执行“数据”/“编辑公式”/“单元公式”命令进行录入，切忌在单元格内直接输入等号，录入结束后单元格内显示“公式单元”才有效。

· 每一行应与其对应的项目一致。

· 注意“流入”和“流出”的方向，收到的现金选择“流入”方向，付出的现金选择“流出”方向。

（7）C41单元格是求上期现金及现金等价物余额，公式与上述公式不同，步骤如下：

①点击函数向导，选择“用友账务函数”的“期初”函数，点击“下一步”。

②点击“参照”按钮，科目参照选择“1001 库存现金”，点击“确定”，回到“定义公式”对话框，如图5-12所示。

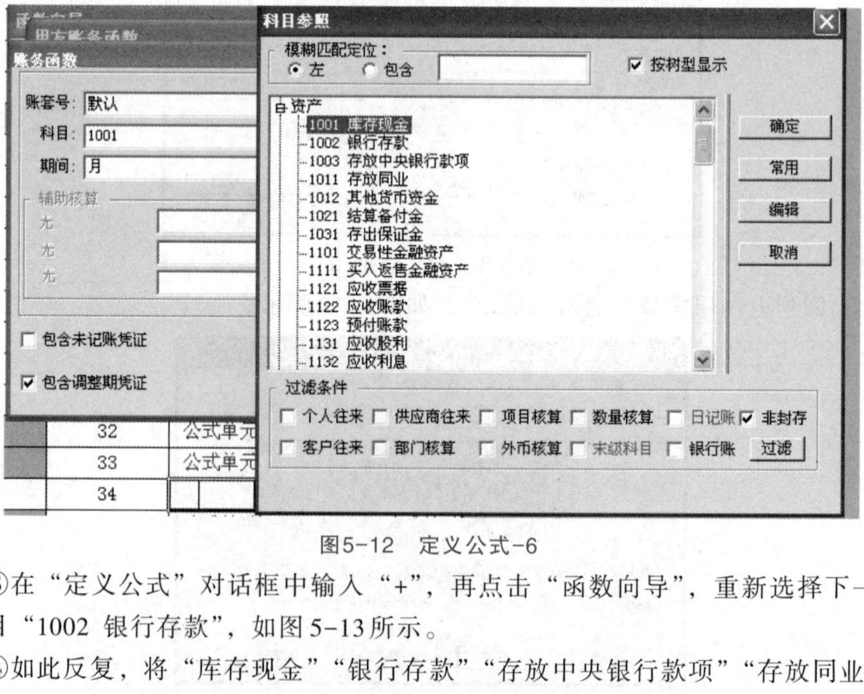

图5-12　定义公式-6

③在“定义公式”对话框中输入“+”，再点击“函数向导”，重新选择下一个会计科目“1002 银行存款”，如图5-13所示。

④如此反复，将“库存现金”“银行存款”“存放中央银行款项”“存放同业”“其他货币资金”“结算备付金”“存出保证金”的期初余额进行加总。

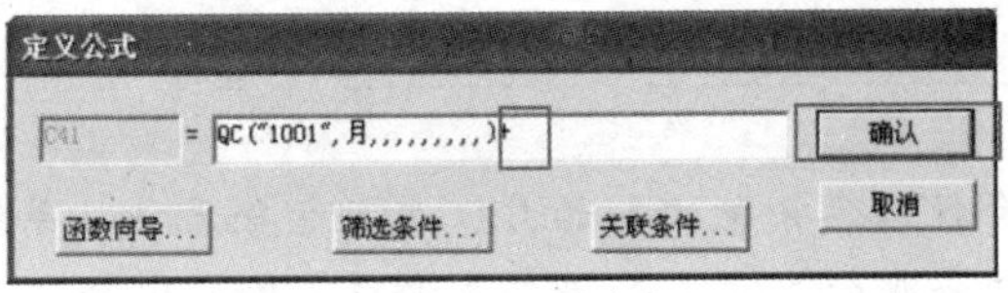

图5-13 定义公式-7

3. 录入关键字。

（1）鼠标单击左下角“格式”按钮，切换为“数据”状态（不要全表重算）。

（2）执行“数据”/“关键字”/“录入”命令。

（3）在弹出的“录入关键字”对话框中输入年“2025”、月“1”，点击“确认”。

（4）弹出“是否重算第一页”，点击“是”。

（5）生成数据，结果如图5-14所示。

现金流量表

			会企03表
编制单位：青岛宏象华瑞装备科技有限公司	2025 年	1 月	单位：元
项　　目	行次	本期金额	上期金额
一、经营活动产生的现金流量：			
销售商品、提供劳务收到的现金	1	208,800.00	
收到的税费返还	2		
收到其他与经营活动有关的现金	3		
经营活动现金流入小计	4	208,800.00	
购买商品、接受劳务支付的现金	5		
支付给职工以及为职工支付的现金	6		
支付的各项税费	7		
支付其他与经营活动有关的现金	8	3,113.00	
经营活动现金流出小计	9	3,113.00	
经营活动产生的现金流量净额	10	205,687.00	
二、投资活动产生的现金流量：			
收回投资收到的现金	11		
取得投资收益收到的现金	12		
处置固定资产、无形资产和其他长期资产收回的现金净额	13		
处置子公司及其他营业单位收到的现金净额	14		
收到其他与投资活动有关的现金	15		
投资活动现金流入小计	16		
购建固定资产、无形资产和其他长期资产支付的现金	17		
投资支付的现金	18		
取得子公司及其他营业单位支付的现金净额	19		
支付其他与投资活动有关的现金	20		
投资活动现金流出小计	21		
投资活动产生的现金流量净额	22		
三、筹资活动产生的现金流量：			
吸收投资收到的现金	23	359,500.00	
取得借款收到的现金	24		
收到其他与筹资活动有关的现金	25		
筹资活动现金流入小计	26	359,500.00	
偿还债务支付的现金	27		
分配股利、利润或偿付利息支付的现金	28		
支付其他与筹资活动有关的现金	29		
筹资活动现金流出小计	30		
筹资活动产生的现金流量净额	31	359,500.00	
四、汇率变动对现金及现金等价物的影响	32	3,600.00	
五、现金及现金等价物净增加额	33	568,787.00	
加：期初现金及现金等价物余额	34	1,691,518.50	
六、期末现金及现金等价物余额	35	2,260,305.50	

图5-14 现金流量表

4. 另存为“现金流量表.rep”及“现金流量表.xls”。

温馨提示：

· 由于本月是会计信息系统的初始月，上期金额无法从系统中得出，因此，本任务不要求录入上期金额的公式。如果要制作2月份的现金流量表，在上期金额处就可以用SELECT函数取1月份报表的本期金额的数据。SELECT函数，属于条件取数函数，它的功能是实现本表他页取数。

【函数格式】SELECT（区域，[页面筛选条件]）

例如：C5=SELECT（B5，月@=月+1）

对照理解：SELECT是本表他页取数，所以第一个参数B5说明本页的C5取的是本表的其他页的B5单元格的数；然后看筛选条件，月是关键字，这个条件表示本页的关键字比目标页的关键字大1。如果本表关键字月=2，那么目标页的关键字月=1，这样目标页就找到了：关键字月=1的表页的B5单元格。也就是说，C5单元格取上个月B5单元格的数据。

· 思考：

本项目中“汇率变动对现金及现金等价物的影响”恰巧方向为“流入”，如果某月方向为流出，该怎么设置？UFO报表的格式对不同表页均是有效的，如果有的月份为“流入”，有的月份为“流出”，又不想每个月都重设报表格式，那该怎样设置？（提示：可修改报表模板，在“四、汇率变动对现金及现金等价物的影响”下设置两个项目：“外汇引起现金及现金等价物增加额”与“外汇引起现金及现金等价物减少额”，然后将两个项目进行汇总即可）

任务三　自定义生成报表

一、任务布置

2025年1月31日，报表会计（004宋俊）根据“项目资料-二、自定义报表资料”生成青岛宏象华瑞装备科技有限公司2025年1月份财务费用明细表。

二、知识链接

会计报表是由报表格式和报表数据构成的。自定义报表就是对会计报表的格式和数据来源的设定过程。

（一）报表格式定义

报表的格式设计在“格式”状态下进行，格式对整个报表都有效，包括以下操作：

1. 设置表尺寸，定义报表的大小即设定报表的行数和列数。

2. 定义组合单元，即把几个单元作为一个单元使用。

3. 画表格线。

4. 输入报表项目，包括表头、表体和表尾，关键字除外。

5. 定义行高和列宽。

6. 设置单元风格，即设置字体、字号、颜色等。

7. 设置单元属性，单元有三种属性即数值单元、字符单元和表样单元。

（1）数值单元。数值单元是指报表的数据在“数据”状态下输入，数字可以直接输入或由单元中存放的单元公式运算生成。建立一个新表时，所有单元的类型缺省为数值。

（2）字符单元。字符单元是指报表的数据在“数据”状态下输入，内容可以是由汉字、字母、数字及各种键盘可输入的符号组成的一串字符。字符单元的内容也可由单元公式生成。

（3）表样单元。表样单元提供的是报表的格式，是定义一个没有数据的空表所需的所有文字、符号或数字。一旦单元被定义为表样，那么在其中输入的内容对所有表页都有效。表样在“格式”状态下输入和修改，在“数据”状态下不允许修改。

8. 设置关键字。

（二）报表公式定义

公式的定义在“格式”状态下进行。

1. 公式类型。

公式包括三种类型：计算公式、审核公式和舍位平衡公式。计算公式定义了报表数据之间的运算关系，可以实现报表系统从其他报表或子系统中取数；审核公式用于审核报表内或报表之间的勾稽关系是否正确；舍位平衡公式用于数据进位或小数取整时调整数据。

计算公式必须设置，审核公式和舍位平衡公式根据需要进行设置。

2. 函数。

用友软件的计算公式一般通过函数实现。企业常用的财务报表数据一般是来源于总账管理系统或报表系统本身，取自于报表的数据又可以分为从本报表取数和从其他报表的表页取数。常见账务函数见表5-2：

表5-2　　常见账务函数

函数类型	金额式	数量式	外币式
期初额函数	QC(　　)	sQC(　　)	wQC(　　)
期末额函数	QM(　　)	sQM(　　)	wQM(　　)
发生额函数	FS(　　)	sFS(　　)	wFS(　　)
累计发生额函数	LFS(　　)	sLFS(　　)	wLFS(　　)
条件发生额函数	TFS(　　)	sTFS(　　)	wTFS(　　)
对方科目发生额函数	DFS(　　)	sDFS(　　)	wDFS(　　)
净额函数	JE(　　)	sJE(　　)	wJE(　　)
汇率函数	HL(　　)		

三、操作演示

5-4

自定义生成报表（操作演示）

根据“项目资料-二、自定义报表资料”要求完成本任务。

【准备工作】上接“任务二 利用报表模板生成报表”。

（一）定义报表格式

1. 报表会计（004 宋俊）登录“企业应用平台”，登录时间“2025-01-31”。

2. 执行“财务会计”/“UFO”报表命令，打开UFO报表。新建空白表页“report1”。

3. 设置表格尺寸。点击“格式”/“表尺寸”，输入行数7，列数4，点击“确认”。

4. 定义组合单元。选中“A1：D1”单元区域，点击“格式”/“组合单元”（或者工具栏上“ ”按钮），选择“整体组合”或“按行组合”，该单元合并成一个单元格。同理，组合“A2：D2”单元格。

5. 画表格线。选择“A3：D6”单元格区域，点击“格式”/“区域划线”，选择“网线”，点击“确认”。

6. 输入报表项目。在相应的单元格按照表5-1内容输入文字，并按项目资料要求设置格式。结果如图5-15所示。

	A	B	C	D
1	财务费用明细表			
2				金额：元
3	项目	行次	本月数	本年数
4	利息费用	1	公式单元	公式单元
5	汇兑损益	2	公式单元	公式单元
6	合计	3	公式单元	公式单元
7				制表人：

图5-15　财务费用明细表格式

7. 设置并调整关键字。

（1）选中第二行，点击“数据”/“关键字”/“设置”，选择“单位名称”，点击“确定”，如图5-16所示。

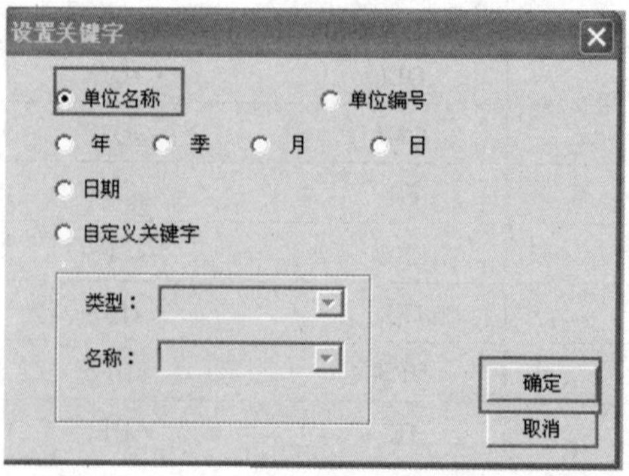

图5-16　设置关键字

（2）再次选中第二行，点击“数据”/“关键字”/“设置”，选择“年”，点击

“确定”。

（3）再次选中第二行，点击“数据”/“关键字”/“设置”，选择“月”，点击“确定”。

（4）再次选中第二行，点击“数据”/“关键字”/“偏移”，输入偏移量：年“-90”，月“-60”，点击“确定”。

温馨提示：

· 关键字的位置可以用偏移量来表示，负数表示向左移，正数表示向右移。偏移量单位为像素。

（5）最终效果如图5-17所示。

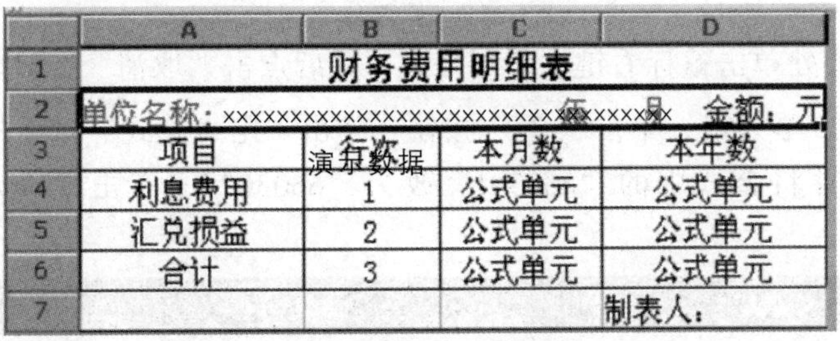

图5-17　关键字效果

（二）定义报表公式

1. 引导输入单元公式。

（1）选中C4单元格，点击“数据”/“编辑公式”/“单元公式”或者单击工具栏上“fx”按钮，弹出“定义公式”对话框。

（2）单击“函数向导”，在“函数向导”对话框选择“用友账务函数”中的“发生（FS）”函数，点击“下一步”。

（3）在函数录入的对话框中点击“参照”。

（4）选择科目“660301”，点击“确定”，如图5-18所示。

图5-18　定义公式-8

（5）回到上一级窗口，点击“确定”。

（6）同理，输入D4单元格的公式，在“用友账务函数”中选用“累计发生

（LFS）”函数。

2. 修改单元公式。

（1）选择C4单元格，单击“fx”按钮，弹出“定义公式”对话框，如图5-19所示。

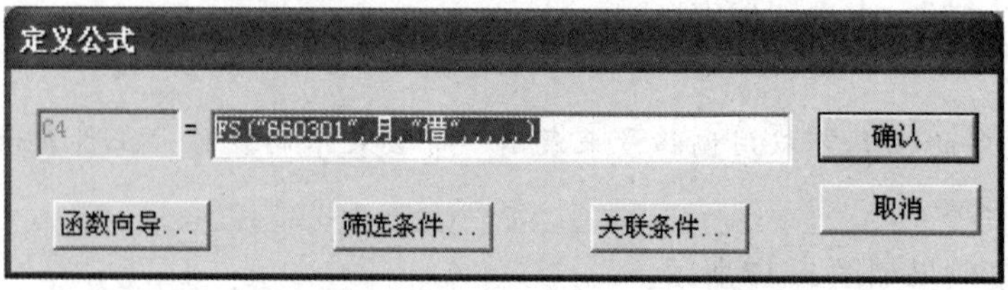

图5-19　修改公式-1

（2）在公式处单击鼠标右键，复制公式，然后点击“取消”按钮。

（3）选择C5单元格，单击“fx”按钮，弹出“定义公式”对话框。在对话框里粘贴该公式，并将公式中的“660301”改为“660302”，点击“确认”，如图5-20所示。

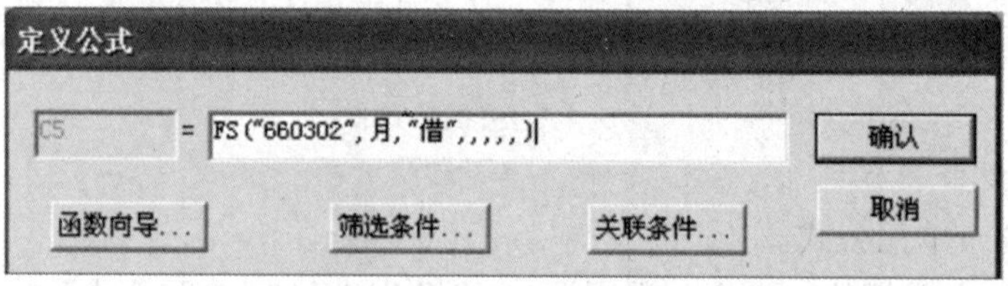

图5-20　修改公式-2

（4）同理，输入D5单元格的公式。

3. 直接输入单元公式。

（1）选择C6单元格，单击“fx”按钮，在弹出的对话框中输入“C4+C5”（不区分大小写），点击“确认”，如图5-21所示。

图5-21　直接输入公式-1

（2）同理，输入D6单元格公式为“D4+D5”。

（三）增加表页

1. 切换到“数据”状态（不全表重算）。

2. 执行“编辑/追加/表页”命令，打开“追加表页”对话框。

3. 输入需要增加的表页数“2”，单击“确认”。

（四）输入关键字，生成数据

1. 切换到第1页，执行“数据”/“关键字”/“录入”命令，录入关键字：单位名称为“青岛宏象华瑞”、年为“2025”、月为“1”。

2. 询问“是否重算第一页”，点击“是”，最终结果如图5-22所示。

财务费用明细表

单位名称：青岛宏象华瑞　　2025 年 1 月单位：元

项目	行次	本月数	本年数
利息费用	1	800.00	800.00
汇兑损益	2	-3600.00	-3600.00
合计	3	-2800.00	-2800.00
			制表人：

图5-22　1月份财务费用明细表

3. 切换到第2页，录入关键字，生成青岛宏象华瑞装备科技有限公司2025年2月份的明细表，如图5-23所示。

财务费用明细表

单位名称：青岛宏象华瑞　　2025 年 2 月单位：元

项目	行次	本月数	本年数
利息费用	1	演示数据	800.00
汇兑损益	2		-3600.00
合计	3		-2800.00
			制表人：

图5-23　2月份财务费用明细表

温馨提示：

· 因为2月份没有发生业务，所以本月数为0，本年数等于1月份的数据。

（五）表页排序

1. 执行“数据”/“排序”/“表页”命令。

2. 在“表页排序”页面按照第一关键字“月”递减排序，点击“确认”。

3. 排序后第1页为2月份报表，第2页为1月份报表。

（六）录入制表人

1月份制表人为宋俊，2月份制表人为刘梅。

1. 切换成“格式”状态。

2. 选中D7单元格，点击“格式”/“单元格属性”，在“单元类型”选项卡中选择“字符”型，点击“确定”，如图5-24所示。

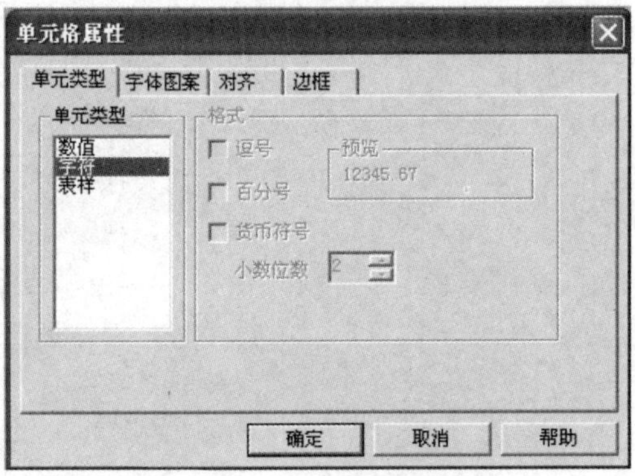

图5-24　修改单元格属性

3. D7单元格此时内容变为空。

4. 切换为“数据”状态。

温馨提示：

· 提示是否全表重算，如果公式没有变化，不需要重新计算，就点“否”即可。

5. 在第1页D7单元格输入“制表人：刘梅”。

6. 在第2页D7单元格输入“制表人：宋俊”。

温馨提示：

· 如果想在不同表页中显示不同的文字，可先将单元格设置为“字符”型，然后在“数据”状态下输入文字。

（七）另存为文件

执行“文件”/“另存为”命令，将文件保存为“财务费用明细表.rep”。

常见问题和错误解析

本项目操作过程中较易发生的错误和问题总结如下，可参考“解决方法”进行修改（见表5-3）。

表5-3　常见问题和错误的原因及解决方法

序号	常见问题和错误	原因	解决方法
1	资产负债表不平。	损益结转至未分配利润。	取消结账、记账，将损益结转至本年利润。
2	现金流量表不正确。	公式录入有错误或凭证录入现金流量错误。	仔细检查公式,包含但不限于月份、流入流出方向等；检查凭证现金流量项目是否正确

项目测试

项目五测试

一、单项选择题

1. 期初余额函数表达形式为（　　）。

A.QM(　　)　　B. FS(　　)　　C.QC(　　)　　D.LFS(　　)

2. 会计报表的主要内容由（　　）组成。

A.表头、表身和表尾　　B.报表名称、表身和表尾

C.表头、表身和表外　　D.报表名称、表身和表外

3. 下列报表中，不在总账管理系统中编制和输出的是（　　）。

A.资金日报表　　B.科目汇总表

C.试算平衡表　　D.资产负债表

4. 用于反映企业一定会计期间现金和现金等价物流入和流出的报表是（　　）。

A.资产负债表　　B.利润表　　C.现金流量表　　D.成本报表

5. 在用友报表系统，取数操作一般是通过（　　）实现的。

A.函数　　B.关键字　　C.直接输入　　D.单元交互

6. 一个报表的不同表页的计算公式（　　）。

A.各不相同　　B.部分相同　　C.完全相同　　D.基本相同

二、多项选择题

1. 会计报表中简单报表的基本结构可以分为（　　）。

A.标题　　B.表头　　C.表体　　D.表尾

2. UFO报表管理系统中可以切换为（　　）状态。

A.“格式”　　B.“数据”　　C.“表样”　　D.“字符”

3. 报表单元数据包括（　　）。

A.数值　　B.数字　　C.字符

D.关键字　　E.表样

4. 报表系统中有（　　）公式。

A.计算公式（单元公式）　　B.审核公式

C.舍位平衡公式　　D.函数公式

5. 在“格式”状态下可以做（　　）工作。

A.录入关键字　　B.设置关键字

C.设计报表尺寸　　D.进行组合单元

6. 在“数据”状态下可以做（　　）工作。

A.输入数据　　B.增加或删除表页　　C.增加行

D.进行舍位平衡　　E.设置舍位平衡公式

三、判断题

1. 会计报表按统计表的时间不同，分为月报表、季报表、半年报表和年报表。（　　）

2. 在UFO报表管理系统中，只能从总账中提取财务数据。（　　）

3. 会计核算软件中，会计报表中的数据全部由用户从键盘上输入。 （　　）

4. 报表中的关键字设置工作必须在“格式”状态下进行。 （　　）

5. 在UFO报表管理系统主界面下，单击左下角的“格式”按钮，可以将系统状态由“格式”状态切换到“数据”状态。 （　　）

6. 关键字的位置可以用偏移量来表示，负数表示向右移，正数表示向左移。 （　　）

7. 字符单元既可以在“数据”状态下录入，也可以在“格式”状态下录入，既可以录入文字，也可以录入数字。 （　　）

8. “格式”状态下只能设置格式，不能录入数据，录入的格式对所有表页都有效。 （　　）

9. 关键字是游离于单元之外的特殊数据单元，可以唯一标识一个表页。 （　　）

10. 每个报表只可以定义一个关键字。 （　　）

同步实训

项目五同步实训

项目评价（见表5-4）

表5-4 **项目五评价参考表**

任务	要求	评价		
		自评	师评	小组互评
5.1 认识UFO报表管理系统	能理解UFO报表管理系统的设计原理和功能，了解报表会计岗位职责	□A □B □C	□A □B □C	□A □B □C
5.2 利用报表模板生成报表	能够调用报表模板，利用公式完成财务报表的编制	□A □B □C	□A □B □C	□A □B □C
5.3 自定义生成报表	能够利用自定义功能完成分析表的编制	□A □B □C	□A □B □C	□A □B □C

续表

自我总结与反思
重点任务操作流程梳理

任务名称	操作流程简要概括
利用报表模板生成报表	
自定义生成报表	

操作过程中出现的错误及其原因分析

错误点	错误原因	改正方法

注：A，达标；B，基本达标；C，未达标。

项目六

薪资主管岗位实务

目标指引

知识目标

1. 掌握薪资管理系统的功能以及其与其他系统的关系；
2. 熟悉薪资管理岗位职责；
3. 掌握薪资管理系统工资项目属性类型、常用函数的意义及设置方法；
4. 掌握工资变动、个税扣缴、工资分摊等业务流程。

能力目标

1. 能够进行薪资管理系统的初始化设置，包括建立薪资账套、设置基础信息、增加人员档案等；
2. 能够进行薪资管理系统的日常业务处理，包括工资数据变动、工资分摊等；
3. 能够进行薪资的月末结账等业务处理。

素养目标

1. 具备坚韧不拔和热爱祖国的品质；
2. 具备主动思考、发现和解决问题的能力；
3. 具有良好的表达能力和沟通技巧。

薪资主管岗位工作流程

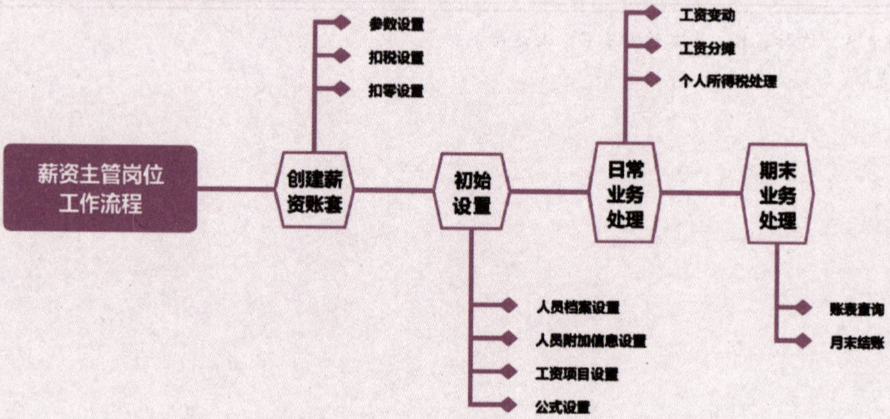

图6-1　薪资主管岗位工作流程

价值引领

焊接技能 极致追求

人物速写：1986年，卢仁峰在某军品生产攻坚中意外发生工伤，左手4级伤残基本不能工作。重返岗位后，他定下每天练习100根焊条的底线。为了克服左手残疾带来的技术“短板”，他把筷子当成焊条、把桌子当成练习试板，反复训练恢复技术能力，最终创造了熔化极氩弧焊、微束等离子弧焊、单面焊双面成型等操作技能，短段逆向带压操作法、特种车辆焊接变形控制等多项成果，“HT火花塞异种钢焊接技术”等国家专利。他牵头完成152项技术难题攻关，提出改进工艺建议200余项，一批关键技术瓶颈的突破为实现强军目标贡献了智慧和力量。作为阅兵装备的某型号轮式车辆首批次生产，卢仁峰主动请缨，经过多次失败和从头再来，创造性地提出“正反面焊接，以变制变”的操作方法，使该产品合格率由60%提高到96%，对推动我军轮式装备性能和国防工业水平的跃升、解决“卡脖子”技术难题具有重要的牵引推动作用。2020年，他对某海军装备铝合金雷达结构件焊接变形问题进行攻关，通过优化焊接顺序、改进焊接方法、制作防变形工装等措施，一举解决了该装备变形问题，为开拓海军装备市场奠定了工艺技术基础。

资料来源：李玉波.【身边的大国工匠】独手焊侠 为国筑剑［EB/OL］.［2022-03-08］. https://www.workercn.cn/papers/grrb/2022/03/08/6/news-2.html；宋阿男.焊花为大国重器增辉——记2021年“大国工匠年度人物”卢仁峰［EB/OL］.［2022-03-04］. http://www.nmgdj.gov.cn/fccommon/Home/detail?site_id=75&detail_type=1&cid=15687054.有删改。

品质/精神传承：卢仁峰从事焊接工作40多年，单手掌握十几种焊接方法，练就了精湛的独臂焊接绝技。他创新操作法，在我国新型主战坦克等重要装备的制造过程中，突破技术瓶颈，为国防军工事业作出了突出贡献。坚韧不拔是不断进步的内驱力，热爱祖国是勇于攀登的外驱力，内外兼修，目标可达。

项目资料

一、建立薪资管理账套[①]

（一）启用薪资管理系统

青岛宏象华瑞装备科技有限公司于2025年1月1日启用薪资管理系统。

（二）工资账套参数

工资类别个数为“单个”，核算币种为“人民币”，要求代扣个人所得税，不进行扣零处理。

二、薪资管理初始设置[②]

（一）建立银行档案

青岛宏象华瑞装备科技有限公司职工工资通过中国工商银行李沧第一支行发放，银行档案信息如下：银行编码为01001；银行名称为“中国工商银行李沧第一支行”；账号长度为19位；自动带出账号长度为16位。

（二）增加会计科目（见表6-1）

表6-1 会计科目信息

科目编码	科目名称
221105	社会保险
221106	住房公积金
221107	离职后福利
222103	应交个人所得税
224101	代扣社会保险
224102	代扣住房公积金

（三）设置人员档案（见表6-2）

表6-2 人员档案信息表

人员编号	人员姓名	人员类别	行政部门	账号
01	李成	企业管理人员	总经理办公室	6222023803021111801
02	刘梅	企业管理人员	财务部	6222023803021111802
03	姜涛	企业管理人员	财务部	6222023803021111803
04	张玲	企业管理人员	财务部	6222023803021111804
05	宋俊	企业管理人员	财务部	6222023803021111805

① 此处为【任务一 认识薪资管理系统】的任务资料。
② 此处为【任务二 薪资管理系统初始设置】的任务资料。

续表

人员编号	人员姓名	人员类别	行政部门	账号
06	赵芳	企业管理人员	财务部	6222023803021111806
07	张亚洲	企业管理人员	财务部	6222023803021111807
08	蓝玉	企业管理人员	财务部	6222023803021111808
09	王林生	企业管理人员	财务部	6222023803021111809
10	周群	销售人员	销售部	6222023803021111810
11	孙进	采购人员	采购部	6222023803021111811
12	王勇	仓储管理人员	仓储中心	6222023803021111812

（四）设置工资项目（见表6-3）

表6-3　　工资项目设置信息表

项目名称	类型	长度	小数位数	增减项
基本工资	数字	8	2	增项
绩效工资	数字	8	2	增项
交通补贴	数字	8	2	增项
请假扣款	数字	8	2	减项
养老保险	数字	8	2	减项
医疗保险	数字	8	2	减项
失业保险	数字	8	2	减项
住房公积金	数字	8	2	减项
请假天数	数字	8	2	其他
应付工资合计	数字	8	2	其他
四险一金计提基数	数字	8	2	其他
个人专项附加扣除合计	数字	8	2	其他
应纳税所得额	数字	10	2	其他

（五）设置项目公式（见表6-4）

表6-4　　工资项目计算公式

工资项目	定义公式
交通补贴	iff（人员类别="企业管理人员" or 人员类别="车间管理人员"，500，300）
请假扣款	基本工资/22*请假天数
养老保险	四险一金计提基数*0.08

续表

工资项目	定义公式
医疗保险	四险一金计提基数*0.02
失业保险	四险一金计提基数*0.003
住房公积金	四险一金计提基数*0.12
应付工资合计	基本工资+绩效工资+交通补贴-请假扣款
应纳税所得额	基本工资+绩效工资+交通补贴-请假扣款-养老保险-医疗保险-失业保险-住房公积金-个人专项附加扣除合计-5 000

（六）设置个税扣税（见表6-5）

表6-5　　个人所得税税率表（按月换算的综合所得应纳税所得额）

级数	按月计应纳税所得额	税率（%）	速算扣除数（元）
1	不超过3 000元	3	0
2	超过3 000~12 000元的部分	10	210
3	超过12 000~25 000元的部分	20	1 410
4	超过25 000~35 000元的部分	25	2 660
5	超过35 000~55 000元的部分	30	4 410
6	超过55 000~80 000元的部分	35	7 160
7	超过80 000元的部分	45	15 160

三、薪资管理系统日常业务处理①

（一）工资数据

1.固定工资数据（见表6-6）。

表6-6　　2025年1月工资数据　　金额单位：元

人员姓名	基本工资	绩效工资	请假天数	四险一金计提基数	个人专项附加扣除合计
李成	9 000	1 800		9 500	1 000
刘梅	5 000	1 300		5 200	2 000
姜涛	3 500	1 200		4 500	1 000
张玲	3 500	1 200		4 500	1 000
宋俊	3 000	1 200	1	4 200	2 000
赵芳	3 000	1 200		4 200	1 000

① 此处为【任务三　薪资管理系统日常业务处理】的任务资料。

续表

人员姓名	基本工资	绩效工资	请假天数	四险一金计提基数	个人专项附加扣除合计
张亚洲	3 000	1 200		4 200	1 000
蓝玉	3 000	1 200		4 200	1 000
王林生	3 000	1 200		4 200	1 500
周群	4 500	1 600		5 000	1 000
孙进	4 000	1 500	2	4 800	1 000
王勇	3 000	1 300		4 200	1 000
合计	47 500	15 900	3	58 700	14 500

2.工资变动信息。

公司因去年销售部推广产品业绩较好，每人绩效工资增加300元。

（二）工资分摊

1.计提应付工资（见表6-7）。

表6-7　计提应付工资构成设置一览表（分摊计提比例100%）

部门名称	人员类别	工资项目	借方科目	贷方科目
总经理办公室、财务部	企业管理人员	应付工资合计	660201	221101
销售部	销售人员		6601	221101
采购部	采购人员		660201	221101
制造车间	车间管理人员		510101	221101
	生产人员		500102	221101
仓储中心	仓储管理人员		660201	221101

注：科目500102生产成本——直接人工，核算使用的项目大类为“生产成本”，项目明细为“153中桥”，以下表中涉及该科目的，均采用此设置。

2.代扣个人所得税（见表6-8）。

表6-8　代扣个人所得税设置一览表（计提比例100%）

部门名称	人员类别	工资项目	借方科目	贷方科目
总经理办公室、财务部	企业管理人员	代扣税	221101	222103
销售部	销售人员		221101	222103
采购部	采购人员		221101	222103
制造车间	车间管理人员		221101	222103
	生产人员		221101	222103
仓储中心	仓储管理人员		221101	222103

3.计提个人负担社保（见表6-9）。

表6-9 个人负担社保设置一览表（分摊计提比例10.3%）

部门名称	人员类别	工资项目	借方科目	贷方科目
总经理办公室、财务部	企业管理人员	四险一金计提基数	221101	224101
销售部	销售人员		221101	224101
采购部	采购人员		221101	224101
制造车间	车间管理人员		221101	224101
	生产人员		221101	224101
仓储中心	仓储管理人员		221101	224101

4.计提个人负担住房公积金（见表6-10）。

表6-10 个人负担住房公积金设置一览表（分摊计提比例12%）

部门名称	人员类别	工资项目	借方科目	贷方科目
总经理办公室、财务部	企业管理人员	四险一金计提基数	221101	224102
销售部	销售人员		221101	224102
采购部	采购人员		221101	224102
制造车间	车间管理人员		221101	224102
	生产人员		221101	224102
仓储中心	仓储管理人员		221101	224102

5.计提企业负担医疗工伤保险（见表6-11）。

表6-11 企业负担医疗工伤保险设置一览表（分摊计提比例8.73%）

部门名称	人员类别	工资项目	借方科目	贷方科目
总经理办公室、财务部	企业管理人员	四险一金计提基数	660201	221105
销售部	销售人员		6601	221105
采购部	采购人员		660201	221105
制造车间	车间管理人员		510101	221105
	生产人员		500102	221105
仓储中心	仓储管理人员		660201	221105

6.计提企业负担养老失业保险（见表6-12）。

表6-12 企业负担养老失业保险设置一览表（分摊计提比例16.7%）

部门名称	人员类别	工资项目	借方科目	贷方科目
总经理办公室、财务部	企业管理人员	四险一金计提基数	660201	221107
销售部	销售人员		6601	221107
采购部	采购人员		660201	221107
制造车间	车间管理人员		510101	221107
	生产人员		500102	221107
仓储中心	仓储管理人员		660201	221107

7.计提企业负担住房公积金（见表6-13）。

表6-13 企业负担住房公积金设置一览表（分摊计提比例12%）

部门名称	人员类别	工资项目	借方科目	贷方科目
总经理办公室、财务部	企业管理人员	四险一金计提基数	660201	221106
销售部	销售人员		6601	221106
采购部	采购人员		660201	221106
制造车间	车间管理人员		510101	221106
	生产人员		500102	221106
仓储中心	仓储管理人员		660201	221106

8.计提工会经费（见表6-14）。

表6-14 计提工会经费构成设置一览表（分摊计提比例2%）

部门名称	人员类别	工资项目	借方科目	贷方科目
总经理办公室、财务部	企业管理人员	应付工资合计	660201	221103
销售部	销售人员		6601	221103
采购部	采购人员		660201	221103
制造车间	车间管理人员		510101	221103
	生产人员		500102	221103
仓储中心	仓储管理人员		660201	221103

9. 计提职工教育经费（见表6-15）。

表6-15　　计提职工教育经费构成设置一览表（分摊计提比例8%）

部门名称	人员类别	工资项目	借方科目	贷方科目
总经理办公室、财务部	企业管理人员	应付工资合计	660201	221104
销售部	销售人员		6601	221104
采购部	采购人员		660201	221104
制造车间	车间管理人员		510101	221104
	生产人员		500102	221104
仓储中心	仓储管理人员		660201	221104

四、薪资管理系统期末业务处理[①]

（一）工资账表查询

月末，查询青岛宏象华瑞装备科技有限公司各部门工资发放条。

（二）月末结账

2025年1月31日，办理薪资管理系统月末结账，将“缺勤天数”和“缺勤扣款”这两个项目清零。

① 此处为【任务四　薪资管理系统期末业务处理】的任务资料。

6-1

薪资主管岗位初认知（微课）

任务一　认识薪资管理系统

一、任务布置

账套主管（001刘梅）根据"项目资料--一、建立薪资管理账套"资料，完成薪资管理系统的启用和薪资账套的建立，并给赵芳赋予薪资主管的权限。

以小组为单位进行讨论，回答下列问题：

1.薪资管理系统都有哪些功能？

2.薪资管理系统可否支持多个工资类别的核算，以及多次发放工资是否可以实现？

3.薪资管理系统与其他系统的主要关系包括什么？

二、知识链接

根据《企业会计准则第9号——职工薪酬》规定，职工薪酬是指企业为获得职工提供的服务或解除劳动关系而给予的各种形式的报酬或补偿。职工薪酬包括短期薪酬、离职后福利、辞退福利和其他长期职工福利。企业提供给职工配偶、子女、受赡养人、已故员工遗属及其他受益人等的福利，也属于职工薪酬。

职工薪酬的核算是每个单位财会部门基本的核算业务之一。一方面，职工薪酬直接关系到职工的切身利益和劳动积极性，所以企业必须按照国家工资管理的有关规定，按照职工提供的劳动的质量和数量正确核算每一位职工的工资；另一方面，工资是企业生产过程中活劳动的耗费，是构成产品成本的重要因素，所以正确核算和管理工资是有效控制成本、降低产品成本的前提。

在手工方式下，工资的计算量大，且计算重复，因此要占用财务人员大量的工作时间和精力，并且容易出现差错，而使用计算机能保证工资核算数据的准确性和及时性。在会计软件中，一般设置专门的薪资管理系统来处理工资业务。

建立薪资管理系统子账套是薪资管理系统正常运行的基础，薪资子账套与系统管理中的企业账套是不同的概念，薪资子账套仅针对薪资管理系统，是企业账套的一个组成部分。由于系统自动进行了"工资权限"的数据权限控制，因此用户进行该系统业务操作前，需要先进行数据权限的分配。

（一）薪资管理系统主要功能

1.初始设置。

（1）人员附加信息。

（2）工资类别适用部门（多工资类别）。

（3）工资人员档案。

（4）设置多次发放。

（5）自定义工资项目及计算公式。

（6）设置工资项目从人事系统获取数据的取数公式。

（7）多工资类别核算、工资核算币种、扣零处理、个人所得税扣税处理等账套参数设置。

2.业务处理。

（1）工资数据变动：进行工资数据的变动、汇总处理，支持多套工资数据的汇总。

（2）工资分钱清单：提供部门分钱清单、人员分钱清单、工资发放取款单。

（3）工资分摊：月末自动完成工资分摊、计提、转账业务，并将生成的凭证传递到总账管理系统。

（4）银行代发：灵活的银行代发功能，预置银行代发模板，适用于由银行发放工资的企业。可实现在同一工资账中的人员由不同的银行代发工资，以及多种文件格式的输出。

（5）扣缴所得税：提供个人所得税自动计算与申报功能。

3.统计分析报表业务处理。

（1）提供按月查询凭证的功能。

（2）提供工资表：工资发放签名表、工资发放条、工资卡、部门工资汇总表、人员类别汇总表、条件汇总表、条件明细表、条件统计表、多类别工资表等。

（3）提供工资分析表：工资项目分析表、工资增长分析表、员工工资汇总表、按月分类统计表、部门分类统计表、按项目分类统计表、员工工资项目统计表、分部门各月工资构成分析表、部门工资项目构成分析表等。

（二）薪资管理系统与其他系统的关系

薪资管理系统可以进行工资核算，提取关于各种费用、工资、应交个人所得税等业务的记账凭证，并将其上传至总账管理系统，以便用户审核登记应付职工薪酬及相关成本费用账簿。

此外，薪资管理系统还可以向成本核算系统传递相关的人工费合计数据。

（三）工作岗位职责

职工薪酬业务主要是由工资核算岗位来完成的。工资核算岗位的典型职责如下：

1.监督企业遵守有关工资政策、制度。这是指正确地核算工资的使用情况，并会同劳资部门按批准的工资计划，掌握工资和各种奖金的支付。

2.正确、及时地计算和发放工资。这是指按规定按月计算职工工资、奖金及津贴（包括各种扣款事项），以及离退休人员的离退休金。

3.按照工资的用途和发生的地点，合理地分配工资费用，正确地计算产品成本。

4.组织本单位的工资发放。

5.按月装订工资核算资料，妥善保管，定期全数归档。

6.定期组织基层单位工资核算员进行工资核算的互查。

在会计信息化环境下的工资核算岗位的主要任务是搜集、记录和存储单位人员的工资数据，进行工资的计算和汇总，完成个人所得税计算与代扣，进行工资分配、费用的计提并自动实现工资核算处理，输出工资的各种账表并进行分析。

三、操作演示

根据“项目资料-一、建立薪资管理账套”资料完成本任务。

6-2

启用薪资管理系统和建立工资账套（操作演示）

【准备工作】引入“任务3-2 总账管理系统初始设置”备份账套。

（一）启用薪资管理系统

1.账套主管（001刘梅）登录“企业应用平台”，操作日期为“2025-01-01”。

2.执行“基础设置”/“基本信息”/“系统启用”命令，打开“系统启用”对话框，选中“WA薪资管理”复选框，弹出“日历”对话框，选择薪资管理系统启用日期“2025年1月1日”，单击“确定”按钮，系统弹出“确实要启用当前系统吗?”信息提示对话框，单击“是”按钮后退出，如图6-2所示。

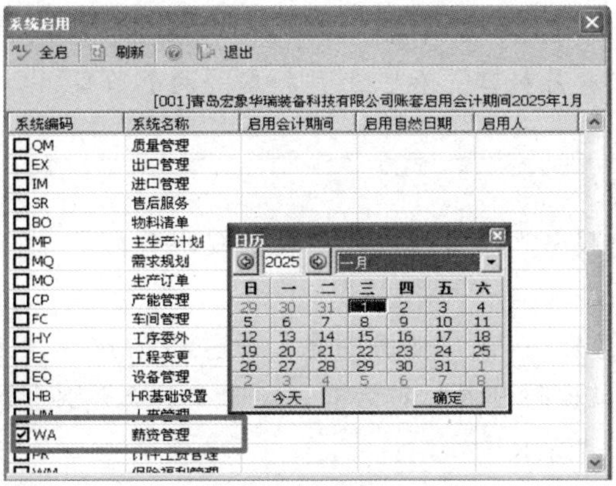

图6-2　启用薪资管理系统

（二）建立工资账套并赋予薪资管理权限

1.建立工资账套。

刘梅执行“业务工作”/“人力资源”/“薪管理”命令，打开“建立工资账套”对话框。参数设置如图6-3所示。

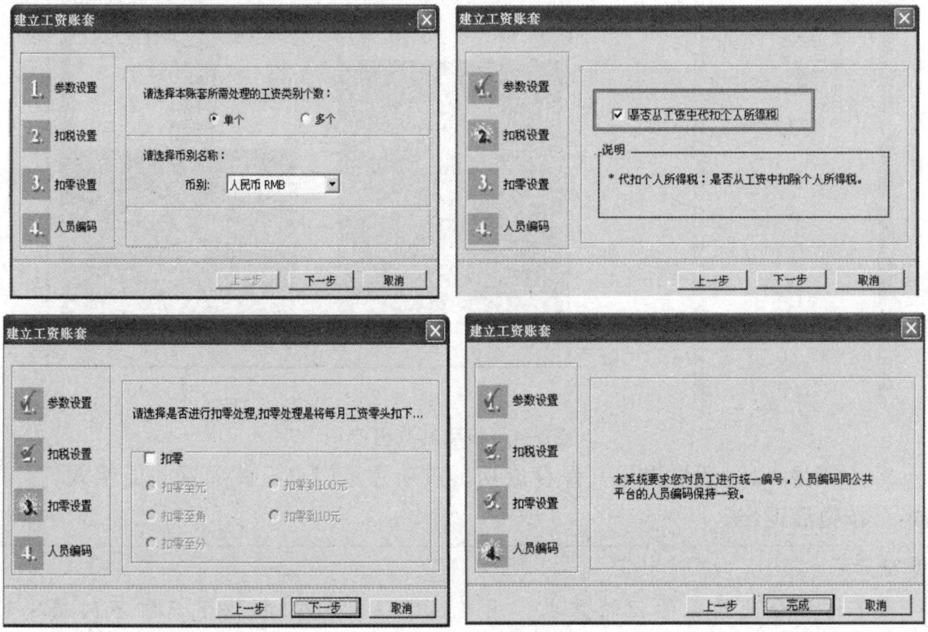

图6-3　建立工资账套

温馨提示：

· 工资类别可以是“单个”，也可以是“多个”。根据企业人力资源需要可以选择设置多个不同的工资类别，不同的工资类别的工资项目可以不同。

· 选择代扣个人所得税后，系统将自动生成工资项目“代扣税”，并自动进行代扣税金的计算。

· 扣零处理是指每次发放工资时零头扣下，积累取整，于下次工资发放时补上。系统在计算工资时将依据扣零类型（扣零至元、扣零至角、扣零至分、扣零到100元、扣零到10元）进行扣零计算。用户一旦选择了“扣零处理”，系统自动在固定工资项目中增加“本月扣零”和“上月扣零”两个项目，扣零的计算公式将由系统自动定义，无须设置。

6-3

为薪资主管赋权（操作演示）

2. 为薪资主管赋权。

（1）执行“系统服务”/“权限”/“数据权限分配”命令，打开“权限浏览”窗口。

（2）选择“005赵芳”，在“业务对象”下拉框中选择“工资权限”，单击“授权”按钮，弹出“记录权限设置”对话框，勾选“工资类别主管”前的复选框，单击“保存”按钮，如图6-4所示。

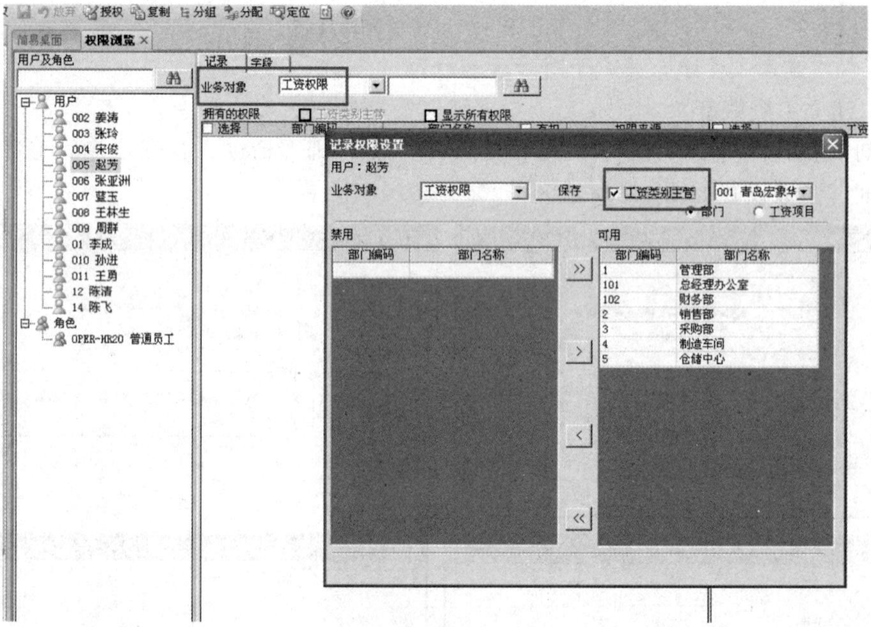

图6-4 权限浏览窗口

（3）系统弹出对话框提示“保存成功，重新登录门户，此配置才能生效！”，单击“确定”按钮后退出。

温馨提示：

为了适应企业精益管理的需求，用友ERP-U8 V10.1提供了三种不同层次的权限管理。

· 功能级权限管理。系统管理中提供了对操作员功能级权限的设定，包括各功能模块相关业务的权限。例如，设定张玲具有总账管理系统的所有权限。

· 数据级权限管理。该权限提供了记录和字段两个方面的控制。系统默认对科目、工资权限、用户、仓库四个记录级业务对象进行控制。对这些特殊的业务对象，操作员要进行操作，除了对操作员进行功能级权限赋权之外，还必须在数据级权限中进行设置。例如，可以精细控制到只允许张玲录入某几个科目的记账凭证。

· 金额级权限管理。该权限通过对不同岗位和职位的操作员进行金额级别控制，限制他们制单时可以使用的金额数量。例如，设定操作员张玲只能录入金额在50 000元以下的凭证。

相较于功能级权限管理，数据级权限管理和金额级权限管理使授权更加精细、有效。功能级权限管理在“系统管理”中进行设置，而数据级权限管理和金额权限管理通过“企业应用平台”下的“权限”进行设置。

任务二 薪资管理系统初始设置

一、任务布置

（一）建立人员档案

1.建立银行档案。

账套主管（001刘梅）根据“项目资料-二、薪资管理初始设置-（一）建立银行档案”资料完成银行档案设置。

2.增加会计科目。

青岛宏象华瑞装备科技有限公司为方便会计核算，为“应付职工薪酬”科目增加了三个明细科目，账套主管（001刘梅）根据“项目资料-二、薪资管理初始设置-（二）增加会计科目”（表6-1）完成会计科目的新增。

3.设置人员档案。

薪资主管（005赵芳）根据“项目资料-二、薪资管理初始设置-（三）设置人员档案”（表6-2）建立人员档案，工资通过中国工商银行李沧第一支行发放。

（二）设置工资项目

薪资主管（005赵芳）根据“项目资料-二、薪资管理初始设置-（四）设置工资项目”（表6-3）进行工资项目的设置。

（三）设置项目公式

薪资主管（005赵芳）根据“项目资料-二、薪资管理初始设置-（五）设置项目公式”（表6-4）完成工资项目计算公式的设置。

（四）设置个税扣税

青岛宏象华瑞装备科技有限公司代扣个人所得税按月均税率执行，由于“收入额合计”项中的“应纳税所得额”，已经在“应纳税所得额”公式中减去了“基数”和

“附加费用”，因此税率表中的“基数”和“附加费用”设置为零即可。薪资主管（005赵芳）根据“项目资料-二、薪资管理初始设置-（六）设置个税扣税”（表6-5）完成个人所得税设置。

二、知识链接

在使用用友ERP-U810.1软件进行薪资核算之前，需要进行薪资管理系统的初始设置，建立薪资管理系统的应用环境。在进行初始设置之前，应进行必要的数据准备，如规划企业职工的编码规则、进行人员类别的划分、整理好要设置的工资项目及核算方法，准备好部门档案、人员档案等基本信息。通过薪资管理系统初始设置，可以根据企业需要建立工资账套数据，设置薪资管理系统运行所需要的各项基础信息，为日常处理建立应用环境。

（一）建立人员档案

薪资管理系统人员档案用于登记工资发放人员的姓名、职工编号、所在部门、人员类别等信息。企业通过银行代发工资、人员档案中应包含发放工资的银行账号等信息，因此在增加人员档案前，需要先建立发放职工工资的银行信息。

（二）设置工资项目及计算公式

设置工资项目，即定义工资项目的名称、类型、宽度，企业可根据需要自行设置工资项目，如基本工资、岗位工资、餐食补贴、扣款合计等。当企业建立了多个工资类别时，不同类别的项目不同，计算公式也不同，需要对某个指定的工资类别所需的工资项目进行设置，并定义该工资类别下的工资项目计算公式。

（三）设置个税扣税

薪资管理系统中已经设置好个税税率和计税依据，系统自动执行个人所得税计算。自2019年1月1日起施行的新《中华人民共和国个人所得税法》规定，薪资采用累计预扣法代扣代缴个人所得税：

本期应预扣预缴税额=（累计预扣预缴应纳税所得额×预扣率-速算扣除数）-累计减免税额-累计已预扣预缴税额

在教学版用友软件中，需要手工对这部分内容按照新税法规定进行设置。

三、操作演示

根据“项目资料-二、薪资管理初始设置”资料完成本任务。

【准备工作】上接“任务一 认识薪资管理系统”。

（一）建立人员档案

6-4 银行档案设置与增加会计科目（操作演示）

1.设置银行档案。

（1）账套主管（001刘梅）登录“企业应用平台”，登录日期为“2025-01-01”。

（2）执行“基础设置”/“基础档案”/“收付结算”/“银行档案”命令，打开“银行档案”对话框。

（3）单击“增加”按钮，“银行编码”输入“01001”，“银行名称”输入“中国工商银行李沧第一支行”，选中“个人账户规则”下的“定长”复选框，“账号长度”为

"19"，"自动带出账号长度"为"16"，如图6-5所示。

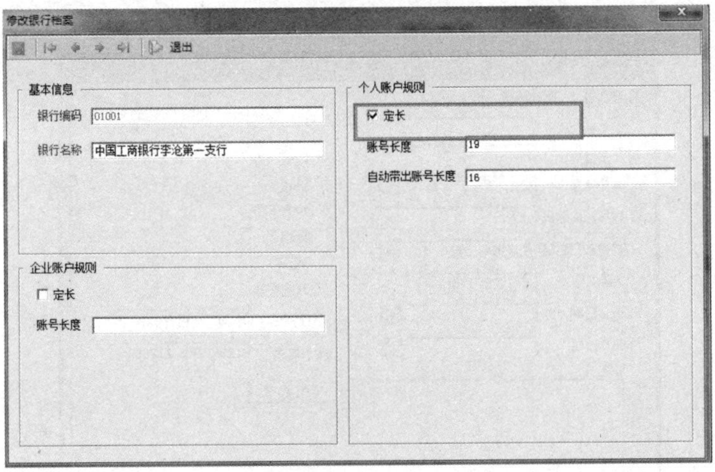

图6-5　增加银行档案

（4）单击"保存"按钮，然后退出。

2.增加会计科目。

刘梅执行"基础设置"/"基础档案"/"财务"/"会计科目"命令，在"会计科目"窗口中增加表6-1要求的会计科目。

3.设置人员档案。

6-5

设置人员档案（操作演示）

（1）薪资主管（005赵芳）登录"企业应用平台"，操作日期为"2025-01-01"。

（2）在"业务工作"选项卡中，执行"人力资源"/"薪资管理"/"设置"/"人员档案"命令，进入"人员档案"界面。

（3）单击工具栏上的"批增"按钮，打开"人员批量增加"对话框，选中所有部门，单击"查询"按钮，人员批量增加成功，如图6-6所示。单击"确定"按钮，返回"人员档案"窗口。

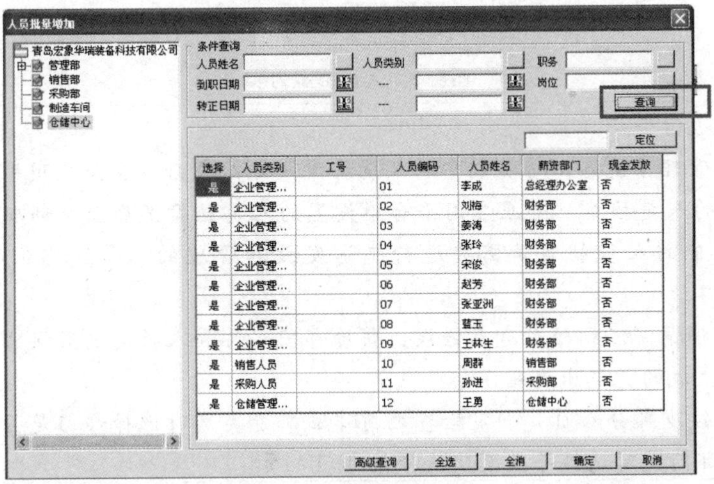

图6-6　设置人员档案

（4）双击"人员编码01"，弹出"人员档案明细"窗口，"银行名称"选择"中国工商银行李沧第一支行”，输入“银行账号”为“6222023803021111801”，如图6-7所示。

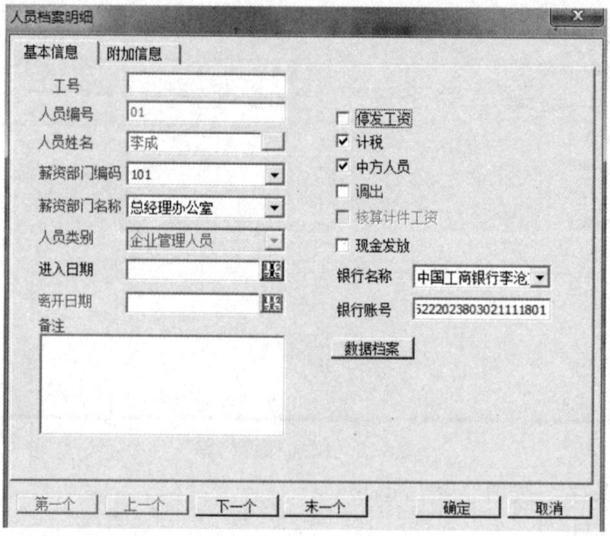

图6-7　人员档案明细

（5）单击“确定”按钮，弹出“写入该人员档案信息吗？”提示，单击“确定”按钮，根据表6-2继续修改其他人员的账号信息。人员档案列表如图6-8所示。

人员档案

选择	薪资部门名称	工号	人员编号	人员姓名	人员类别	账号	中方人员	是否计税	工资停发	核算计件工资	现金发放	进入日期	离开日期
	总经理办公室		01	李成	企业管理人员	6222023803021111801	是	是	否	否	否		
	财务部		02	刘梅	企业管理人员	6222023803021111802	是	是	否	否	否		
	财务部		03	姜涛	企业管理人员	6222023803021111803	是	是	否	否	否		
	财务部		04	张玲	企业管理人员	6222023803021111804	是	是	否	否	否		
	财务部		05	宋俊	企业管理人员	6222023803021111805	是	是	否	否	否		
	财务部		06	赵芳	企业管理人员	6222023803021111806	是	是	否	否	否		
	财务部		07	张亚洲	企业管理人员	6222023803021111807	是	是	否	否	否		
	财务部		08	蓝玉	企业管理人员	6222023803021111808	是	是	否	否	否		
	财务部		09	王林生	企业管理人员	6222023803021111809	是	是	否	否	否		
	销售部		10	周群	销售人员	6222023803021111810	是	是	否	否	否		
	采购部		11	孙进	采购人员	6222023803021111811	是	是	否	否	否		
	仓储中心		12	王勇	仓储管理人员	6222023803021111812	是	是	否	否	否		

图6-8　人员档案列表

温馨提示：

· 薪资管理系统各工资类别中的人员档案一定是来自在企业应用平台基础档案设置中设置的人员档案。企业应用平台中设置的人员档案是企业全部职工信息，薪资管理系统中的人员档案是需要进行工资发放和管理的人员，它们之间是包含关系。

· 人员档案需仔细核对有无错误，薪资部门名称和人员类别有误将导致日常业务工资分摊生成的凭证出现错误。

· 如果缺少部分人员，一定检查之前建立工资类别时选择部门是否选中下级部门。有可能部门没有选择导致无法选择该部门人员。

（二）设置工资项目

6-6

工资项目设置（操作演示）

1.赵芳在“业务工作”选项卡中，执行“人力资源”/“薪资管理”/“设置”/“工资项目设置”命令，打开“工资项目设置”窗口。

2.单击“应发合计”项目，单击“增加”按钮，工资项目列表中增加一空行，单击“名称参照”下拉列表框，从下拉列表中选择“基本工资”，类型、长度、小数、增减项都按默认选项设置，无须修改。

3.单击“增加”按钮，根据表6-3的资料，完成其他工资项目的录入。

4.所有项目增加完成后，单击“工资项目设置”对话框上的“上移”和“下移”按钮，按照图6-9所给顺序调整工资项目的排列位置，最终结果如图6-9所示。

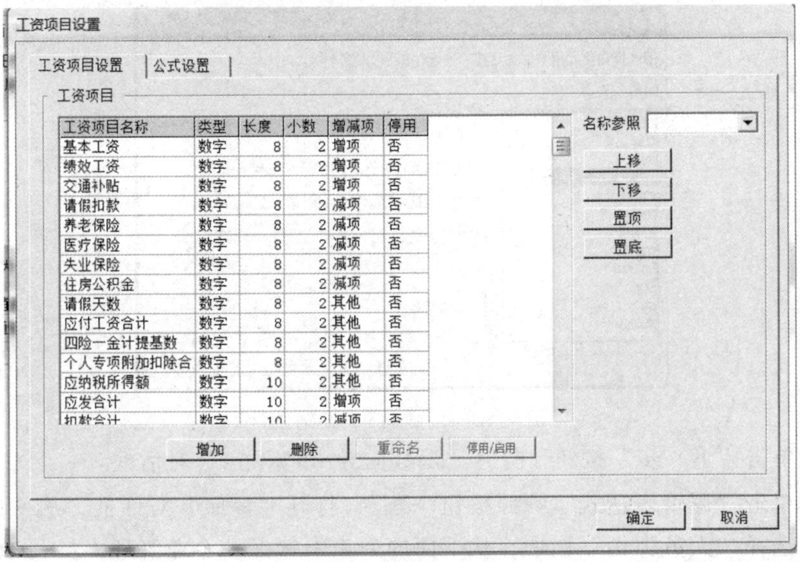

图6-9　工资项目设置最终结果图

5.单击“确定”按钮。

温馨提示：

· 系统提供若干常用工资项目供参考，可选择输入。对于参照中未提供的工资项目，可以双击“工资项目名称”一栏直接输入，或先从“名称参照”中选择一个项目，然后单击“重命名”按钮修改为需要的项目。

· 灰色显示的应发合计、扣款合计、实发合计和代扣税项目是系统项，无须再添加。

· 工资项目增减项的含义：若为“增项”，系统自动将其列为“应发合计”的组成部分；若为“减项”，系统自动将其列为“扣款合计”的组成部分；若为“其他”，则既不构成应发合计项目，也不构成扣款合计项目，仅供其中某个工资项目的计算使用。

· 设置工资项目后，按照项目之间的逻辑顺序，可以通过“上移”“下移”调整先后顺序。

6-7

工资项目公式设置（操作演示）

（三）设置项目公式

1.iff函数公式定义——交通补贴。

（1）赵芳在“业务工作”选项卡中，执行“人力资源”/“薪资管理”/“设置”/“工资项目设置”命令，打开“工资项目设置”窗口，单击“公式设置”页签。

（2）单击“增加”按钮，在工资项目列表中增加一空行，单击该行，在下拉列表框中选择“交通补贴”选项。

（3）单击“交通补贴公式定义”文本框，再单击“函数公式向导输入”按钮，打开“函数向导-步骤之1”对话框，从“函数名”列表中选择“iff”函数，如图6-10所示。

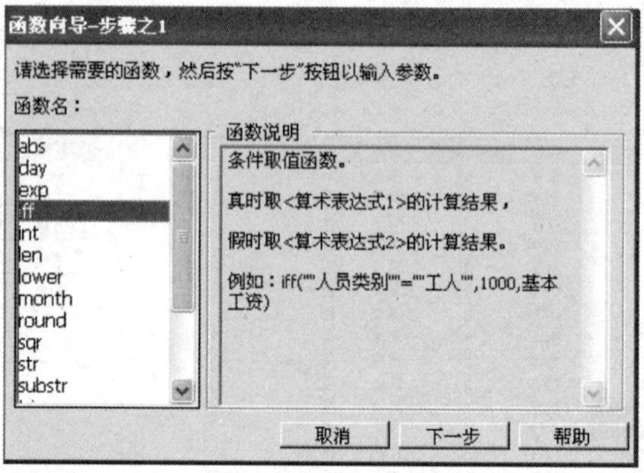

图6-10　函数向导-步骤之1

（4）单击“下一步”按钮，打开“函数向导-步骤之2”对话框。

（5）单击“逻辑表达式”参照按钮“🔍”，打开“参照”对话框，从“参照”下拉列表中选择“人员类别”选项，从下面的列表中选择“企业管理人员”，如图6-11所示，单击“确定”按钮。

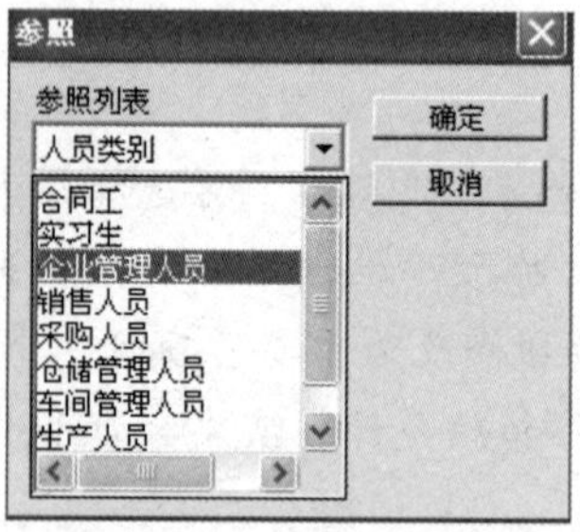

图6-11　参照对话框

（6）在“逻辑表达式”文本框中的公式后单击鼠标，输入空格，输入“or”后，再次输入空格，依然单击“🔍”按钮，出现“参照”对话框；从“参照”下拉列表中选择“人员类别”选项，从下面的列表中选择“车间管理人员”，单击“确定”按钮，返回“函数向导-步骤之2”对话框。

（7）在“算数表达式1”文本框处填入数字“500”，在“算数表达式2”文本框处填入数字“300”，单击“完成”按钮。

（8）回到“工资项目设置”窗口，交通补贴公式定义如图6-12所示，单击“公式确认”按钮。

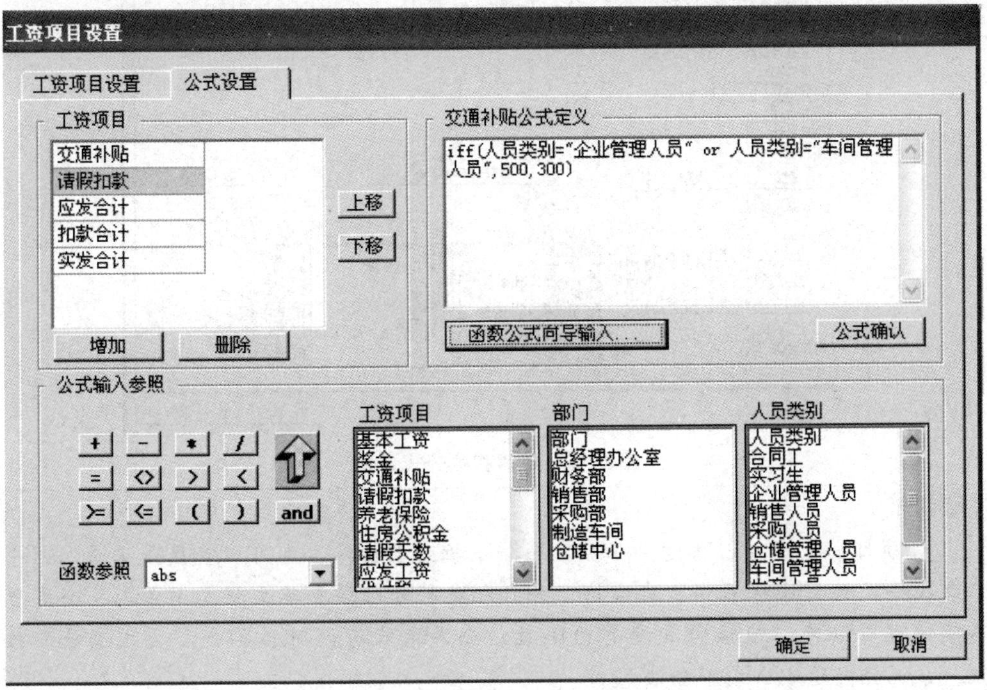

图6-12　交通补贴公式设置

温馨提示：

· 在“or”前后应有空格，否则公式确认会提示“非法的公式定义”。

· 本公式的含义为：企业管理人员和车间管理人员的交通补贴为500，其余人交通补贴为300。

· iff函数的格式为iff（条件，真值，假值），如果符合条件，显示“真值”，不符合条件，则显示“假值”。本任务中条件是“人员类别是企业管理人员或者人员类别是车间管理人员”，符合条件的人员，交通补贴是真值500，不符合条件的人员，交通补贴就是假值300。

· 公式也可以手动输入，注意所有标点均为英文半角格式。

2.普通公式定义——请假扣款。

（1）选择“公式设置”选项卡，单击“增加”按钮，增加一空行，单击该行，在下拉列表中选择“请假扣款”选项。

（2）单击“公式定义”文本框，选择工资项目列表中的“基本工资”，单击运算符“/”，在“/”后单击，输入数字22，单击运算符“*”，选择工资项目列表中的“请假天数”，最后单击“公式确认”按钮，如图6-13所示。

（3）同理根据表6-4完成其他公式的定义，全部公式定义完成后，单击“确定”按钮保存退出。

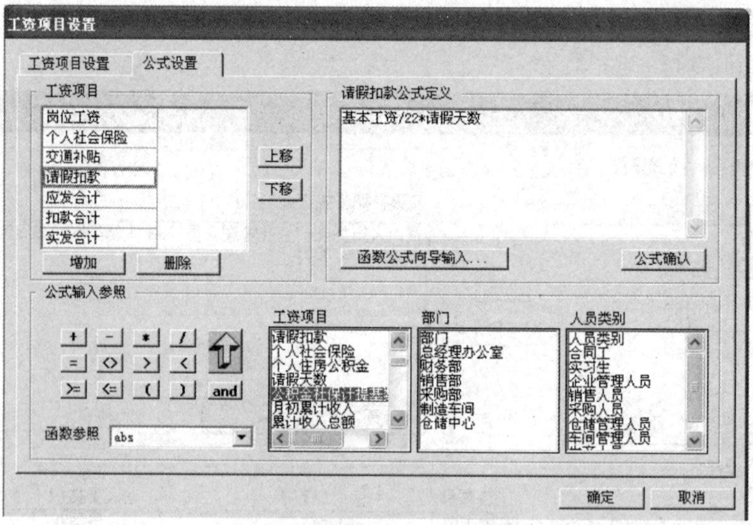

图6-13 请假扣款公式设置

温馨提示：

· 项目公式既可以通过“函数参照”下拉列表输入，也可以直接手工录入，手工录入公式时，注意不要留有空格，并且相关符号应该在英文状态下录入，公式里不能出现百分号，应该将其换算为小数；公式录入有误时，单击“公式确认”按钮，系统会提示“公式不合法”。

· 所有公式设置结束之后，要单击“确定”按钮，否则公式没有保存。

6-8

个人所得税设置（操作演示）

（四）个税扣税设置

1. 执行“薪资管理”/“设置”/“选项”命令，打开“选项”对话框，单击“编辑”按钮。

2. 打开“扣税设置”选项卡，将“实发合计”替换为“应纳税所得额”，如图6-14所示。

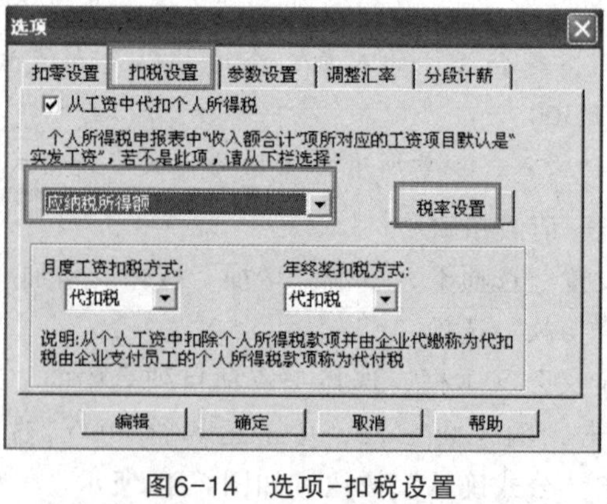

图6-14 选项-扣税设置

3. 单击“税率设置”，打开“个人所得税申报表-税率表”对话框。将“基数”和“附加费用”调整为“0”，按照表6-15所示信息调整税率表，确认无误点击“确定”按钮，如图6-15所示。

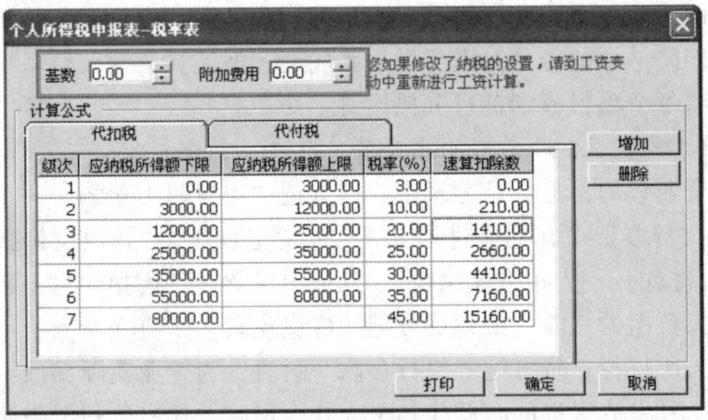

级次	应纳税所得额下限	应纳税所得额上限	税率(%)	速算扣除数
1	0.00	3000.00	3.00	0.00
2	3000.00	12000.00	10.00	210.00
3	12000.00	25000.00	20.00	1410.00
4	25000.00	35000.00	25.00	2660.00
5	35000.00	55000.00	30.00	4410.00
6	55000.00	80000.00	35.00	7160.00
7	80000.00		45.00	15160.00

图6-15 税率表

（五）备份账套

用户admin登录“系统管理”，备份为“任务6-2薪资管理系统初始设置”账套。

任务三 薪资管理系统日常业务处理

一、任务布置

青岛宏象华瑞装备科技有限公司每月28日汇总计算本月工资，次月15日通过银行代发工资。薪资主管（005赵芳）根据“项目资料-三、薪资管理系统日常业务处理”录入工资数据并进行工资分摊设置，生成相关凭证。

二、知识链接

薪资模块日常业务处理工作包括输入工资数据、工资数据变动处理、工资分摊、个人所得税计算、代扣个人负担的社会保险及住房公积金、缴纳社会保险及住房公积金等操作。

（一）计提工资

在计提工资业务的常见会计分录中，借方多为“管理费用——工资”“生产成本——直接人工”“销售费用——人工费用”“制造费用——工资”“在建工程——工资”等科目，贷方为“应付职工薪酬——工资”科目。

这里的工资数据应当为企业实际应发给员工的工资。如果员工有扣款（如请假扣款，而非四险一金）或罚款，应当是应发工资扣除扣款或罚款之后的实际工资。

（二）计提企业承担的四险一金

在计提企业承担的四险一金业务的常见会计分录中，借方多为“管理费用——工资” “生产成本——直接人工”“销售费用——人工费用”“制造费用——工资”“在建工程——工资”等科目，贷方为“应付职工薪酬——离职后福利（养老、失业保险）”“应付职工薪酬——社会保险（医疗、工伤保险）”“应付职工薪酬——住房公积金”科目。

企业承担的四险一金是由雇佣员工产生的，应计入“应付职工薪酬”中。在手工系统中，计提四险一金的分录只需要做一张凭证，但是在会计信息系统中，由于设置的局限性，需要每个项目分别进行分摊设置。

（三）发放工资，代扣个人社会保险费、住房公积金与所得税

在发放工资业务的常见会计分录中：借方记“应付职工薪酬——工资”科目，为企业应发工资；贷方记“其他应付款——代扣养老保险”“其他应付款——代扣医疗保险”“其他应付款——代扣失业保险”“其他应付款——代扣住房公积金”科目，为企业代扣的个人负担的三险一金；贷方记“应交税费——应交个人所得税”科目，为企业代扣的个人所得税；贷方记“银行存款”科目，为企业实际发放给职工的工资。

一般在下个月发放工资的时候代扣个人社会保险、住房公积金与所得税。在发放工资时，已计提未扣款的社保税金等款项反映企业和税务局的代扣代缴债务关系，不应继续在应付职工薪酬里核算，因此需要转出到“其他应付款”“应交税费”等账户。工伤保险个人无须承担，所以不需要从应发工资中扣除。

发放工资凭证如果需要在工资管理系统中生成，也需要对每个项目分别进行分摊设置。

（四）上缴四险一金和个人所得税

在上缴四险一金和个人所得税业务常见会计分录中：借方记“应付职工薪酬——离职后福利（养老、失业保险）”“应付职工薪酬——社会保险（医疗、工伤保险）”“应付职工薪酬——住房公积金”科目，为企业负担的四险一金；借方记“其他应付款——代扣养老保险”“其他应付款——代扣医疗保险”“其他应付款——代扣失业保险”“其他应付款——代扣住房公积金”科目，为企业代扣的个人负担的三险一金；借方记“应交税费——应交个人所得税”科目，为企业代扣的个人所得税；贷方记“银行存款”科目。

准确计算每个月的工资数据是进行工资发放、个人所得税扣缴的基础。第一次通过软件计算工资数据有两种方法：一是设置好项目公式，根据公式计算自动获取数据；二是手工录入或导入，后期对每个月不发生变动的工资项目可以不对数据进行清零处理，从而简化了工资录入的工作量。若通过手工录入工资数据，可借助过滤器等功能提高工资录入的准确性和效率。

工资分摊是指根据受益性原则进行工资费用分配或计提并制作凭证模板。首次使用工资分摊功能时，应先设置工资分摊公式，后续月份无须设置公式，直接利用期初设置好的公式生成凭证即可。

三、操作演示

根据“项目资料-三、薪资管理系统日常业务处理”资料完成本任务。

【准备工作】引入“任务6-2 薪资管理系统初始设置”备份账套。

（一）工资变动

1.录入工资数据。

（1）薪资主管（005赵芳）登录“企业应用平台”，操作日期为“2025-01-28”。

6-9

录入工资
（操作演示）

6-10

批量编辑
（操作演示）

（2）在“业务工作”选项卡中，执行“人力资源”/“薪资管理”/“业务处理”/“工资变动”命令，进入“工资变动”窗口。

（3）在“工资变动”表头上方，单击“过滤器”下拉框，选择“过滤设置”，打开“项目过滤”对话框，如图6-16所示。

图6-16　过滤设置-1

（4）选择“基本工资”“绩效工资”“请假天数”“四险一金计提基数”“个人专项附加扣除合计”，点击“>”按钮，将其选入“已选项目”，如图6-17所示。

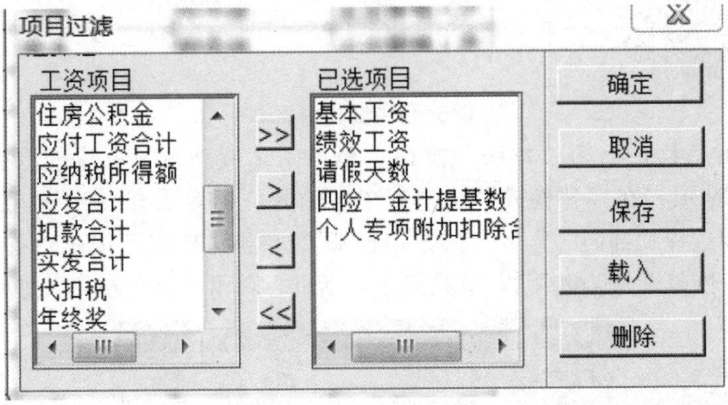

图6-17　过滤设置-2

（5）单击“确定”按钮，返回“工资变动”窗口，此时所有的工资项目都只显示“基本工资”“绩效工资”“请假天数”“四险一金计提基数”“个人专项附加扣除合计”五项，按照表6-6录入工资数据，完成后如图6-18所示。

（6）单击工具栏中的“计算”按钮，再单击“汇总”按钮，系统自动执行所有预设公式的计算。

工资变动

过滤器　　定位器

选择	工号	人员编号	姓名	部门	人员类别	基本工资	绩效工资	请假天数	四险一金计提基数	个人专项附加扣除合计
		01	李成	总经理办公室	企业管理人员	9,000.00	1,800.00		9,500.00	1,000.00
		02	刘梅	财务部	企业管理人员	5,000.00	1,300.00		5,200.00	2,000.00
		03	姜涛	财务部	企业管理人员	3,500.00	1,200.00		4,500.00	1,000.00
		04	张玲	财务部	企业管理人员	3,500.00	1,200.00		4,500.00	1,000.00
		05	宋俊	财务部	企业管理人员	3,000.00	1,200.00	1.00	4,200.00	2,000.00
		06	赵芳	财务部	企业管理人员	3,000.00	1,200.00		4,200.00	1,000.00
		07	张亚洲	财务部	企业管理人员	3,000.00	1,200.00		4,200.00	1,000.00
		08	蓝玉	财务部	企业管理人员	3,000.00	1,200.00		4,200.00	1,000.00
		09	王林生	财务部	企业管理人员	3,000.00	1,200.00		4,200.00	1,500.00
		10	周群	销售部	销售人员	4,500.00	1,600.00		5,000.00	1,000.00
		11	孙进	采购部	采购人员	4,000.00	1,500.00	2.00	4,800.00	1,000.00
		12	王勇	仓储中心	仓储管理人员	3,000.00	1,300.00		4,200.00	1,000.00
合计						47,500.00	15,900.00	3.00	58,700.00	14,500.00

图6-18　固定工资数据

2.工资变动数据。

（1）在“工资变动”窗口，单击“全选”按钮，人员前面的“选择”栏出现选中标记“Y”，如图6-19所示。

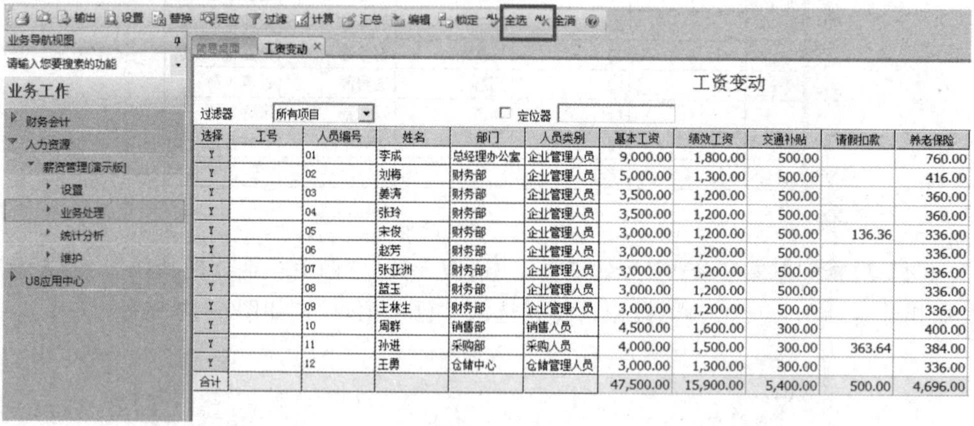

选择	工号	人员编号	姓名	部门	人员类别	基本工资	绩效工资	交通补贴	请假扣款	养老保险
Y		01	李成	总经理办公室	企业管理人员	9,000.00	1,800.00	500.00		760.00
Y		02	刘梅	财务部	企业管理人员	5,000.00	1,300.00	500.00		416.00
Y		03	姜涛	财务部	企业管理人员	3,500.00	1,200.00	500.00		360.00
Y		04	张玲	财务部	企业管理人员	3,500.00	1,200.00	500.00		360.00
Y		05	宋俊	财务部	企业管理人员	3,000.00	1,200.00	500.00	136.36	336.00
Y		06	赵芳	财务部	企业管理人员	3,000.00	1,200.00	500.00		336.00
Y		07	张亚洲	财务部	企业管理人员	3,000.00	1,200.00	500.00		336.00
Y		08	蓝玉	财务部	企业管理人员	3,000.00	1,200.00	500.00		336.00
Y		09	王林生	财务部	企业管理人员	3,000.00	1,200.00	500.00		336.00
Y		10	周群	销售部	销售人员	4,500.00	1,600.00	300.00		400.00
Y		11	孙进	采购部	采购人员	4,000.00	1,500.00	300.00	363.64	384.00
Y		12	王勇	仓储中心	仓储管理人员	3,000.00	1,300.00	300.00		336.00
合计						47,500.00	15,900.00	5,400.00	500.00	4,696.00

图6-19　替换数据-1

（2）单击工具栏上的“替换”按钮，单击“工资项目”下拉列表框，从中选择“绩效工资”选项，在“替换成”文本框中，输入“绩效工资+300”。在“替换条件”文本框中分别选择“部门”“=”“（2）销售部”，单击“确定”按钮，系统弹出“数据替换后将不可恢复。是否继续？”信息提示对话框，单击“是”按钮，如图6-20所示。

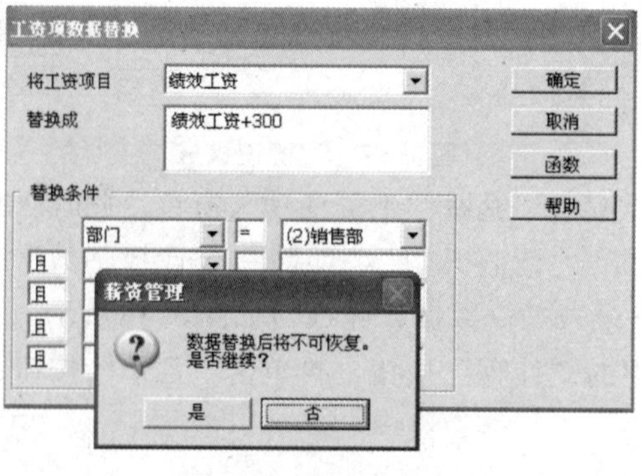

图6-20　替换数据-2

（3）弹出对话框“有1条记录被替换，是否重新计算”，单击“是”按钮，系统自动完成工资计算。

（4）在“工资变动”窗口中，单击工具栏上的“汇总”按钮，汇总工资数据。结果如图6-21所示。

工资变动

过滤器　所有项目　　□ 定位器

选择	工号	员编	姓名	部门	人员类别	基本工资	绩效工资	交通补贴	请假扣款	养老保险	医疗保险	失业保险	主房公积金	假天数	立付工资合计	金一金计提基	寺项附加扣除	应纳税所得额
		01	李成	总经理办	企业管理人员	9,000.00	1,800.00	500.00		760.00	190.00	28.50	1,140.00		11,300.00	9,500.00	1,000.00	3,181.50
		02	刘梅	财务部	企业管理人员	5,000.00	1,300.00	500.00		416.00	104.00	15.60	624.00		6,800.00	5,200.00	2,000.00	-1,359.60
		03	姜涛	财务部	企业管理人员	3,500.00	1,200.00	500.00		360.00	90.00	13.50	540.00		5,200.00	4,500.00	1,000.00	-1,803.50
		04	张玲	财务部	企业管理人员	3,500.00	1,200.00	500.00		360.00	90.00	13.50	540.00		5,200.00	4,500.00	1,000.00	-1,803.50
		05	宋俊	财务部	企业管理人员	3,000.00	1,200.00	500.00	136.36	336.00	84.00	12.60	504.00	1.00	4,563.64	4,200.00	2,000.00	-3,372.96
		06	赵芳	财务部	企业管理人员	3,000.00	1,200.00	500.00		336.00	84.00	12.60	504.00		4,700.00	4,200.00	1,000.00	-2,236.60
		07	张亚洲	财务部	企业管理人员	3,000.00	1,200.00	500.00		336.00	84.00	12.60	504.00		4,700.00	4,200.00	1,000.00	-2,236.60
		08	蓝玉	财务部	企业管理人员	3,000.00	1,200.00	500.00		336.00	84.00	12.60	504.00		4,700.00	4,200.00	1,000.00	-2,236.60
		09	王林生	财务部	企业管理人员	3,000.00	1,200.00	500.00		336.00	84.00	12.60	504.00		4,700.00	4,200.00	1,500.00	-2,736.60
		10	周群	销售部	销售人员	4,500.00	1,900.00	300.00		400.00	100.00	15.00	600.00		6,700.00	5,000.00	1,000.00	-415.00
		11	孙进	采购部	采购人员	4,000.00	1,500.00	300.00	363.64	384.00	96.00	14.40	576.00	2.00	5,436.36	4,800.00	1,000.00	-1,634.04
		12	王勇	仓储中心	仓储管理人员	3,000.00	1,300.00	300.00		336.00	84.00	12.60	504.00		4,600.00	4,200.00	1,000.00	-2,336.60
合计						47,500.00	16,200.00	5,400.00	500.00	4,696.00	1,174.00	176.10	7,044.00	3.00	68,600.00	58,700.00	14,500.00	-18,990.10

图6-21　替换后工资数据

温馨提示：

· “工资变动”窗口只输入没有进行公式设定的项目数据，其余工资项目数据由系统根据预先设定的项目公式自动计算生成。

· 汇总的重要性：汇总是将工资数据汇总到工资报表中去，只有进行汇总才可以进行工资分摊。如果工资数据发生变化，切记要重新汇总，否则工资分摊生成的凭证数据仍是未更新之前的金额。

3.查看个人所得税。

（1）执行“业务处理”/“扣缴所得税”命令，打开“个人所得税申报模板”对话框。

（2）选择“系统”/“扣缴个人所得税报表”，单击“打开”按钮，打开“所得税申报”对话框。

（3）在弹出的“所得税申报”对话框中点击“确定”按钮。

（4）进入“扣缴个人所得税报表”窗口，如图6-22所示，查看完毕之后退出。

系统扣缴个人所得税年度申报表

2025年1月－2025年1月

姓名	证件号码	所得项目	所属期间...	所属期间...	收入额	减费用额	应纳税所...	税率	速算扣除数	应纳税额	已扣缴税款
李成		工资	20250101	20251231			3181.50	10	210.00	108.15	108.15
刘梅		工资	20250101	20251231			0.00	0	0.00	0.00	0.00
姜涛		工资	20250101	20251231			0.00	0	0.00	0.00	0.00
张玲		工资	20250101	20251231			0.00	0	0.00	0.00	0.00
宋俊		工资	20250101	20251231			0.00	0	0.00	0.00	0.00
赵芳		工资	20250101	20251231			0.00	0	0.00	0.00	0.00
张亚洲		工资	20250101	20251231			0.00	0	0.00	0.00	0.00
蓝玉		工资	20250101	20251231			0.00	0	0.00	0.00	0.00
王林生		工资	20250101	20251231			0.00	0	0.00	0.00	0.00
周群		工资	20250101	20251231			0.00	0	0.00	0.00	0.00
孙进		工资	20250101	20251231			0.00	0	0.00	0.00	0.00
王勇		工资	20250101	20251231			0.00	0	0.00	0.00	0.00
合计							3181.50		210.00	108.15	108.15

图6-22　查看个人所得税申报表

（二）工资分摊

6-11

工资分摊设置（操作演示）

1.工资分摊类型设置。

（1）在“业务工作”选项卡中，执行“人力资源”/“薪资管理”/“业务处理”/“工资分摊”命令，打开“工资分摊”对话框。

（2）单击“工资分摊设置”按钮，打开“分摊类型设置”对话框，单击“增加”按钮，打开“分摊计提比例设置”对话框。输入“计提类型名称”为“计提应付工资”，“分摊计提比例”默认为“100%”，如图6-23所示。

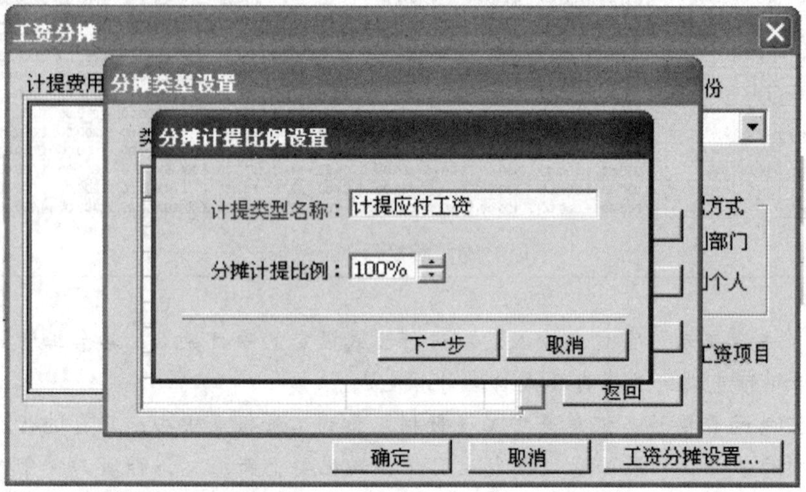

图6-23　工资分摊计提比例设置

（3）单击“下一步”按钮，打开“分摊构成设置”对话框，根据表6-7进行设置，设置结果如图6-24所示。

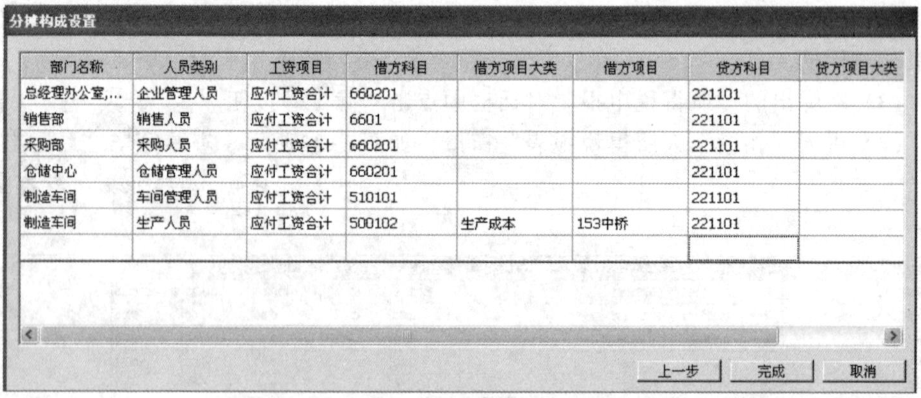
分摊构成设置

部门名称	人员类别	工资项目	借方科目	借方项目大类	借方项目	贷方科目	贷方项目大类
总经理办公室,...	企业管理人员	应付工资合计	660201			221101	
销售部	销售人员	应付工资合计	6601			221101	
采购部	采购人员	应付工资合计	660201			221101	
仓储中心	仓储管理人员	应付工资合计	660201			221101	
制造车间	车间管理人员	应付工资合计	510101			221101	
制造车间	生产人员	应付工资合计	500102	生产成本	153中桥	221101	

上一步　完成　取消

图6-24　“计提应付工资”分摊构成设置（分摊计提比例为100%）

（4）单击“完成”按钮，返回“分摊类型设置”对话框，根据表6-8至表6-15，完成代扣个人所得税（表6-8）、计提个人负担社保（表6-9）、计提个人负担住房公积金（表6-10）、计提企业负担医疗工伤保险（表6-11）、计提企业负担养老失业保险（表6-12）、计提企业负担住房公积金（表6-13）、计提工会经费（表6-14）以及计提职工教育经费（表6-15）的设置。设置结果如图6-25到图6-32所示。

分摊构成设置

部门名称	人员类别	工资项目	借方科目	借方项目大类	借方项目	贷方科目	贷方项目大类
总经理办公室,…	企业管理人员	代扣税	221101			222103	
销售部	销售人员	代扣税	221101			222103	
采购部	采购人员	代扣税	221101			222103	
制造车间	车间管理人员	代扣税	221101			222103	
制造车间	生产人员	代扣税	221101			222103	
仓储中心	仓储管理人员	代扣税	221101			222103	

上一步　完成　取消

图6-25　“代扣个人所得税”分摊构成设置（分摊计提比例为100%）

分摊构成设置

部门名称	人员类别	工资项目	借方科目	借方项目大类	借方项目	贷方科目
总经理办公室,财务部	企业管理人员	四险一金计提基数	221101			224101
销售部	销售人员	四险一金计提基数	221101			224101
采购部	采购人员	四险一金计提基数	221101			224101
仓储中心	仓储管理人员	四险一金计提基数	221101			224101
制造车间	车间管理人员	四险一金计提基数	221101			224101
制造车间	生产人员	四险一金计提基数	221101			224101

图6-26　“个人负担社保”分摊构成设置（分摊计提比例为10.3%）

分摊构成设置

部门名称	人员类别	工资项目	借方科目	借方项目大类	借方项目	贷方科目
总经理办公室,财务部	企业管理人员	四险一金计提基数	221101			224102
销售部	销售人员	四险一金计提基数	221101			224102
采购部	采购人员	四险一金计提基数	221101			224102
仓储中心	仓储管理人员	四险一金计提基数	221101			224102
制造车间	车间管理人员	四险一金计提基数	221101			224102
制造车间	生产人员	四险一金计提基数	221101			224102

图6-27　“个人负担住房公积金”分摊构成设置（分摊计提比例为12%）

分摊构成设置

部门名称	人员类别	工资项目	借方科目	借方项目大类	借方项目	贷方科目
总经理办公室,财务部	企业管理人员	四险一金计提基数	660201			221105
销售部	销售人员	四险一金计提基数	6601			221105
采购部	采购人员	四险一金计提基数	660201			221105
制造车间	车间管理人员	四险一金计提基数	510101			221105
制造车间	生产人员	四险一金计提基数	500102	生产成本	153中桥	221105
仓储中心	仓储管理人员	四险一金计提基数	660201			221105

图6-28　“企业负担医疗工伤保险”分摊构成设置（分摊计提比例为8.73%）

分摊构成设置

部门名称	人员类别	工资项目	借方科目	借方项目大类	借方项目	贷方科目
总经理办公室,财务部	企业管理人员	四险一金计提基数	660201			221107
销售部	销售人员	四险一金计提基数	6601			221107
采购部	采购人员	四险一金计提基数	660201			221107
制造车间	车间管理人员	四险一金计提基数	510101			221107
制造车间	生产人员	四险一金计提基数	500102	生产成本	153中桥	221107
仓储中心	仓储管理人员	四险一金计提基数	660201			221107

图6-29 “企业负担养老失业保险”分摊构成设置（分摊计提比例为16.7%）

分摊构成设置

部门名称	人员类别	工资项目	借方科目	借方项目大类	借方项目	贷方科目
总经理办公室,财务部	企业管理人员	四险一金计提基数	660201			221106
销售部	销售人员	四险一金计提基数	6601			221106
采购部	采购人员	四险一金计提基数	660201			221106
制造车间	车间管理人员	四险一金计提基数	510101			221106
制造车间	生产人员	四险一金计提基数	500102	生产成本	153中桥	221106
仓储中心	仓储管理人员	四险一金计提基数	660201			221106

图6-30 “企业负担住房公积金”分摊构成设置（分摊计提比例为12%）

分摊构成设置

部门名称	人员类别	工资项目	借方科目	借方项目大类	借方项目	贷方科目
总经理办公室,财务部	企业管理人员	应付工资合计	660201			221103
销售部	销售人员	应付工资合计	6601			221103
采购部	采购人员	应付工资合计	660201			221103
制造车间	车间管理人员	应付工资合计	510101			221103
制造车间	生产人员	应付工资合计	500102	生产成本	153中桥	221103
仓储中心	仓储管理人员	应付工资合计	660201			221103

图6-31 “工会经费”分摊构成设置（分摊计提比例为2%）

分摊构成设置

部门名称	人员类别	工资项目	借方科目	借方项目大类	借方项目	贷方科目
总经理办公室,财务部	企业管理人员	应付工资合计	660201			221104
销售部	销售人员	应付工资合计	6601			221104
采购部	采购人员	应付工资合计	660201			221104
制造车间	车间管理人员	应付工资合计	510101			221104
制造车间	生产人员	应付工资合计	500102	生产成本	153中桥	221104
仓储中心	仓储管理人员	应付工资合计	660201			221104

图6-32 “职工教育经费”分摊构成设置（分摊计提比例为8%）

6-12

工资分摊凭证（操作演示）

2.生成工资分摊凭证

（1）执行“薪资管理”/“业务处理”/“工资分摊”命令，打开“工资分摊”对话框，选择需要分摊的计提费用类型，确定分摊计提的月份为“2025-1”，选择核算部门包括管理部、销售部、采购部、制造车间、仓储中心，计提分配方式选择“分配到部门”选项，勾选“明细到工资项目”复选框，如图6-33所示。

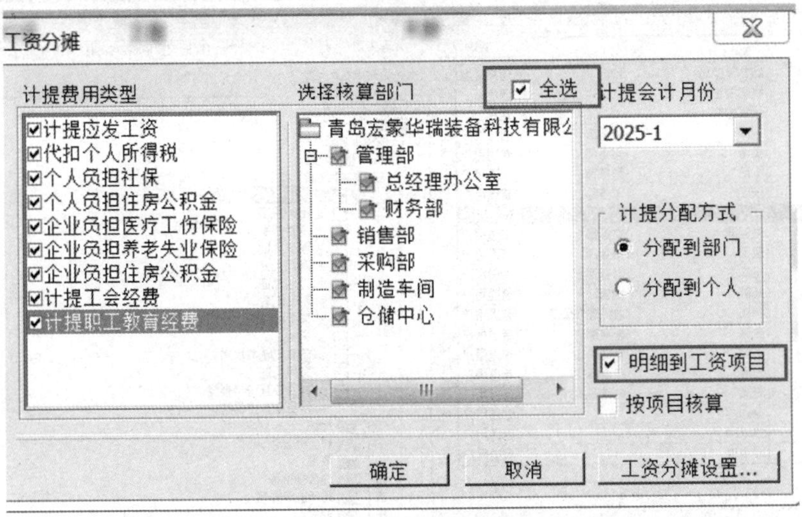

图6-33　工资分摊选择

（2）单击“确定”按钮，打开“工资分摊明细”对话框，“类型”选择“计提应付工资”，勾选“合并科目相同、辅助项相同的分录”复选框，如图6-34所示。

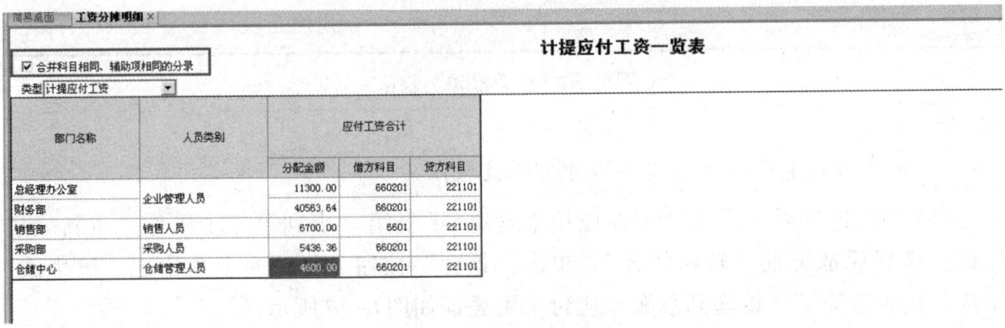

计提应付工资一览表

合并科目相同、辅助项相同的分录

类型 计提应付工资

部门名称	人员类别	应付工资合计		
		分配金额	借方科目	贷方科目
总经理办公室	企业管理人员	11300.00	660201	221101
财务部		40563.64	660201	221101
销售部	销售人员	6700.00	6601	221101
采购部	采购人员	5436.36	660201	221101
仓储中心	仓储管理人员	4600.00	660201	221101

图6-34　应付工资一览表

（3）单击工具栏上的“制单”按钮，弹出对话框，如图6-35所示。

图6-35　提示框

（4）关闭企业应用平台，打开系统管理模块，执行“权限”/“权限”命令，为005赵芳授予“凭证处理”权限，如图6-36所示。

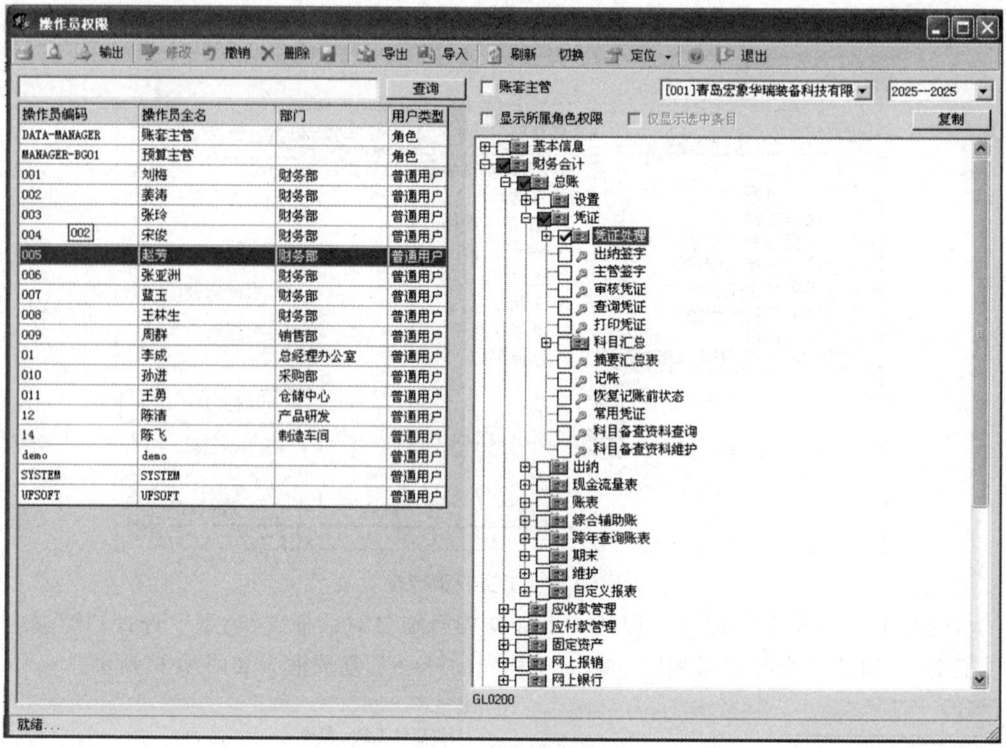

图6-36 设置操作员权限

> 温馨提示：
>
> · 用户必须退出企业应用平台才可修改权限。

（5）005赵芳再次登录“企业应用平台”，重复第一步到第三步操作，重新生成凭证。选择凭证类别“转账凭证”，单击“保存”按钮，凭证左上角出现“已生成”字样，代表该凭证已传递到总账。应付工资凭证如图6-37所示。

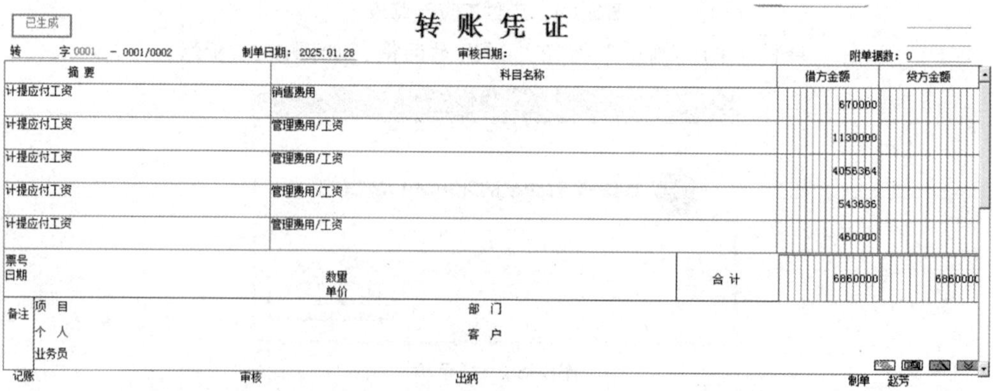

图6-37 应付工资凭证

（6）关闭“填制凭证”对话框。回到“工会分摊明细”界面，“类型”依次选择代扣个人所得税、个人负担社保、个人负担住房公积金、企业负担医疗工伤保险、企业负担养老失业保险、企业负担住房公积金、计提工会经费以及计提职工教育经费。

勾选“合并科目相同、辅助项相同的分录”复选框，单击工具栏上的“制单”按钮，生成其他工资分摊凭证，如图6-38至图6-45所示。

已生成

转 账 凭 证

转　字 0002　　制单日期：2025.01.28　　审核日期：　　附单据数：0

摘要	科目名称	借方金额	贷方金额
代扣个人所得税	应付职工薪酬/应付工资	10815	
代扣个人所得税	应交税费/应交个人所得税		10815
票号 日期　数量 单价	合计	10815	10815

备注　项目　部门　个人　客户　业务员

记账　审核　出纳　制单　赵芳

图6-38　代扣个人所得税凭证

已生成

转 账 凭 证

转　字 0003　　制单日期：2025.01.28　　审核日期：　　附单据数：0

摘要	科目名称	借方金额	贷方金额
个人负担社保	应付职工薪酬/应付工资	604610	
个人负担社保	其他应付款/代扣社会保险		604610
票号 日期　数量 单价	合计	604610	604610

备注　项目　部门　个人　客户　业务员

记账　审核　出纳　制单　赵芳

图6-39　个人负担社保凭证

已生成

转 账 凭 证

转　字 0004　　制单日期：2025.01.28　　审核日期：　　附单据数：0

摘要	科目名称	借方金额	贷方金额
个人负担住房公积金	应付职工薪酬/应付工资	704400	
个人负担住房公积金	其他应付款/代扣住房公积金		704400
票号 日期　数量 单价	合计	704400	704400

备注　项目　部门　个人　客户　业务员

记账　审核　出纳　制单　赵芳

图6-40　个人负担住房公积金凭证

已生成

转 账 凭 证

转 字 0005 - 0001/0002　　制单日期：2025.01.28　　审核日期：　　附单据数：0

摘要	科目名称	借方金额	贷方金额
企业负担医疗工伤保险	销售费用	43650	
企业负担医疗工伤保险	管理费用/工资	82935	
企业负担医疗工伤保险	管理费用/工资	307296	
企业负担医疗工伤保险	管理费用/工资	41904	
企业负担医疗工伤保险	管理费用/工资	36666	
票号 日期	数量 单价　合计	512451	512451

备注　项 目　　部 门

个 人　　客 户

业务员

记账　　审核　　出纳　　制单 赵芳

图6-41　企业负担医疗工伤保险凭证

已生成

转 账 凭 证

转 字 0006 - 0001/0002　　制单日期：2025.01.28　　审核日期：　　附单据数：0

摘要	科目名称	借方金额	贷方金额
企业负担养老失业保险	销售费用	83500	
企业负担养老失业保险	管理费用/工资	158650	
企业负担养老失业保险	管理费用/工资	587840	
企业负担养老失业保险	管理费用/工资	80160	
企业负担养老失业保险	管理费用/工资	70140	
票号 日期	数量 单价　合计	980290	980290

备注　项 目　　部 门

个 人　　客 户

业务员

记账　　审核　　出纳　　制单 赵芳

图6-42　企业负担养老失业保险凭证

已生成

转 账 凭 证

转 字 0007 - 0001/0002　　制单日期：2025.01.28　　审核日期：　　附单据数：0

摘要	科目名称	借方金额	贷方金额
企业负担住房公积金	销售费用	60000	
企业负担住房公积金	管理费用/工资	114000	
企业负担住房公积金	管理费用/工资	422400	
企业负担住房公积金	管理费用/工资	57600	
企业负担住房公积金	管理费用/工资	50400	
票号 日期	数量 单价　合计	704400	704400

备注　项 目　　部 门

个 人　　客 户

业务员

记账　　审核　　出纳　　制单 赵芳

图6-43　企业负担住房公积金凭证

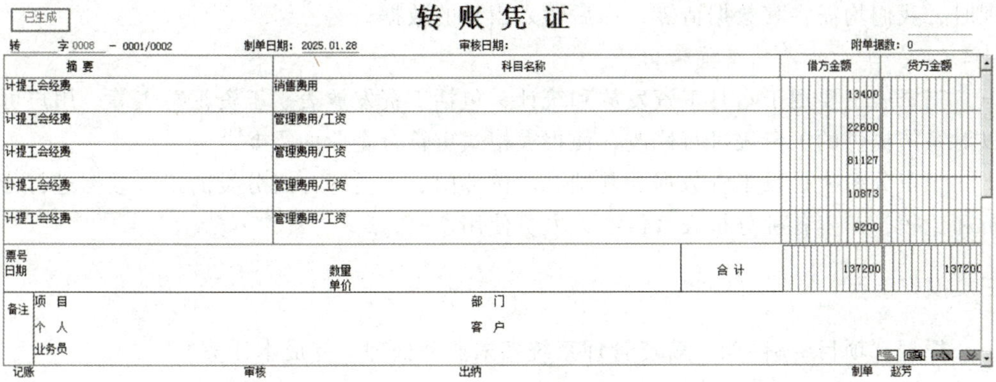

已生成

转账凭证

转　字 0008 － 0001/0002　　制单日期：2025.01.28　　审核日期：　　附单据数：0

摘要	科目名称	借方金额	贷方金额
计提工会经费	销售费用	13400	
计提工会经费	管理费用/工资	22600	
计提工会经费	管理费用/工资	81127	
计提工会经费	管理费用/工资	10873	
计提工会经费	管理费用/工资	9200	
票号 日期	数量 单价 合计	137200	137200

备注　项目　部门　个人　客户　业务员

记账　审核　出纳　制单　赵芳

图6-44　计提工会经费凭证

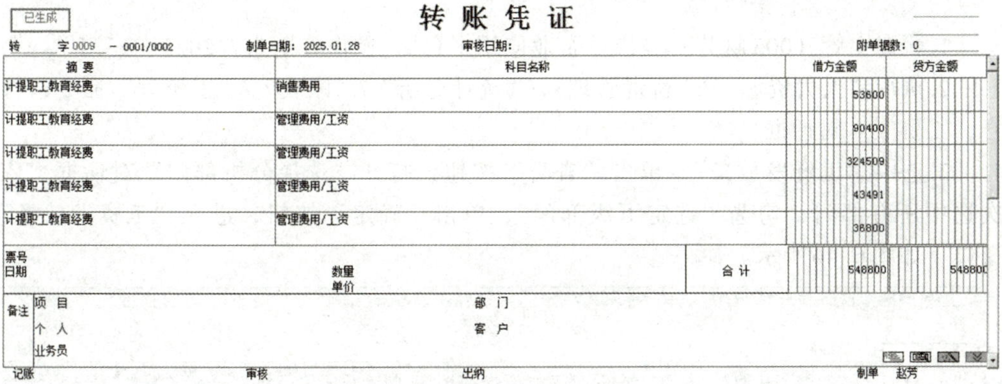

已生成

转账凭证

转　字 0009 － 0001/0002　　制单日期：2025.01.28　　审核日期：　　附单据数：0

摘要	科目名称	借方金额	贷方金额
计提职工教育经费	销售费用	53600	
计提职工教育经费	管理费用/工资	90400	
计提职工教育经费	管理费用/工资	324509	
计提职工教育经费	管理费用/工资	43491	
计提职工教育经费	管理费用/工资	36800	
票号 日期	数量 单价 合计	548800	548800

备注　项目　部门　个人　客户　业务员

记账　审核　出纳　制单　赵芳

图6-45　计提职工教育经费凭证

（三）备份账套

用户admin登录“系统管理”，备份为“任务6-3 薪资管理系统日常业务处理”账套。

任务四　薪资管理系统期末业务处理

一、任务布置

薪资主管（005赵芳）根据“项目资料-四、薪资管理系统期末业务处理”，查询各部门工资发放条并完成薪资管理系统结账。

二、知识链接

薪资管理系统的期末处理主要包括期末结账及工资表的查询、输出工作。

（一）期末结账

在当期工资数据处理完毕后，我们需要借助期末结账功能进入下一个会计期间，已经完成期末结账的数据将不能修改。系统可以对不同的工资类别分别进行期末结账。

在工资项目中，有些项目是变动的，每个月的数据均不相同，在进行月度工资处理时，我们均需将其数据清零，而后输入当月的数据。

（二）工资账表的查询输出

工资表主要用于本月工资发放和统计，包括工资发放表、工资汇总表等。用户可以对系统提供的工资表进行修改，使报表格式更符合企业的需要。

工资分析表是以工资数据为基础，对按部门、人员等方式分类的工资数据进行分析和比较，产生各种分析表，供决策人员使用。

三、操作演示

根据“项目资料-四、薪资管理系统期末业务处理”完成本任务。

【准备工作】引入“任务6-3 薪资管理系统日常业务处理”备份账套。

6-13

工资报表和薪资凭证查询（操作演示）

（一）工资账表查询

1.薪资主管（005赵芳）登录“企业应用平台”，操作日期为“2025-01-31”。

2.执行“人力资源”/“薪资管理”/“统计分析”/“账表”/“工资表”命令，打开“工资表”对话框。

3.选中“工资发放条”，单击“查看”按钮，打开“选择分析部门”对话框，依次选中所有部门，勾选“选定下级部门”，单击“确定”按钮，进入“工资发放条”窗口，如图6-46所示。

输出 连打 套打 设置 查询 内容 邮件 短信 退出

工资发放条

2025年01月

部门 全部　会计月份 一月　人数：1

人员编号	姓名	基本工资	绩效工资	交通补贴	请假扣款	养老保险	医疗保险	失业保险	住房公积金	请假天数	应付工资合计	五险一金计提基数	个人专项附加扣除合计	应纳税所得额	应发合计	扣款合计
01	李成	9,000.00	1,800.00	500.00		760.00	190.00	28.50	1,140.00		11,300.00	9,500.00	1,000.00	3,181.50	11,300.00	2,226.65
02	刘梅	5,000.00	1,300.00	500.00		416.00	104.00	15.60	624.00		6,800.00	5,200.00	2,000.00	-1,359.60	6,800.00	1,159.60
03	姜涛	3,500.00	1,200.00	500.00		360.00	90.00	13.50	540.00		5,200.00	4,500.00	1,000.00	-1,803.50	5,200.00	1,003.50
04	张玲	3,500.00	1,200.00	500.00		360.00	90.00	13.50	540.00		5,200.00	4,500.00	1,000.00	-1,803.50	5,200.00	1,003.50
05	宋俊	3,000.00	1,200.00	500.00	136.36	336.00	84.00	12.60	504.00	1.00	4,563.64	4,200.00	2,000.00	-3,372.96	4,700.00	1,072.96
06	赵芳	3,000.00	1,200.00	500.00		336.00	84.00	12.60	504.00		4,700.00	4,200.00	1,000.00	-2,236.60	4,700.00	936.60
07	张亚洲	3,000.00	1,200.00	500.00		336.00	84.00	12.60	504.00		4,700.00	4,200.00	1,000.00	-2,236.60	4,700.00	936.60
08	蓝玉	3,000.00	1,200.00	500.00		336.00	84.00	12.60	504.00		4,700.00	4,200.00	1,000.00	-2,236.60	4,700.00	936.60
09	王林生	3,000.00	1,200.00	500.00		336.00	84.00	12.60	504.00		4,700.00	4,200.00	1,500.00	-2,736.60	4,700.00	936.60
10	周群	4,500.00	1,900.00	300.00		400.00	100.00	15.00	600.00		6,700.00	5,000.00	1,000.00	-415.00	6,700.00	1,115.00
11	孙进	4,000.00	1,500.00	300.00	363.64	384.00	96.00	14.40	576.00	2.00	5,436.36	4,800.00	1,000.00	-1,634.04	5,800.00	1,434.04
12	王勇	3,000.00	1,300.00	300.00		336.00	84.00	12.60	504.00		4,600.00	4,200.00	1,000.00	-2,336.60	4,600.00	936.60
合计		47,500.00	16,200.00	5,400.00	500.00	4,696.00	1,174.00	176.10	7,044.00	3.00	68,600.00	58,700.00	14,500.00	-18,990.10	69,100.00	13,698.25

图6-46　工资发放条

在此界面，可以按部门、按月查看工资发放详细数据，并可以打印用于员工工资核对。

6-14

月末结账（操作演示）

（二）月末结账

1.执行“业务处理”/“月末处理”命令，打开“月末处理”对话框。单击“确定”按钮，系统弹出“月末处理之后，本月工资将不许变动！继续月末处理吗？”信息提示对话框；单击“是”按钮，系统继续弹出“是否选择清零项？”信息提示对话框，如图6-47所示；单击“是”按钮，打开“选择清零项目”对话框。

2.在“请选择清零项目”列表框中，单击选择“请假天数”“请假扣款”项目，单击“>”按钮，将所选项目移动到右侧的列表框中，如图6-48所示。

3.单击“确定”按钮，系统弹出“月末处理完毕！”信息提示对话框，单击“确定”按钮返回。

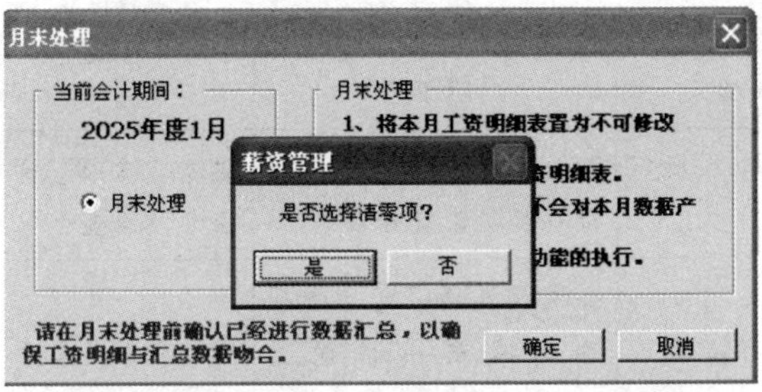

图6-47 月末处理

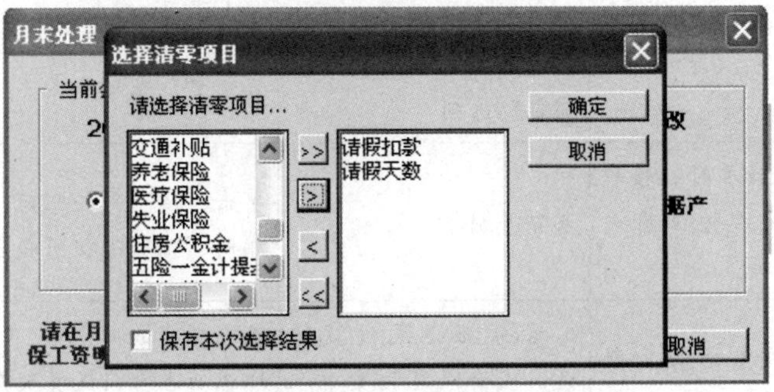

图6-48 选择清零项目

温馨提示：

· 月末结转只有在会计年度的1月至11月进行。
· 如果是处理多个工资类别，则应打开工资类别，分别进行月末结算。
· 如果本月工资数据未汇总，系统将不允许进行月末结转。
· 进行期末处理后，当月数据将不再允许变动。

（三）备份账套

用户admin登录“系统管理”，备份为“任务6-4 薪资管理系统期末业务处理”账套。

常见问题和错误解析

本项目操作过程中较易发生的错误和问题总结如下，可参考“解决方法”进行修改（见表6-16）。

表6-16 常见问题和错误的原因及解决方法

序号	常见问题和错误	原因	解决方法
1	已经给用户005授予薪资管理系统权限，但该用户仍然不能进行薪资管理系统的业务处理。	没有进行数据权限分配。	以账套主管身份赋予用户005薪资账套主管的权限，或取消“工资权限”控制。
2	执行工资替换功能，但是没有成功。	没有选中范围进行操作。	在执行“替换”功能前，应通过“全选”按钮选择参与替换的人员范围。

续表

序号	常见问题和错误	原因	解决方法
3	工资数据中，个人所得税数据有误。	相关公式设置、个人所得税扣税设置错误。	通过“选项”窗口检查“扣税设置”选项卡，检查个人所得税相关公式。
4	工资数据计算有误。	公式设置错误或工资项目增减项属性设置错误。	检查公式及工资项目中的增减项属性。
5	工资分摊时应付工资一览表的借方、贷方科目均为空。	在“工资分摊”对话框中没选择“明细到工资项目”选项。	在“工资分摊”对话框选择“明细到工资项目”选项。
6	工资分摊制单时，按辅助项生成的凭证有多页，不直观。	未合并制单。	单击“制单”按钮前，勾选“合并科目相同、辅助项相同的分录”复选框。
7	工资分摊凭证的金额错误。	工资分摊公式设置错误，或者人员档案中人员类别输入错误。	检查工资分摊设置、“工资项目”依据，职工所在部门及类别是否正确；检查人员档案中的人员类别

项目测试

一、单项选择题

1.下列功能中，不属于工资核算系统的是（　　）。

A.输入各种工资数据　　B.工资计算和发放

C.工资费用汇总和分配　　D.工资成本核算

2.为了分别管理生产人员和管理人员的工资，工资核算系统应该设置（　　）。

A.职工性别　　B.专业类别　　C.人员类别　　D.部门类别

3.在工资核算系统中，目前定义职工个人“银行账号”的主要作用是（　　）。

A.交纳个人所得税　　B.交纳工会会费

C.银行代发工资　　D.到银行提取现金

4.如果对所有生产人员和辅助生产人员将餐食补助增加到200元，则应该采用的数据录入方式是（　　）。

A.单个记录录入　　B.单项数据录入

C.按条件成批置入数据　　D.从外部直接导入数据

5.如果全面实现企业信息化，则水电、房租、考勤等数据的录入方式应是（　　）。

A.单个记录录入　　B.单项数据录入

C.按条件成批置入数据　　D.从外部直接导入数据

6.月末结转时将要生成新月份的工资数据表，在该表中需要清零的是（　　）。

A.变动数据项　　B.固定数据项　　C.字符数据项　　D.数值数据项目

7.将当月工资数据经过处理后结转到下月底的操作是（　　）。

A.工资分摊处理　　B.日常工资业务处理

C.月末结转　　D.工资变动管理

8.工资性项目设置中，“请假天数”的增减类型应设置为（　　）。

A.增项　　B.减项　　C.其他　　D.均可

9.企业应用平台中设置的人员档案和薪资管理系统中的人员档案之间是（　　）关系。

A.包含　　B.被包含　　C.平行　　D.相等

10.交通补贴设置公式为“iff（人员类别="企业管理人员" or人员类别="车间管理人员"，500，300）”，含义是（　　）。

A.企业管理人员交通补贴是500，车间管理人员交通补贴是300

B.企业管理人员交通补贴是300，车间管理人员交通补贴是500

C.企业管理人员和车间管理人员交通补贴是500，其他人员是300

D.企业管理人员或车间管理人员交通补贴是300，其他人员是500

11.在工资管理模块中，可将工资数据分成两大类，即基本不变数据和变动数据，以下数据属于基本不变数据的是（　　）。

A.基本工资　　B.实发工资　　C.每月扣款　　D.出勤天数

二、多项选择题

1. 在薪资管理系统中，可以设计成预置报表的有（　　）。

A. 工资发放表　　B. 工资分析表

C. 工资费用分配表　　D. 工资汇总表

2. 工资核算系统的建账工作内容主要包括（　　）。

A. 工资类别等参数设置　　B. 计算公式的设置

C. 扣税和扣零设置　　D. 职工编码规则设置

3. 下列各项工资项目设置中，应设置为“减项”的有（　　）。

A. 养老保险　　B. 奖金　　C. 住房公积金　　D. 请假扣款

4. 为对薪资管理赋权，至少需要进行（　　）方面权限设置。

A. 功能级权限　　B. 数据级权限　　C. 金额级权限　　D. 明细权限

5. 下列各项中，能够通过工资管理模块设置公式而自动生成凭证的费用分摊项目有（　　）。

A. 职工教育经费　　B. 工会经费

C. 发放工资　　D. 应付工资

三、判断题

1. 应发工资和实发工资项目的数据类型可以是数字型也可以是字符型。（　　）

2. 工资系统的月末处理主要是工资的结算。（　　）

3. 工资数据替换是将符合条件的人员的某个工资项目的数据，统一替换为某个数据。（　　）

4. 工资类别与人员类别是相同的概念。（　　）

5. 工资变动数据必须经过汇总，只有这样工资分摊才能够生成凭证。（　　）

6. 工资管理系统在月末结账时，须将每月均发生变化的工资项目清零。（　　）

同步实训

项目六同步实训

项目评价（见表 6-17）

表 6-17　　项目六评价参考表

任务	要求	评价		
		自评	师评	小组互评
6.1 认识薪资管理系统	能深入理解薪资管理系统模块功能，建立薪资账套并赋予薪资主管权限	□A□B□C	□A□B□C	□A□B□C
6.2 薪资管理系统初始设置	能正确完成薪资管理系统初始设置	□A□B□C	□A□B□C	□A□B□C

续表

任务	要求	评价		
		自评	师评	小组互评
6.3 薪资管理系统日常业务处理	能根据所给资料正确完成薪资管理系统日常业务处理	□A□B□C	□A□B□C	□A□B□C
6.4 薪资管理系统期末业务处理	能正确完成薪资管理系统工资账表查询和月末结账工作	□A□B□C	□A□B□C	□A□B□C
自我总结与反思				

重点任务操作流程梳理

任务名称	操作流程简要概括
建立人员档案	
工资项目设置	
工资分摊设置	
月末结账	

操作过程中出现的错误及其原因分析

错误点	错误原因	改正方法

注：A，达标；B，基本达标；C，未达标。

项目七

固定资产管理岗位实务

目标指引

知识目标

1. 理解固定资产管理系统的功能，明确固定资产管理系统与总账管理系统的关系；
2. 熟悉固定资产岗位职责；
3. 掌握固定资产管理系统的初始化过程；
4. 掌握固定资产增加、减少、变动等操作；
5. 掌握固定资产折旧的处理方法；
6. 掌握固定资产管理系统月末转账、对账以及结账的操作方法。

能力目标

1. 能够使用用友ERP-U8 V10.1完成固定资产管理账套的建账与初始化工作；
2. 能够完成固定资产的增减变动、减值准备计提、折旧计提等操作；
3. 能够进行固定资产账表查询及期末结账处理。

素养目标

1. 具备追求卓越和勇于探索的精神；
2. 具备严谨细致、一丝不苟的工作态度；
3. 具有良好的心理素质和职业态度。

固定资产管理岗位工作流程

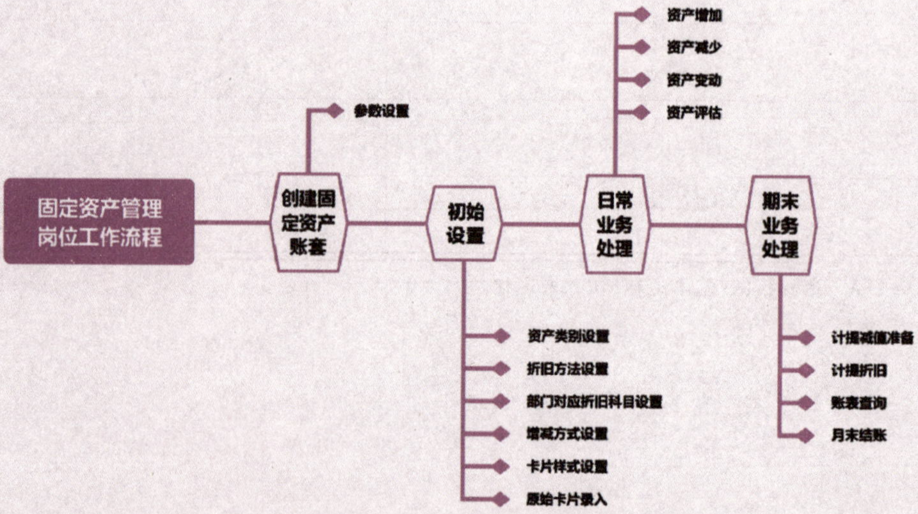

图7-1　固定资产管理岗位工作流程

价值引领　　毫厘之间　把握分寸

人物速写：马宇是秦始皇帝陵博物院文物修复师，和兵马俑打了46年交道，他耗费了大半生的时间，逐渐成为一名优秀的文物修复师，见证并帮助这些陶俑一步步从碎片恢复人形，重现昔日风采。

秦始皇兵马俑是陕西的一张文化名片，也是中国古代文明辉煌的象征，自1979年10月对外开放以来，先后有200多位国家元首和政府首脑参观过，世界各地的游客也纷纷来到这里瞻仰东方文化的奇迹。

然而，这些陶俑在1974年刚刚出土时，并不是现在人们所看到的样子，两千多年的历史积尘，将有的陶俑压成了碎片，甚至有些残片已经和地下环境融为一体，在这样的客观情况下，每一具陶俑的修复工作都要持续一年，甚至更久。

从业46年，马宇和团队成员一起修复了200余件文物，其中不乏一些国宝级文物，包括秦始皇帝陵博物院的第一件戟、第一件石铠甲、第一件水禽。他说，每一件文物都是不可再生的文化资源，是有生命的，他甚至能够通过文物的修复，实现与古代工匠们的“对话”，“因此，对待文物必须时刻保持一颗敬畏之心，这是我从进入文物修复师这个行业一直保持的初心。”

资料来源：陈雷柱.中国梦·大国工匠篇丨马宇：“复活”兵马俑，修复文物数百件［EB/OL］.［2019-09-13］. https://www.thepaper.cn/newsDetail_forward_4409156.有删改.

品质/精神传承：马宇大师坚守岗位近50年，他匠心独运，巧夺天工，让沉睡千年的兵马俑重焕光彩。这些旷世珍宝，让我们看到了中华辉煌而绚烂的文明和古人的智慧。马宇大师是传统文化和现代国人的连接者。永葆初心，不忘使命，一丝不苟地工作是我们每个人都应该具备的品质。让我们致敬大国工匠，立下青春之志。

项目资料

一、建立固定资产管理账套①

（一）启用固定资产管理系统

账套主管（001 刘梅）于 2025 年 1 月 1 日启用固定资产管理系统。

（二）固定资产管理系统参数（见表 7-1）

表 7-1　　固定资产管理系统参数设置一览表

<table>
<tr><th colspan="2">控制参数</th><th>参数设置</th></tr>
<tr><td colspan="2">启用月份</td><td>2025-01</td></tr>
<tr><td colspan="2">折旧信息</td><td>折旧方法：平均年限法（一）
折旧汇总分配周期：1 个月
当（月初已计提月份=可使用月份-1）时，要求将剩余折旧全部提足</td></tr>
<tr><td colspan="2">编码方式</td><td>固定资产类别编码方式为 2-1-1-2
卡片序号长度为 4
固定资产编码方式：按“部门编号+类别编号+序号”自动编码</td></tr>
<tr><td colspan="2">财务接口</td><td>与总账管理系统进行对账
固定资产对账科目“1601 固定资产”；累计折旧对账科目“1602 累计折旧”
勾选“在对账不平情况下允许月末结账”复选框</td></tr>
<tr><td rowspan="2">补充参数</td><td>与账务系统接口</td><td>业务发生后立即制单
月末结账前一定要完成制单登账业务
固定资产缺省入账科目“1601 固定资产”
累计折旧缺省入账科目“1602 累计折旧”
减值准备缺省入账科目“1603 固定资产减值准备”
增值税进项税额缺省入账科目“22210101 进项税额”
固定资产清理缺省入账科目“1606 固定资产清理”</td></tr>
<tr><td>其他</td><td>自动填补卡片断号
自动连续增加卡片</td></tr>
</table>

二、固定资产管理系统初始设置②

（一）固定资产类别（见表 7-2）

表 7-2　　固定资产类别

编码	类别名称	使用年限	净残值率	单位	计提属性	折旧方法	卡片样式
01	房屋及建筑物	30	4%	幢	正常计提	平均年限法（一）	含税卡片样式
02	专用设备	10	4%	台	正常计提	平均年限法（一）	含税卡片样式

① 此处为【任务一　认识固定资产管理系统】的任务资料。
② 此处为【任务二　固定资产管理系统初始设置】的任务资料。

续表

编码	类别名称	使用年限	净残值率	单位	计提属性	折旧方法	卡片样式
03	通用设备	10	4%	台	正常计提	平均年限法（一）	含税卡片样式
04	交通运输设备	10	4%	辆	正常计提	平均年限法（一）	含税卡片样式
05	办公设备	5	4%	/	正常计提	平均年限法（一）	含税卡片样式

（二）固定资产部门对应折旧科目（见表7-3）

表7-3　　固定资产部门对应折旧科目

部门编码	部门名称	折旧科目
1	管理部	660203管理费用/折旧费
2	销售部	6601销售费用
3	采购部	660203管理费用/折旧费
4	制造车间	510102制造费用/折旧费
5	仓储中心	660203管理费用/折旧费

（三）固定资产增减方式对应入账科目（见表7-4）

表7-4　　固定资产增减方式对应入账科目

增加方式			减少方式		
编码	方式	对应科目	编码	方式	对应科目
101	直接购入	银行存款——人民币户（100201）	201	出售	固定资产清理（1606）
102	投资者投入	实收资本（4001）	202	盘亏	待处理财产损溢（1901）
103	捐赠	营业外收入（6301）	203	投资转出	固定资产清理（1606）
104	盘盈	以前年度损益调整（6901）	204	捐赠转出	固定资产清理（1606）
105	在建工程转入	在建工程（1604）	205	报废	固定资产清理（1606）
			206	毁损	固定资产清理（1606）

（四）录入原始卡片（见表7-5）

表7-5 原始卡片

固定资产类别	类别编码	所在部门	增加方式	可使用年限（年）	开始使用日期	原值（元）	累计折旧（元）	对应折旧科目名称
厂房	01	制造车间	在建工程转入	25	2022.12.10	2 000 000.00	153 600.00	制造费用
大众速腾2.0	04	总经理办公室60%、财务部40%	直接购入	8	2024.2.20	175 130.69	17 513.07	管理费用
桥壳焊接生产线	02	制造车间	直接购入	10	2023.1.11	5 000 000.00	920 000.00	制造费用
桥壳加工生产线	02	制造车间	直接购入	10	2023.1.11	2 800 398.00	515 273.24	制造费用
减壳加工生产线	02	制造车间	直接购入	10	2023.1.11	4 000 000.00	736 000.00	制造费用
厢式货车	04	销售部	直接购入	10	2024.2.10	244 000.00	19 520.00	销售费用
笔记本电脑	03	财务部50%，销售部50%	直接购入	5	2023.10.12	7 250.00	1 624.00	管理费用/销售费用
笔记本电脑	03	财务部	直接购入	5	2023.10.12	7 250.00	1 624.00	管理费用
商务电脑	05	总经理办公室	直接购入	5	2023.10.20	6 000.00	1 344.00	管理费用
商务电脑	05	销售部	直接购入	5	2023.10.20	6 000.00	1 344.00	销售费用

注意：所有资产均为“在用”。

三、固定资产管理系统日常业务处理①

（一）固定资产增加业务处理

1月10日，因业务需要，财务部购入1台联想一体机（规格型号250-42KUI），取得增值税专用发票，注明不含税单价5 000.00元，增值税税率13%，预计使用10年，价款以转账支票（票号004488）支付，已交付财务部使用。

（二）固定资产变动业务处理

1月14日，经公司领导批复，将财务部的旧电脑转移到采购部。（卡片编号：00008，变动原因：部门转移）

（三）固定资产评估业务处理

1月31日对减壳加工生产线进行资产评估，评估结果为原值3 700 000.00元，累计折旧738 000.00元。

① 此处为【任务三 固定资产日常业务处理】的任务资料。

四、固定资产期末处理[①]

（一）计提减值准备

1月31日，经核查，对2024年购置的大众速腾2.0计提1 000.00元的减值准备。

（二）计提固定资产折旧

1月31日，固定资产会计对各部门的固定资产计提折旧。

（三）固定资产减少

1月31日，公司对固定资产进行清理，账实相符。总经理办公室的商务电脑申请报废。主管领导已同意。

① 此外为【任务四　固定资产管理系统期末业务处理】的任务资料。

7-1

固定资产管理岗位初认知（微课）

任务一　认识固定资产管理系统

一、任务布置

（一）启用固定资产管理系统

账套主管（001刘梅）根据“项目资料-一、建立固定资产管理账套-（一）启用固定资产管理系统”资料，完成系统的启用。

（二）设置固定资产管理系统参数

固定资产主管（006张亚洲）根据“项目资料-一、建立固定资产管理账套-（二）固定资产管理系统参数”（表7-1），完成固定资产系统参数的设置。

二、知识链接

固定资产是指为生产商品、提供劳务、出租或经营管理而持有的，使用寿命超过一个会计年度的资产。固定资产是企业经营不可缺少的物资条件，是发展经济的物资基础。在会计信息系统中，固定资产管理系统是数据量较大，而数据变动较少的一个子系统。

（一）固定资产管理系统的主要任务和特点

1.固定资产管理系统的主要任务。

固定资产管理系统的主要任务是反映和监督固定资产的收入、调出、保管、使用及清理报废等情况，并定期进行盘点，以保证其安全、完整；正确计算固定资产折旧，促使企业做好固定资产的维护修理工作，保持固定资产的正常生产能力；分析固定资产利用效果，节约设备投资，提高固定资产投资的经济效益。

2.固定资产系统的特点。

固定资产具有跨年度使用的特点，资产及相关数据的存续期较长，但其日常增减业务相对较少。对固定资产的核算与管理通常具有以下三个明显特点。

（1）以卡片形式进行明细核算与管理。固定资产卡片管理是固定资产管理的一种独特方式。通过卡片管理，可以实现固定资产的输入、增加、减少等。

（2）日常数据处理的频度较小。固定资产的核算过程中，日常数据的输入与输出工作量相对较小。

（3）以折旧的方式转移价值。固定资产核算中资产价值转移以折旧方式进行，固定资产折旧计算方法较为复杂，对成本费用影响较大。

（二）固定资产管理系统的功能

固定资产管理系统是所有会计信息系统的重要组成部分，以固定资产卡片和固定资产明细账为基础，具备台账管理、财务核算、折旧计提与分配、变动管理等功能。固定资产管理系统的具体功能如下。

1.系统初始化。

系统初始化是指设置固定资产项目、屏幕输入格式、报表打印格式、固定资产分类、部门分类、计算公式、检验关系及自动转账项目等。

2.卡片管理。

卡片管理是指设置固定资产卡片格式，对固定资产卡片进行存储和管理，使用户能灵活地进行增加、删除、修改和查询，按月、按部门分类汇总固定资产数据、打印卡片汇总表等。

3.变动处理。

变动处理是指输入固定资产增加、减少及变动记录。根据固定资产投资转入、购建、清理、报废等凭证自动进行固定资产增减变动的核算；自动更新固定资产卡片，登记固定资产明细账，按月汇总出分部门、分类别、分增减变动种类的汇总数据，并可生成增减变动汇总表和增减变动明细表。

4.折旧处理。

折旧处理是指按照系统初始化中设置的运算关系进行运算，自动计算固定资产折旧、固定资产净值和生成计提折旧分配表等，并逐级汇总得到相应的固定资产报表等。

5.凭证处理。

凭证处理是指按照在系统初始化中设置的自动转账的方式，利用汇总运算得到的分类汇总数据，自动编制转账凭证，并转到总账管理系统的记账凭证文件中。

6.账表输出。

账表输出包括固定资产账簿、分析表、统计表、折旧表、减值准备表等账表数据的查询及打印。

（三）固定资产管理系统与其他系统的关系

固定资产在企业日常业务中所发生的增减、原值和累计折旧的调整、折旧的计提都会生成记账凭证上传至总账管理系统。在业务发生的同时，系统内部会进行自动对账以保持固定资产账目与总账的平衡；在进行成本核算时，成本管理系统可以直接从固定资产管理系统提取折旧信息，用友ERP-U8的UFO报表管理系统也可以基于相应的取数函数从固定资产管理系统中提取分析数据。

（四）固定资产管理岗位职责

在固定资产业务较多的企业，可以设置专门的固定资产岗位进行相关的核算与管理。该岗位的典型工作任务包括以下几项：

1.会同有关部门制定固定资产的核算与管理办法。

2.参与编制固定资产更新改造和大修理计划。

3.负责固定资产增、减、变动的明细核算和有关卡片、账、表的编制。

4.负责计算固定资产的折旧，汇总、分配折旧费用，编制相关的记账凭证。

5.参与固定资产清查工作。

6.固定资产分析和管理职能，能对资产状况、使用效益等进行分析，为固定资产投资、保养、修理等决策提供依据。

三、操作演示

7-2

固定资产管理系统参数设置（操作演示）

根据“项目资料-—、建立固定资产管理账套”完成本任务。

【准备工作】引入“任务3-2总账管理系统初始设置”备份账套。

（一）启用固定资产系统

1.账套主管（001刘梅）登录“企业应用平台”，操作日期为“2025-01-01”。

2.执行“基础设置”/“基本信息”/“系统启用”命令，进入“系统启用”窗口。

3.选中“固定资产”复选框，打开“日历”对话框，设置启用日期为“2025年1月1日”，单击“确定”按钮。

（二）建立固定资产账套

1.固定资产管理会计（006张亚洲）进入“企业应用平台”，操作日期为“2025-01-01”。

2.执行“财务会计”/“固定资产”命令，系统弹出“这是第一次打开此账套，还未进行过初始化，是否进行初始化?”信息提示框，单击“是”按钮，打开固定资产“初始化账套向导”对话框。

3.在“初始化账套向导-约定及说明”对话框中，选择“我同意”，单击“下一步”按钮，打开“初始化账套向导-启用月份”对话框。

4.选择“启用月份”为“2025.01”，单击“下一步”按钮，打开“初始化账套向导-折旧信息”对话框。

5.选中“本账套计提折旧”复选框；选择“主要折旧方法”为“平均年限法（一）”，“折旧汇总分配周期”为“1个月”；选中“当（月初已计提月份=可使用月份-1）时将剩余折旧全部提足（工作量法除外）”复选框，如图7-2所示。

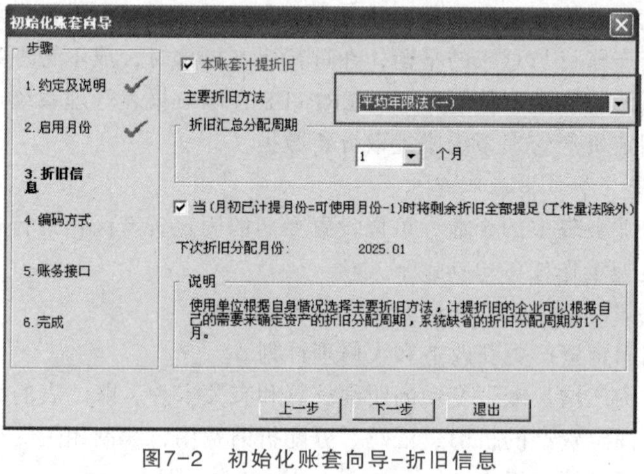

图7-2　初始化账套向导-折旧信息

温馨提示：

· 系统提供了7种折旧方法：不提折旧、平均年限法（一）、平均年限法（二）、工作量法、年数总和法、双倍余额递减法（一）、双倍余额递减法（二），并列出了它们的折旧计算公式。企业可以根据需要选择相应的折旧方法。

6.单击“下一步”按钮，打开“初始化账套向导-编码方式”对话框，确定编码长度为“2112”，选择“自动编码”单选按钮，选择“固定资产编码方式”为“部门编号+类别编号+序号”，选择“序号长度”为“4”，如图7-3所示。

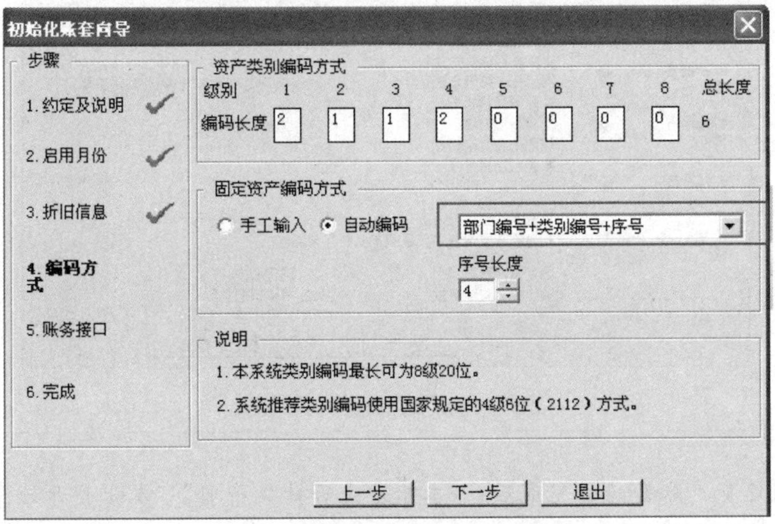

图7-3　初始化账套向导-编码方式

7.单击“下一步”按钮，打开“初始化账套向导-账务接口”对话框，勾选“与账务系统进行对账”“在对账不平情况下允许固定资产月末结账”，同时录入固定资产与累计折旧对账科目，如图7-4所示。

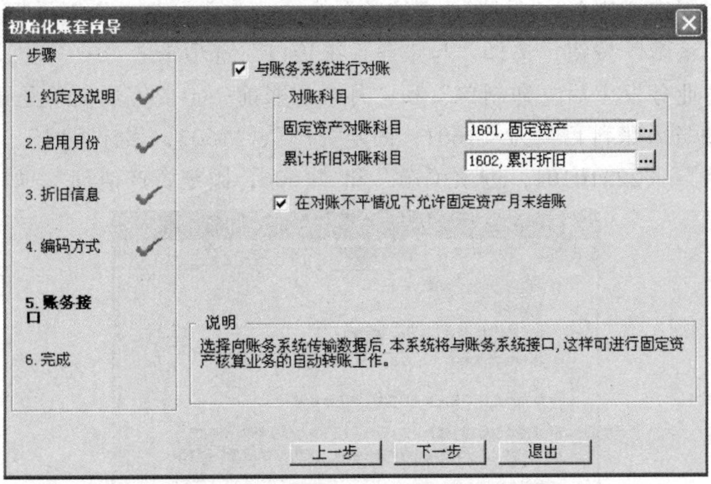

图7-4　初始化账套向导-账务接口

8.单击“下一步”按钮，打开“初始化账套向导-完成”对话框，如图7-5所示。单击“完成”按钮，完成本账套的初始化，系统弹出“是否确定所设置的信息完全正确并保存对新账套的所有设置?”信息提示框。

9. 单击“是”按钮，系统弹出“已成功初始化本固定资产账套”信息提示框，单击“确定”按钮。

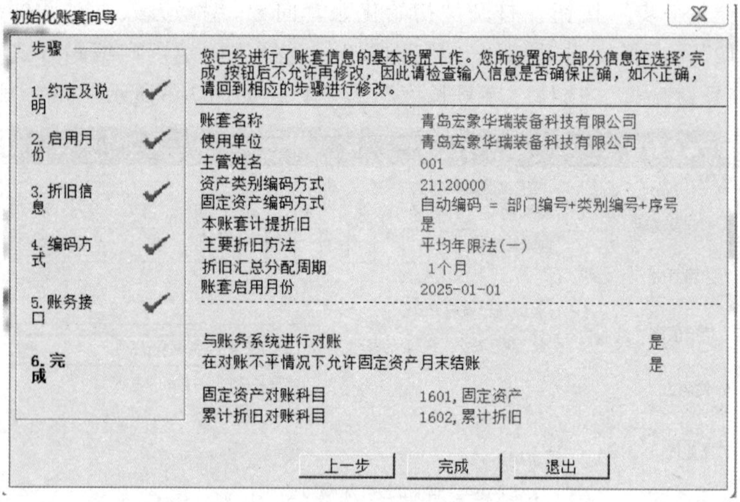

图7-5　初始化账套向导-完成

> 温馨提示：
>
> · 固定资产账套建立完成后，“本账套是否计提折旧”“本账套开始使用期间”两个参数在后续初始化过程中只能查看，不能修改。
>
> · 参数如发生设置错误，只能通过在固定资产中执行“维护”/“重新初始化”命令进行设置，但该操作会清空之前对固定资产账套所作的一切设置。

（三）设置固定资产系统补充参数

1.执行“固定资产”/“设置”/“选项”命令，进入“选项”对话框。

2.单击“编辑”按钮，选择“与账务系统接口”选项卡。

3.选中“业务发生后立即制单”和“月末结账前一定要完成制单登账业务”复选框，选择“缺省入账科目”为“1601，固定资产”、“1602，累计折旧”、“1603，固定资产减值准备”、“22210101，进项税额”和“1606，固定资产清理”，如图7-6所示。

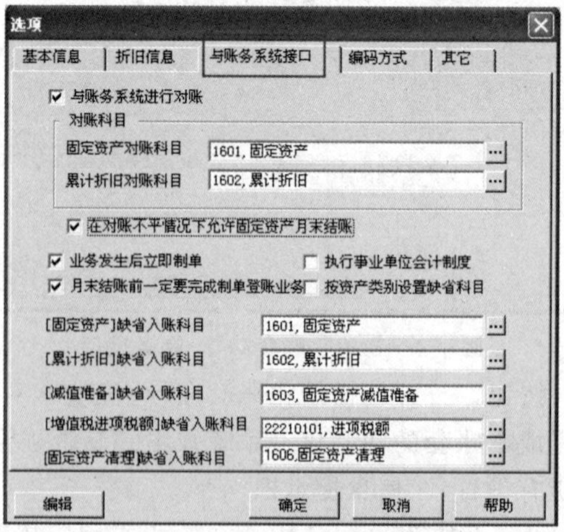

图7-6　固定资产选项设置

4.单击“确定”按钮。

任务二 固定资产管理系统初始设置

一、任务布置

账套主管（001刘梅）根据“项目资料-二、固定资产管理系统初始设置”，完成固定资产管理系统的初始设置。

二、知识链接

（一）设置固定资产类别

固定资产种类繁多，规格不一，要强化固定资产管理，及时、准确地做好固定资产核算，必须科学地对固定资产进行分类，为核算和统计管理提供依据。企业可以根据自身的特点和管理要求，确定合理的资产分类方法。

（二）设置部门对应折旧科目

对应折旧科目是指计提折旧时所对应的成本或费用科目。设置对应折旧科目是对折旧费用的入账科目进行设置，资产因使用发生磨损，应根据受益性原则归入相应的成本费用，通过部门对应折旧科目的设置，可以预先确定每个部门的折旧科目，以简化后期生成折旧凭证的工作量。

（三）设置增减方式对应入账科目

明确资产的增减方式可做到对固定资产增减的汇总管理心中有数，增减方式包括增加方式和减少方式两类，用以确定资产计价和处理的原则。为了在增减固定资产业务发生时，根据不同的增减方式自动生成凭证，可以按照不同的增减方式设置对应的入账科目，以提升业务处理效率。

（四）录入原始卡片

原始卡片是指固定资产管理系统开启使用日期前，企业已存在的记录固定资产情况的卡片，即已使用并计提折旧的固定资产的卡片。固定资产卡片是固定资产核算和管理的基础依据，为保持历史资料的连续性，在使用固定资产核算前，除了必要的基础设置工作外，还必须将系统启用之前的数据加以录入。

三、操作演示

根据“项目资料-二、固定资产管理系统初始设置”完成本任务。

【准备工作】上接“任务一 认识固定资产管理系统”。

（一）设置固定资产类别

7-3
固定资产类别设置（操作演示）

1.账套主管（001刘梅）登录“企业应用平台”，操作日期为“2025-01-01”。

2.在“业务工作”选项卡，执行“财务会计”/“固定资产”/“设置”/“资产类别”命令，进入“资产类别”窗口。

3.单击“增加”按钮，按照表7-2输入资产类别“房屋及建筑物”，单击“保存”按钮，如图7-7所示。

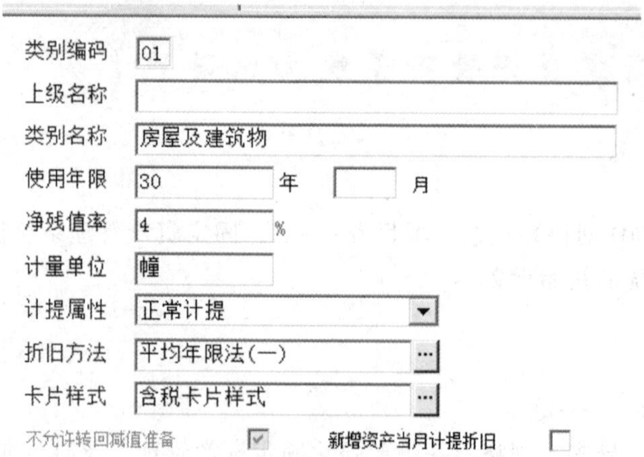

图7-7　固定资产类别设置

4.同理，根据表7-2完成其他固定资产类别的设置。

7-4

固定资产部门对应折旧科目设置（操作演示）

（二）设置固定资产部门对应折旧科目

1.在“业务工作”选项卡，执行“财务会计”/“固定资产”/“设置”/“部门对应折旧科目”命令，进入“部门对应折旧科目”窗口。

2.选择“部门名称”为“管理部”，单击“修改”按钮。

3.选择“折旧科目”为“660203，折旧费”，如图7-8所示。

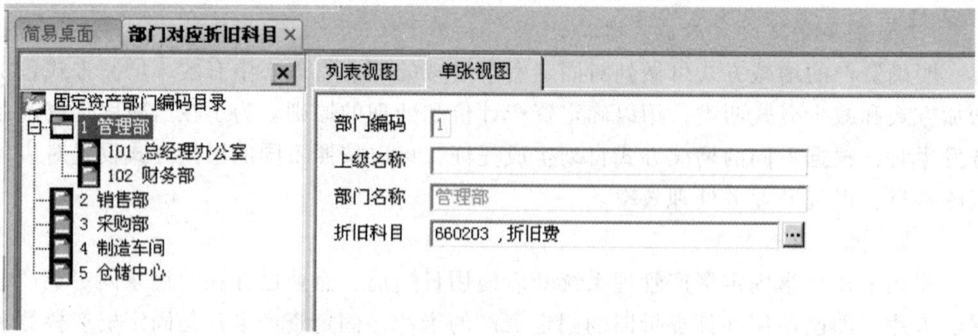

图7-8　固定资产部门对应折旧科目

4.单击“保存”按钮，弹出如下对话框，选择“是”，即管理部下面的所有下级部门的折旧科目全部设为“660203，折旧费”。

5.同理，根据表7-3完成其他部门折旧科目的设置。

7-5

增减方式对应入账科目设置（操作演示）

（三）设置固定资产增减方式对应入账科目

1.在“业务工作”选项卡，执行“财务会计”/“固定资产”/“设置”/“增减方式”命令，进入“增减方式”窗口。

2.在左侧列表框中，单击“直接购入”增加方式，单击“修改”按钮。

3.输入对应入账科目“100201，人民币户”，单击“保存”按钮。

4.同理，根据表7-4输入其他增减方式的对应入账科目，最终结果如图7-9所示。

列表视图　单张视图

增减方式名称	对应入账科目
增减方式目录	
增加方式	
直接购入	100201，人民币户
投资者投	4001，实收资本
捐赠	6301，营业外收入
盘盈	6901，以前年度损益调整
在建工程	1604，在建工程
融资租入	
减少方式	
出售	1606，固定资产清理
盘亏	1901，待处理财产损溢
投资转出	1606，固定资产清理
捐赠转出	1606，固定资产清理
报废	1606，固定资产清理
毁损	1606，固定资产清理

图7-9　固定资产增减对应入账科目

（四）录入固定资产原始卡片

7-6 固定资产原始卡片录入（操作演示）

1.在“业务工作”选项卡，执行“财务会计”/“固定资产”/“卡片”/“录入原始卡片”命令，进入“固定资产类别档案”窗口。

2.选择“资产类别名称”为“房屋及建筑物”，单击“确定”按钮，进入“固定资产卡片”录入窗口。

3.根据表7-5资料录入“厂房”的原始卡片，单击“保存”按钮。如图7-10所示。

固定资产卡片

卡片编号	00001			日期	2025-01-01
固定资产编号	4010001	固定资产名称	厂房		
类别编号	01	类别名称	房屋建筑物	资产组名称	
规格型号		使用部门	制造车间		
增加方式	在建工程转入	存放地点			
使用状况	在用	使用年限(月)	300	折旧方法	平均年限法(一)
开始使用日期	2022-12-10	已计提月份	24	币种	人民币
原值	2000000.00	净残值率	4%	净残值	80000.00
累计折旧	153600.00	月折旧率	0.0032	本月计提折旧额	6400.00
净值	1846400.00	对应折旧科目	510102，折旧费	项目	
增值税	0.00	价税合计	2000000.00		
录入人	刘梅			录入日期	2025-01-01

图7-10　原始卡片

4.同理，根据表7-5完成其他固定资产原始卡片的输入。

5.笔记本电脑2台可以采用卡片复制功能。同时填制多张内容基本相同的卡片时，使用卡片复制功能可以将卡片复制出指定张数，以减少工作量。录入第一台笔记本电脑卡片内容之后，单击“保存”按钮，然后放弃，单击“复制”按钮，注意录入起始资产编号与终止资产编号及卡片复制数量，如图7-11所示。单击“确定”按钮，复制成功。

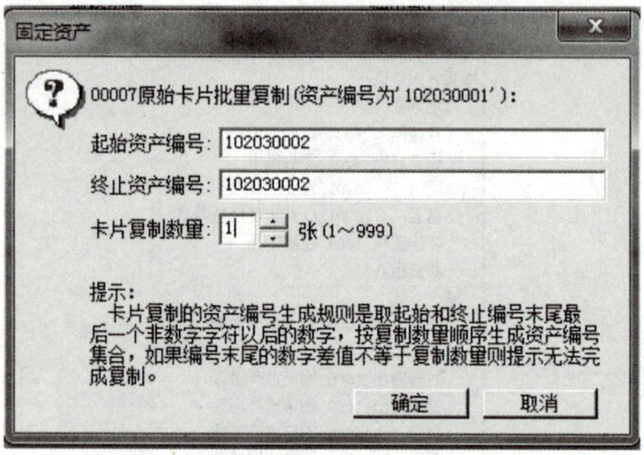

图7-11　笔记本电脑卡片复制图

6.固定资产原始卡片录入完毕，要与总账进行对账。执行“固定资产”/“处理”/“对账”命令，显示结果如图7-12所示，单击“确定”按钮返回。

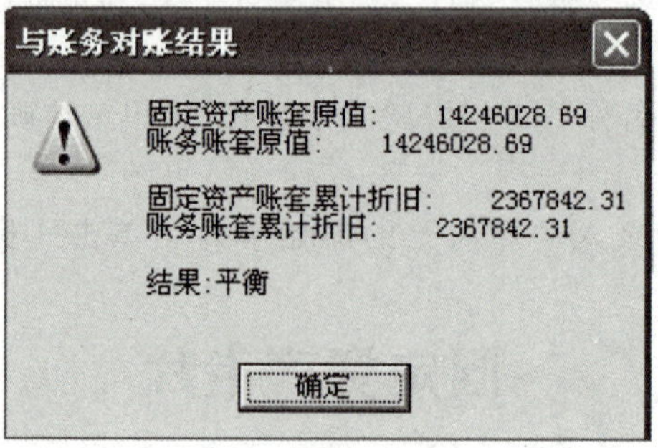

图7-12　与账务对账结果

（五）备份账套

用户admin登录“系统管理”，备份为“任务7-2 固定资产管理系统初始设置”账套。

任务三　固定资产管理系统日常业务处理

一、任务布置

固定资产账套主管（006张亚洲）根据“项目资料-三、固定资产管理系统日常业务处理”资料，完成固定资产管理系统日常业务操作。

二、知识链接

固定资产管理系统日常业务处理指固定资产的核算和管理工作，主要包括资产增减处理、资产变动处理、资产评估处理、卡片管理等业务。

（一）固定资产增加

固定资产增加是指购进或通过其他方式增加企业资产，需要录入一张新的固定资产卡片，生成固定资产增加的凭证。资产增加不需要录入原始卡片，而要执行“卡片”/“资产增加”或“卡片”/“采购资产”命令。表7-6分析了录入原始卡片与资产增加的区别。

表7-6　　录入原始卡片与资产增加的区别

区别内容	录入原始卡片	资产增加
适用条件	固定资产系统启用时，做初始化适用，录入历史卡片	系统启用后日常新购置资产录入
卡片“开始适用日期”	系统启用之前的日期	卡片日期在当前会计期间内
本月是否计提折旧	默认录入当月立即计提折旧	默认新增当月不提折旧
是否需要制单	无须制单，不会在批量制单中生成制单记录表	需要在批量制单中进行制单

（二）固定资产变动

固定资产的变动包括价值信息变更和非价值信息变更两部分。

1.价值信息变更。

价值信息变更包括原值增加、原值减少、折旧方法调整、累计折旧调整、使用年限调整、工作总量调整、净残值（率）调整等。

2.非价值信息变更。

非价值信息变更包括部门转移、使用状况调整和资产类别调整等。

固定资产变动需要通过“变动单”来记录调整结果。固定资产管理系统的“变动单管理”功能，可以对系统制作的“变动单”进行查询、修改、制单、删除等处理。

（三）固定资产评估

随着市场经济的发展，企业在经营过程中，根据业务需要或国家要求，应对部分资产或全部资产进行评估和重估，而其中固定资产评估是资产评估十分重要的部分。固定资产评估主要完成的功能是：将评估机构的评估数据手工录入或定义公式录入系统，根据国家要求手工录入评估结果或根据定义的评估公式生成评估结果。资产评估功能提供的可评估的资产内容包括原值、累计折旧、净值、使用年限、工作总量、净残值率等。

三、操作演示

根据“项目资料-三、固定资产管理系统日常业务处理”完成本任务。

【准备工作】引入“任务7-2 固定资产管理系统初始设置”备份账套。

（一）新增固定资产

1.固定资产账套主管（006张亚洲）登录“企业应用平台”，操作日期为“2025-01-10”。

2.在“业务工作”选项卡，执行“财务会计”/“固定资产”/“卡片”/“资产增加”命令，进入“固定资产类别档案”窗口。选择“资产类别”为“通用设备（03）”，单击“确定”按钮，进入“固定资产卡片”窗口。

7-7

固定资产增加业务处理（操作演示）

3.根据“项目资料-三、固定资产管理系统日常业务处理-（一）固定资产增加业务处理”资料输入“联想一体机”的信息，如图7-13所示。

固定资产卡片

卡片编号	00011			日期	2025-01-10
固定资产编号	102030002	固定资产名称			联想一体机
类别编号	03	类别名称	通用设备	资产组名称	
规格型号	250-42KUI	使用部门			财务部
增加方式	直接购入	存放地点			
使用状况	在用	使用年限（月）	120	折旧方法	平均年限法（一）
开始使用日期	2025-01-10	已计提月份	0	币种	人民币
原值	5000.00	净残值率	4%	净残值	200.00
累计折旧	0.00	月折旧率	0	本月计提折旧额	0.00
净值	5000.00	对应折旧科目	660203，折旧费	项目	
增值税	650.00	价税合计	5650.00		
录入人	张亚洲			录入日期	2025-01-10

图7-13　录入固定资产卡片

4.单击“保存”按钮，系统提示“数据成功保存！”。

5.单击“确定”按钮，进入“填制凭证”窗口，修改“凭证类型”为“付”，单击“银行存款”/“人民币户”会计科目，按【Ctrl】+【S】键打开“辅助项”窗口，选择结算方式、录入票号和日期，单击“确定”按钮，单击“流量”按钮，“项目编码”选择“13构建固定资产、无形资产和其他长期资产支付的现金”，单击“确定”按钮。

6.单击“保存”按钮，生成凭证，生成的凭证如图7-14所示。

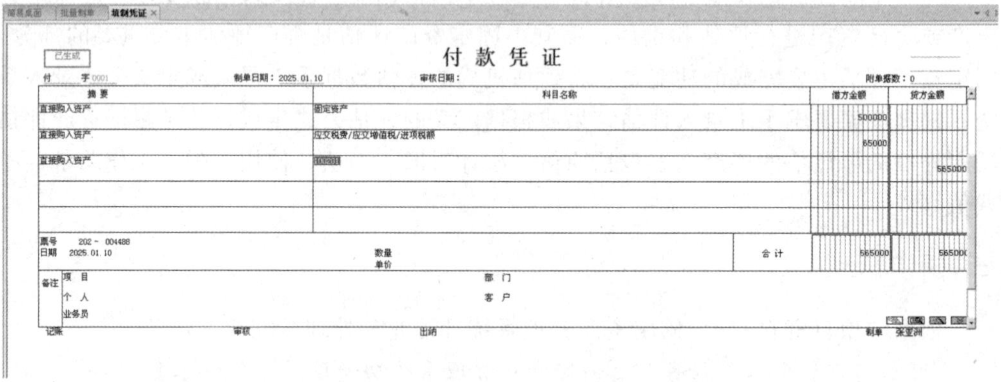

图7-14　购入固定资产凭证

温馨提示：

· 因在系统选项内选中了“业务发生后立即制单”复选框，故卡片保存后，系统自动生成凭证。如果没有勾选“业务发生后立即制单”，则需要执行“固定资产”/“处理”/“批量制单”命令，选择“Y”，凭证类别选择“付款凭证”。

（二）固定资产变动业务

7-8
固定资产变动业务处理（操作演示）

1.固定资产账套主管（006张亚洲）登录“企业应用平台”，操作日期为“2025-01-14”。

2.在“业务工作”选项卡，执行“财务会计”/“固定资产”/“卡片”/“变动单”/“部门转移”命令，进入“固定资产变动单”窗口。

3.选择“卡片编号”为“00008”的固定资产卡片，单击“确定”按钮。

4.输入变动后部门“采购部”，变动原因“部门转移”，单击“保存”按钮，如图7-15所示。

固定资产变动单

— 部门转移 —

变动单编号 00001　　变动日期 2025-01-14

卡片编号 00008　资产编号 102030003　开始使用日期 2023-10-12

资产名称 笔记本电脑　规格型号

变动前部门 财务部　变动后部门 采购部

存放地点　新存放地点

变动原因 部门转移

经手人 张亚洲

图7-15　固定资产变动单

注意：该笔业务只涉及部门转移，不需要生成任何凭证。

（三）资产评估业务处理

1.固定资产账套主管（006张亚洲）登录“企业应用平台”，操作日期为“2025-01-31”。

2.在“业务工作”选项卡，执行“财务会计”/“固定资产”/“卡片”/“资产评估”命令，进入“资产评估”窗口。

3.单击“增加”按钮，打开“评估资产选择”窗口，选择要评估的项目“原值”和“累计折旧”，如图7-16所示。

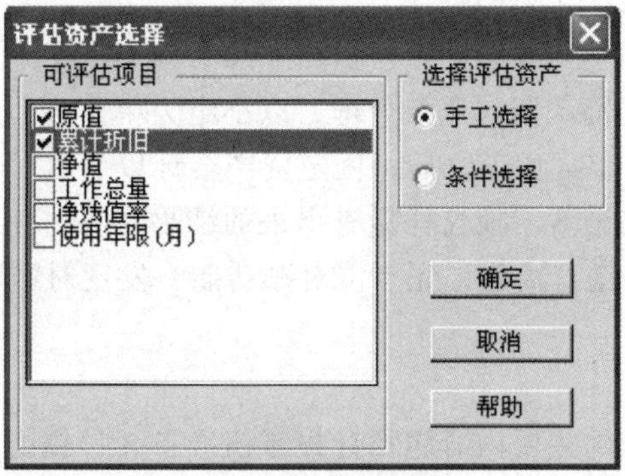

图7-16　评估资产选择

4.单击“确定”按钮，选择“卡片编号”为“00005”，输入“评估后原值”为“3 700 000.00”，“评估后累计折旧”为“738 000.00”，如图7-17所示。

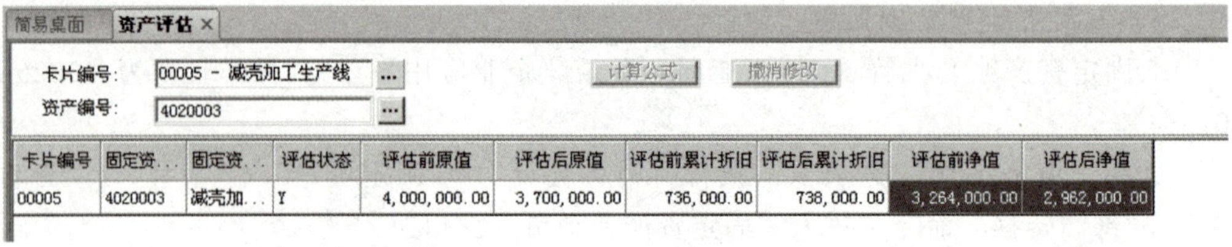

图7-17　资产评估

5.单击“保存”按钮，系统提示“是否确认要进行资产评估?”，单击“是”按钮，系统提示“数据保存成功”。进入“填制凭证”窗口，选择“凭证类别”为“转账凭证”，固定资产评估减值差额计入“资本公积”，累计折旧差额计入“制造费用/其他”，单击“保存”按钮，如图7-18所示。

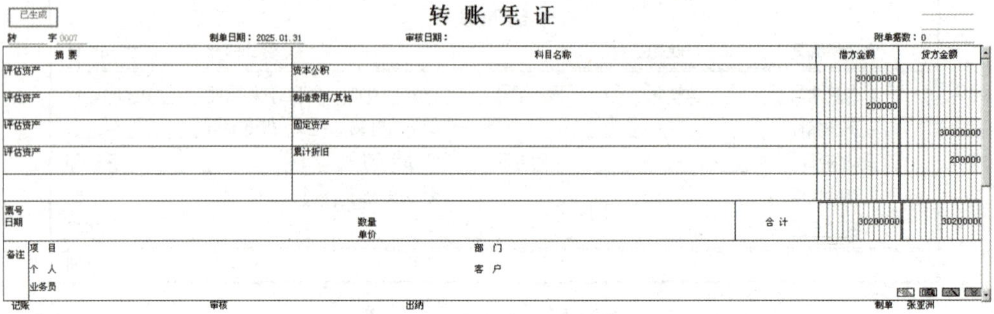

图7-18　资产评估凭证

（四）备份账套

用户admin登录“系统管理”，备份为“任务7-3 固定资产管理系统日常业务处理”账套。

任务四　固定资产管理系统期末业务处理

一、任务布置

固定资产账套主管（006张亚洲）根据“项目资料-四、固定资产期末处理”资料，在系统中完成固定资产期末业务处理，以小组为单位进行讨论：

1.在固定资产报废生成凭证之后，固定资产会计以为本月的业务已经做完了，所以直接查询固定资产登记簿。他这样做查出来的结果对吗？为什么？

2.固定资产会计要进行结账，先点击对账功能，发现对账不平，他该怎么办呢？

二、知识链接

固定资产期末处理的主要内容包括计提减值准备、计提折旧、对账及月末结账与恢复月末结账前状态等。

（一）计提减值准备

期末或每年年度终了，企业应对固定资产逐项进行检查。如果由于市价持续下跌或技术陈旧等原因导致固定资产可回收金额低于账面价值，企业应当将可回收金额低于账面价值的差额作为固定资产减值准备。固定资产减值准备按单项资产计提。

（二）计提折旧

自动计提折旧是固定资产系统的主要功能之一。系统每期计提折旧一次，根据录入系统的资料自动计算每项资产的折旧，并自动生成折旧分配表，然后制作记账凭证，将本期的折旧费用自动登账。执行此功能后，系统将自动计提各个资产当期的折旧额，并将当期的折旧额自动累加到累计折旧项目。影响折旧计算的因素包括原值变动、累计折旧调整、净残值（率）调整、折旧方法调整、使用年限调整、使用状况调整。

（三）固定资产减少

固定资产在使用过程中，由于毁损、出售、盘亏等原因而退出企业时，需要在账面上减少资产，减少操作需要选择减少卡片并说明资产减少的原因。

对于期末处理，如果发生减值，先计提减值准备，然后计提折旧，最后减少固定资产。如果先折旧，再计提减值准备，软件会提示“已经计提折旧，并且发生影响折旧的业务，请删除凭证”。

（四）固定资产账表查询及期末结账

固定资产管理系统提供账表管理功能，以便统计、汇总资产各方面的信息等，可以根据需要查询并调出所需的账表。账表包括分析表、减值准备表、统计表、账簿、折旧表5大类。

软件自动生成的分析表提供了部门构成分析表、价值结构分析表、类别构成分析表、使用状况分析表4种，对固定资产进行综合分析；减值准备表包括减值准备明细表、减值准备余额表和减值准备总账；统计表包括（固定资产原值）一览表、采购资产统计表、固定资产变动情况表、固定资产到期提示表、固定资产统计表、盘盈盘亏报告表、评估变动表、评估汇总表、役龄资产统计表、逾龄资产统计表，满足不同的管理目的。账簿包括固定资产总账、固定资产登记簿、（单个）固定资产明细账和（部门、类别）明细账，主要反映资产变化情况；折旧表主要有（部门）折旧计提汇总表、固定资产及累计折旧表（一）、固定资产及累计折旧表（二）、固定资产折旧计算明细表及固定资产折旧清单表，反映折旧计提及明细情况。

当月所有凭证审核记账之后，可以进行账表查询及期末对账与结账工作。期末对账主要检查固定资产的价值和账务系统中固定资产科目的数值是否相等。

对账之前必须确保与账务系统接口界面已经设置好了正确的对账科目，固定资产模块所有应该制单的任务全部已经制单，另外总账管理系统所有涉及固定资产和累计折旧等对账科目的凭证已经全部记账。

月末结账每月进行一次，结账后当期数据不能修改。如确实需要修改，可通过“恢复月末结账前状态”功能反结账，再进行修改。本期结账完毕，才可以处理下期数据。

三、操作演示

根据“项目资料–四、固定资产期末处理”完成本任务。

【准备工作】引入“任务7-3 固定资产管理系统日常业务处理”备份账套。

（一）固定资产期末业务处理

7-9

固定资产计提减值准备（操作演示）

1.计提减值准备。

（1）固定资产账套主管（006张亚洲）登录“企业应用平台”，操作日期为“2025-01-31”。

（2）在“业务工作”选项卡，执行“财务会计”/“固定资产”/“卡片”/“变动单”/“计提减值准备”命令，进入“固定资产变动单”窗口。

（3）选择“卡片编号”为“00002”的固定资产，输入“减值准备金额”为“1000.00”，输入“变动原因”为“降价”，如图7-19所示。

固定资产变动单

—计提减值准备—

变动单编号	00002			变动日期	2025-01-31
卡片编号	00002	资产编号	101040001	开始使用日期	2024-02-20
资产名称			大众速腾2.0	规格型号	
减值准备金额	1000.00	币种	人民币	汇率	1
原值	175130.69	累计折旧			17513.07
累计减值准备金额	1000.00	累计转回准备金额			0.00
可回收市值	156617.62				
变动原因					降价
				经手人	张亚洲

图7-19 录入固定资产变动单

（4）单击“保存”按钮，进入“填制凭证”窗口。

（5）选择“凭证类别”为“转账凭证”，修改“凭证日期”为“2025-01-31”，填制凭证相关项目，单击“保存”按钮，如图7-20所示。

已生成

转 账 凭 证

转 字 0002　　制单日期：2025.01.31　　审核日期：　　附单据数：0

摘 要	科目名称	借方金额	贷方金额
计提减值准备	资产减值损失	60000	
计提减值准备	资产减值损失	40000	
计提减值准备	固定资产减值准备		60000
计提减值准备	固定资产减值准备		40000
票号 日期	数量 单价 合 计	100000	10000

备注　项 目　　部 门

个 人　　客 户

业务员

记账　　审核　　出纳　　制单 张亚洲

图7-20 计提减值准备凭证

7-10

固定资产计提折旧（操作演示）

2.计提固定资产折旧。

（1）在“业务工作”选项卡，执行“财务会计”/“固定资产”/“处理”/“计提本月折旧”命令，系统弹出“是否查看折旧清单?”信息提示框，单击“否”按钮。

（2）系统继续弹出“本操作将计提本月折旧，并花费一定时间，是否要继续?”信息提示框，单击“是”按钮。

（3）系统计提折旧完成后，进入“折旧分配表”窗口，如图7-21所示，单击“凭证”按钮，进入“填制凭证”窗口。

部门编号	部门名称	项目编号	项目名称	科目编号	科目名称	折　旧　额
101	总经理办公室			660203	折旧费	1,146.79
102	财务部			660203	折旧费	758.52
2	销售部			6601	销售费用	2,106.00
3	采购部			660203	折旧费	116.00
4	制造车间			510102	折旧费	100,803.18
合计						104,930.49

图7-21　固定资产计提折旧分配表

（4）选择“凭证类别”为“转账凭证”，修改日期为“2025-01-31”，单击“保存”按钮，生成折旧凭证，如图7-22所示。

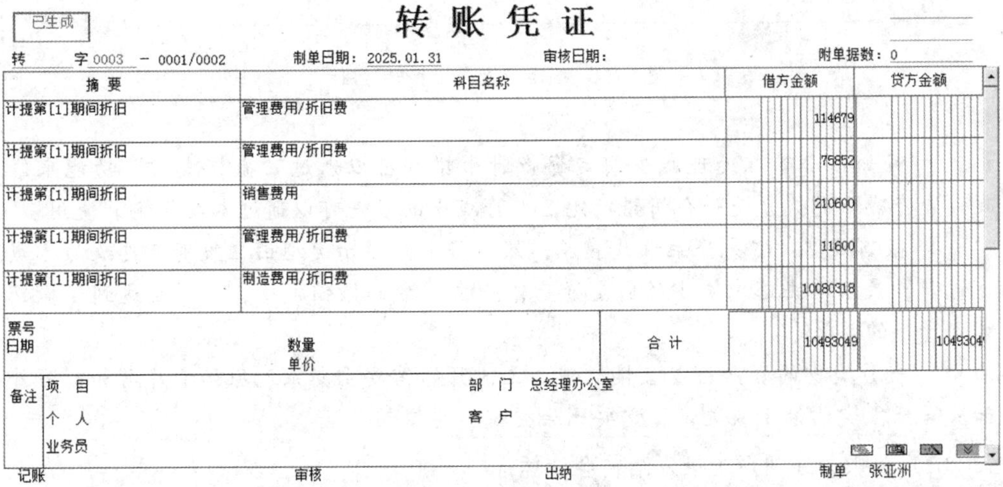
已生成

转账凭证

转　字 0003 - 0001/0002　　制单日期：2025.01.31　　审核日期：　　附单据数：0

摘要	科目名称	借方金额	贷方金额
计提第[1]期间折旧	管理费用/折旧费	114679	
计提第[1]期间折旧	管理费用/折旧费	75852	
计提第[1]期间折旧	销售费用	210600	
计提第[1]期间折旧	管理费用/折旧费	11600	
计提第[1]期间折旧	制造费用/折旧费	10080318	
票号 日期	数量 单价　　合计	10493049	1049304[illegible]

备注　项　目　　部　门　总经理办公室

个　人　　客　户

业务员

记账　　审核　　出纳　　制单　张亚洲

图7-22　计提折旧凭证

温馨提示：

· 无论固定资产有无增减变动业务，折旧计提必不可少。

3.固定资产减少业务。

（1）在固定资产管理系统完成固定资产减少处理并生成会计凭证。

①固定资产账套主管（006张亚洲）登录“企业应用平台”，操作日期为“2025-01-31”。

②在“业务工作”选项卡”，执行“财务会计”/“固定资产”/“卡片”/“资产减少”命令，进入“资产减少”窗口。

③选中“00009商务电脑”，单击“增加”按钮。

④选择“减少方式”为“报废”，“清理原因”栏输入“资产报废”，如图7-23所示。

7-11

固定资产减少业务处理（操作演示）

图7-23　固定资产减少原因录入

⑤单击“确定”按钮，系统提示“所选卡片已经减少成功!”。

⑥进入“填制凭证”窗口，选择“凭证类别”为“转账凭证”，修改“制单日期”为“2025-01-31”，单击“保存”按钮，生成如图7-24所示凭证。

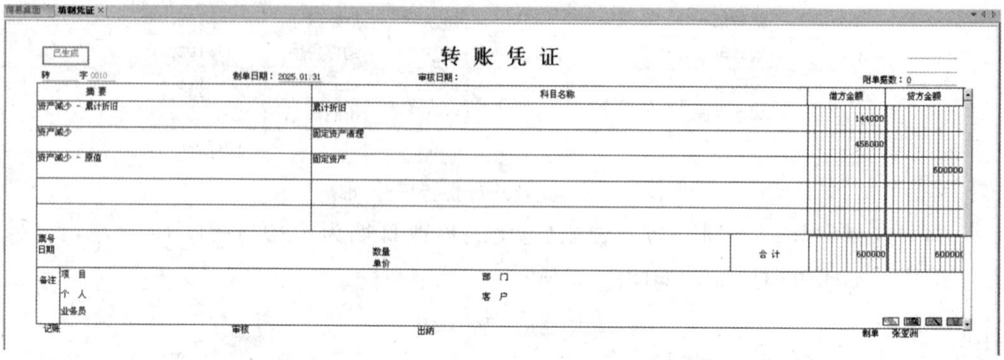

图7-24　固定资产报废结转凭证

温馨提示：

· 假如不小心在处理减少固定资产时出错，可以通过“撤销减少”功能来修改，资产减少的恢复是一个纠错功能，当月减少的资产可以通过本功能恢复使用。

· 撤销减少：首先登录卡片管理，然后将卡片显示类型由在役资产更改为已减少资产，最后单击选中减少的固定资产，点击上方的撤销减少，这样就达到了撤销减少资产的效果。

· 当月减少的资产可以直接撤销，之前月的需要重新录入原始卡片增加，另外如果资产减少已经生成凭证，需要删除凭证后再撤销。

（2）在账务处理系统录入结转会计凭证。

①用户admin在“系统管理”授予“张亚洲”填制凭证的权限，如图7-25所示。

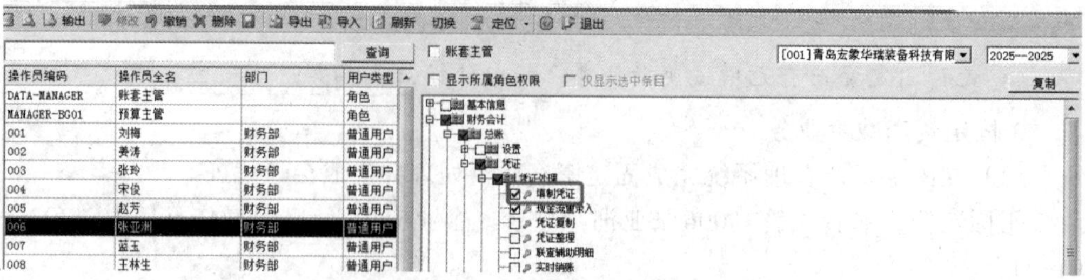

图7-25　系统管理赋予功能权限

②在总账管理系统中，执行“凭证”/“填制凭证”命令，打开“凭证”窗口。

③单击“增加”按钮，修改“凭证类别”为“转账凭证”，“制单日期”为“2025-01-31”，填制凭证结果如图7-26所示，单击“保存”按钮。

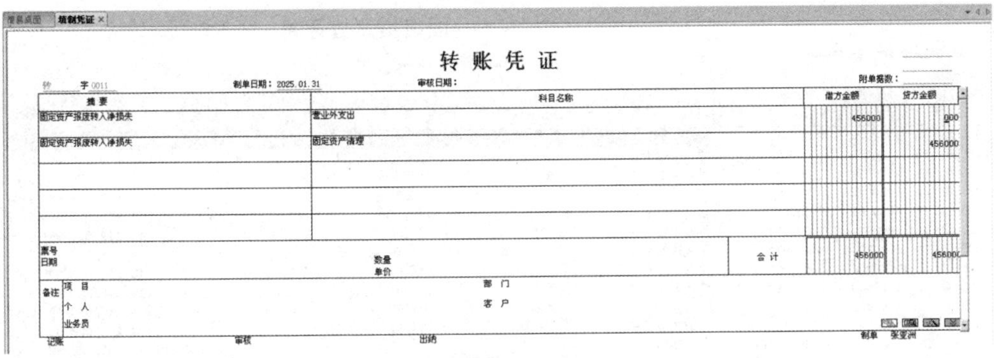

转账凭证

转 字 0011　制单日期：2025.01.31　审核日期：　附单据数：

摘要	科目名称	借方金额	贷方金额
固定资产报废转入净损失	营业外支出	456000	000
固定资产报废转入净损失	固定资产清理		456000
票号 日期	数量 单价 合计	456000	456000

备注　项目　个人　业务员　部门　客户

记账　审核　出纳　制单　张亚洲

图7-26　固定资产清理净损失凭证

> 温馨提示：
>
> · 固定资产减少业务放在计提折旧业务之后，原因在于当月减少的固定资产当月仍然要计提折旧，因此只有先计提折旧才能减少。另外如果先减少该固定资产的话，相当于卡片没有了，卡片没有的话也就不能计提折旧。因此固定资产的减少业务在当月计提折旧之后。

（二）固定资产账表查询及期末结账

1.查询固定资产账表。

在“业务工作”选项卡，执行“财务会计”/“固定资产”/“账表”/“我的账表”命令，进行账表查询。固定资产会计分别查询（部门）折旧计提汇总表、使用状况分析表、固定资产变动情况表、固定资产登记簿等账表，分别如图7-27至图7-30所示。

7-12

固定资产账表查询（操作演示）

（部门）折旧计提汇总表

使用单位:青岛宏象华瑞装备科技有限公司　期间:2025.01—2025.01

部门级次1—1

部门名称	计提原值	折旧额
管理部(1)	184,755.69	1,905.31
销售部(2)	253,625.00	2,106.00
采购部(3)	7,250.00	116.00
制造车间(4)	13,800,398.00	100,803.18
合计	14,246,028.69	104,930.49

图7-27　（部门）折旧计提汇总表

使用状况分析表

使用单位:青岛宏象华瑞装备科技有限公司　期间: 2025.01

使用状况	原值		累计折旧		减值准备		净值	
	金额	占总值百分比%	金额	占总值百分比%	金额	占总值百分比%	金额	占总值百分比%
使用中(1)	13,945,028.69	100.00	2,473,332.80	100.00	1,000.00	100.00	11,470,695.89	100.00
在用(1001)	13,945,028.69	100.00	2,473,332.80	100.00	1,000.00	100.00	11,470,695.89	100.00
合计	13,945,028.69	100.00	2,473,332.80	100.00	1,000.00	100.00	11,470,695.89	100.00

图7-28　使用状况分析表

固定资产变动情况表

统计方式:资产类别　期间:2025.01—2025.01

资产类别:　使用部门:　类别级次:1—1

项目	原值				累计折旧				减值准备				净值	
	期初余额	本年增加	本年减少	期末余额	期初余额	本年增加	本年减少	期末余额	初余	本年增加	本年减少	期末余额	期初余额	期末余额
房屋及建筑物(01)	2,000,000.00			2,000,000.00	153,600.00	6,400.00		160,000.00					1,846,400.00	1,840,000.00
专用设备(02)	11,800,398.00		300,000.00	11,500,398.00	2,171,273.24	96,403.18		2,267,676.42					9,629,124.76	9,232,721.58
通用设备(03)	14,500.00	5,000.00		19,500.00	3,248.00	232.00		3,480.00					11,252.00	16,020.00
交通运输设备(04)	419,130.69			419,130.69	37,033.07	3,703.31		40,736.38		1,000.00		1,000.00	382,097.62	377,394.31
办公设备(05)	12,000.00		6,000.00	6,000.00	2,688.00	192.00	1,440.00	1,440.00					9,312.00	4,560.00
合计	14,246,028.69	5,000.00	306,000.00	13,945,028.69	2,367,842.31	106,930.49	1,440.00	2,473,332.80		1,000.00		1,000.00	11,878,186.38	11,470,695.89

图7-29　固定资产变动情况表

固定资产登记簿

使用单位:青岛宏象华瑞装备科技有限公司　　期间:2025.01—2025.01

资产类别:　　使用部门:

日期	资产编号	业务单号	凭证号	摘要	资产名称	使用部门	原值			数量
							借方	贷方	余额	
2025-01-01	4010001	00001		录入原始卡片	厂房	制造车间	2,000,000.00		2,000,000.00	1.00
2025-01-01	101040001	00002		录入原始卡片	大众速腾2.0	总经理办公室/	175,130.69		2,175,130.69	2.00
2025-01-01	4020001	00003		录入原始卡片	桥壳焊接生产线	制造车间	5,000,000.00		7,175,130.69	3.00
2025-01-01	4020002	00004		录入原始卡片	减壳加工生产线	制造车间	4,000,000.00		11,175,130.69	4.00
2025-01-01	4020003	00005		录入原始卡片	桥壳加工生产线	制造车间	2,800,398.00		13,975,528.69	5.00
2025-01-01	2040001	00006		录入原始卡片	厢式货车	销售部	244,000.00		14,219,528.69	6.00
2025-01-01	102030001	00007		录入原始卡片	笔记本电脑	财务部/销售部	7,250.00		14,226,778.69	7.00
2025-01-01	102030002	00008		录入原始卡片	笔记本电脑	财务部	7,250.00		14,234,028.69	8.00
2025-01-01	101050001	00009		录入原始卡片	商务电脑	总经理办公室	6,000.00		14,240,028.69	9.00
2025-01-01	2050001	00010		录入原始卡片	商务电脑	销售部	6,000.00		14,246,028.69	10.00
2025-01-10	102030003	00011	付--1	新增固定资产	联想一体机	财务部	5,000.00		14,251,028.69	11.00
2025-01-31		00001	转--1	资产评估				300,000.00	13,951,028.69	11.00
2025-01-31	101050001	00009	转--4	资产减少	商务电脑	总经理办公室		6,000.00	13,945,028.69	10.00
				本期合计			14,251,028.69	306,000.00	13,945,028.69	10.00

图7-30　固定资产登记簿

7-13

固定资产系统月末对账与结账（操作演示）

2.固定资产月末对账与结账。

（1）月末对账。

①账套主管（001刘梅）和出纳（002姜涛）分别登录“企业应用平台”，操作日期为“2025-01-31”，在总账管理系统对已生成凭证进行出纳签字、审核和记账。

②固定资产账套主管（006张亚洲）登录“企业应用平台”，操作日期为“2025-01-31”。

③在“业务工作”选项卡，执行“财务会计”/“固定资产”/“处理”/“对账”命令，系统弹出“与账务对账结果”信息提示框，系统提示“结果：平衡”，单击“确定”按钮，如图7-31所示。

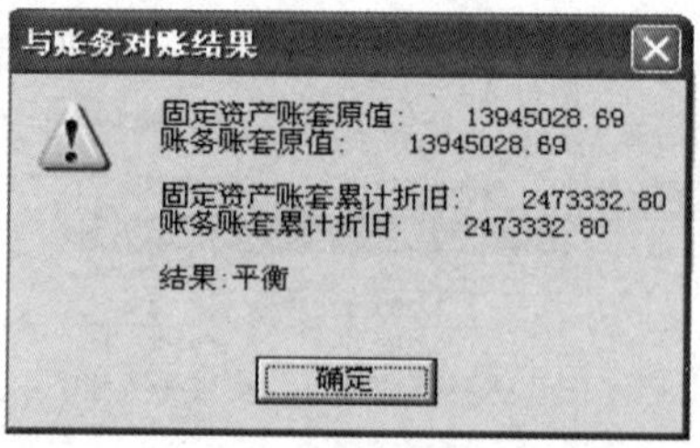

图7-31　期末对账结果

温馨提示：

· 如果出现对账不平，要找原因。对账不平的原因主要有固定资产期初就对账不平、固定资产还有未制单的任务、选项里设置的对账科目不正确、总账未对固定资产产生的凭证审核记账、固定资产模块当资产减少时生成凭证取的折旧数据要修改为月末数、其他模块使用了固定资产或累计折旧科目制单等。

· 如果出现了与总账对账不平，首先把总账的所有凭证审核、记账，保证正确；其次查看批量制单里是否还有制单记录；再次检查选项里设置的对账科目是否正确；最后检查资产减少凭证折旧金额是否修改为月末数。

（2）月末结账。

①固定资产账套主管（006张亚洲）登录“企业应用平台”，操作日期为“2025-01-31”。

②在“业务工作选项卡”，执行“财务会计”/“固定资产”/“处理”/“月末结账”命令，打开“月末结账”信息提示框。

③单击“开始结账”按钮，打开“与账务对账结果”信息提示框，单击“确定”按钮，系统提示“月末结账成功完成!”，单击“确定”按钮。

（三）备份账套

用户admin登录“系统管理”，备份为“任务7-4 固定资产管理系统期末业务处理”账套。

常见问题和错误解析

本项目操作过程中较易发生的错误和问题总结如下，可参考“解决方法”进行修改（见表7-7）。

表7-7　　常见问题和错误的原因及解决方法

序号	常见问题和错误	原因	解决方法
1	录入卡片时，系统提示“原始卡片的开始日期不能在本月或本月之后”。	资产增加误通过“原始卡片录入”命令实现。	对于本月新增资产，应执行“固定资产”/“卡片”/“资产增加”命令，录入新的卡片。
2	误删固定资产，在“固定资产卡片管理”窗口中找不到删除的固定资产。	操作错误，可以撤销减少。	进入“固定资产卡片管理”窗口，将“在役资产”更换为“已减少资产”，选中误删的固定资产，单击“撤销减少”按钮，如果减少后已经制单，需要先删除业务凭证和折旧凭证。
3	固定资产业务变动后，系统没有打开相应的凭证。	没有勾选“业务发生后立即制单”选项。	勾选“业务发生后立即制单”选项，或通过“批量制单”功能实现凭证生成。
4	购入多项相同固定资产，需要快速录入卡片。	通过复制功能增加固定资产。	先录入一张卡片，保存后单击工具栏中的“复制”按钮，录入新增资产的编号起止范围，进行卡片的复制。
5	增加固定资产卡片时，发现应使用含税样式，卡片样式中不含税额信息。	卡片样式有误。	执行“固定资产”/“设置”/“资产类别”命令，更改卡片样式为“含税卡片样式”。
6	发现固定资产变动单有误，想重新进行变动。	操作错误。	删除固定资产变动单，重新进行资产变动，若已经生成凭证，应先删除凭证。
7	在总账管理系统中，无法对固定资产管理系统生成的凭证进行修改或删除操作。	凭证只能在原生成系统进行修改或删除。	对于发生错误的凭证，应回到固定资产管理系统进行修改或删除，然后总账管理系统显示“作废”标记，才可进行整理

项目测试

项目七测试

一、单项选择题

1.录入固定资产对账科目是在（　　）模块中进行的。

A.基础设置　　B.固定资产卡片管理

C.建立固定资产账套　　D.固定资产日常管理

2.下列功能中，不属于固定资产管理系统的是（　　）。

A.系统管理　　B.初始设置　　C.增减变动　　D.成本核算

3.固定资产管理系统启用之后的日常处理主要包括（　　）。

A.增减变动处理与计提折旧　　B.凭证的输入、审核与记账

C.计提折旧与成本核算　　D.设备采购与应付款管理

4.在固定资产管理系统的卡片中，能够唯一确定每项资产的数据项是（　　）。

A.资产名称　　B.资产编号　　C.类别编号　　D.规格型号

5.在固定资产核算系统中，能够确定固定资产是否计提折旧的数据项是（　　）。

A.资产名称　　B.资产原值　　C.折旧方法　　D.使用状态

6.在录入初始固定资产卡片的过程中，原值、累计折旧录入的一定是录入月份的（　　）的价值，否则将会出现计算错误。

A.月初　　B.月中　　C.月末　　D.下月

7.下列固定资产卡片项目的操作中，不需要进行资产变动处理的是（　　）。

A.变更资产名称　　B.原值变动　　C.部门转移　　D.使用状况变动

8.下列操作中，不属于固定资产初始化业务的有（　　）。

A.资产增加　　B.录入资产类别

C.录入部门及对应折旧科目　　D.录入原始卡片

9.下列资产变动中，需要制单的是（　　）。

A.原值增加　　B.固定资产部门转移

C.使用状况调整　　D.折旧方法调整

10.固定资产管理中，计提折旧后，将根据（　　）生成记账凭证。

A.折旧统计表　　B.折旧分析表　　C.折旧清单　　D.折旧分配表

二、多项选择题

1.固定资产管理系统除了具有系统初始化、维护、输出功能之外，还必须具有（　　）等功能。

A.科目汇总输出总账　　B.处理固定资产的增减变动

C.固定资产的库存管理　　D.计提固定资产折旧并分配

2.固定资产管理系统的初始设置内容主要包括（　　）。

A.资产类别与部门设置　　B.资产使用状况设置

C.资产增减方式设置　　D.资产折旧方法设置

3.固定资产账套参数主要包括（　　）。

A.启用月份　　B.折旧规则　　C.编码方案　　D.账务接口

4.固定资产管理系统中，对计提折旧有影响的数据项有（　　）。

A.资产名称　　B.资产原值　　C.折旧方法　　D.使用状态

5.下列各项中，使用状况需要计提折旧的有（　　）。

A.在用　　B.季节性停用　　C.经营性停用　　D.大修理停用

6.下列资产变动中，需要通过“变动单”功能来记录调整结果的有（　　）。

A.原值增加　　B.固定资产部门转移

C.使用状况调整　　D.资产增加

三、判断题

1.固定资产账套参数中的折旧规则用于确定折旧汇总方法、折旧汇总分配周期等。（　　）

2.固定资产账套参数中的账务接口用于确定与总账的对账科目和折旧科目。（　　）

3.固定资产账套参数在建账完成后一般是可以修改的。（　　）

4.在固定资产管理系统中生成的记账凭证会自动传递给总账管理系统，如果发现生成的某张凭证有错误，可以在总账管理系统中直接修改。（　　）

5.在正常情况下，固定资产管理系统的固定资产价值和总账管理系统中固定资产科目的数值应该是相等的。（　　）

6.在月末结账之前，必须在固定资产管理系统与总账管理系统之间进行对账，若对账平衡，才能开始月末结账。（　　）

7.在固定资产管理系统中，折旧分配表是编制记账凭证、把折旧分配到成本和费用的依据。（　　）

8.在固定资产管理系统中，原值变动、部门转移之类的变动处理必须通过“变动单”功能进行。（　　）

9.设置固定资产卡片样式，对固定资产卡片进行存储和管理，可使操作者能够灵活地进行增加、删除、修改、查询。（　　）

10.在固定资产管理系统生成的记账凭证必须在固定资产管理系统进行删除，删除以后在总账管理系统会显示“作废”字样，要彻底删除必须在总账管理系统进行凭证整理。（　　）

11.固定资产管理系统可以单独使用，也可以与总账管理系统结合使用。（　　）

同步实训

项目七同步实训

项目评价（见表7-8）

表7-8　　项目七评价参考表

任务	要求	评价		
		自评	师评	小组互评
7.1认识固定资产管理系统	能深入理解固定资产管理系统模块功能，正确完成固定资产管理系统的启用和系统参数的设置	□A□B□C	□A□B□C	□A□B□C
7.2固定资产管理系统初始设置	能正确完成固定资产管理系统初始设置	□A□B□C	□A□B□C	□A□B□C
7.3固定资产管理系统日常业务处理	能正确完成固定资产管理系统日常业务处理	□A□B□C	□A□B□C	□A□B□C
7.4固定资产管理系统期末业务处理	能正确完成固定资产管理系统期末业务处理	□A□B□C	□A□B□C	□A□B□C

自我总结与反思

重点任务操作流程梳理

任务名称	操作流程简要概括
录入原始卡片	
处理固定资产增减变动	
进行资产评估	
固定资产报废处理	

操作过程中出现的错误及其原因分析

错误点	错误原因	改正方法

注：A，达标；B，基本达标；C，未达标。

项目八

应收会计岗位实务

目标指引

知识目标

1.理解应收款管理系统的功能，明确应收款管理系统与总账管理系统的关系；

2.熟悉应收款会计的岗位职责；

3.掌握应收款管理系统初始化、日常业务处理及月末处理的操作方法。

能力目标

1.理解应收款管理在总账核算与在应收款管理系统核算的区别；

2.能够使用用友ERP-U8 V10.1完成应收款的建账与初始化工作；

3.能够熟练进行应收单和收款单的处理、应收款项的转账业务处理、坏账的处理；

4.能够进行应收款管理系统账表查询及期末结账处理。

素养目标

1.具备努力奋斗和耐心专注的品质；

2.具备主动思考、发现问题和解决问题的能力；

3.具备风险意识和一定的管理水平。

应收会计岗位工作流程

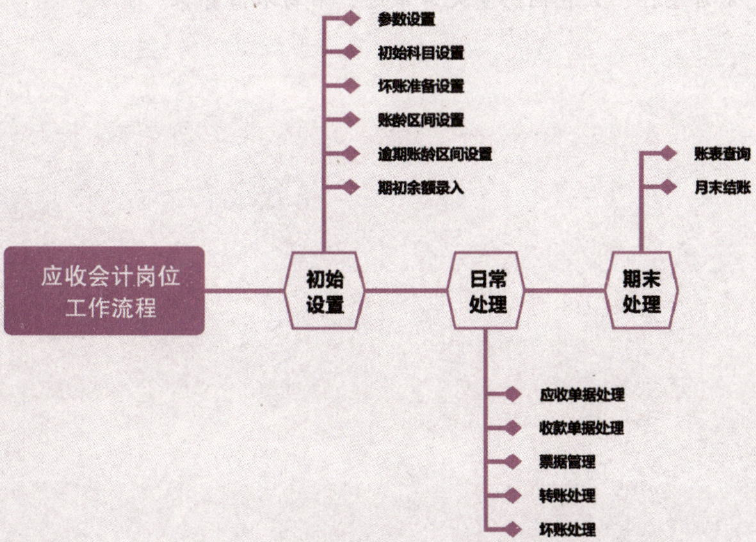

图8-1　应收会计岗位工作流程

价值引领　　创新创造　敬业守滇

李辉带领团队连续奋战90天，完成乌东德水电站送出交流配套工程重要枢纽——500千伏白邑变电站验收。近年来，随着风电、光伏等绿色清洁能源在电网应用，电气量稳定精准测量成为行业难题。他带领团队成功研发“智能矢量测量分析仪”，实现电气量测量自动化，既节省了人力，又让测量更加精准。自从业以来，李辉带领团队先后完成技术攻关60余项，完成37座变电站综合自动化改造，在一次次大修技改、一次次排除重大隐患中，服务保障电力系统绿色化、数字化、智能化发展。

2009年，在一次变电站技术改造中，由于引进的国外技术、设备较多，他和团队吃住在变电站一年多才完成任务。这次技改让他陷入长久思考，他意识到在关键设备、关键器件、关键系统上要提高国产化率，这样将来才能不受制于人。从那时起，他在心里种下一个梦想——把“中国芯”嵌入继电保护装置。此后，他先后带领团队打破国外对大型电力变压器测温等多项技术垄断。2021年，在全国总工会“基于龙芯的保护、测控、在线监测一体机验证平台”项目资助下，他带领团队尝试将龙芯嵌入继电保护系统，目前已初步完成技术验证，即将开展成果转化，争取早日让每一座变电站嵌入“中国芯”。

资料来源：朗晶晶.云南省首位“大国工匠”！是他——［EB/OL］.［2024-03-01］. https://www.thepaper.cn/newsDetail_forward_26531093.有删减。

品质/精神传承：知识和技术的积累，让创新从不止步，李辉带领自己的团队，先后完成60项技术攻关，获得50多个国家专利。供电网络翻山跨河将每一座城市、村庄联通，李辉用30年默默地执着坚守，守护着彩云之南的万家灯火。一念执着，一生坚守，不负重任，让我们感受大师事迹，书写不悔青春。

项目资料

一、应收款管理系统启用和基础信息补充设置①

（一）启用应收款管理系统

账套主管（001刘梅）2025年1月1日启用应收款管理系统。

（二）基础信息补充设置

1.本单位开户银行信息。

编码：01；开户银行：中国工商银行李沧第一支行；银行账号：622202200242753619；币种：人民币。

2.存货相关信息。

（1）计量单位（见表8-1）。

表8-1　计量单位信息一览表

计量单位组	计量单位编号	计量单位名称
01自然单位组（无换算率）	1	支
	2	个
	3	卷
	4	千米
02固定换算组（固定换算率）	5	千克（主计量单位）
	6	吨
	1吨=1 000千克	

（2）存货分类（见表8-2）。

表8-2　存货分类信息一览表

存货分类编码	存货分类名称
01	原料及主要材料
02	辅助材料
03	库存商品
04	应税劳务

① 此处为【任务一　认识应收款管理系统】的任务资料。

(3) 存货档案（见表8-3）。

表8-3 存货档案信息一览表

存货编码	存货名称	存货分类	主计量单位	税率	存货属性	参考成本（元）	参考售价（元）
0101	生铁	01	千克	13%	内销、外购、生产耗用	2.40	
0102	45MnB钢	01	千克	13%	内销、外购、生产耗用	3.00	
0103	GCr9钢	01	千克	13%	内销、外购、生产耗用		
0201	5356焊丝	02	卷	13%	内销、外购、生产耗用		
0202	润滑油	02	千克	13%	内销、外购、生产耗用		
0301	153中桥	03	支	13%	自制、内销、外购	10 000.00	13 000.00
0302	153后桥	03	支	13%	自制、内销、外购	8 000.00	12 000.00
0303	13寸轮毂	03	个	13%	自制、内销、外购	500.00	700.00
0304	15寸轮毂	03	个	13%	自制、内销、外购	700.00	900.00
0401	运输费	04	千米	9%	内销、外购、应税劳务		

（三）蓝玉权限补充设置

1.功能权限。

“基本信息”/“公用目录设置”/“业务”/“收发类别”；“基本信息”/“公用目录设置”/“业务”/“销售类型”。

2.数据权限。

具有对用户“001刘梅”和“007蓝玉”的“查询”“删改”“审核”“弃审”“撤销”权限。

二、应收款管理系统初始设置①

（一）设置应收款管理系统参数（见表8-4）

表8-4 应收款管理系统参数一览表

系统	页签	参数设置
应收款管理系统	常规	坏账处理方式：应收余额百分比法 勾选自动计算现金折扣
	凭证	按系统默认
	权限与预警	根据单据自动报警，信用方式提前7天 根据信用额度自动报警，提前比率20%，包含信用额度为0
	核销设置	按系统默认

① 此处为【任务二 应收款管理系统初始设置】的任务资料。

（二）应收款管理系统初始科目设置（见表8-5）

表8-5　应收款管理系统初始科目设置一览表

科目类别	设置内容	
基本科目	应收科目1122； 税金科目22210105； 银行承兑科目112101； 预收科目2204；	销售收入科目6001； 商业承兑科目112102； 销售退回科目6001； 汇兑损益科目660302
控制科目	应收科目1122；	预收科目2204
结算方式科目	现金结算 人民币1001； 现金支票 人民币100201； 银行承兑汇票 人民币100201； 电汇 人民币100201；	 转账支票 人民币100201； 商业承兑汇票 人民币100201； 网银结算 人民币100201

（三）坏账准备设置（见表8-6）

表8-6　坏账准备设置

控制参数	参数设置
提取比例（%）	0.5
坏账准备期初余额（元）	25 000.00
坏账准备科目	1231坏账准备
对方科目	6702信用减值损失

（四）账龄区间设置（见表8-7）

表8-7　账期内账龄区间设置

序号	起止天数（天）	总天数（天）
01	0 ~ 30	30
02	31 ~ 60	60
03	61 ~ 90	90
04	91以上	

（五）逾期账龄区间设置（见表8-8）

表8-8　逾期账龄区间设置

序号	起止天数（天）	总天数（天）
01	1 ~ 30	30
02	31 ~ 60	60
03	61 ~ 90	90
04	91以上	

（六）应收款管理系统期初余额

1.应收票据期初余额。

单据名称：应收票据；单据类型：商业承兑汇票（112102）；汇票金额：58 500.00元；票据编号：HP0002。该汇票系青岛宏利公司2024年12月15日签发并承兑的不带息商业承兑汇票，期限为3个月，由销售部周群取得。

2.应收账款期初余额（见表8-9）。

单据名称：销售发票；单据类型：销售普通发票。

表8-9 销售普通发票信息一览表 金额单位：元

开票日期	科目	客户	销售部门	业务员	货物名称	数量	含税单价	价税合计
2024-12-1	1122	青岛宏利	销售部	周群	153中桥	20	15 440.00	308 800.00
2024-12-18	1122	青特科技	销售部	周群	153后桥	16	12 500.00	200 000.00

三、应收款管理系统日常业务①

（一）应收单据处理

销售类型有两种，经销与代销，出库类型为销售出库，如无特殊说明，均为经销。

业务1：2025年1月6日，销售部周群销售给青特科技153中桥6支，含税单价13 500.00元，开出普通发票，货已发出。

业务2：2025年1月7日，销售部周群销售给长春润冠153后桥10支，不含税单价12 000.00元，增值税税率13%，开出增值税专用发票，货已发出，款未收到。同时以转账支票（票号004499）代垫运费2 000.00元。（合并制单）

（二）收款单据处理

业务3：2025年1月10日，销售部周群收到青特科技购买153中桥的转账支票一张，金额81 000.00元，票号008866。

业务4：2025年1月13日，销售部周群收到青岛宏利交来的转账支票一张，金额200 000.00元，票号008868，用于归还上月1号所欠部分货款。

业务5：2025年1月15日，销售部周群收到青特科技交来的转账支票一张，金额50 000.00元，票号008869，作为预购153后桥的定金。

（三）票据管理

业务6：2025年1月15日，销售部周群收到长春润冠签发并承兑的商业承兑汇票一张（票号HP367809），面值为100 000.00元，到期日为2025年1月15日，用以抵偿2025年1月7日的部分货款。

业务7：2025年1月17日，将2024年12月15日收到的青岛宏利签发并承兑的商业承兑汇票（票号HP0002）到银行贴现，贴现率为6%。

业务8：2025年1月25日，将2025年1月15日收到的长春润冠签发并承兑的商业

① 此处为【任务三 应收款管理系统日常业务处理】的业务资料。

承兑汇票（票号HP367809）结算。

（四）转账处理

业务9：2025年1月25日，将青特科技交来的定金50 000.00元冲抵其期初应收账款。

业务10：2025年1月25日，将青岛宏利的108 800.00元的应收款转给青特科技。

（五）坏账处理

业务11：2025年1月26日，本月7日代垫运费2 000.00元，无法收回，做坏账处理。

业务12：2025年1月31日，长春润冠通过网银方式转来2 000.00元，系本月26日确认的坏账；

业务13：2025年1月31日，计提坏账准备。

四、应收款管理系统期末业务[①]

（一）账表查询

1.查询1月份填制的所有销售专用发票。

2.查询业务总账。

3.查询应收账款科目余额表。

（二）月末结账

2025年1月31日，对本月的应收款管理系统进行月末结账。

① 此处为【任务四　应收款管理系统期末业务处理】的任务资料

8-1

应收会计岗位初认知（微课）

任务一　认识应收款管理系统

一、任务布置

账套主管（001刘梅）根据“项目资料-一、应收款管理系统启用和基础信息补充设置”，完成该系统的启用和基础信息设置。

二、知识链接

应收款项是指企业在日常生产经营过程中发生的各项债权，主要包括应收票据、应收账款、应收股利、应收利息和其他应收款。

（一）应收款管理系统功能

应收款管理系统的基本功能是对企业与客户之间发生的往来款项进行核算与管理。以销售发票、费用单、其他应收单等单据为依据，记录销售业务及其他业务所形成的往来款项，处理应收款的收回、坏账、转账等情况，及时、准确地提供客户的往来账款余额资料；应收款管理系统还提供各种分析报表，如账龄分析、周转分析、欠款分析、坏账分析、回款情况分析等报表，通过各种分析报表，企业便于合理地进行资金调配，提高资金的利用效率。

（二）应收款管理系统与其他系统之间的关系

应收款管理系统的核算和管理功能并不是由该系统独立实现的，而是需要与其他相关系统相互支撑、配合使用来完成。

应收款管理系统共享基础信息资料，销售管理系统中生成的销售发票、销售调拨单以及代垫费用单传递到应收款管理系统进行审核和制单，该系统同时处理收款结算业务；应收款管理系统与应付款管理系统之间可以进行应收冲应付等转账处理；应收款管理系统生成的应收及收款凭证自动传递到总账管理系统进行凭证的处理；应收款管理系统同时向财务分析和UFO报表管理系统提供分析数据。

在没有启用销售管理系统时，销售发票、其他应收单、代垫费用和收款单的处理，均在应收款管理子系统中完成。

（三）应收会计岗位职责

应收会计的岗位职责主要包括以下几个方面：

1.销售业务及客户管理。

应收会计负责销售货款的管理，包括对未达账项的管理和对账工作。这既涉及出货仓的管理工作，如需要核对出货单、发票和确认收入，同时需要与出纳保持良好沟通。

2.客户对账及收款处理。

应收会计需要定期与客户进行对账，确保账目的准确性，并解决客户提出的任何疑问。这包括开具发票、跟进收款、处理客户账单和记录账目。

3.财务报告与数据分析。

应收会计需要编制财务报表，以及提供财务分析的基础数据。

4.信用管理和账期管理。

应收会计负责客户信用限额控制和账期管理，确保应收账款的管理符合公司的财务政策。

5.内部和外部沟通。

应收会计需要与供应商、客户和其他财务人员保持良好合作关系，进行业务对接和账务处理。

6.应收账款核销和账务核对。

应收会计需要定期完成应收账款的核销和账务核对工作，确保账目的准确性和完整性。

7.应对特殊情况和调整。

对于无法收回的应收账款，应收会计需要查明原因并提出处理意见。

8.执行和优化财务流程。

应收会计需要优化对账流程，提高工作效率，并对账单数据进行整理和分析。

9．完成临时性和附加任务。

应收会计还需要完成上级领导交办的其他工作任务。

总的来说，应收会计的工作涵盖了从销售管理到财务报告分析的多个方面，需要确保公司的财务健康和运营效率。

三、操作演示

根据“项目资料-—、应收款管理系统启用和基础信息补充设置”完成本任务。

【准备工作】引入“任务3-2总账管理系统初始设置”备份账套。

（一）启用应收款管理系统

账套主管（001刘梅）2025年1月1日启用应收款管理系统。

1.账套主管（001刘梅）登录“企业应用平台”，操作日期为“2025-01-01”。

2.执行“基础设置”/“基本信息”/“系统启用”命令，选中“应收款管理系统”，注意启用时间为“2025年1月1日”。

（二）基础信息补充设置

1.设置本单位开户银行。

（1）修改银行档案。

刘梅执行“基础设置”/“基础档案”/“收付结算”/“银行档案”命令，双击“01中国工商银行”，进入“修改银行档案”界面，不勾选“企业账户规则”下的“定长”复选框，单击“保存”按钮，如图8-2所示。

（2）增加本单位开户银行。

①执行“基础设置”/“基础档案”/“收付结算”/“本单位开户银行”命令，单击“增加”按钮。

②在“增加本单位开户银行”界面录入“编码”为“01”，“银行账号”为“6222022200242753619”，“币种”选择“人民币”，“开户银行”为“中国工商银行李沧第一支行”，“所属银行编码”选择“01-中国工商银行”，如图8-3所示，单击“保存”按钮。

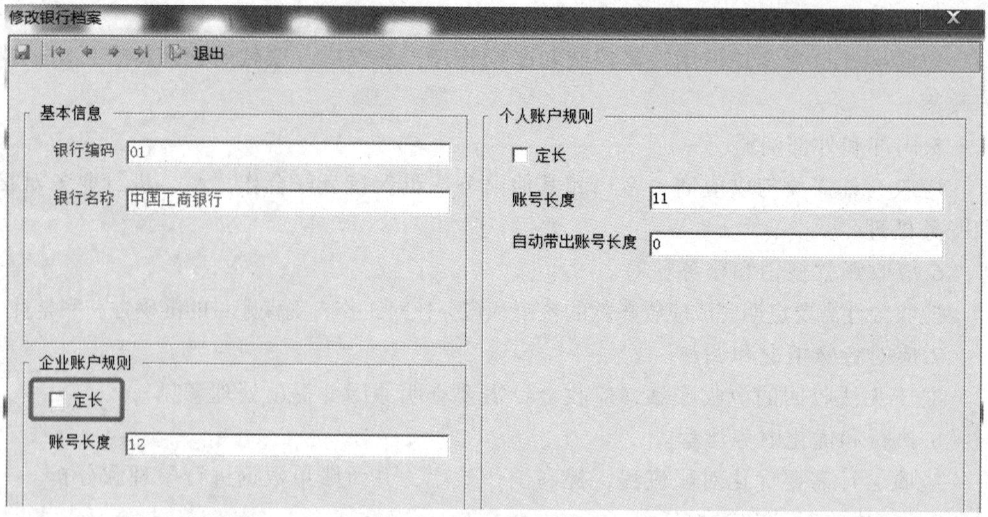

图8-2　修改银行档案

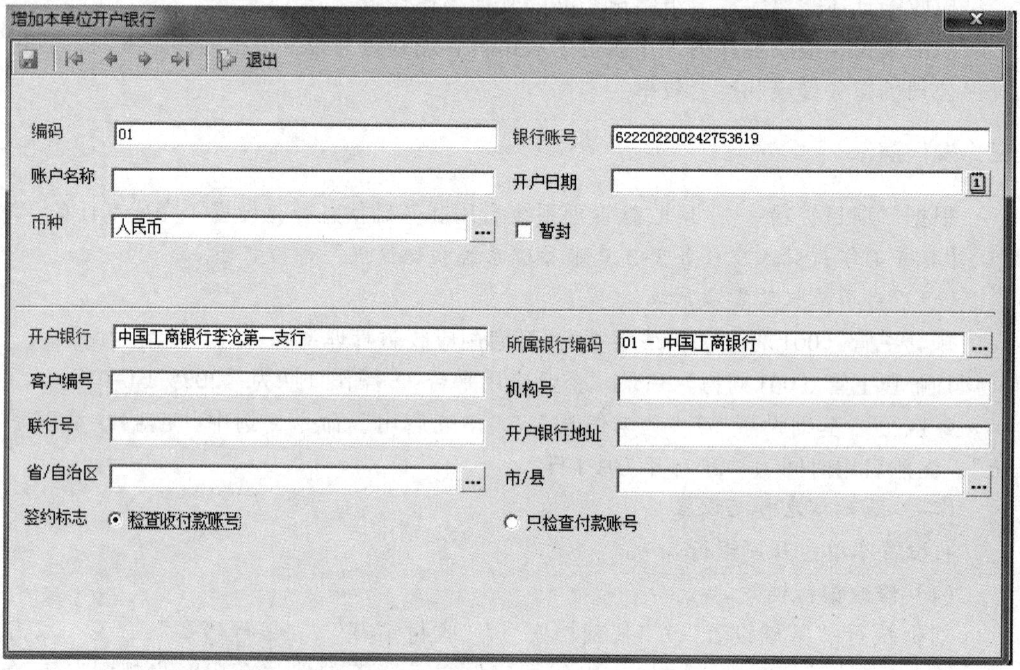

图8-3　本单位开户银行设置

2.设置存货相关信息。

（1）计量单位分组及计量单位。

①刘梅执行“基础设置”/“基础档案”/“存货”/“计量单位”/命令。

②在“计量单位-计量单位组”界面，单击“分组”按钮，弹出“计量单位组”界面，单击“增加”按钮，录入“计量单位组编码”为“01”，“计量单位组名称”为“自然单位组”，“计量单位组类别”选中“无换算率”，单击“保存”按钮。单击“退出”按钮。如图8-4所示。

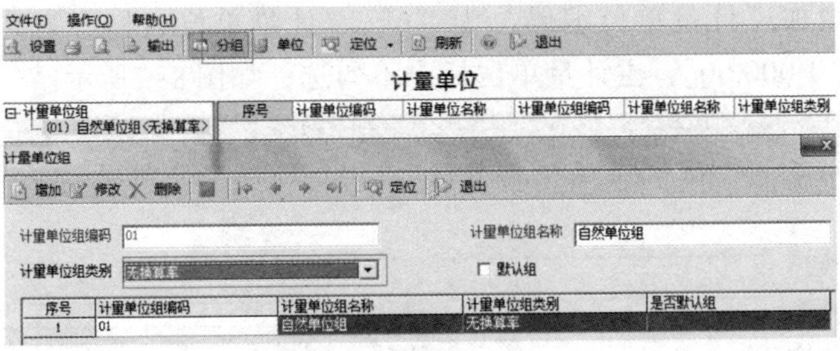

图8-4　计量单位分组

温馨提示：

· 先分组，再录入具体的计量单位。

③在自然单位组大类里录入具体的计量单位。单击“单位”按钮，进入“计量单位”窗口，单击“增加”按钮，根据表8-1，依次录入“计量单位编码”和“计量单位名称”，单击“保存”按钮，结果如图8-5所示。

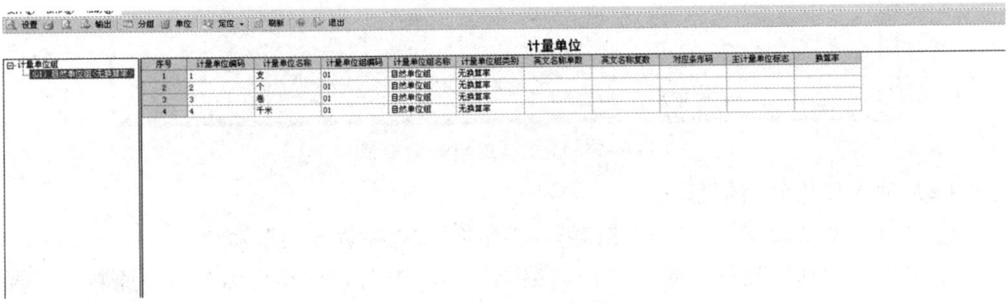

图8-5　自然单位组计量单位结果

④同理，录入“02固定换算组（固定换算率）”，单击“保存”按钮。

⑤选中“02固定换算组（固定换算率）”，单击“单位”按钮，进入“计量单位”窗口，单击“增加”按钮，“计量单位编码”录入“5”，“计量单位名称”录入“千克”，选中“主计量单位标志”，单击“保存”按钮。如图8-6所示。

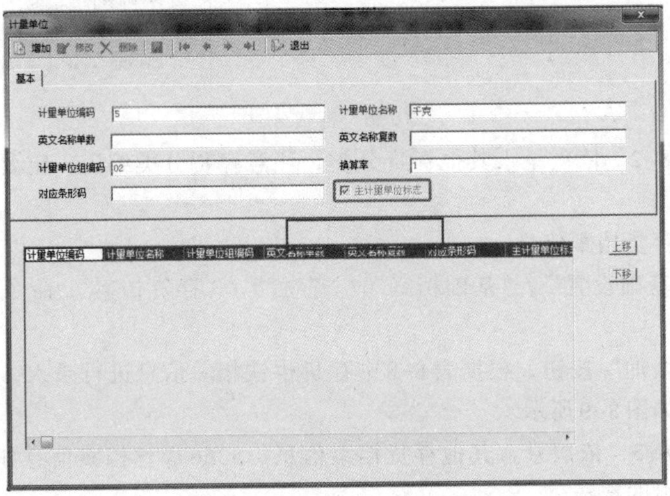

图8-6　固定换算组主计量单位

⑥同理，增加“计量单位编码”为“6”，“计量单位名称”为“吨”的计量单位，换算率为“1 000.00”，主计量单位标志不勾选，如图8-7所示。

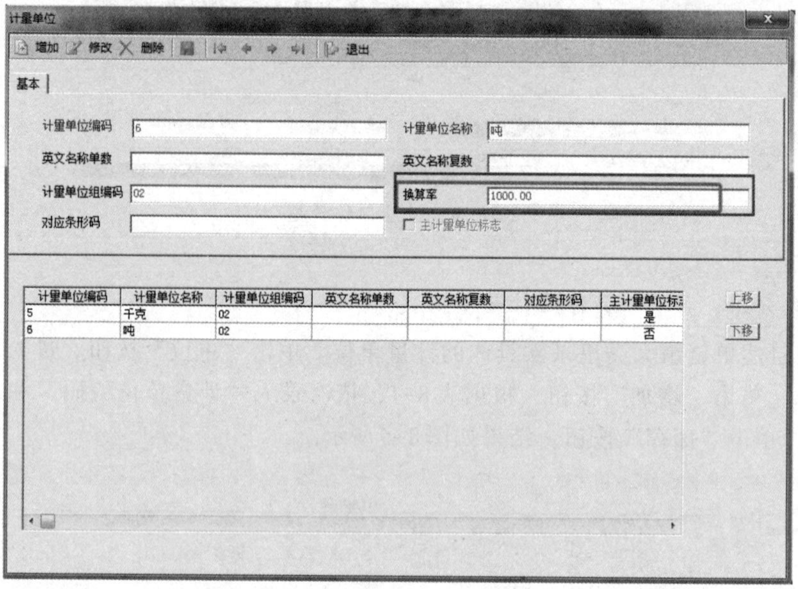

图8-7　固定换算组计量单位

（2）录入存货分类信息。

①执行“基础设置”/“基础档案”/“存货”/“存货分类”命令。

②单击“增加”按钮，录入“分类编码”为“01”，“分类名称”为“原料及主要材料”，单击“保存”按钮。如图8-8所示。

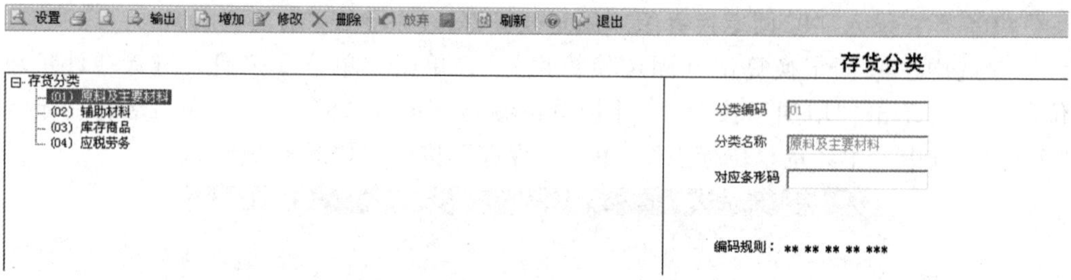

图8-8　存货分类

③依据表8-2，依次录入其他存货分类，注意存货分类编码一定要符合分类编码规则。

（3）录入存货档案信息。

①执行“基础设置”/“基础档案”/“存货”/“存货档案”/命令，选中“原料及主要材料”。

②单击“增加”按钮，根据表8-8中存货生铁相关信息进行录入，单击“保存并新增”按钮，如图8-9所示。

③依据表8-3，依次录入其他存货档案信息。5356焊丝档案信息如图8-10所示，注意计量单位组的选择。

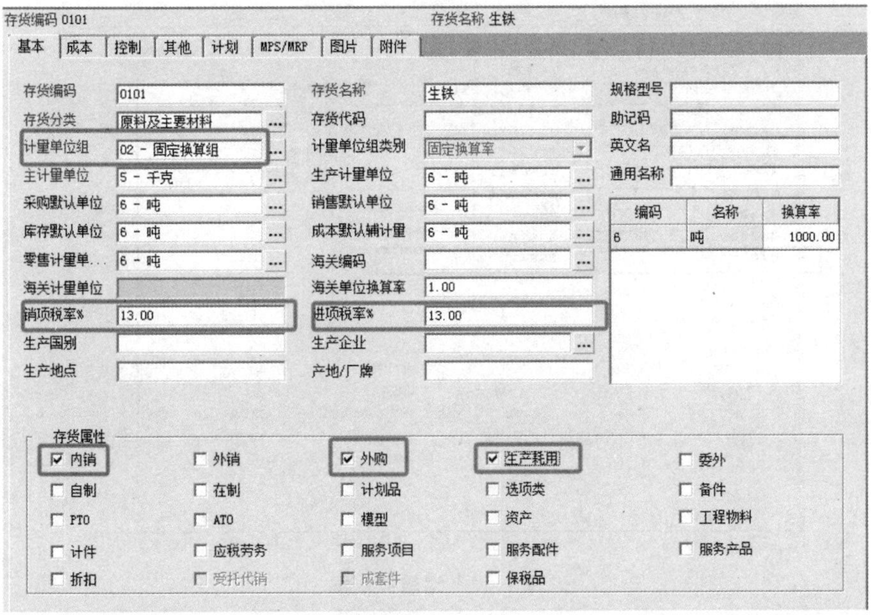

图8-9　生铁档案

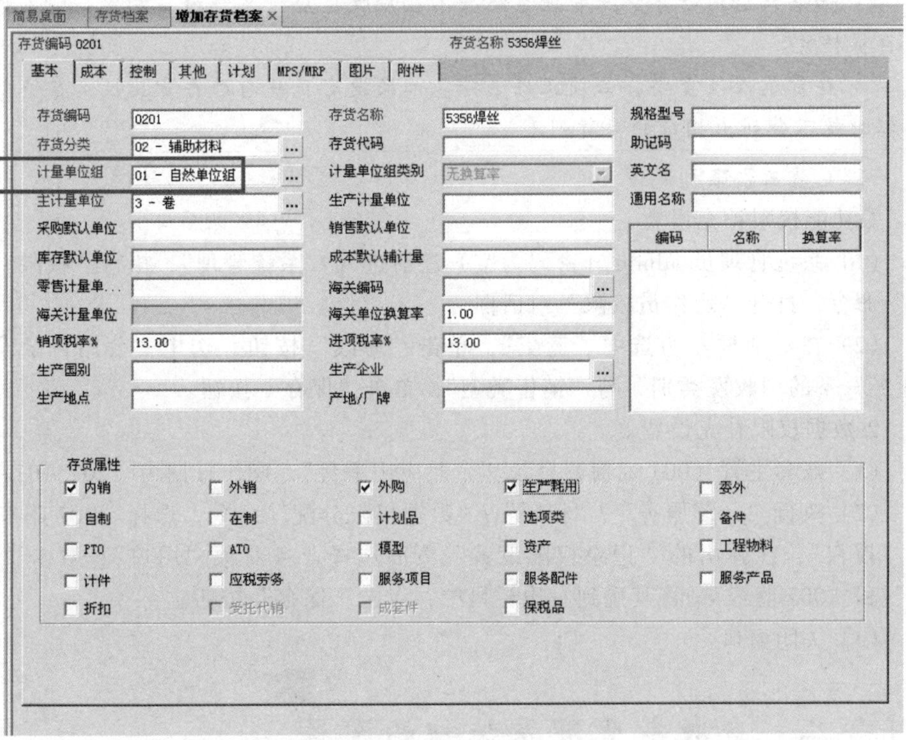

图8-10　5356焊丝档案

④运输费注意税率，运输费档案如图8-11所示。

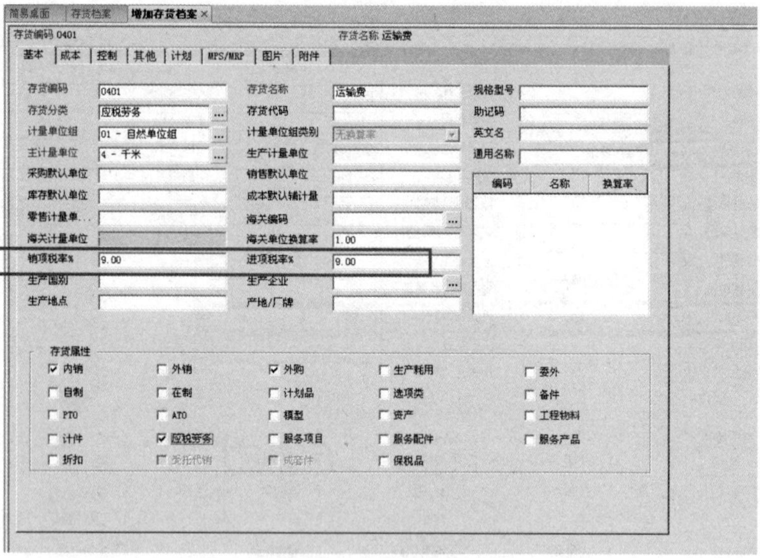

图8-11　运输费档案

温馨提示：

· 如果只启用财务总账管理系统并不在应收、应付系统填制发票，则不需要设置存货档案。

· 存货属性很重要，必须正确选择。如果没有正确勾选存货属性，在填制相应单据时就不会列出相应的存货列表。

（三）蓝玉权限补充设置

1.功能权限补充设置。

（1）系统管理员 admin（密码为空）注册进入“系统管理”，执行“权限”/“权限”命令，打开“操作员权限”对话框。

（2）在对话框左边选中“蓝玉”，单击“修改”按钮，选中“公用目录设置”/“业务”下的“收发类别”与“销售类型”，单击“保存”按钮。

2.数据权限补充设置。

（1）账套主管（001 刘梅）登录“企业应用平台”，操作日期为“2025-01-01”。

（2）执行“系统服务”/“权限”/“数据权限分配”命令，选择“007 蓝玉”，点击“授权”，在弹出的“记录权限设置”页面选择业务对象“用户”，双击“001 刘梅”和“007 蓝玉”，将其选到右边栏目中，点击“保存”按钮。

（3）关闭窗口。

任务二　应收款管理系统初始设置

一、任务布置

账套主管（001 刘梅）根据“项目资料-二、应收款管理系统初始设置”，完成应收款管理系统的初始设置。

二、知识链接

应收款管理系统初始设置的作用是建立应收款管理的基础数据，确定使用哪些单据处理业务，确定需要进行账龄管理的账龄区间。有了这些功能，用户可以选择使用自己定义的单据类型，使应收业务管理更符合用户的需要。应收款管理系统初始设置具体包括参数设置、科目设置、坏账准备设置、账期内账龄区间设置以及期初余额的录入。

（一）参数设置

不同企业对应收款项的管理和核算方法存在差异，应收款管理系统提供了账套控制参数设置选项，在使用应收款管理系统进行日常业务处理前，需要根据企业管理的需要，对企业的相关参数进行设置。应收款管理系统的参数包括常规、凭证、权限与预警及核销设置四部分，系统一旦启用，有的参数无法更改，因此，财务人员应根据企业核算的需要，进行谨慎的选择。

根据对客户往来款项核算和管理的程度不同，系统提供了“详细核算”和“简单核算”两种应用方案。

“详细核算”应用方案，可以记录应收款项的形成；处理应收项目的收款及转账情况；对应收票据进行记录和管理；随应收项目的处理过程自动生成凭证，向总账管理系统进行传递；对外币业务及汇兑损益进行处理，并且提供满足多种条件的各种查询及分析。

“简单核算”应用方案既可以接收销售系统的发票，对其进行审核，也可以对销售发票进行制单处理，传递给总账。

具体选择哪一种方案，可以在应收款管理系统的选项中通过设置“应收账款核算模型”来设置。

（二）科目设置

科目设置是将核算应收款项经常用到的会计科目预先设置好，便于在生成凭证时将业务对应的会计科目自动带出，以简化凭证生成的操作。

（三）坏账准备设置

坏账准备设置是用户先设置好坏账准备的提取比率、核算科目，录入坏账准备期初余额，便于系统根据设置在会计期末自动计提坏账准备。第一次使用系统时，坏账准备期初余额直接录入，以后各期则由系统自动生成，并且不能修改。

（四）账龄区间设置

账龄区间设置是用户将企业尚未收回的应收账款按欠款时间长短划分区间，便于进行应收款项的账龄分析，更科学地管理应收款项。

（五）报警级别设置

报警级别设置是把客户欠款情况按照客户欠款余额及其信用额度分类分级，便于掌握各个客户的信用情况，为企业调整与客户的往来业务政策提供依据。

（六）单据类型设置

单据类型设置可选择发票和应收单两大类型，如果应收款管理系统与销售管理系统结合使用，单据类型还包括销售调拨单和销售日报。

（七）期初余额录入

应收款管理系统建账期初，企业以前形成的并且尚未收到的应收账款、预收但尚未结算的货款、应收票据等数据需要录入本账套。应收账款对应的单据可能是增值税专用发票、普通发票、其他应收单；预收账款对应的单据是收款单；应收票据对应的单据是商业汇票（银行承兑汇票和商业承兑汇票）。录入期初余额是初次使用本系统必须进行的工作，当下一会计期间进行业务处理时，系统自动将上一会计期间未处理完全的单据，转成下一会计期间的期初余额。期初余额录入完毕，需要与总账期初余额进行对账。期初务必保证对账相符，之后才能开始日常业务处理工作。

三、操作演示

根据“项目资料–二、应收款管理系统初始设置”完成本任务。

8-2

应收款管理系统参数设置与初始设置（操作演示）

【准备工作】上接“任务一 认识应收款管理系统”。

（一）设置应收款管理系统参数

1.账套主管（001刘梅）登录“企业应用平台”，操作日期为“2025-01-01”。

2.在“业务工作”选项卡中，执行“财务会计”/“应收款管理”/“设置”/“选项”命令。

3.打开“账套参数设置”窗口，单击“编辑”按钮，在“常规”页签下，“坏账处理方式”改为“应收余额百分比法”，勾选“自动计算现金折扣”复选框，其他默认，如图8-12所示。

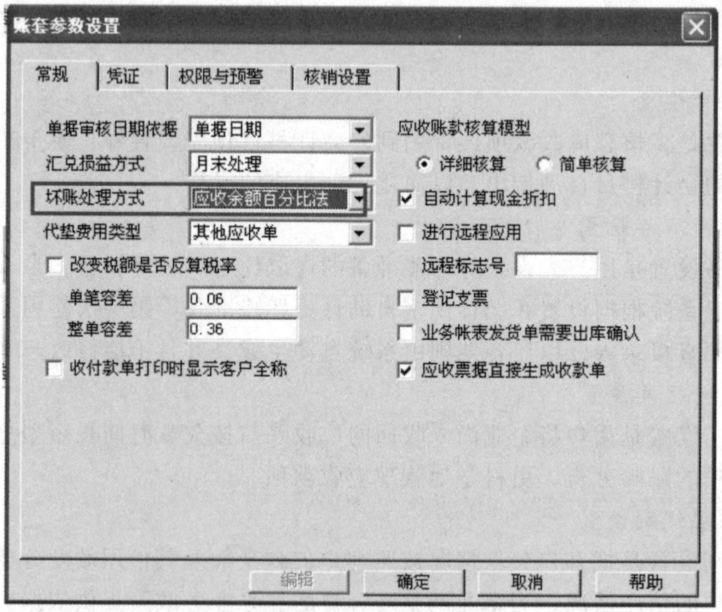

图8-12 常规选项设置

> 温馨提示：
>
> · 坏账处理方式：坏账处理方式有备抵法和直接转销法两大类，其中，备抵法又包括应收余额百分比法、销售收入百分比法、账龄分析法。我国会计准则规定只能采用备抵法进行坏账的核算。在软件环境下，如果在设置参数时勾选了备抵法，只有在初始设置中录入坏账准备的期初余额、计提比例或输入账龄区间，然后才能处理坏账计提等相关业务。如果坏账处理方式默认为直接转销法，则后续无法进行坏账准备的初始设置。
>
> · 代垫费用类型：系统默认为其他应收单。
>
> · 应收账款核算模型：简单核算和详细核算。在系统启用时或者还没有进行任何业务处理的情况下才允许从简单核算改为详细核算；从详细核算改为简单核算随时可以进行，但要注意此过程不可逆转。

4.单击“权限与预警”页签，在“单据报警”/“提前天数”选项下录入“7”；在“信用额度报警”/“提前比率”下录入“20”，如图8-13所示。

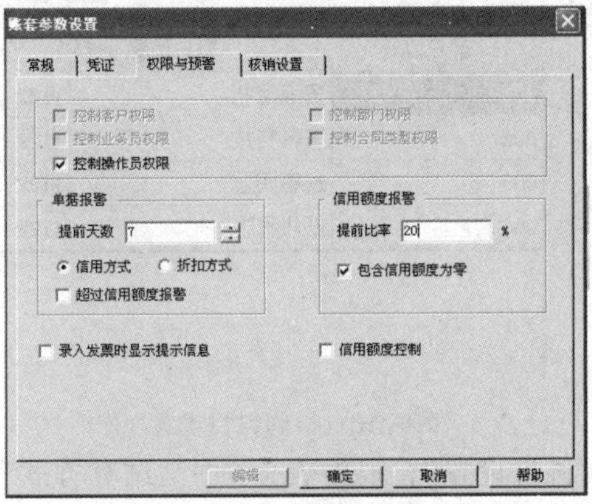

图8-13 权限与预警选项设置

5.“凭证”和“核销设置”页签下的选项按系统默认，无须修改。所有选项设置完毕，点击“确定”按钮。

（二）应收款管理系统初始科目设置

1.在“业务工作”选项卡中，执行“财务会计”/“应收款管理”/“设置”/“初始设置”命令，选中“设置科目”下的“基本科目设置”，单击“增加”按钮，根据表8-5中“基本科目”信息，逐行增加应收科目、预收科目、税金科目、销售收入科目等基本会计科目，如图8-14所示。

基础科目种类	科目	币种
应收科目	1122	人民币
预收科目	2204	人民币
商业承兑科目	112102	人民币
银行承兑科目	112101	人民币
税金科目	22210105	人民币
销售收入科目	6001	人民币
销售退回科目	6001	人民币
汇兑损益科目	660302	人民币

图8-14 基本科目设置

温馨提示：

· 如果设置了基本科目，则在生成凭证时，系统会根据设置自动生成凭证，且凭证保存前，可对相应的会计科目进行修改；如不进行该设置，则需要在凭证生成环节手工录入相关科目。

· 在进行科目设置之前，需要进行会计科目属性的修改，将应收账款1122、合同负债2204、应收票据1121科目属性改为“客户往来”核算，使之受控于应收款管理系统。

· 自2021年1月1日起，新会计准则在上市公司、非上市公司全面实施，企业根据合同预先收到购货款而产生的向客户转让商品的义务应通过“合同负债”科目核算。

2.单击“控制科目设置”，根据表8-5中“控制科目”信息，在“应收科目”处录入“1122”，“预收科目”处录入“2204”，如图8-15所示。

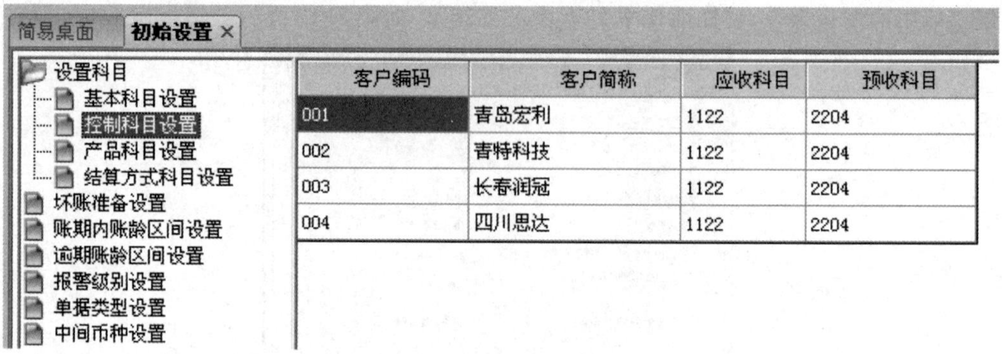

图8-15　控制科目设置

3.单击“结算方式科目设置”，根据表8-5中“结算方式科目”信息，完成结算方式的录入，如图8-16所示。

图8-16　结算方式科目设置

（三）坏账准备设置

在“业务工作”选项卡中，执行“财务会计”/“应收款管理”/“设置”/“初始设置”命令，选中“坏账准备设置”，设置“提取比例”为“0.500”；“坏账准备期初余额”为“25 000.00”；“坏账准备科目”为“1231;”“对方科目”为“6702”；单击“确定”按钮，出现“储存完毕”提示，单击“确定”按钮，坏账准备设置成功，如

图8-17所示。

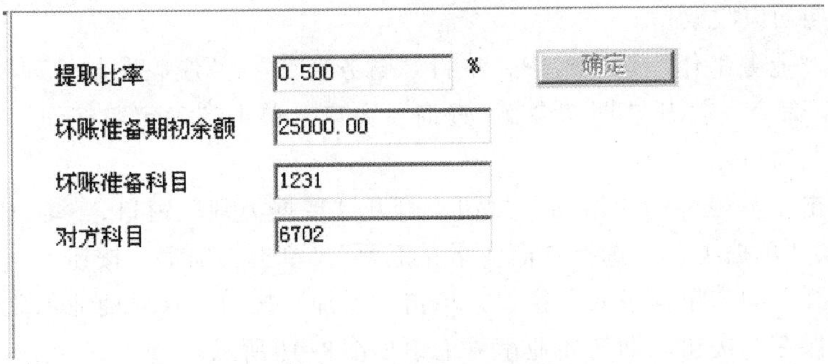

图8-17　坏账准备设置

温馨提示：

· 如果在选项中并未选中坏账处理的方式为“应收余额百分比法”，则在此处就不能录入“应收余额百分比法”所需要的初始设置，即此处的初始设置是与选项中所选择的坏账处理方式相对应的。

· 坏账准备的期初余额应与总账管理系统中所录入的坏账准备的期初余额相一致，但是，系统没有坏账准备期初余额的自动对账功能，只能人工核对。坏账准备的期初余额如果在借方则用“-”号表示，如果没有期初余额，应将期初余额录入“0”，否则，系统将不予确认。

· 坏账准备期初余额被确认后，只要进行了坏账准备的日常业务处理就不允许再修改。下一年度使用本系统时，可以修改提取比率、区间和科目。

（四）账期内账龄区间设置与逾期账龄区间设置

在“业务工作”选项卡中，执行“财务会计”/“应收款管理”/“设置”/“初始设置”命令，选中“账期内账龄区间设置”，第一行总天数录入“30”，按回车键，第二行总天数录入“60”，按回车键，第三行总天数录入“90”，按回车键。

“逾期账龄区间设置”同“账期内账龄区间设置”，如图8-18所示。

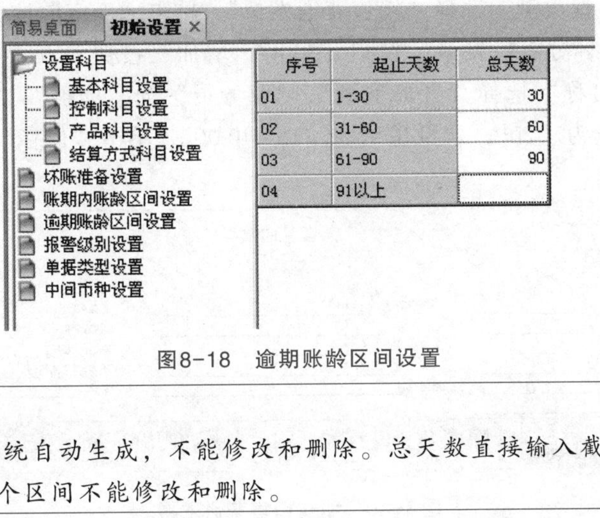

图8-18　逾期账龄区间设置

温馨提示：

· 序号由系统自动生成，不能修改和删除。总天数直接输入截至该区间的账龄总天数。最后一个区间不能修改和删除。

8-3

应收款管理系统期初余额录入（操作演示）

（五）期初余额录入与对账

1. 录入期初应收票据。

（1）在“业务工作”选项卡中，执行“财务会计”/“应收账款管理”/“设置”/“期初余额”命令，打开“期初余额-查询”窗口，单击“确定”按钮，打开“期初余额明细表”窗口。

（2）单击工具栏中的“增加”按钮，打开“单据类别”窗口，“单据名称”选择“应收票据”，“单据类型”选择“商业承兑汇票”，单击“确定”按钮。

（3）打开“期初单据录入”窗口，单击“增加”按钮，录入商业承兑汇票相关信息，单击“保存”按钮。期初商业承兑汇票如图8-19所示。

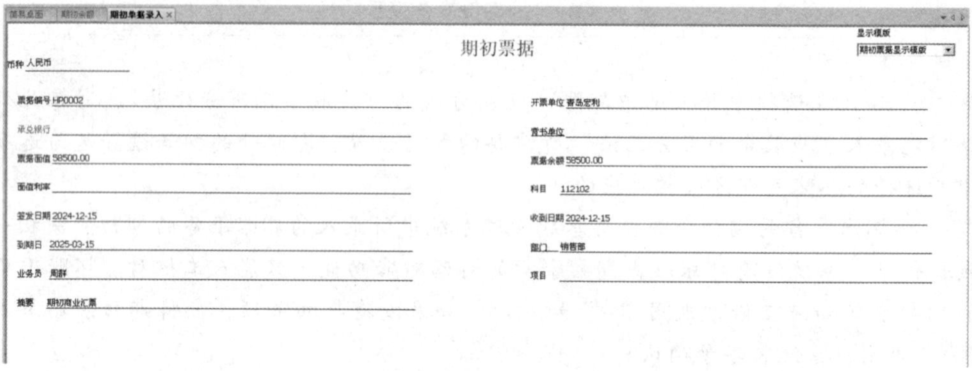

图8-19 期初商业承兑汇票

（4）关闭“期初单据录入”窗口，返回“期初余额明细表”窗口，单击“刷新”按钮，新增了一条商业承兑汇票的期初余额明细。

2. 录入期初销售普通发票。

（1）执行“应收账款管理”/“设置”/“期初余额”命令，打开“期初余额-查询”窗口，单击“确定”按钮，打开“期初余额明细表”窗口。

（2）单击工具栏中的“增加”按钮，打开“单据类别”窗口，“单据名称”选择“销售发票”，“单据类型”选择“销售普通发票”，单击“确定”按钮。

（3）打开“期初销售发票”窗口，单击“增加”按钮，开票日期录入“2024-12-01”，“客户名称”选择“青岛宏利”，“业务员”为“周群”，“货物名称”选择“153中桥”，数量为“20”，含税单价为“15 440.00”，单击“保存”按钮。如图8-20所示。

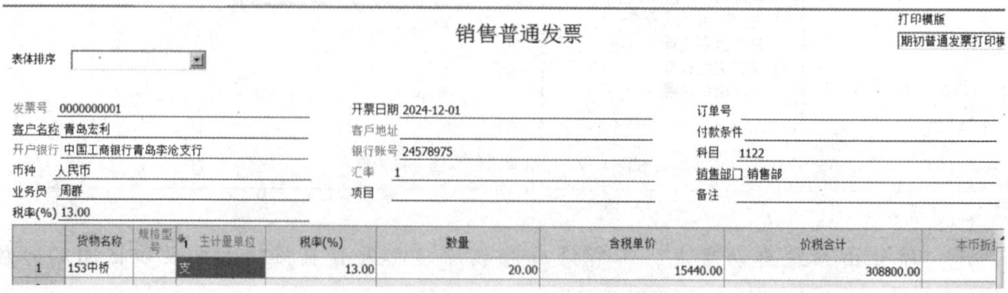

图8-20 期初销售普通发票

（4）第一张发票录完，依据表8-9所示信息录入第二张普通发票，然后关闭“期初销售发票”窗口。

（5）单击工具栏中的“对账”按钮，系统自动进行应收款管理系统受控科目与总账管理系统期初余额的对账，如图8-21所示。

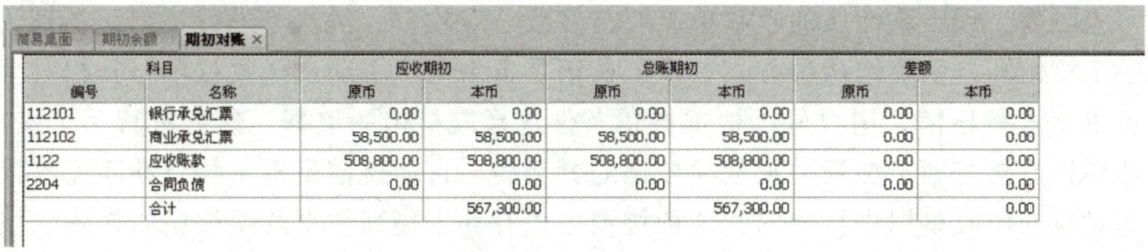

科目		应收期初		总账期初		差额	
编号	名称	原币	本币	原币	本币	原币	本币
112101	银行承兑汇票	0.00	0.00	0.00	0.00	0.00	0.00
112102	商业承兑汇票	58,500.00	58,500.00	58,500.00	58,500.00	0.00	0.00
1122	应收账款	508,800.00	508,800.00	508,800.00	508,800.00	0.00	0.00
2204	合同负债	0.00	0.00	0.00	0.00	0.00	0.00
	合计		567,300.00		567,300.00		0.00

图8-21 期初对账

（六）备份账套

用户admin登录“系统管理”，备份为“任务8-2应收款管理系统初始设置”账套。

任务三 应收款管理系统日常业务处理

一、任务布置

应收会计（007蓝玉）根据“项目资料-三、应收款管理系统日常业务”资料，完成应收款管理系统日常业务的操作。以小组为单位进行思考并讨论以下问题：

1.在收款单据处理中，哪些业务需要核销，哪些业务不需要核销？

2.假如凭证制单日期不小心未修改，并且已经制单了，能不能将该凭证在应收款系统直接删除呢？如何彻底删除该凭证？

二、知识链接

在实际工作中，销售大多采用赊销方式，因此应收款管理系统是企业日常业务处理的重要组成部分。应收款管理系统的日常业务包括应收单据处理、收款单据处理、票据管理、转账处理、坏账处理、制单处理等，及时处理企业发生的赊销及收款业务，有助于企业查询和分析应收款的账龄、可回收性等，有利于加强企业对往来款的管理与监督，提高工作效率。

（一）应收单据处理

应收单据包括因销售业务而开具的各种发票和非销售业务涉及的其他应收单，它们是应收业务处理的起点，是应收款管理系统日常核算的原始单据。应收单据处理包括应收单据的录入、修改和审核。如果应收款管理系统与销售管理系统结合使用，则销售发票在销售管理系统中填制并复核后自动传递到应收款管理系统中，在应收款管理系统中只进行单据审核和制单处理；如果用户没有启用销售管理系统，而只启用了应收款管理系统，则在应收款管理系统中可以完成应收业务的全部操作，包括发票或其他应收单的录入、审核、制单处理等。为了对应收款管理系统的工作流程进行完整的演示，青岛宏象华瑞装备科技有限公司在1月只启用应收款管理系统。

（二）收款单据处理

收款单是企业收到交款人交来的应收款、预收款、其他费用等款项时，而向交款人开具的收款单据。收款单据处理包括收款单录入、审核、与对应的应收单据核销。

为了建立收款与应收款的核销记录，监督应收款及时核销，加强往来款项的管理，应收款、预收款性质的收款单需要与发票、应收单、付款单进行核销。本系统提供手工核销和自动核销两种方式。手工核销是指由用户手动选择收款单与其相对应的应收单据进行核销。用户可以根据核销条件选择需核销的单据，然后进行手工核销，这种核销方式有利于加强往来款项核销的灵活性。自动核销是指系统自动匹配收款单与其对应的应收单据进行核销，这种核销方式有利于提高往来款项核销的效率。核销规则主要包括以下四种情况：

1.收款单与原有单据完全核销。

在二者金额完全一致的情况下，收款单与原有单据可以完全核销。

2.在核销时使用预收款。

核销时，如果结算的金额小于收款单金额与预收款的金额之和，则系统优先使用收款单的金额。例如，预收款10 000元，收款单20 000元，结算26 000元，则系统优先使用收款单20 000元，再使用预收款6 000元。

3.收款单的数额小于原有单据的数额，单据仅得到部分核销。

4.预收款大于实际结算数，余款退回。

（三）票据管理

票据管理主要是对商业承兑汇票和银行承兑汇票进行日常的业务处理，所有涉及票据的收入、结算、贴现、背书、转出、计息等处理都应该在票据管理中进行。

1.增加票据。

收到客户开来的商业汇票，需要增加票据。在增加票据的时候，注意票据生成的收款单不能进行修改。另外，商业承兑汇票不能有承兑银行，而银行承兑汇票必须有承兑银行。

2.修改票据。

当商业汇票的信息有误时，可以修改票据。但需要注意：已进行核销的票据不能被修改；已经进行过计息、结算、转出等处理的票据不能被修改。

3.票据贴现。

在票据管理界面，选中票据，可以进行贴现。需要注意：如果贴现净额大于票据余额，系统自动将其差额作为利息，不能修改；如果贴现净额小于票据余额，系统自动将其差额作为费用，不能修改。另外票据贴现后，将不能再对其进行其他处理。

4.票据背书。

在票据管理界面，选中票据，可以进行“背书”操作。但票据背书后，将不能再对其进行其他处理。当背书方式为“冲销应付账款”时，如果背书金额大于应付账款，则将剩余金额记为供应商的预付款，并结清该张票据。

5.票据转出。

将应收票据转入应收账款，需要进行票据“转出”操作。在票据管理界面，选中票据，执行“转出”。票据执行转出后，系统自动生成已审核的一张“应收单”。

6.票据计息。

票据分为带息票据和不带息票据。进行票据计息时，只需输入“计息日期”，利息金额由系统自动计算得出，确认后，系统会自动把结果保存在票据登记簿中。再次计息时，系统自动扣除以前已计提过的利息。

7.票据结算。

票据结算即票据兑现，从承兑单位或承兑银行处收取相应款项。当票据到期持票收款时，执行票据结算。票据结算后，不能再进行其他与票据相关的处理。

（四）转账处理

在往来业务处理中，可能出现A客户的欠款转让给B客户，由B客户负责偿还，C客户的预收款冲抵应收款等情况，这些情况统称为转账。转账处理主要包括应收冲应收、预收冲应收、应收冲应付和红票对冲。

1.应收冲应收。

应收冲应收，也叫并账，将应收账款在客户、部门、业务员、项目和合同之间进行转入、转出，实现应收业务的调整，解决应收款业务在不同客户、部门、业务员、项目和合同间入错户或合并户问题。每一笔应收款的转账金额不能大于其余额；每次只能选择一个转入单位。

2.预收冲应收。

处理客户的预收款（红字预收款）与该客户应收欠款（红字应收款）之间的核销业务，主要是同一客户的两张单据进行冲销。无论是手工输入的单据转账金额还是自动分摊填入的转账金额，均不能大于该单据的余额。

3.应收冲应付。

客户的应收账款冲抵供应商的应付款项。将应收款业务在客户和供应商之间进行转账，实现应收业务的调整，解决应收债权与应付债务的冲抵。

4.红票对冲。

可实现客户的红字应收单据与其蓝字应收单据、收款单与付款单之间进行冲抵的操作。可以自动对冲或手工对冲。自动对冲可以同时对多个客户依据对冲原则进行红票对冲，提高红票对冲的效率；手工对冲只能对一个客户进行红票对冲，可以自行选择红票对冲的单据，提高红票对冲的灵活性。核销和红票对冲的区别见表8-10。

表8-10 核销和红票对冲的区别

区别	核销	红票对冲
处理单据	收款单可以和蓝字应收单、蓝字发票、付款单核销；付款单可以和红字应收单、红字发票、收款单核销	红字应收单与其蓝字应收单、收款单与付款单冲销
币种	支持同币种，异币种	只支持同币种
特点	不同单据类型，相同颜色；相同单据类型，不同颜色（只限收付款单）	相同单据类型，不同颜色

（五）坏账处理

坏账处理包括坏账发生、坏账收回与坏账计提。坏账收回需要执行收款单录入与确认坏账收回两个步骤。坏账计提根据初始设置的坏账准备计提方法，由系统自动生成。

三、操作演示

根据“项目资料–三、应收款管理系统日常业务”资料完成本任务。

8–4

应收单据处理（操作演示）

【准备工作】引入“任务8–2 应收款管理系统初始设置”备份账套。

（一）应收单据处理

1.开具普通发票的赊销业务。

（1）应收会计（007蓝玉）登录“企业应用平台”，操作日期为“2025–01–06”。

（2）录入应收单据。

①在“业务工作”选项卡中，执行“财务会计”/“应收款管理”/“应收单据处理”/“应收单据录入”命令，弹出“单据类别”窗口，“单据类型”选择“销售普通发票”，方向选择“正向”，单击“确定”按钮。

②打开“销售普通发票”窗口，单击“增加”按钮，修改“开票日期”为“2025–01–06”，“客户简称”选择“青特科技”，“销售部门”选择“销售部”，“业务员”选择“周群”；表体“存货编码”选中“0301”，录入“数量”为“6”，“含税单价”为“13 500.00”。

③单击“销售类型”，进入“销售类型基本参照”界面，单击“编辑”按钮，弹出“销售类型”界面，单击“增加”按钮，录入“销售类型编码”为“01”；“销售类型名称”为“经销”；双击“出库类别”，弹出“收发类别档案基本参照”，单击“编辑”按钮，单击“增加”按钮，录入“收发类别编码”为“1”，录入“收发类别名称”为“销售出库”。选中收发标志“发”，单击“保存”按钮。

④返回“销售类型”界面，“出库类别”选中“销售出库”，“是否默认值”选择“是”，按回车键，录入“代销”信息并保存。如图8–22所示。

销售类型

序号	销售类型编码	销售类型名称	出库类别	是否默认值	是否列入MPS/MRP计划
1	01	经销	销售出库	是	否
	02	代销	销售出库	否	否

图8–22　销售类型

⑤返回“销售普通发票”界面，“销售类型”选中“经销”，单击“保存”按钮。销售普通发票如图8–23所示。

图8–23　销售普通发票

（3）审核发票并生成凭证。

①在“业务工作”选项卡中，执行“财务会计”/“应收款管理”/“应收单据处理”/“应收单审核”命令。

②弹出“应收单查询条件”窗口，单击“确定”按钮，打开“应收单据列表”窗口，双击要审核的单据，打开要审核的“销售普通发票”，单击“审核”按钮，弹出“是否立即制单?”信息提示框，单击“是”按钮，生成赊销凭证，凭证如图8-24所示。

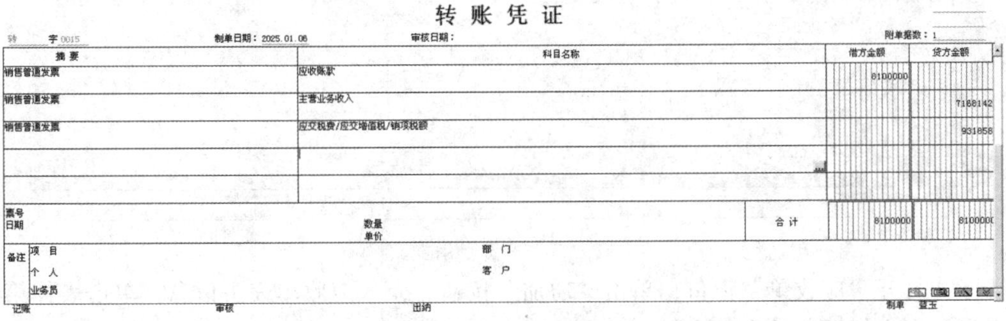
转账凭证

转　字 0015　制单日期：2025.01.06　审核日期：　附单据数：1

摘要	科目名称	借方金额	贷方金额
销售普通发票	应收账款	8100000	
销售普通发票	主营业务收入		7168142
销售普通发票	应交税费/应交增值税/销项税额		931858
票号 日期	数量 单价 合计	8100000	8100000

备注　项目　部门
个人　客户
业务员

记账　审核　出纳　制单　蓝玉

图8-24　赊销凭证

> 温馨提示：
>
> ·只有授予应收会计数据权限，应收会计才具有审核权限。
>
> ·已审核的单据不能修改或删除，已生成凭证或进行过核销的单据在单据界面不再显示。
>
> ·在录入销售发票后可以直接单击“审核”按钮进行审核，在直接审核后系统会提示“是否立即制单”，此时可以直接制单。如果录入销售发票后不直接审核也可以在审核功能中审核，之后再到制单处理中制单。
>
> ·已审核的单据在未进行其他处理之前可以取消审核后修改。

2.开具增值税专用发票的赊销业务。

（1）应收会计（007蓝玉）登录“企业应用平台”，操作日期为“2025-01-07”。

（2）录入增值税专用发票。

①在“业务工作”选项卡中，执行“财务会计”/“应收款管理”/“应收单据处理”/“应收单据录入”命令，弹出“单据类别”窗口，选择“单据类型”为“销售专用发票”，方向选择“正向”，单击“确定”按钮。

②打开“销售专用发票”窗口，单击“增加”按钮，修改“开票日期”为“2025-01-07”；“销售类型”为“经销”，“客户简称”选择“长春润冠”，“销售部门”选择“销售部”，“业务员”选择“周群”；表体“存货编码”选中“0302”，录入“数量”为“10”，“无税单价”为“12 000.00”，如图8-25所示，单击“保存”按钮。

（3）录入应收单。

①执行“应收款管理”/“应收单据处理”/“应收单据录入”命令，打开“单据类别”窗口，“单据名称”选择“应收单”，“单据类型”选择“其他应收单”，“方向”选择“正向”，单击“确定”按钮。

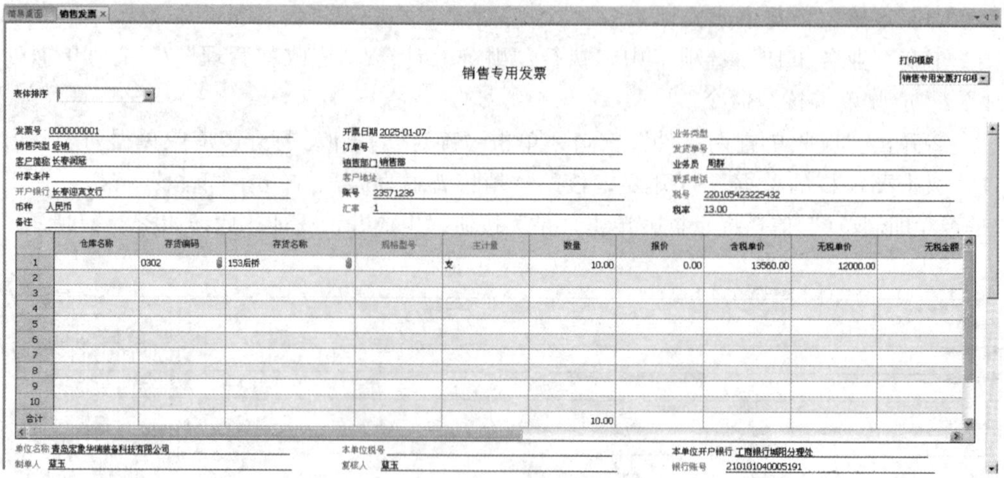

图8-25　销售专用发票

②打开“应收单”窗口，单击“增加”按钮，录入应收单表头信息，单击表体第一行，表头信息自动带入表体，单击“保存”按钮，如图8-26所示。

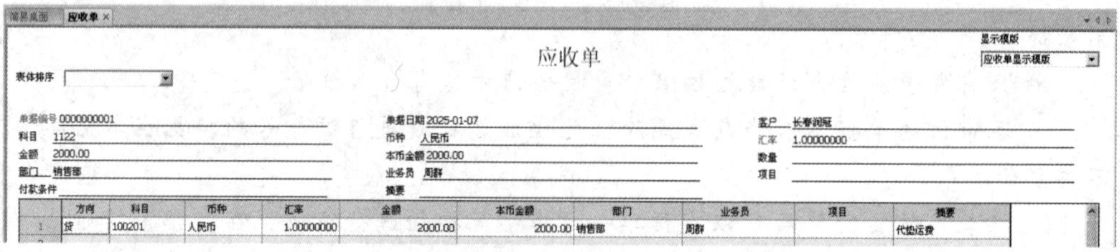

图8-26　录入应收单

（4）审核单据。

①执行“应收款管理”/“应收单据处理”/“应收单据审核”命令，打开“应收单查询条件”窗口，单击“确定”按钮。

②打开“单据处理”窗口，依次单击工具栏中的“全选”“审核”按钮，系统提示“本次审核成功单据【2】张”，单击“确定”按钮。

（5）票据制单。

①执行“应收款管理”/“制单处理”命令，打开“制单查询”窗口，勾选“发票制单”与“应收单制单”复选框，单击“确定”按钮，打开“制单”窗口，更改“凭证类别”为“付款凭证”，单击工具栏中的“合并”按钮。

②单击工具栏中的“制单”按钮，打开“填制凭证”窗口，单击“保存”按钮，弹出“现金流量录入修改”对话框，“项目编码”选择“04购买商品、接受劳务支付的现金”，单击“确定”按钮；选中“100201银行存款”，双击“”图标，弹出“辅助项”对话框，选择“结算方式”为“转账支票”，输入“票号”为“004499”，“发生日期”为“2025-01-07”，单击“确定”按钮；单击“保存”按钮。生成的凭证如图8-27所示。

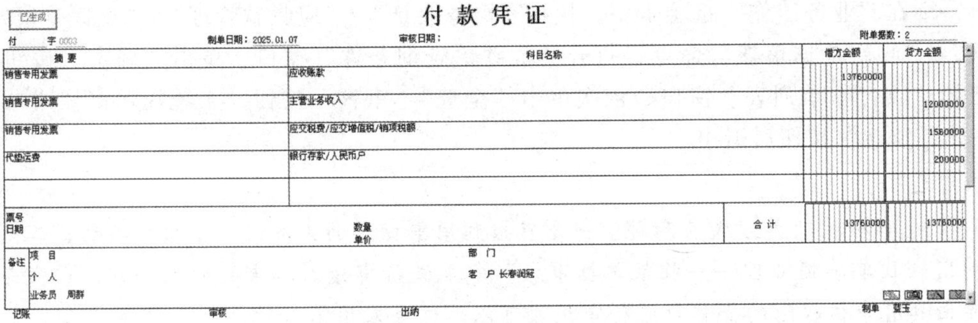

已生成

付款凭证

付 字 0003 制单日期：2025.01.07 审核日期： 附单据数：2

摘要	科目名称	借方金额	贷方金额
销售专用发票	应收账款	13760000	
销售专用发票	主营业务收入		12000000
销售专用发票	应交税费/应交增值税/销项税额		1560000
代垫运费	银行存款/人民币户		200000
票号 日期	数量 单价 合计	13760000	13760000

备注 项目 部门

个人 客户 长春润冠

业务员 周群

记账 审核 出纳 制单 蓝玉

图8-27 赊销并代垫运费凭证

温馨提示：

· 业务2合并制单必须在“制单处理”中进行，只有制单处理才可以进行合并制单。

8-5

收款单据处理

（操作演示）

（二）收款单据处理

1.收到全部货款。

（1）录入收款单。

①应收会计（007蓝玉）登录“企业应用平台”，操作日期为“2025-01-10”。

②在“业务工作”选项卡中，执行“财务会计”/“应收款管理”/“收款单据处理”/“收款单据录入”命令，打开“收付款单录入”窗口，单击“增加”按钮，“客户”选择“青特科技”，“结算方式”选择“转账支票”，“金额”录入“81 000.00”，“票据号”为“008866”，“摘要”录入“收到货款”，“部门”录入“销售部”，“业务员”录入“周群”；单击表体第一行，“款项类型”默认“应收款”，单击“保存”按钮，如图8-28所示。

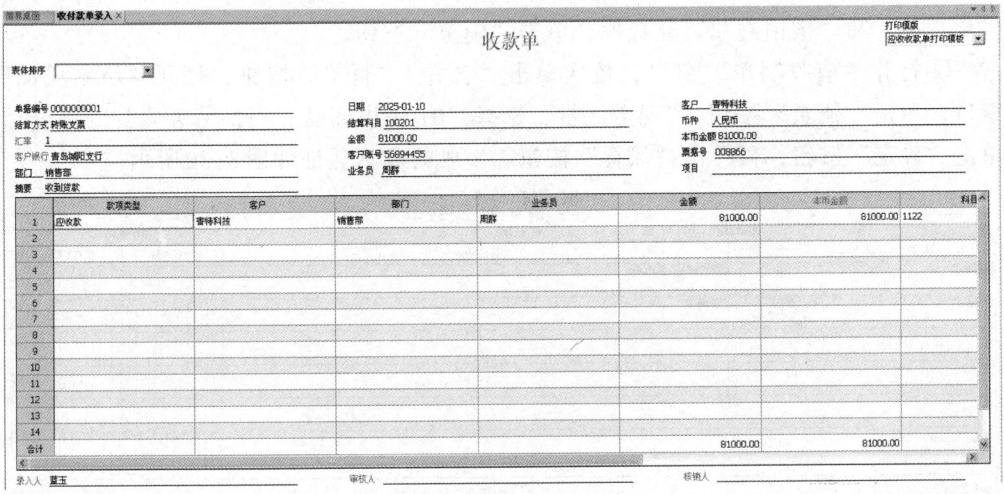

收款单

表体排序

单据编号 0000000001　日期 2025-01-10　客户 青特科技

结算方式 转账支票　结算科目 100201　币种 人民币

汇率 1　金额 81000.00　本币金额 81000.00

客户银行 青岛城阳支行　客户账号 56894455　票据号 008866

部门 销售部　业务员 周群　项目

摘要 收到货款

	款项类型	客户	部门	业务员	金额	本币金额	科目
1	应收款	青特科技	销售部	周群	81000.00	81000.00	1122
2							
3							
4							
5							
6							
7							
8							
9							
10							
11							
12							
13							
14							
合计					81000.00	81000.00	

录入人 蓝玉　审核人　核销人

图8-28 收款单录入-1

（2）审核收款单。

①应收会计（007蓝玉）登录“企业应用平台”，操作日期为“2025-01-10”。

②在“业务工作”选项卡中，执行“财务会计”/“应收款管理”/“收款单据处理”/“收款单据审核”命令，打开“收款单查询条件”窗口，单击“确定”按钮，打开“收付款单列表”窗口，依次单击“全选”“审核”按钮，系统提示审核成功，单击“确定”按钮后退出。

温馨提示：

· 审核收款单方式有两种：一是直接利用单据界面上方的“审核”按钮；二是利用“收单单据处理——收款单据审核”命令进行审核。二者的效果一样，前提是要由具有审核权限的操作员进行审核才可以。这里采用第二种。

（3）单据核销。

①执行“应收款管理”/“核销处理”/“手工核销”命令，打开“核销条件”窗口，客户选择“002-青特科技”，单击“确定”按钮，打开“单据核销”窗口。

②在下方销售普通发票的“本次结算金额”栏中录入“81 000.00”，如图8-29所示，单击“保存”按钮。

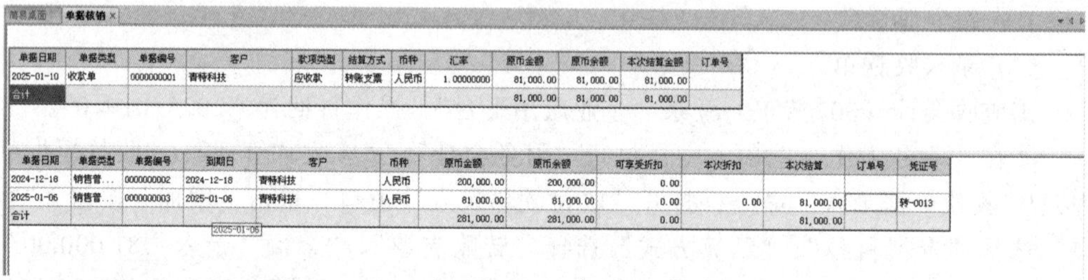

单据日期	单据类型	单据编号	客户	款项类型	结算方式	币种	汇率	原币金额	原币余额	本次结算金额	订单号
2025-01-10	收款单	0000000001	青特科技	应收款	转账支票	人民币	1.00000000	81,000.00	81,000.00	81,000.00	
合计								81,000.00	81,000.00	81,000.00	

单据日期	单据类型	单据编号	到期日	客户	币种	原币金额	原币余额	可享受折扣	本次折扣	本次结算	订单号	凭证号
2024-12-18	销售普...	0000000002	2024-12-18	青特科技	人民币	200,000.00	200,000.00	0.00				
2025-01-06	销售普...	0000000003	2025-01-06	青特科技	人民币	81,000.00	81,000.00	0.00	0.00	81,000.00		转-0013
合计						281,000.00	281,000.00	0.00		81,000.00		

图8-29 单据核销结算

（4）收款核销制单。

①执行“应收款管理”/“制单处理”命令，打开“制单查询”窗口，勾选“收付款制单”和“核销制单”复选框，单击“确定”按钮。

②打开“应收制单”窗口，依次单击“合并”“制单”按钮，打开“填制凭证”窗口，单击“流量”按钮，“现金流量”选择“01 销售商品、提供劳务收到的现金”，单击“确定”按钮，再单击“保存”按钮。生成的收款凭证如图8-30所示。

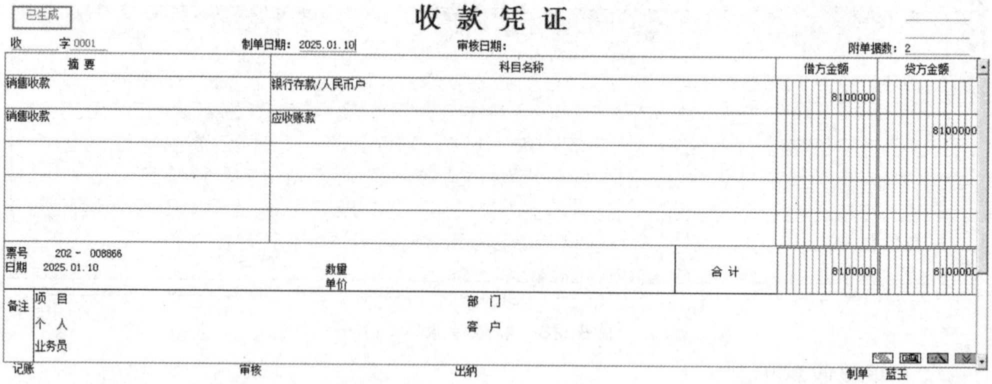

图8-30 收款凭证-1

2.收到部分货款。

（1）录入收款单。

①应收会计（007蓝玉）登录“企业应用平台”，操作日期为“2025-01-13”。

②在“业务工作”选项卡中，执行“财务会计”/“应收款管理”/“收款单据处理”/“收款单据录入”命令，打开“收付款单录入”窗口，单击“增加”按钮，“客户”选择“青岛宏利”，“结算方式”选择“转账支票”，“金额”录入“200 000.00”，“票据号”为“008868”，“部门”录入“销售部”，“业务员”录入“周群”，“摘要”录入“收到部分货款”；单击表体第一行，“款项类型”默认“应收款”，如图8-31所示，单击“保存”按钮。

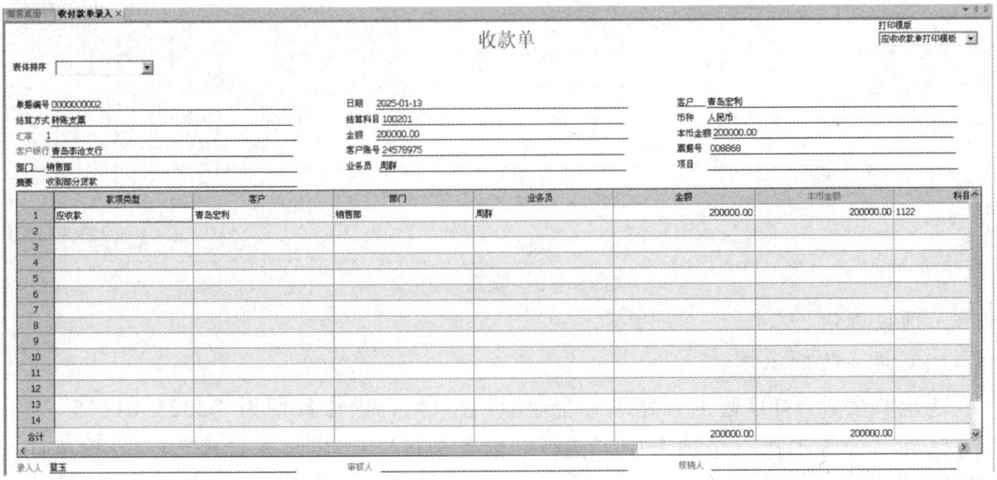

图8-31　收款单

（2）审核收款单。

①应收会计（007蓝玉）登录“企业应用平台”，操作日期为“2025-01-13”。

②在“业务工作”选项卡中，执行“财务会计”/“应收款管理”/“收款单据处理”/“收款单据审核”命令，打开“收款单查询条件”窗口，单击“确定”按钮，打开“收付款单列表”窗口，单击“全选”“审核”按钮，系统提示审核成功，单击“确定”按钮后退出。

（3）单据核销。

①执行“应收款管理”/“核销处理”/“手工核销”命令，打开“核销条件”窗口，客户选择“001-青岛宏利”，单击“确定”按钮，打开“单据核销”窗口。

②在下方销售普通发票的“本次结算金额”栏中录入“200 000.00”，单击“保存”按钮。显示核销200 000.00元，余额为108 800.00元，如图8-32所示。

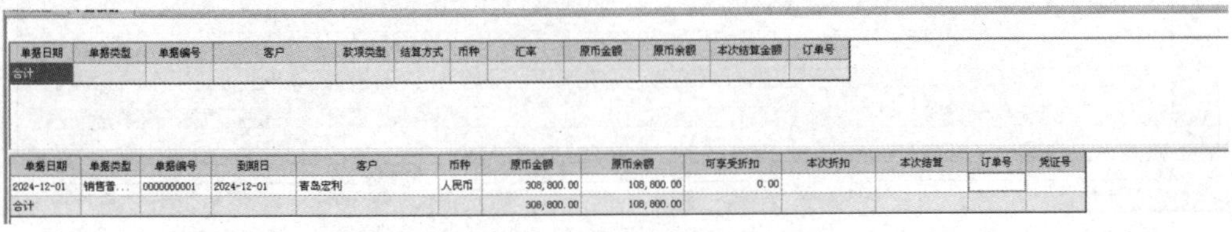

图8-32　手工核销

（4）收款核销制单。

①执行“应收款管理”/“制单处理”命令，打开“制单查询”窗口，勾选“收付款制单”和“核销制单”复选框，单击“确定”按钮。

②打开“应收制单”窗口，依次单击“合并”“制单”按钮，打开“填制凭证”窗口，单击“流量”按钮，“现金流量”选择“01销售商品、提供劳务收到的现金”，单击“确定”按钮，再单击“保存”按钮。生成的收款凭证如图8-33所示。

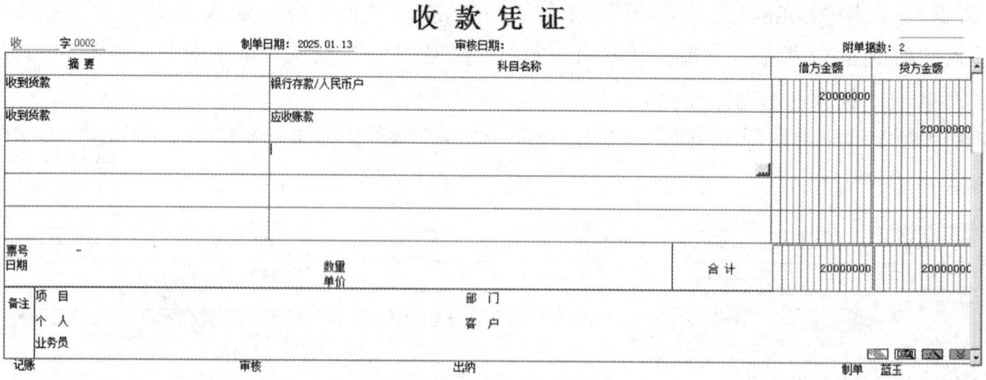

图8-33 收款凭证-2

3.预收货款。

（1）录入收款单。

①应收会计（007蓝玉）登录“企业应用平台”，操作日期为“2025-01-15”。

②在“业务工作”选项卡中，执行“财务会计”/“应收款管理”/“收款单据处理”/“收款单据录入”命令，打开“收付款单录入”窗口，单击“增加”按钮，“客户”选择“青特科技”，“结算方式”选择“转账支票”，“金额”录入“50 000.00”，“票据号”为“008869”，“部门”录入“销售部”，“业务员”录入“周群”，“摘要”录入“收到定金”；单击表体第一行，“款项类型”选择“预收款”，单击“保存”按钮。如图8-34所示。

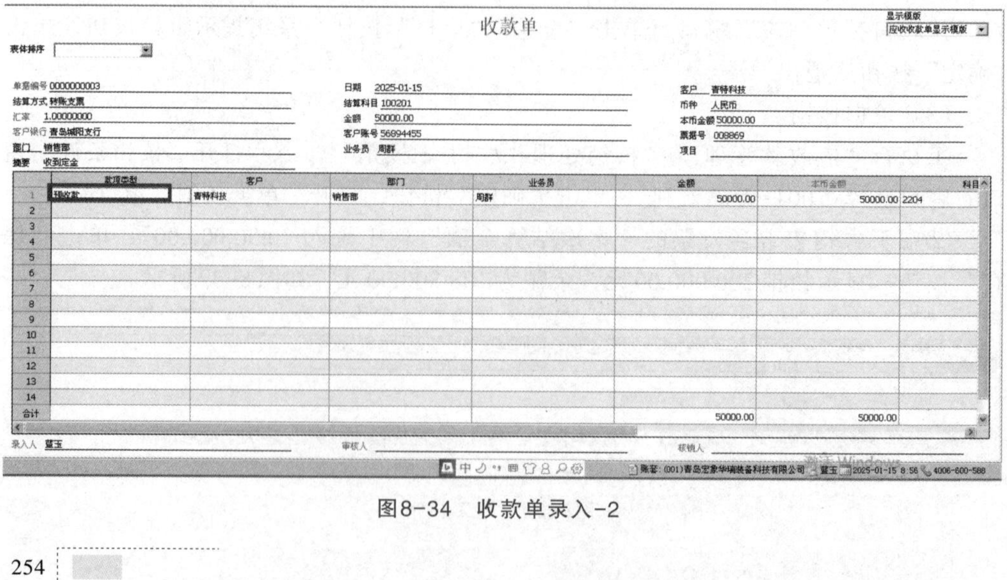

图8-34 收款单录入-2

（2）审核收款单并制单。

①应收会计（007蓝玉）登录“企业应用平台”，操作日期为“2025-01-15”。

②在“业务工作”选项卡中，执行“财务会计”/“应收款管理”/“收款单据处理”/“收款单据审核”命令，打开“收款单查询条件”窗口，单击“确定”按钮，打开“收付款单列表”窗口，双击列表中的收款单以打开“收款单”，单击“审核”按钮，系统弹出“是否立即制单?”，单击“是”按钮，生成预收款凭证，单击“流量”按钮，“现金流量”选择“01销售商品、提供劳务收到的现金”，单击“确定”按钮，再单击“保存”按钮。生成的预收款凭证如图8-35所示。

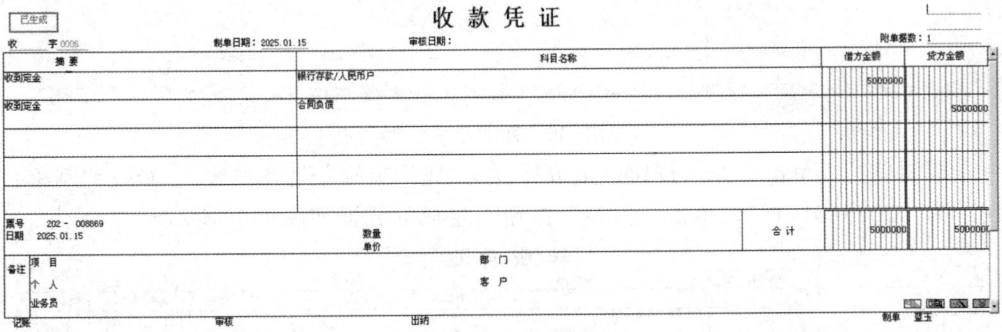

图8-35　预收款凭证

温馨提示：

· 录入预收款的单据类型仍然是“收款单”，但是款项类型为“预收款”。

· 核销是收到以前的货款或支付所欠货款进行的操作，而预收货款只是收定金，实际销售以后才发生，所以预收货款或预付货款业务本身不需要进行核销。

（三）票据管理

8-6

票据管理（操作演示）

1.收到商业承兑汇票。

（1）录入商业承兑汇票。

①应收会计（007蓝玉）登录“企业应用平台”，操作日期为“2025-01-15”。

②在“业务工作”选项卡中，执行“财务会计”/“应收款管理”/“票据管理”命令，打开“查询条件选择”窗口，单击“确定”按钮。

③打开“票据管理”窗口，单击工具栏中的“增加”按钮，打开“应收票据”窗口，“票据类型”选择“商业承兑汇票”，“方向”默认“收款”，“票据编号”录入“HP367809”，“结算方式”选择“商业承兑汇票”，“收到日期”和“出票日期”均选择“2025-01-15”，“到期日”选择“2025-01-25”，“出票人”选择“长春润冠专用车辆有限公司”，“金额”录入“100 000.00”，“部门”选择“销售部”，“业务员”选择“周群”。如图8-36所示，单击“保存”按钮，关闭窗口。

（2）审核商业承兑汇票。

蓝玉在“业务工作”选项卡中，执行“财务会计”/“应收款管理”/“收款单据处理”/“收款单据审核”命令，打开“收款单查询条件”窗口，单击“确定”按钮，打开“收付款单列表”窗口，双击打开“收款单”，单击“审核”按钮，系统弹出“是

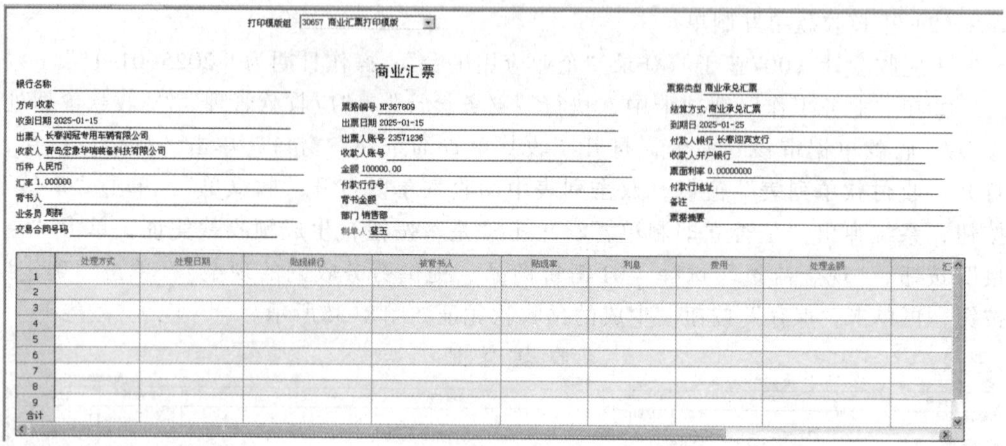

图8-36　商业承兑汇票

否立即制单?”，单击“是”按钮，生成凭证，“凭证类别”选择“转”，修改“制单日期”为“2025-01-15”，单击“保存”按钮。生成的凭证如图8-37所示。

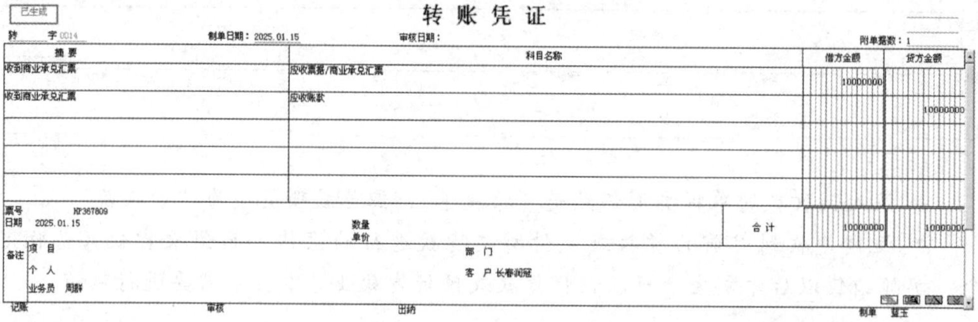

图8-37　转账凭证-1

（3）核销。

①执行“应收款管理”/“核销处理”/“手工核销”命令，打开“核销条件”窗口，“客户”选择“003-长春润冠”，单击“确定”按钮，打开“单据核销”窗口。

②在下方销售专用发票的“本次结算金额”栏中录入“100 000.00”，单击“保存”按钮。显示核销100 000.00元，余额为35 600.00元，如图8-38所示。

简易桌面　单据核销 ×

单据日期	单据类型	单据编号	客户	款项类型	结算方式	币种	汇率	原币金额	原币余额	本次结算金额	订单
2025-01-15	收款单	0000000004	长春润冠	应收款	商业承…	人民币	1.00000000	100,000.00	100,000.00	100,000.00	
合计								100,000.00	100,000.00	100,000.00	

单据类型	单据编号	到期日	客户	币种	原币金额	原币余额	可享受折扣	本次折扣	本次结算	订单号	凭证号
其他应收单	0000000001	2025-01-07	长春润冠	人民币	2,000.00	2,000.00	0.00				付-0001
销售专用发票	0000000001	2025-01-07	长春润冠	人民币	135,600.00	135,600.00	0.00	0.00	100,000.00		付-0001
					137,600.00	137,600.00	0.00		100,000.00		

图8-38　手工核销

> 温馨提示：
>
> · 保存一张商业票据之后，系统会自动生成一张收款单。这张收款单还需经过审核之后才能生成记账凭证。由票据生成的收款单不能修改。

2.票据贴现。

（1）应收会计（007蓝玉）登录“企业应用平台”，操作日期为“2025-01-17”。

（2）在“业务工作”选项卡中，执行“财务会计”/“应收款管理”/“票据管理”命令，打开“查询条件选择”窗口，单击“确定”按钮。

（3）打开“票据管理”窗口，选择票号“HP0002”的商业承兑汇票。单击“贴现”按钮，打开“票据贴现”窗口。“贴现率”栏录入“6”，在“结算科目”栏录入“100201”，或单击结算科目栏参照按钮，选择“100201人民币户”，如图8-39所示。

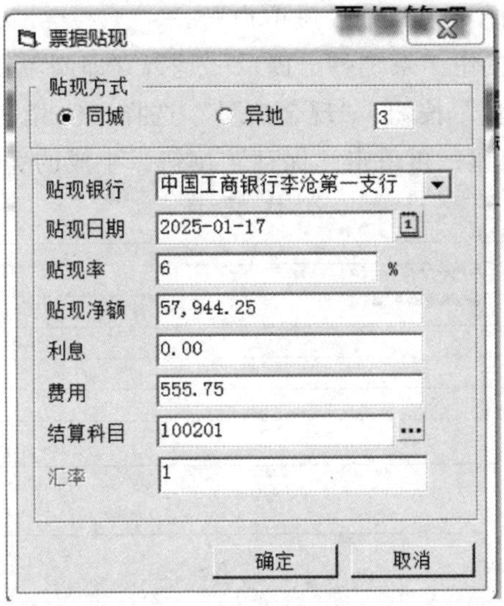

图8-39　票据贴现窗口

（4）单击“确定”按钮，系统弹出提示“是否立即制单?”，单击“是”按钮，生成收款凭证，“票据费用”选择科目“660301”，单击“流量”按钮，“现金流量”选择“01销售商品、提供劳务收到的现金”，单击“确定”按钮，再单击“保存”按钮。生成的凭证如图8-40所示。

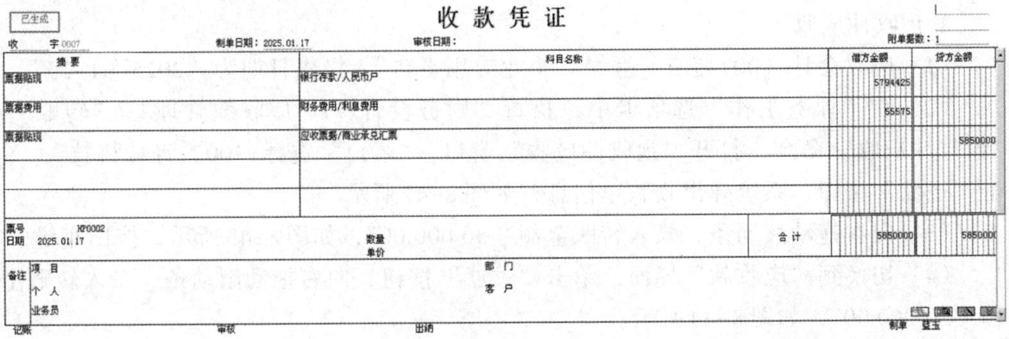

图8-40　收款凭证-3

温馨提示：

·如果贴现净额大于余额，系统自动将其差额作为利息，不能修改；如果贴现净额小于票据余额，系统自动将其差额作为费用，不能修改。票据贴现后，且未制单之前，可以取消贴现操作。

3.商业承兑汇票结算。

（1）应收会计（007蓝玉）登录“企业应用平台”，操作日期为“2025-01-25”。

（2）在“业务工作”选项卡中，执行“财务会计”/“应收款管理”/“票据管理”命令，打开“查询条件选择”窗口，单击“确定”按钮。

（3）打开“票据管理”窗口，选择票号“HP367809”的商业承兑汇票，单击“结算”按钮，打开“票据结算”窗口，在“结算科目”栏录入“100201”，或单击结算科目栏参照按钮，选择“100201人民币户”。

（4）单击“确定”按钮，系统弹出提示“是否立即制单？”，单击“是”按钮，生成结算凭证，单击“流量”按钮，“现金流量”选择“01销售商品、提供劳务收到的现金”，单击“确定”按钮，再单击“保存”按钮，生成的凭证如图8-41所示。

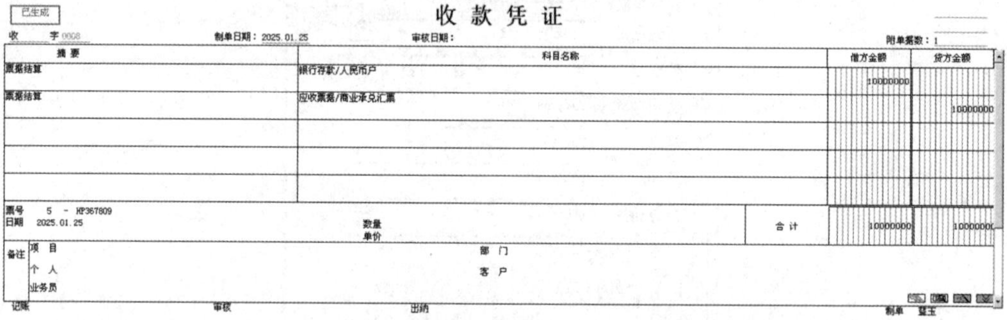
已生成

收款凭证

收 字 0008 制单日期：2025.01.25 审核日期： 附单据数：1

摘要	科目名称	借方金额	贷方金额
票据结算	银行存款/人民币户	10000000	
票据结算	应收票据/商业承兑汇票		10000000
票号 5 - HP367809 日期 2025.01.25	数量 单价 合计	10000000	10000000

备注 项目 部门

个人 客户

业务员

记账 审核 出纳 制单 蓝玉

图8-41 收款凭证-4

温馨提示：

·当票据到期持票收款时，执行票据结算处理；进行票据结算时，结算金额应是通过结算实际收到的金额；结算金额减去利息加上费用的金额要小于等于票据余额。

8-7

转账处理
（操作演示）

（四）转账处理

1.预收冲应收。

（1）应收会计（007蓝玉）登录“企业应用平台”，操作日期为“2025-01-25”。

（2）在“业务工作”选项卡中，执行“财务会计”/“应收款管理”/“转账”/“预收冲应收”命令，打开“预收冲应收”窗口，“客户”选择“002-青特科技”，单击“过滤”按钮，系统弹出收款单信息，如图8-42所示。

（3）向右拖动滚动条，录入转账金额“50 000.00”，如图8-43所示，按回车键。

（4）切换到“应收款”界面，单击“过滤”按钮，向右拖动滚动条，录入转账金额“50 000.00”，如图8-44所示。

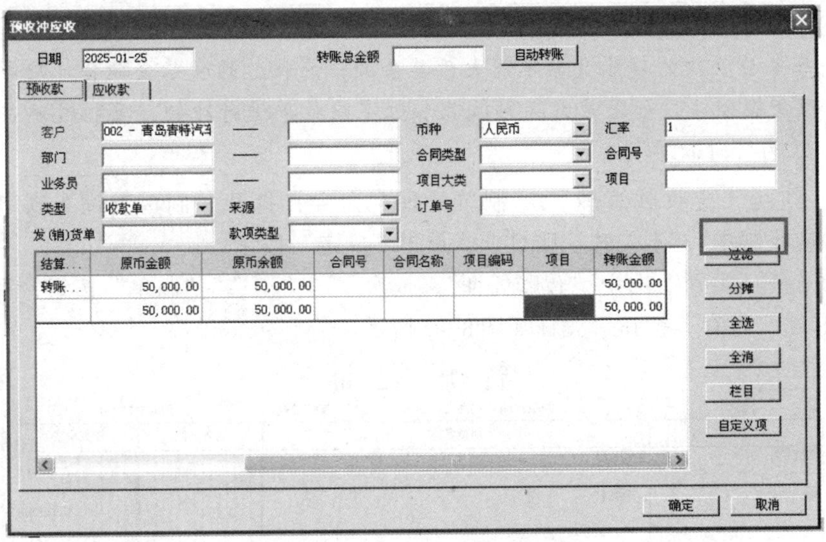

图8-42　预收冲应收-预收款过滤

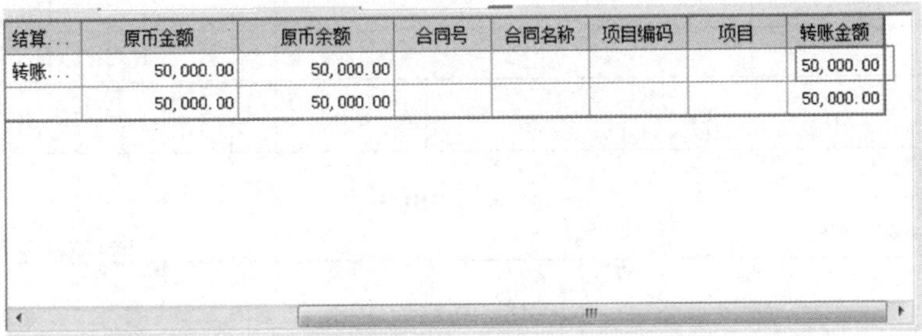

图8-43　预收冲应收-预收款转账金额录入

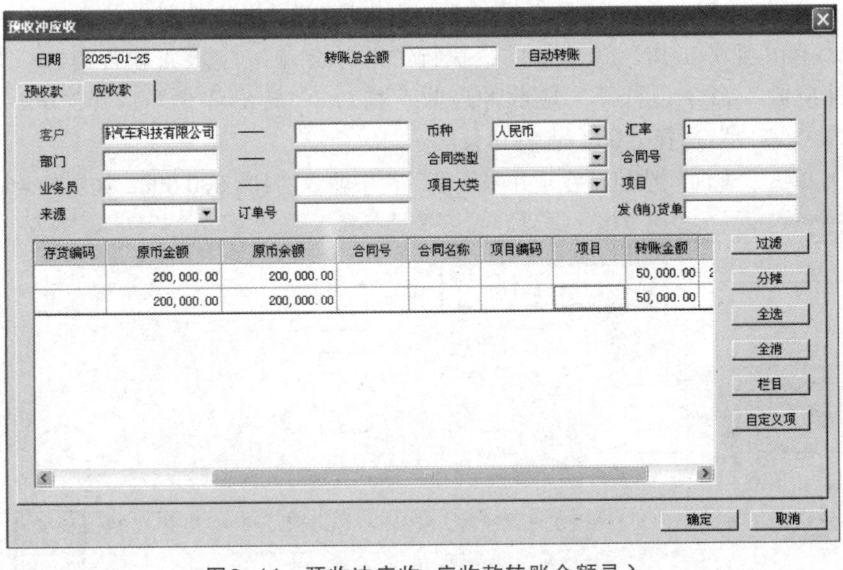

图8-44　预收冲应收-应收款转账金额录入

（5）单击“确定”按钮，系统弹出提示“是否立即制单?”，单击“否”按钮，关闭界面。此处也可立即制单，这里采用批量制单，操作见下面的“制单”步骤。

> 温馨提示：
>
> · 每笔应收款的转账金额不能大于其余额；应收款的转账金额合计应等于预收款的转账金额合计。如果是红字预收款和红字应收单进行冲销，要把过滤条件中的“类型”选为“付款单”。

（6）执行“应收款管理”/“制单处理”命令，打开“制单查询”窗口，勾选“预收冲应收制单”，不勾选记账日期，单击“确定”按钮。

（7）“凭证类别”选中“转账凭证”，依次单击“全选”“制单”按钮，系统弹出凭证，单击“保存”按钮。凭证如图8-45所示。

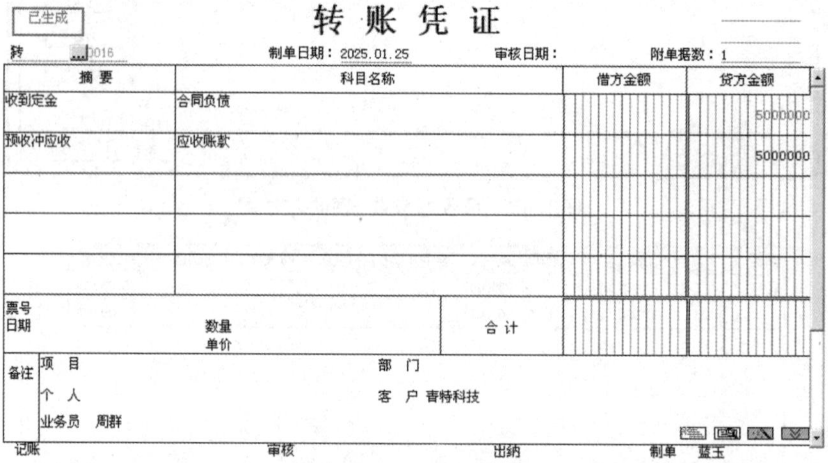

图8-45　转账凭证-2

2.应收冲应收。

（1）应收会计（007蓝玉）登录“企业应用平台”，操作日期为“2025-01-25”。

（2）在“业务工作”选项卡中，执行“财务会计”/“应收款管理”/“转账”/“应收冲应收”命令，打开“应收冲应收”窗口，“转出客户”选择“001-青岛宏利”，“转入客户”选择“002-青特科技”。

（3）单击“查询”按钮，在“并账金额”栏中输入“108 800.00”，如图8-46所示。

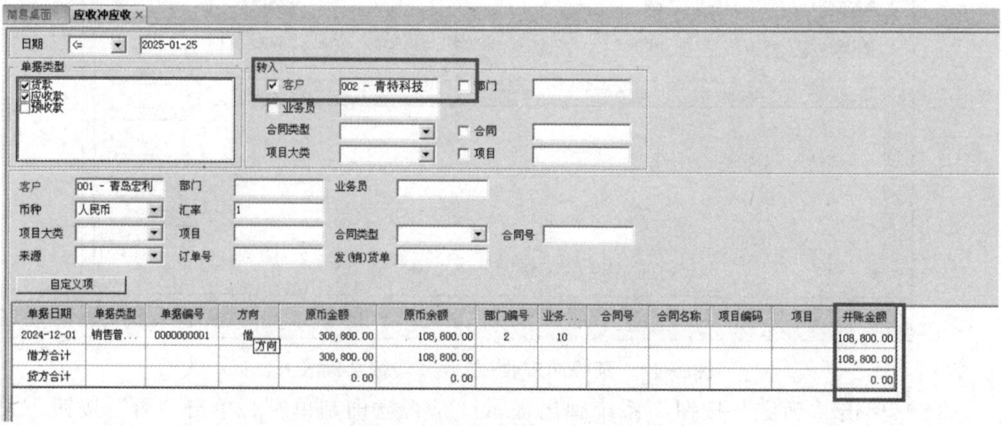

图8-46　应收冲应收之并账金额录入

> 温馨提示：
>
> · 每笔应收款的转账金额不能大于其余额，每次只能选择一个转入单位。

（4）单击“保存”按钮，系统提示“是否立即制单?”，单击“是”按钮，生成应收冲应收凭证，“凭证类别”修改为“转”，单击“保存”按钮，凭证如图8-47所示。

已生成

转账凭证

转　字 0017　　制单日期：2025.01.25　　审核日期：　　附单据数：1

摘要	科目名称	借方金额	贷方金额
并账	应收账款	10860000	
并账	应收账款	10860000	
票号 日期	数量 单价 合计		

备注　项目　　部门

个人　　客户 青岛宏利

业务员 周群

记账　　审核　　出纳　　制单 蓝玉

图8-47　转账凭证-3

> 温馨提示：
>
> · 预收冲应收、应收冲应收本身就是核销，转账可以理解为特殊的核销，所以不需要再进行核销操作。

（五）坏账处理

8-8

坏账处理（操作演示）

1.确认坏账。

（1）应收会计（007蓝玉）登录“企业应用平台”，操作日期为“2025-01-26”。

（2）在“业务工作”选项卡中，执行“财务会计”/“应收款管理”/“坏账处理”/“坏账发生”命令，打开“坏账发生”窗口，“客户”选择“003-长春润冠”，单击“确定”按钮。

（3）弹出“坏账发生单据明细”窗口，在其他应收单的“本次发生坏账金额”栏中输入“2 000.00”，如图8-48所示。

简易桌面　发生坏账损失 ×

坏账发生单据明细

单据类型	单据编号	单据日期	合同号	合同名称	到期日	余额	部门	业务员	本次发生坏账金额
销售专用发票	0000000001	2025-01-07			2025-01-07	135,600.00	销售部	周群	
其他应收单	0000000001	2025-01-07			2025-01-07	2,000.00	销售部	周群	2000
合　计						137,600.00			2,000.00

图8-48　坏账发生单据明细

（4）单击“OK确认”按钮，系统提示“是否立即制单?”，单击“是”按钮，生成坏账发生凭证，修改“凭证类别”为“转”，单击“保存”按钮，凭证如图8-49所示。

2.收回坏账。

（1）录入收款单。

①应收会计（007蓝玉）登录“企业应用平台”，操作日期为“2025-01-31”。

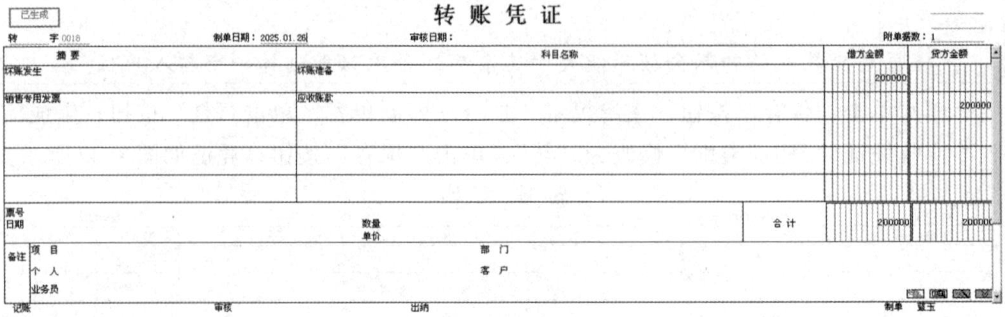

图8-49 转账凭证-4

②在“业务工作”选项卡中，执行“财务会计”/“应收款管理”/“收款单据处理”/“收款单据录入”命令，打开“收付款单录入”窗口，单击“增加”按钮，“客户”选择“长春润冠”，“结算方式”选择“网银结算”，“金额”录入“2 000.00”，“部门”选择“销售部”，“业务员”选择“周群”，“摘要”录入“收回坏账”；表体中第一行双击“款项类型”选择“应收款”，单击“保存”按钮，如图8-50所示。

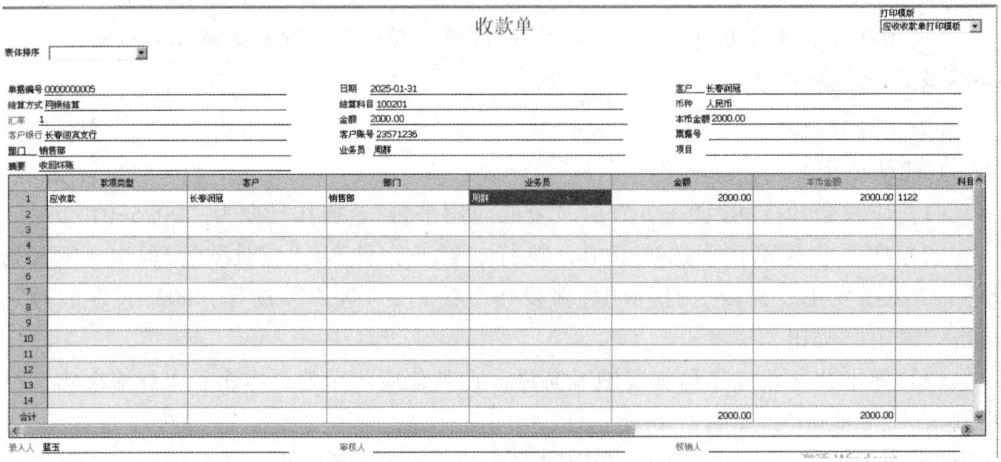

图8-50 收款单录入-3

> 温馨提示：
>
> · 该单据不需要审核。因为一旦审核，就要生成凭证，这样应收账款会出现赤字，此外已经审核的单据，在坏账收回时参照不到结算号。

（2）确认坏账收回。

①执行“应收款管理”/“坏账处理”/“坏账收回”命令，打开“坏账收回”窗口，“客户”选择“003-长春润冠”，“金额”录入“2 000.00”，选择结算单号，弹出收款单参照界面。

②双击选择收款单，单击“确定”按钮，如图8-51所示，弹出“是否立即制单?”，选择“否”。

（3）生成凭证。

执行“制单处理”命令，打开“制单查询”窗口，勾选“坏账处理制单”，单击

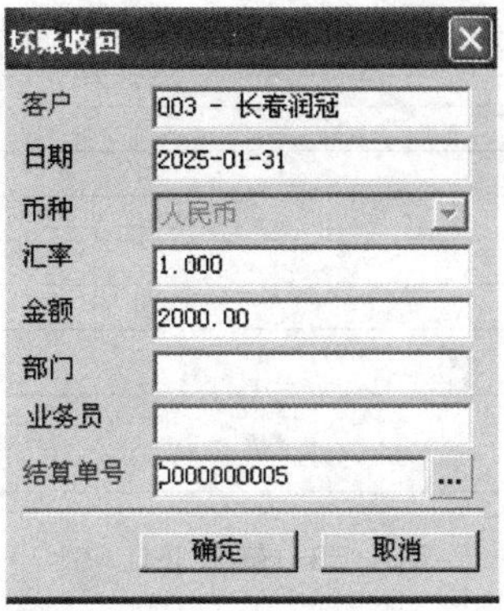

图8-51　坏账收回

“确定”按钮，系统弹出“坏账制单”界面，依次单击“全选”“制单”按钮，生成坏账收回的凭证，单击“流量”按钮，“项目编码”选择“01销售商品、提供劳务收到的现金”，单击“确定”按钮，再单击“保存”按钮，凭证图8-52所示。

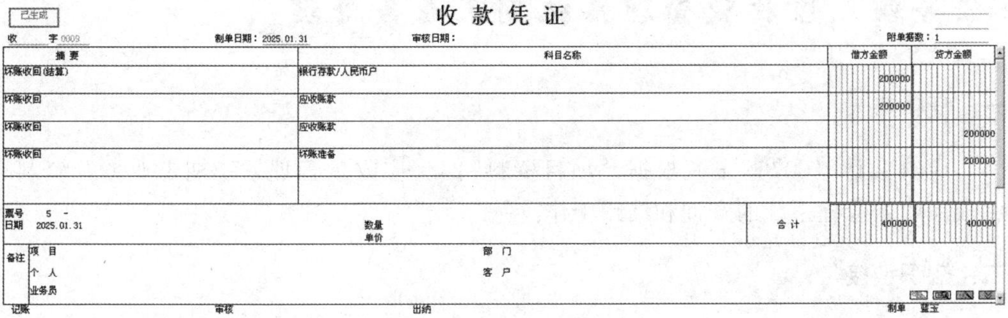

图8-52　收款凭证-5

温馨提示：

· 坏账收回制单不受系统选项中“方向相反分录是否合并选项控制”。另外，收回坏账凭证为系统自动生成，不要修改。可以理解为两笔凭证：

借：银行存款　　2 000

　贷：应收账款　　2 000

借：应收账款　　2 000

　贷：坏账准备　　2 000

3.计提坏账准备。

（1）应收会计（007蓝玉）登录“企业应用平台”，操作日期为“2025-01-31”。

（2）执行“应收款管理”/“坏账处理”/“计提坏账准备”命令，打开“应收账款百分比法”窗口，系统自动计算本期坏账准备计提或冲销金额。

（3）单击“OK确认”按钮，系统提示“是否立即制单?”，单击“是”按钮，生成本期坏账准备计提凭证，修改“凭证类别”为“转”，单击“保存”按钮。凭证如图8-53所示。

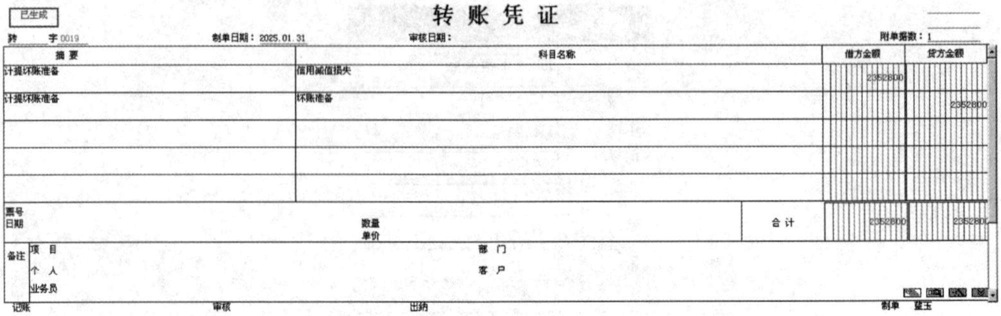

已生成

转账凭证

转 字 0019　制单日期：2025.01.31　审核日期：　附单据数：1

摘要	科目名称	借方金额	贷方金额
计提坏账准备	信用减值损失	2352800	
计提坏账准备	坏账准备		2352800
票号 日期	数量 单价	合计 2352800	2352800

备注　项目　部门　个人　客户　业务员

记账　审核　出纳　制单 蓝玉

图8-53　转账凭证-5

（六）备份账套

用户admin登录“系统管理”，备份为“任务8-3应收款管理系统日常业务处理”账套。

任务四　应收款管理系统期末业务处理

一、任务布置

应收会计（007蓝玉）根据“项目资料-四、应收款管理系统期末业务”资料，完成应收款管理系统的查询和结账工作。

二、知识链接

应收款管理系统提供了查询统计功能，可以进行单据查询、业务账表查询、业务分析等查询。

1.单据查询。

（1）发票、应收单、结算单查询。

可以查询会计期间的销售专用发票、普通发票、应收单、收付款单情况。

（2）凭证查询。

通过凭证查询可查看、修改、删除、冲销应收款管理系统传到总账管理系统的凭证。如果凭证已在总账中记账，又需要对形成凭证的原始单据进行修改，则可以先通过冲销方式冲销凭证，然后对原始单据进行其他操作后再重新生成凭证。如果要删除一张凭证，该凭证的凭证日期不能在应收款管理系统的已结账月内。一张凭证被删除后，它所对应的原始单据及操作可以重新制单。举例来说，应收款管理系统2025年6月已结账，凭证日期为2025年6月某日的凭证就不能被删除。只有未审核、未经出纳签字的凭证才能删除。

（3）单据报警与信用报警查询。

主要有自动报警和人工查询两种方式。

（4）应收核销明细表。

应收核销明细表，可以清楚地反映应收款的具体核销日期、金额等情况。

2.账表管理。

（1）业务账表查询。

可以查询业务总账、业务余额表、业务明细账、对账单，也可以与总账进行对账。

（2）统计分析。

统计分析包括应收账龄分析、收款账龄分析、欠款分析、收款预测。

（3）科目账查询。

科目账查询包括科目明细账、科目余额表的查询。

3.期末结账。

确认本月的各项处理已经结束，可以选择执行月末结账功能，执行了月末结账功能后，该月将不能再进行任何处理。结账处理之后，没有进行其他操作之前，发现结账有问题，可以取消月结。

> 温馨提示：
>
> · 应收款管理系统如果与销售管理系统集成使用，应在销售管理系统结账后，才能对应收款管理系统进行结账处理。
>
> · 单据审核日期依据为单据日期时，本月的单据（发票和应收单）在结账前应该全部审核；单据审核日期依据为业务日期时，截至本月末还有未审核单据（发票和应收单），可以进行月结处理。
>
> · 本月的收款单必须审核，否则不能结账。
>
> · 当选项中选择“月末结账前是否全部生成凭证”，月结前要将当月单据以及处理业务全部制单，或隐藏制单，或删除单据取消相应业务处理。
>
> · 当选项设置没有选择“月末结账前是否全部生成凭证”，月结时当月单据以及处理业务没有全部制单，制单记录为否，也可以结账。

三、操作演示

根据“项目资料-四、应收款管理系统期末业务”资料完成本任务。

8-9 应收款管理系统账表查询与月末结账（操作演示）

【准备工作】引入“任务8-3 应收款管理系统日常业务处理”备份账套。

（一）查询1月份填制的销售发票

1.应收会计（007蓝玉）登录“企业应用平台”，操作日期为“2025-01-31”。

2.执行“应收款管理”/“单据查询”/“发票查询”命令，打开“查询条件选择-发票查询”窗口，“发票类型”选择“销售专用发票”，单击“确定”按钮。系统弹出“发票查询”界面，可以查看当月的销售专用发票。查询完毕，关闭退出。

（二）查询业务总账

执行“应收款管理”/“账表管理”/“业务账表”/“业务总账”命令，打开“查询条件选择-应收总账表”窗口，单击“确定”按钮，系统弹出“应收总账表”，如图8-54所示，关闭退出。

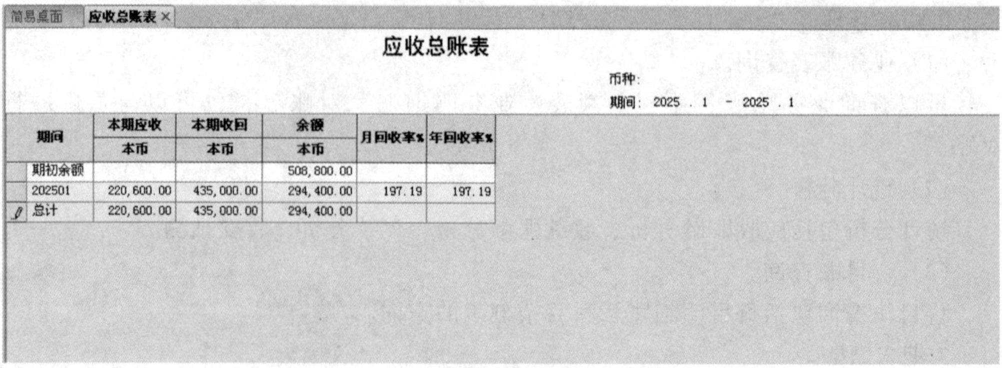
简易桌面 应收总账表

应收总账表

币种:
期间: 2025 . 1 - 2025 . 1

期间	本期应收	本期收回	余额	月回收率%	年回收率%
	本币	本币	本币		
期初余额			508,800.00		
202501	220,600.00	435,000.00	294,400.00	197.19	197.19
总计	220,600.00	435,000.00	294,400.00		

图8-54 应收总账表

温馨提示：

· 通过业务账表查询，可以及时了解一定期间内期初应收款结存汇总情况，应收款发生、收款发生的汇总情况、累计情况，以及期末应收款结存汇总情况；还可以了解各个客户期初应收款结存明细情况，应收款发生、收款发生的明细情况、累计情况，以及期末应收款结存明细情况，及时发现问题，加强对往来款项的监督管理。

· 业务总账查询是对一定期间内应收款汇总情况的查询。在业务总账查询的应收总账表中，不仅可以查询"本期应收"款、"本期收回"应收款及应收款的"余额"情况，还可以查询到应收款的月回收率及年回收率

（三）查询应收账款科目余额表

1.执行"应收款管理"/"账表管理"/"科目账查询"/"科目余额表"命令，打开"客户往来科目余额表"窗口，单击"确定"按钮，系统弹出"科目余额表"，如图8-55所示。

科目余额表

科目 全部　　金额式

期间: 2025.01-2025.01

科目编号	科目名称	客户编号	客户名称	方向	期初余额 本币	借方 本币	贷方 本币	方向	期末余额 本币
112102	商业承兑汇票	001	青岛宏利轻型车厂	借	58,500.00		58,500.00	平	
112102	商业承兑汇票	003	长春润冠专用车辆有限公	平		100,000.00	100,000.00	平	
小计：				借	58,500.00	100,000.00	158,500.00	平	
1122	应收账款	001	青岛宏利轻型车厂	借	308,800.00	-108,800.00	200,000.00	平	
1122	应收账款	002	青岛青特汽车科技有限公	借	200,000.00	189,800.00	131,000.00	借	258,800.00
1122	应收账款	003	长春润冠专用车辆有限公	平		139,600.00	104,000.00	借	35,600.00
小计：				借	508,800.00	220,600.00	435,000.00	借	294,400.00
2204	合同负债	002	青岛青特汽车科技有限公	平				平	
小计：				平				平	
合计：				借	567,300.00	320,600.00	593,500.00	借	294,400.00

图8-55 科目余额表

2.科目选中"1122应收账款"，显示"应收账款"科目的科目余额表，如图8-56所示，关闭退出。

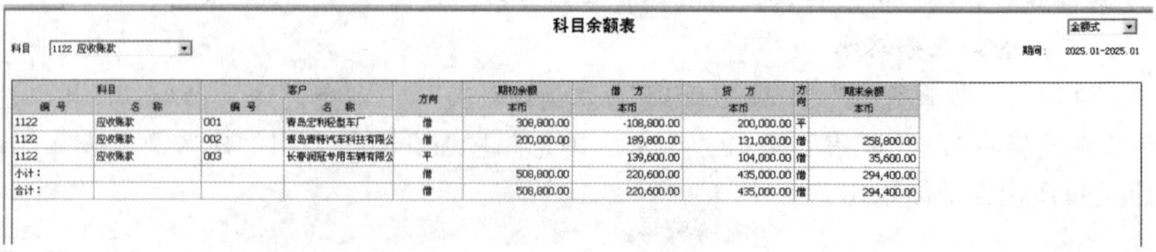
科目余额表

科目 1122 应收账款　　金额式

期间: 2025.01-2025.01

科目编号	科目名称	客户编号	客户名称	方向	期初余额 本币	借方 本币	贷方 本币	方向	期末余额 本币
1122	应收账款	001	青岛宏利轻型车厂	借	308,800.00	-108,800.00	200,000.00	平	
1122	应收账款	002	青岛青特汽车科技有限公	借	200,000.00	189,800.00	131,000.00	借	258,800.00
1122	应收账款	003	长春润冠专用车辆有限公	平		139,600.00	104,000.00	借	35,600.00
小计：				借	508,800.00	220,600.00	435,000.00	借	294,400.00
合计：				借	508,800.00	220,600.00	435,000.00	借	294,400.00

图8-56 应收账款科目余额表

温馨提示：

· 科目余额表查询细分为科目余额表、客户余额表、三栏余额表、部门余额表、项目余额表、业务员余额表、客户分类余额表及地区分类余额表查询。科目余额表查询可以查询应收受控科目各个客户的期初余额、本期借方发生额合计、本期贷方发生额合计、期末余额。

（四）月末结账

1.应收会计（007蓝玉）登录“企业应用平台”，操作日期为“2025-01-31”。

2.执行“应收款管理”/“期末处理”/“月末结账”命令，双击一月“结账标志”栏，显示结账标志，如图8-57所示。

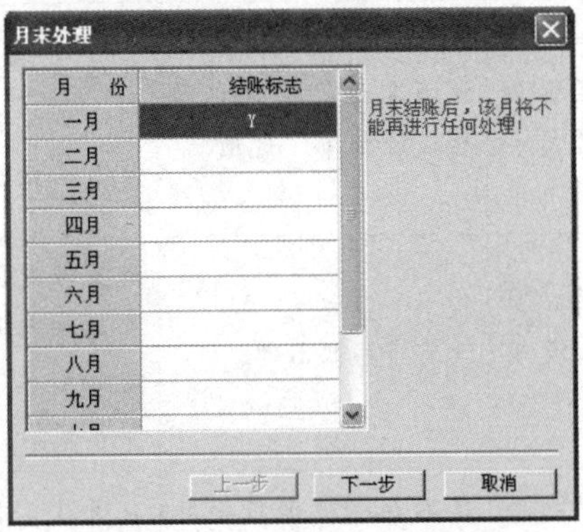

图8-57　月末结账对话框

3.单击“下一步”按钮，系统自动检查各项业务的记账和制单处理情况，弹出检查结果报告单，如图8-58所示。

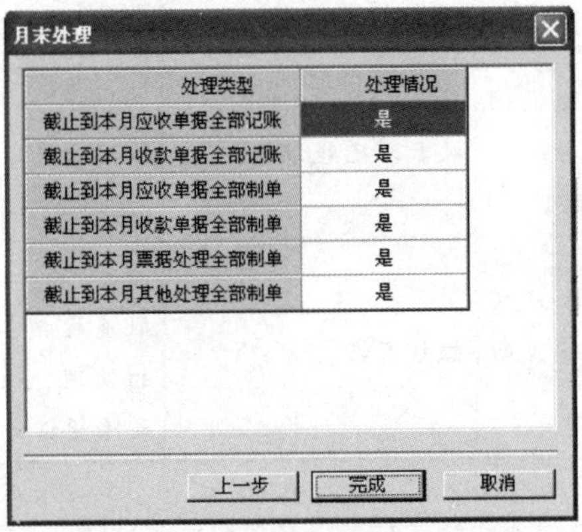

图8-58　系统自动检查结果报告

4.单击“完成”按钮，系统弹出信息提示“1月份结账成功！”，单击“确定”按钮，完成月末结账操作。

（五）备份账套

用户admin登录“系统管理”，备份为“任务8-4应收款管理系统期末业务处理”账套。

常见问题和错误解析

本项目操作过程中较易发生的错误和问题总结如下，可参考“解决方法”进行修改（见表8-11）。

表8-11 常见问题和错误的原因及解决方法

序号	常见问题和错误	原因	解决方法
1	应收款管理系统查不到要审核的单据。	审核人没有审核权限或者登录日期错误。	先检查审核人是否具有相应的数据权限，然后检查登录日期，登录日期应等于或晚于业务日期。
2	应收款管理系统中，企业取得商业承兑汇票后，进行收款单的审核，没有相应的单据。	没有勾选“票据自动生成收款单”选项。	在应收款管理系统中，勾选“票据自动生成收款单”选项或填制好汇票后，单击“收款”按钮，系统生成收款单。
3	录入商业承兑汇票后，直接进行制单处理，没有数据。	没有审核收款单。	商业承兑汇票填制好后，应审核收款单并进行核销处理，然后通过“收付款单制单”和“核销制单”功能进行合并制单，生成凭证。
4	收款后，单独根据“核销制单”功能无法生成凭证。	在不存在现金折扣的前提下，核销没有数据生成。	应通过“收付款单制单”和“核销制单”功能进行合并制单或修改受控科目制单方式为“明细到单据”。
5	核销时，找不到相应的收款单据。	单据未被审核或登录日期有误。	审核相应的单据，并按照正确日期进入系统。
6	处理发生的坏账又收回时，单据“结算单号”参照按钮无结算单可选。	收款单已经审核。	取消收款单的审核。
7	核销、转账等操作完成后，发现有错误，想重新操作。	操作有误。	通过“其他处理”/“取消操作”命令，取消核销、转账、坏账、票据等业务的处理，如果已经生成了凭证，应先删除凭证，再取消处理

项目测试

项目八测试

一、单项选择题

1.下列任务中，不属于应收款管理系统的是（　　）。

A.及时核算应收账款业务　　B.反映和监督应收账款的回收情况

C.及时办理产品销售业务　　D.反映客户的欠款情况和信誉程度

2.收回销售货款时应该填写相应的（　　），在填写时注意收款对应哪一笔业务。

A.销售发票　　B.收款单

C.采购合同　　D.付款单

3.应收款管理系统初始化必须以账套参数的形式设置核算规则，但其中不包括（　　）。

A.设置客户档案和商品档案

B.设置业务控制参数，如应收账款核销方式、制单方式、坏账计提方式等

C.设置科目与结算方式，如应收账款、产品销售收入、销售税金、销售退回等科目

D.设置账龄区间、地区分类、折扣条件、坏账计提比例等信息

4.在应收款管理系统中，坏账准备计提的主要功能是（　　）。

A.计算应计提的坏账准备并自动生成计提坏账凭证

B.处理发生的坏账损失并生成相关凭证和分析坏账发生的原因

C.对已处理而后又收回的坏账业务作处理

D.在备查簿中列表显示已处理的坏账损失、坏账收回记录等

5.在应收款管理系统中，坏账收回处理的主要功能是（　　）。

A.计算应计提的坏账准备并自动生成计提坏账凭证

B.处理发生的坏账损失并生成相关凭证和分析坏账发生的原因

C.对已处理而后又收回的坏账业务作处理

D.在备查簿中列表显示已处理的坏账损失、坏账收回记录等

6.下列各项业务中，不是应收款管理系统日常业务处理的操作的是（　　）。

A.应收单据处理　　B.收款单据处理

C.核销转账处理　　D.坏账准备设置

7.在应收款管理系统中，转账处理功能不包括（　　）。

A.预收冲应收　　B.应收冲预付

C.应收冲应收　　D.红票对冲

二、多项选择题

1.应收账款的主要核算方式有（　　）。

A.在账务处理系统中通过设置明细科目进行核算

B.在账务处理系统中通过设置往来辅助账进行核算

C.通过专门的应收款管理系统进行核算

D.通过库存管理系统进行核算

2.应收款管理系统初始化的主要工作包括（　　）。

A.设置账套参数与核算规则　　B.设置初始客户档案

C.设置初始存货档案　　　　　　　　D.输入期初未核销的应收款业务

3.应收账款的核销方式一般有（　　）。

A.按商品核销方式　　　　　　　　B.按余额核销方式

C.按单据核销方式　　　　　　　　D.按存货核销方式

4.在应收款管理系统中，坏账处理的主要功能包括（　　）。

A.坏账准备的计提　　　　　　　　B.坏账损失的处理

C.坏账收回的处理　　　　　　　　D.坏账备查簿登记查询

5.一批从供应商处购买的原材料，准备用于生产，但是也可以用于国内销售，则销售属性应该选择（　　）。

A.内销　　　　B.外销　　　　C.生产耗用　　　　D.外购

6.收到应收账款应该进行（　　）操作。

A.录入收款单　　　　B.审核收款单　　　　C.核销　　　　D.制单

7.票据管理的主要功能有（　　）。

A.增加票据　　　　B.票据贴现　　　　C.票据背书　　　　D.票据结算

8.坏账收回应该生成的两笔分录为（　　）。

A.借：银行存款
　贷：应收账款

B.借：银行存款
　贷：坏账准备

C.借：应收账款
　贷：坏账准备

D.借：坏账准备
　贷：应收账款

9.在应收款管理系统中，根据客户往来款项核算和管理程度的不同，系统提供了（　　）两种应用方案。

A.精细核算　　　　B.简单核算　　　　C.粗放核算　　　　D.详细核算

三、判断题

1.如果企业的往来业务较多，则一般应该采用应收款管理系统与应付款管理系统进行独立核算和管理。（　　）

2.应收款管理系统初始化时设置科目是为了日后自动生成记账凭证，所以必须是账务处理系统中确实存在的科目，但不限于最明细的科目。（　　）

3.客户档案用于存放客户基本信息以及按客户统计的应收账款数据，系统正式启用之后，不能对客户档案的客户进行增删。（　　）

4.销售发票是应收款管理系统最重要的原始数据之一，系统必须具有销售发票的新增、修改、删除、查询、打印、审核等功能。（　　）

5.在应收款管理系统中，用户可以通过设置规则将一张发票生成一张记账凭证，但不能将多张发票生成一张记账凭证。（　　）

6.坏账准备的期初余额被确认后，只要进行了坏账准备的日常业务处理，坏账准备期初余额就不允许再修改。（　　）

7.如果只启用总账管理系统并不在应收款管理系统、应付款管理系统填制发票，则没有必要一定设置存货档案。（　　）

8.只有所有凭证都制单，月末应收款管理系统才可以结账。（　　）

同步实训[1]

项目八同步实训

项目评价（见表8-12）

表8-12　　　　项目八评价参考表

任务	要求	评价		
		自评	师评	小组互评
8.1认识应收款管理系统	能深入理解应收款管理系统模块功能并正确完成应收款管理系统的启用	□A□B□C	□A□B□C	□A□B□C
8.2应收款管理系统初始设置	能根据所给资料正确完成应收款管理系统初始设置	□A□B□C	□A□B□C	□A□B□C
8.3应收款管理系统日常业务处理	能正确完成应收款管理系统日常业务处理	□A□B□C	□A□B□C	□A□B□C
8.4应收款管理系统期末业务处理	能准确地在系统中查询应收款账表并完成期末结账工作	□A□B□C	□A□B□C	□A□B□C
自我总结与反思				

重点任务操作流程梳理

任务名称	操作流程简要概括
录入应收款管理系统期初余额	
赊销，开具普通发票	
收回货款	
收到商业承兑汇票	
应收冲应收	
计提坏账	

① 注意：完成初始化设置后应备份账套，作为项目九同步实训的初始账套。

续表

操作过程中出现的错误及其原因分析		
错误点	错误原因	改正方法

注：A，达标；B，基本达标；C，未达标。

项目九

应付会计岗位实务

目标指引

知识目标

1.理解应付款管理系统的主要功能和操作流程；

2.了解应付款管理系统与其他系统之间的关系；

3.熟悉应付会计岗位职责；

4.掌握应付款管理系统初始设置、日常业务处理及月末处理的基本方法；

5.理解应付款在总账管理系统核算与在应付款管理系统核算的区别。

能力目标

1.能够使用用友ERP-U8 V10.1完成应付款管理系统的建账与初始化工作；

2.能够进行应付单和付款单的处理、转账业务处理、应付票据的处理；

3.能够进行账表查询及期末结账处理。

素养目标

1.具备持之以恒和不怕困难的精神；

2.具有较强的社会责任感和民族精神；

3.具有较好的沟通技巧和良好的团队协作精神。

应付会计岗位工作流程

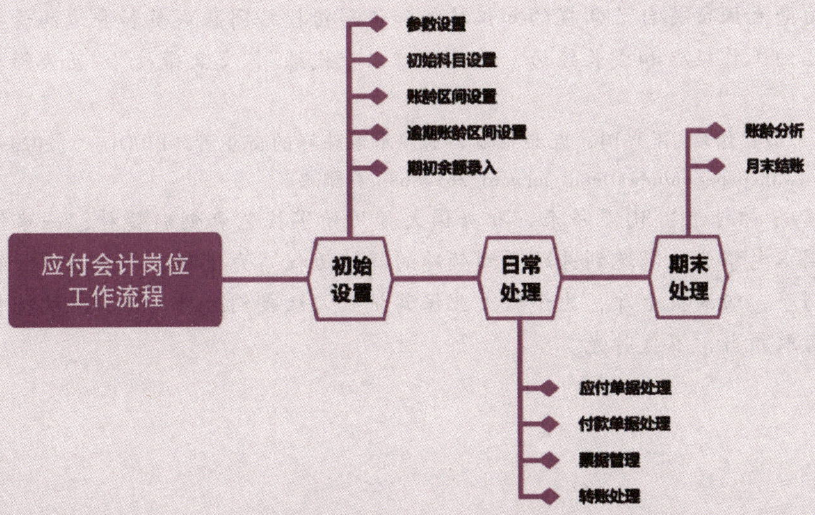

图9-1　应付会计岗位工作流程

价值引领　　专注技艺　薪火相传

人物速写：崔兴国30余载扎根一线，把汗水挥洒在三峡、溪洛渡、白鹤滩等重大水电工程之中，参与并见证了中国水电技术从“跟跑”“并跑”到“领跑”的跨越式发展。三峡工程是饱含中华民族百年情结的伟大工程。2003年8月，重量超过450吨的三峡左岸首台转轮的平衡任务交到崔兴国手中。面临着技术要求高和任务周期短的双重压力，崔兴国带领团队顶着酷暑，七天七夜连续攻关，最终攻克了转轮静平衡难题，圆满完成了三峡首台转轮装配任务。白鹤滩机组代表着水电装备制造的“珠穆朗玛峰”，为了完成转轮静平衡任务，实现转轮静平衡试验“零残余”目标，崔兴国充分发挥多年来积累的大型水轮机装配经验，采用精准导向工装和扶正调整技术，突破了一系列难题。白鹤滩巨型转轮在“零配重”的基础上实现了“零残余”目标，各项参数指标优于精品标准，引领世界巨型水电进入了摆度“个位数”时代。在不断向常规水轮发电机组珠峰攀登的同时，崔兴国也带领团队实现了抽水蓄能机组装配技术的行业领先。长龙山抽水蓄能电站属于超高水头、高转速、大容量抽水蓄能电站，而球阀是抽水蓄能机组的核心部件，也是研制难度最高的部件，对密封要求非常高，行业基本标准1分钟允许有60毫升的渗漏量。崔兴国经过大量试验，通过多种装配方法的创新和应用，做到了长龙山球阀的“四零渗漏”，金属之间的密封达到“滴水不漏”，同时，原来8个月的装配周期压缩到了2个月。

工匠精神不只体现在对技术创新无止境的追求中。对崔兴国而言，让技艺与匠心代代传承，培养出一批高素质技能人才，也是他几十年如一日的热忱与执着。刚参加工作的崔兴国用了3年时间跟着不同的师傅干遍了水轮机所有装配部套的分装。在他看来，每一个有长处且愿意帮助你的人，无关年龄，都是自己的师父。用行动传道授业，如今，崔兴国也承载着“师父”二字的重量，着力培植年轻一代骨干力量。几十年来，他毫无保留将自己掌握的知识技能和诀窍传授给团队成员和身边的青年人。他结合自己的工作经验和成长经历，总结出“以干代练”“交叉带徒”“互为师徒”等培养方式。

资料来源：伍玲.崔兴国：匠心筑梦，登顶水电珠峰的奋斗者［EB/OL］.［2024-03-04］. https：//www.thepaper.cn/newsDetail_forward_26548683.有删减。

品质/精神传承：30多年来，崔兴国大师用精湛技艺和创新精神，一路伴随和见证着我国水电事业从跟跑到并跑再到领跑的辉煌历程。力道稳、精度准，崔兴国凭借着一双巧手，四两拨千斤，为千秋大业保驾护航。让我们致敬大师，沉淀技艺，磨砺精神，勇敢担当，不负时光。

项目资料

一、启用应付款管理系统①

青岛宏象华瑞装备科技有限公司于2025年1月1日启用应付款管理系统。

二、应付款管理系统初始设置②

（一）设置应付款管理系统参数（见表9-1）

表9-1　应付款管理系统参数一览表

系统	页签	参数设置
应付款管理系统	常规	单据审核日期依据：单据日期 自动计算现金折扣
	凭证	受控科目制单方式：明细到供应商

（二）设置应付款管理系统初始科目（见表9-2）

表9-2　应付款管理系统初始科目设置一览表

科目类别	设置内容	
基本科目	应付科目2202； 现金折扣科目660303； 商业承兑科目220101； 银行承兑科目220102	税金科目22210101； 预付科目1123； 采购科目1402；
控制科目	应付科目2202；	预付科目1123
结算方式科目	现金结算 人民币1001； 现金支票结算　人民币100201； 银行承兑汇票　人民币100201； 电汇 人民币100201；	 转账支票结算 人民币100201； 商业承兑汇票 人民币100201； 网银结算 人民币100201

（三）账期内账龄区间设置（见表9-3）

表9-3　账期内账龄区间设置

序号	起止天数（天）	总天数（天）
01	0～30	30
02	31～60	60
03	61～90	90
04	91以上	

① 此处为【任务一　认识应付款管理系统】的任务资料。
② 此处为【任务二　应付款管理系统初始设置】的任务资料。

（四）逾期账龄区间设置（见表9-4）

表9-4　逾期账龄区间设置

序号	起止天数（天）	总天数（天）
01	1 ~ 30	30
02	31 ~ 60	60
03	61 ~ 90	90
04	91以上	

（五）单据编号设置

将采购普通发票、采购专用发票的编号改为“完全手工编号”。

（六）应付款管理系统期初余额（见表9-5）

表9-5　应付账款期初余额一览表　金额单位：元

票据类型	开票日期	发票号	供应商	业务员	货物名称	数量	原币金额
普通发票	2024-12-25	01807796	淄博钢铁	孙进	生铁	50 000	120 000.00
普通发票	2024-12-28	02608963	沃丰钢铁	孙进	45MnB钢	40 800	20 4000.00

三、应付款管理系统日常业务处理①

（一）应付单据处理

业务1：2025年1月3日，采购部孙进与青岛沃丰钢铁有限公司签订了物资采购合同，购入沃丰钢铁45MnB钢100千克，不含税单价为5.00元；购入沃丰钢铁GCr9钢300千克，不含税单价为6.50元。企业取得增值税专用发票（票号00341165），增值税税率为13%，货物尚未入库，款项未付。

业务2：2025年1月5日，采购部孙进与华科正大机电设备有限公司签订了物资采购合同，购入华科正大5356焊丝200卷，不含税单价为125.00元，增值税税率为13%。另外，销售方代垫运费，企业取得增值税专用发票（票号01908645）和运费发票（票号18003504），运费发票注明运费250.00元，税率为9%，货物尚未入库，货款和运费尚未支付。（备注：运费发票由华科正大开具）

（二）付款单据处理

业务3：2025年1月12日，通过网银支付淄博钢铁货款120 000.00元，当日打印网银电子回单（票号55230012）。

业务4：2025年1月13日，采购部孙进与深圳市美天润滑油有限公司签订购货合同，根据合同约定，企业于当日以电汇方式（号码：HK0001）向深圳市美天润滑油有限公司支付购货定金5 000.00元。

（三）票据管理

业务5：2025年1月25日，经采购员孙进申请，主管部门审批，蓝玉签发了一张

① 此处为【任务三　应付款管理系统日常业务处理】的任务资料。

票号为88802161、出票日期为2025年1月25日、到期日为2025年4月25日、金额为2 768.50元的商业承兑汇票，用以偿还月初欠青岛沃丰钢铁有限公司的货款。

（四）转账处理

业务6：2025年1月28日，经三方协商，将青岛宏象华瑞装备科技有限公司对华科正大机电设备有限公司的应付款272.50元（单据号为18003504）转给青岛沃丰钢铁有限公司。

四、应付款管理系统期末业务处理①

（一）账龄分析

2025年1月31日，应付会计进行1月份应付账款账龄分析。

（二）期末结账

2025年1月31日，应付会计执行应付款管理系统月末结账。

① 此处为【任务四　应付款管理系统月末处理】的任务资料。

任务一　认识应付款管理系统

9-1

应付会计岗位初认知（微课）

一、任务布置

账套主管（001刘梅）根据“项目资料——、启用应付款管理系统”资料，完成该系统的启用。

二、知识链接

（一）应付款管理系统的功能

在企业实际经营过程中，因采购商品、接受劳务等经济活动，会经常发生企业与其他企业或个人之间的应付账款、预付款业务，有时也会产生拖欠账款情况，从而影响企业信用。应付款管理系统是U8系统的重要组成部分，其基本功能是对企业与供应商之间发生的往来款项的产生、收回、转账等进行核算与管理。以采购发票、其他应付单等原始单据为起点和依据，提供了对详细确认应付款项、应付款项的偿还及转账、票据管理等业务进行处理等多种功能。

（二）应付款管理系统与其他系统之间的关系

应付款管理系统的核算和管理功能并不是由该系统独立实现的，而是需要与其他系统相互支撑、配合使用来完成。

应付款管理系统共享系统管理和基础设置中的基础信息资料，采购管理系统中生成的采购发票等应付单据传递到应付款管理系统进行审核、制单、结算；应付款管理系统与应收款管理系统之间可以进行“应收冲应付”等转账处理；应付款管理系统生成的应付及付款凭证自动传递到总账管理系统进行凭证的处理；应付款管理系统可以同时向财务分析和UFO报表管理系统提供分析数据。

（三）应付会计岗位职责

应付会计是企业中负责处理和记录公司应付账款的专业人员，其职责主要包括以下几方面：

1.审核付款单据。

应付会计需要对供应商的付款单据进行仔细审核，确保所有单据的真实性、完整性和准确性。这包括核对发票、采购订单、收货报告等文件的一致性。

2.账务处理。

应付会计负责录入应付款凭证、核对供应商往来对账单、编制月份应付款计划、进行应付账款账龄分析、审核采购部提供的报价单和采购订单。

3.供应商管理。

应付会计需要维护和更新供应商数据库，定期与供应商进行对账，确保双方账目的准确性和一致性。

4.发票管理。

应付会计需要对接收的供应商发票进行签收和审核，确保发票的信息正确无误，并与相应的采购订单和收货报告相匹配。

5.付款安排。

根据公司的付款政策和供应商的信用状况，安排合适的付款时间。

三、操作演示

根据“项目资料-一、启用应付款管理系统”完成本任务。

【准备工作】引入“任务8-2 应收款管理系统初始设置”备份账套。

1.账套主管（001刘梅）登录“企业应用平台”，操作日期为“2025-01-01”。

2.执行“基础设置”/“基本信息”/“系统启用”命令，选中“应付款管理系统”，注意启用时间为“2025年1月1日”。

任务二　应付款管理系统初始设置

一、任务布置

账套主管（001刘梅）根据“项目资料-二、应付款管理系统初始设置”，完成应付款管理系统的初始设置。

二、知识链接

应付款管理系统初始设置的作用是建立应付款管理的基础数据，预先定义在采购付款过程中使用的相关会计科目，确定企业在处理采购付款等相关业务时使用哪些单据，以及需要进行账龄管理的账龄区间。设定这些功能后，企业财务人员可以使用自己定义的单据类型，使应付业务管理更符合企业实际经营的需要，具体包括参数设置、科目设置、账期内账龄区间设置、逾期账龄区间设置、单据类型设置以及期初余额录入等工作。

（一）参数设置

在运行应付款管理系统前，需要根据企业管理的需要，对该系统的相关参数进行设置，以保证应付款管理系统后期能够根据企业设定的选项进行相应的处理。应付款管理系统的参数包括常规、凭证、权限与预警、核销设置及收付款控制五部分，系统一旦使用，部分参数就无法更改。

（二）科目设置

科目设置是将核算应付款项经常用到的会计科目预先设置好，便于在生成凭证时将业务对应的会计科目自动带出，以简化凭证生成的操作。

（三）账龄区间设置

账龄区间设置是用户将企业尚未偿还的应付账款按欠款时间长短划分区间，便于进行应付款项的账龄分析，更科学地管理应付款项。

（四）报警级别设置

报警级别设置是把应付款情况按照欠款余额及其信用额度分类分级，便于掌握各项欠款的信用情况，为企业调整与供应商的往来业务政策提供依据。

（五）期初余额录入

为了保证数据的连续性和完整性，启用应付款管理系统时要将启用前公司所欠的各供应商的货款余额录入本系统中，作为应付款管理系统的期初余额。录入完成后，应进行期初对账工作，查看应付款管理系统与总账管理系统的期初余额是否平衡。如果不平衡，需要再检查是否录入有误，修改错误达到平衡方可进行后续业务处理。

三、操作演示

根据“项目资料-二、应付款管理系统初始设置”完成本任务。

9-2

应付款管理系统参数及初始设置（操作演示）

【准备工作】上接“任务一 认识应付款管理系统”。

（一）设置应付款管理系统参数

1.账套主管（001刘梅）登录“企业应用平台”，启用应付款管理系统，启用日期为“2025-01-01”。

2.在“业务工作”选项卡中，执行“财务会计”/“应付款管理”/“设置”/“选项”命令。

3.打开“账套参数设置”窗口，单击“编辑”按钮，在“常规”页签下，将“单据审核日期依据”更改为“单据日期”，勾选“自动计算现金折扣”复选框；其他默认。如图9-2所示。单击“确定”以保存设置。

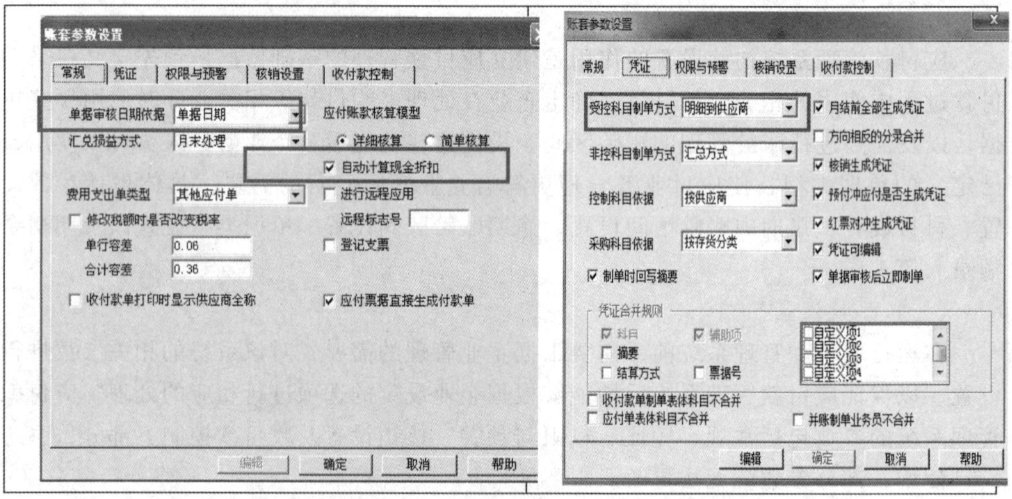

图9-2 常规选项设置

温馨提示：

· 单据审核日期依据。因单据审核后记账，故单据审核日期依据决定了业务总账、明细账、余额表等查询期间的取值。系统提供的单据审核日期包括“业务日期”和“单据日期”两种。若选择“业务日期”，则审核单据时，系统将当前的业务日期作为单据的审核日期；若选择“单据日期”，系统将单据上的日期作为审核日期。业务处理时，该选项从“单据日期”改为“业务日期”时无限制条件，可随时更改；但是从“业务日期”改为“单据日期”，则需要判断当前未审核单据中有无单据日期在已结账月份的单据，若有，则不允许修改。

· 自动计算现金折扣。现金折扣是指为鼓励客户在信用期间提前付款而采取的折扣政策，若选择自动计算，需要在发票或应付单中输入付款条件，则在核销时系统依据付款条件会自动计算该发票或应付单可享受的现金折扣。

· 受控科目制单方式。系统提供了“明细到供应商”和“明细到单据”两种方式。若选择“明细到供应商”方式，将一个供应商的多笔业务合并生成一张凭证，而控制科目相同时，系统自动将其合并成一条分录，以便在总账管理系统中能够根据客户查询其详细信息；若选择“明细到单据”方式，将一个供应商的多笔业务合并生成一张凭证时，系统会将每一笔业务形成一条分录，以便在总账管理系统中能查看到每个供应商的每笔业务的详细情况。只有在“受控科目制单方式”下拉列表中选择“明细到单据”选项，红票对冲业务才能生成凭证。

（二）应付款管理系统初始科目设置

1.基本科目设置。

（1）账套主管（001刘梅）登录“企业应用平台”，操作日期为“2025-01-01”。

（2）在“业务工作”选项卡中，执行“财务会计”/“应付款管理”/“设置”/“初始设置”命令，选中“设置科目”下的“基本科目设置”，单击“增加”按钮，根据表9-2，逐行增加应付科目、预付科目、税金科目、采购科目等基本会计科目，如图9-3所示。

图9-3　基本科目设置

温馨提示：

· 如果设置了基本科目，则在生成凭证时，系统会根据设置自动生成凭证，且凭证保存前，可对相应的会计科目进行修改；如果不进行该设置，则需要在凭证生成环节手工录入相关科目。

· 在进行科目设置之前，需要进行会计科目属性的修改，将应付账款2202、预付账款1123、应付票据2201科目属性改为“供应商往来”核算，使之受控于应付款管理系统。

2.控制科目设置。

单击“控制科目设置”，对应企业供应商，分别在“应付科目”和“预付科目”处录入“2202”和“1123”，如图9-4所示。

供应商编码	供应商简称	应付科目	预付科目
001	淄博钢铁	2202	1123
002	沃丰钢铁	2202	1123
003	华科正大	2202	1123
004	深圳美天	2202	1123

图9-4 受控科目设置

3.结算科目设置。

单击“结算方式科目设置”，根据表9-2所给信息，录入结算方式、币种及对应的会计科目。录入完毕后，关闭“初始设置”窗口，如图9-5所示。

结算方式	币　种	本单位账号	科 ...
1 现金结算	人民币	622202200...	1001
201 现金支票	人民币	622202200...	100201
202 转账支票	人民币	622202200...	100201
301 银行承兑汇票	人民币	622202200...	100201
302 商业承兑汇票	人民币	622202200...	100201
4 电汇	人民币	622202200...	100201
5 网银结算	人民币	622202200...	100201

图9-5 结算方式科目设置

（三）账期内账龄区间设置

选中“账期内账龄区间设置”，第一行总天数录入“30”，按回车键，第二行总天数录入“60”，按回车键，第三行总天数录入“90”，按回车键。

（四）逾期账龄区间设置

设置方法同账期内账龄区间设置。

（五）单据编号设置

1.在“基础设置”选项卡下，执行“单据设置”/“单据编号设置”命令，打开“单据编号设置”窗口。

2.在左侧的“单据类型”下执行“采购管理”/“采购专用发票”命令，单击修改图标，勾选“完全手工编号”复选框，单击“保存”按钮，如图9-6所示。

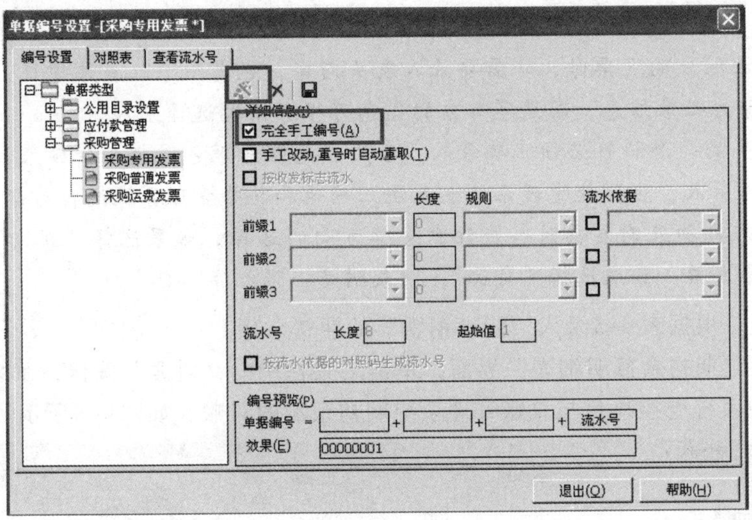

图9-6　单据编号设置窗口

3. 同理，完成采购普通发票单据编号设置，完成后单击“退出”按钮。

（六）期初余额录入与对账

9-3

应付款管理系统期初余额录入（操作演示）

1. 刘梅在“业务工作”选项卡中，执行“应付款管理”/“设置”/“期初余额”命令，弹出“期初余额-查询”窗口，单击“确定”按钮，进入“期初余额明细表”界面。

2. 单击“增加”按钮，在“单据类别”对话框中选择“单据名称”为“采购发票”，“单据类型”为“采购普通发票”，单击“确定”按钮。

3. 打开“采购发票”窗口，单击“增加”按钮，根据表9-5录入应付“淄博钢铁”的期初余额，单击“保存”按钮，如图9-7所示。

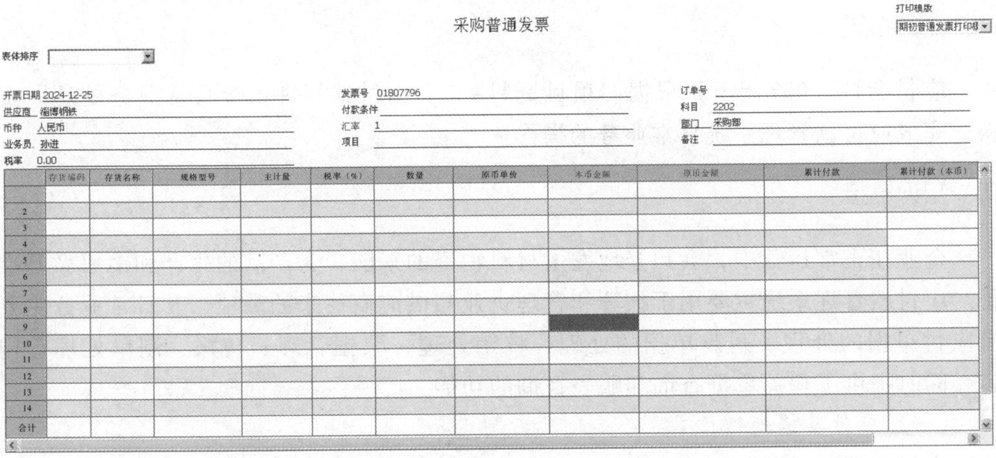

图9-7　“淄博钢铁”期初余额

温馨提示：

· 在录入采购发票时，既需要录入表头内容，也需要录入表体项目，其中蓝字部分的信息为必录信息，而黑字部分的信息可根据情况选择录入。

· 表头的会计科目必须正确录入，否则在总账管理系统期初余额录入时将无法实现数据的引入，应付款管理系统也无法正确地和总账管理系统进行对账。

· 录入期初采购发票时，应注意发票方向的选择，如果选择“正向”，则表明是一张蓝字发票，如果选择“负向”，则表明是一张红字发票。

4.同理，根据表9-5录入“沃丰钢铁”的期初余额。

5.返回“期初余额明细表”界面，单击工具栏中的“对账”按钮，系统自动进行应付款管理系统受控科目与总账管理系统期初余额的对账，如图9-8所示。

简易桌面 | 期初余额 | 期初对账 ×

科目		应付期初		总账期初		差额	
编号	名称	原币	本币	原币	本币	原币	本币
1123	预付账款	0.00	0.00	0.00	0.00	0.00	0.00
220101	商业承兑汇票	0.00	0.00	0.00	0.00	0.00	0.00
220102	银行承兑汇票	0.00	0.00	0.00	0.00	0.00	0.00
2202	应付账款	324,000.00	324,000.00	324,000.00	324,000.00	0.00	0.00
	合计		324,000.00		324,000.00		0.00

图9-8 期初对账

（七）备份账套

用户admin登录“系统管理”，备份为“任务9-2应付款管理系统初始设置”账套。

任务三 应付款管理系统日常业务处理

一、任务布置

应付会计（007蓝玉）根据“项目资料-三、应付款管理系统日常业务处理”资料，完成应付款管理系统日常业务的操作。

二、知识链接

企业在正常运营中，会频繁地发生材料物资的采购，为产品的生产和销售做好准备。应付款管理系统主要用于核算和管理企业与供应商往来的款项，其日常业务主要有应付单据的处理、付款单据的处理、核销处理、票据管理、转账、制单处理等内容，同时提供了相关单据查询和账表查询的功能。

（一）应付单据处理

应付单据包括因采购业务开具的各种发票和非采购业务涉及的其他应付单，它们是应付业务处理的起点，是应付款管理系统日常核算的原始单据。应付单据的处理包括应付单据的录入、修改和审核。

如果应付款管理系统与采购管理系统结合使用，则采购发票在采购管理系统中填制并审核后会自动传递到应付款管理系统中，在应付款管理系统中只进行单据审核和制单处理；如果用户没有启用采购管理系统，而只启用了应付款管理系统，则在应付款管理系统中可以完成应付业务的全部操作，包括采购发票或其他应付单的录入、审核、制单处理等。为了对应付款管理系统的工作流程进行完整的演示，青岛宏象华瑞装备科技有限公司在1月时只启用应付款管理系统。

（二）付款单据处理

付款单据是记录企业支付给供应商的应付款、预付款和其他费用等的原始单据。付款单据处理分为付款单录入、审核、单据核销及制单处理。

为了加强往来款项的管理，企业应建立付款与应付款的核销记录。付款单需要与采购发票、应付单进行核销勾对。核销操作与应收款管理相同，此处不再赘述。

（三）票据管理

企业在购买商品物资时，商业汇票是较为普遍的一种结算方式，为了科学地管理商业汇票，应付款管理系统提供了票据管理功能。在此功能下，企业可记录票据的详细信息，也可以实现退票、结算、查询应付票据等处理。

（四）转账处理

在企业实际业务中，购销业务往来频繁而复杂，同一企业内部、企业与企业之间经常发生往来款项之间相互冲抵调整的情况，为了处理这类业务，系统提供了转账功能即冲账功能，包括应付冲应付、预付冲应付、应付冲应收、红票对冲等业务类型。

三、操作演示

根据“项目资料–三、应付款管理系统日常业务处理”完成本任务。

【准备工作】引入“任务9–2 应付款管理系统初始设置”备份账套。

（一）应付单据处理

9–4 应付单据处理（操作演示）

1.取得专用发票的赊购业务。

（1）应付会计（007 蓝玉）登录“企业应用平台”，操作日期为“2025-01-03”。

（2）在“业务工作”选项卡中，执行“财务会计”/“应付款管理”/“应付单据处理”/“应付单据录入”命令，弹出“单据类别”窗口，选择“单据名称”为“采购发票”，选择“单据类型”为“采购专用发票”，“方向”选择“正向”，单击“确定”按钮。

（3）打开“采购发票”界面，单击“增加”按钮，“供应商”选择“沃丰钢铁”，“发票号”为“00341165”，“部门名称”选择“采购部”，“业务员”选择“孙进”，“税率”为“13%”；表体“存货编码”分别选中“0102”和“0103”，录入“数量”分别为“100”和“300”，“原币单价”分别为“5.00”和“6.50”，单击“保存”按钮，如图9–9所示。

（4）单击工具栏中的“审核”按钮，系统提示“是否立即制单?”，单击“是”按钮，生成物资采购凭证，更改凭证类别并保存，凭证如图9–10所示。

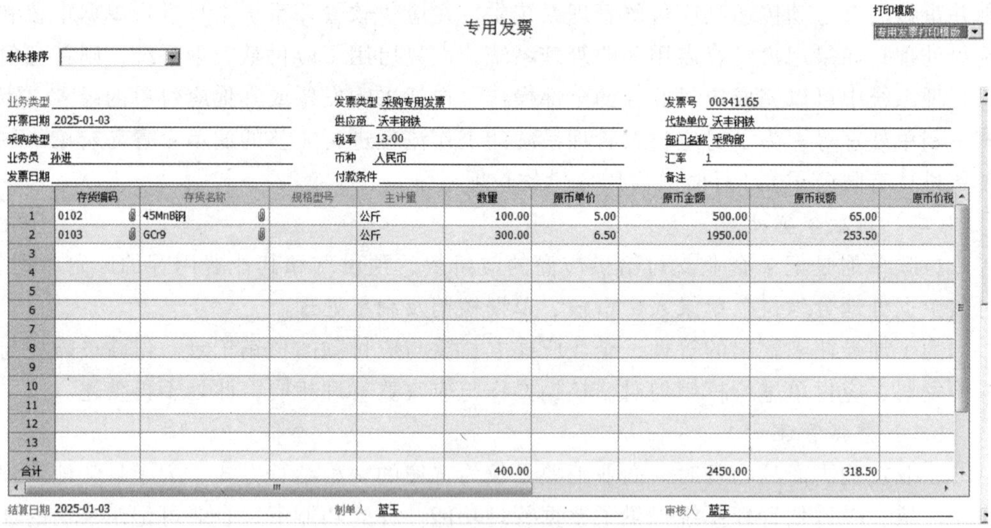

图9-9　采购专用发票

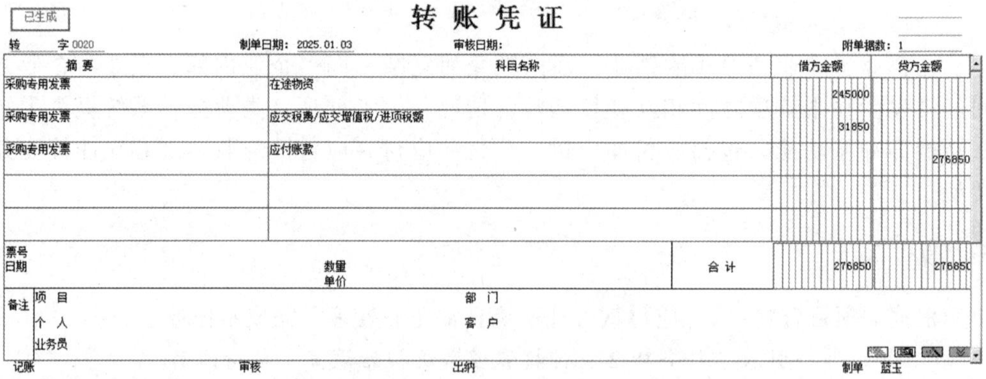

图9-10　采购凭证

2.取得专用发票和运费发票的赊购业务。

（1）录入增值税专用发票。

①应付会计（007蓝玉）登录“企业应用平台”，操作日期为“2025-01-05”。

②在“业务工作”选项卡中，执行“财务会计”/“应付款管理”/“应付单据处理”/“应付单据录入”命令，弹出“单据类别”窗口，选择“单据类型”为“采购专用发票”，方向选择“正向”，单击“确定”按钮。

③打开“采购发票”窗口，单击“增加”按钮，根据任务所给的采购专用发票信息，在表头填写发票号、供应商等信息；单击表体的第一行，双击“存货编码”，选择“0201”，填写“数量”为“200”，“原币单价”为“125.00”，单击“保存”按钮，如图9-11所示。

④在“采购发票”窗口，继续单击“增加”按钮，根据任务所给的采购运费发票信息，在表头填写发票号、供应商等信息，更改表头“税率”为“9”；单击表体的第一行，双击“存货编码”，选择“0401”，填写“数量”为“1”，“原币单价”为“250.00”，单击“保存”按钮，如图9-12所示。

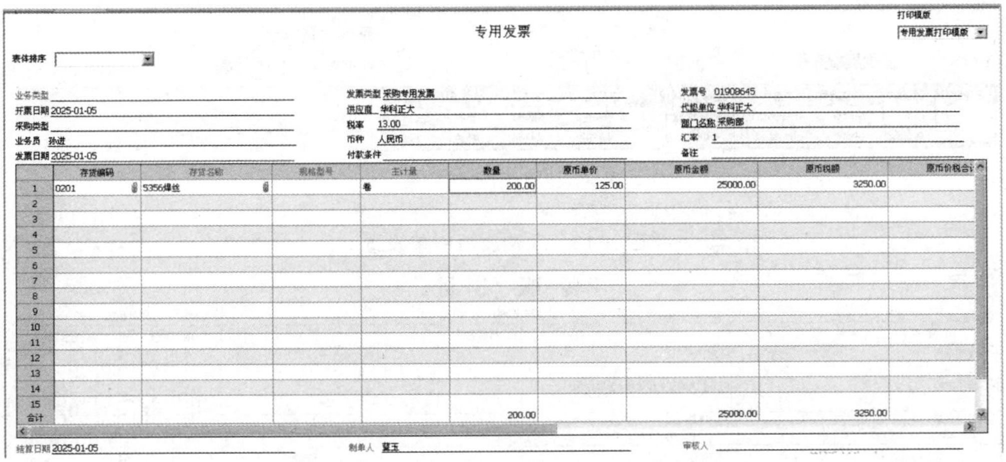

图9-11　采购专用发票

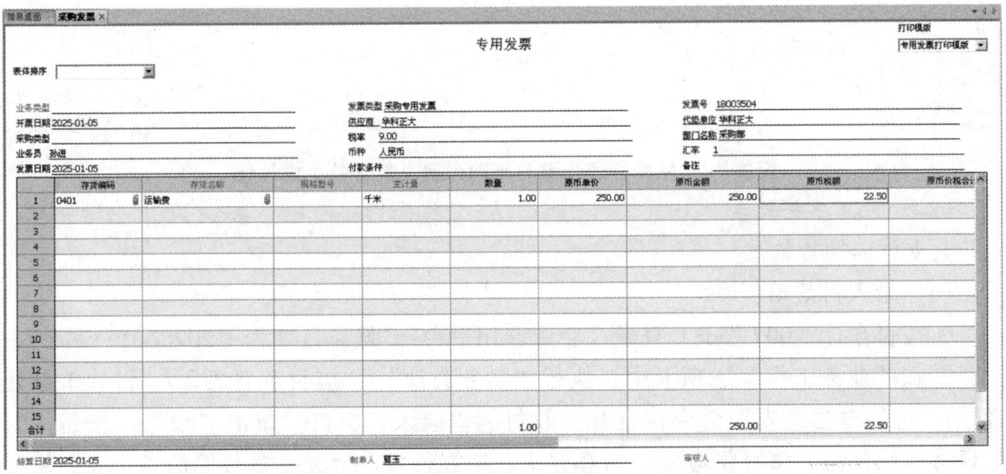

图9-12　运费专用发票

（2）发票审核。

①执行“应付款管理”/“应付单据处理”/“应付单据审核”命令，打开“应付单查询条件”窗口，单击“确定”按钮。

②打开“单据处理”窗口，依次单击工具栏中的“全选”“审核”按钮，系统提示“本次审核成功单据【2】张”，单击“确定”按钮。

（3）发票合并制单。

①执行“应付款管理”/“制单处理”命令，打开“制单查询”窗口，勾选“发票制单”单击“确定”按钮。

②打开“制单”窗口，修改“凭证类别”为“转账凭证”，单击“合并”按钮，两行的“选择标志”处均出现“1”，如图9-13所示。

③单击“制单”按钮，采购专用发票与采购运费发票合并生成凭证，单击“保存”按钮，如图9-14所示。

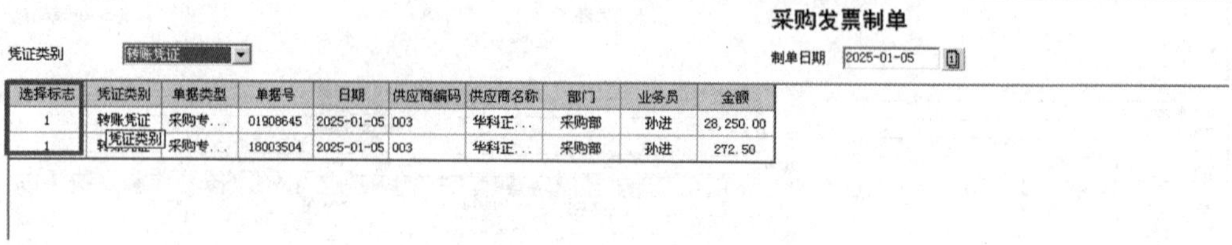

采购发票制单

凭证类别 转账凭证　　制单日期 2025-01-05

选择标志	凭证类别	单据类型	单据号	日期	供应商编码	供应商名称	部门	业务员	金额
1	转账凭证	采购专...	01908645	2025-01-05	003	华科正...	采购部	孙进	28,250.00
1	凭证类别	采购专...	18003504	2025-01-05	003	华科正...	采购部	孙进	272.50

图9-13　采购发票制单设置

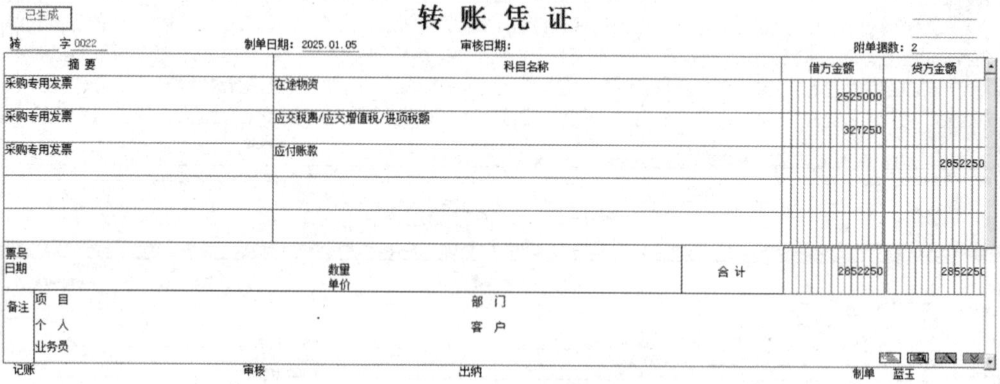

已生成

转 账 凭 证

转 字 0022　　制单日期：2025.01.05　　审核日期：　　附单据数：2

摘 要	科目名称	借方金额	贷方金额
采购专用发票	在途物资	2525000	
采购专用发票	应交税费/应交增值税/进项税额	327250	
采购专用发票	应付账款		2852250
票号 日期	数量 单价　　合 计	2852250	2852250

备注　项 目　　部 门

个 人　　客 户

业务员

记账　　审核　　出纳　　制单 蓝玉

图9-14　采购专用发票与采购运费发票合并生成凭证

（二）付款单据处理

9-5

付款单据处理（操作演示）

1.支付前期货款。

（1）录入付款单。

①应付会计（007蓝玉）登录“企业应用平台”，操作日期为“2025-01-12”。

②在“业务工作”选项卡中，执行“财务会计”/“应付款管理”/“付款单据处理”/“付款单据录入”命令，打开“收付款单录入”窗口，单击“增加”按钮，根据任务所给信息，填写供应商、结算方式、结算科目、金额、票号等信息。表头信息填写完毕后，单击表体的第一行，系统将表头信息自动填入表体，单击“保存”按钮，如图9-15所示。

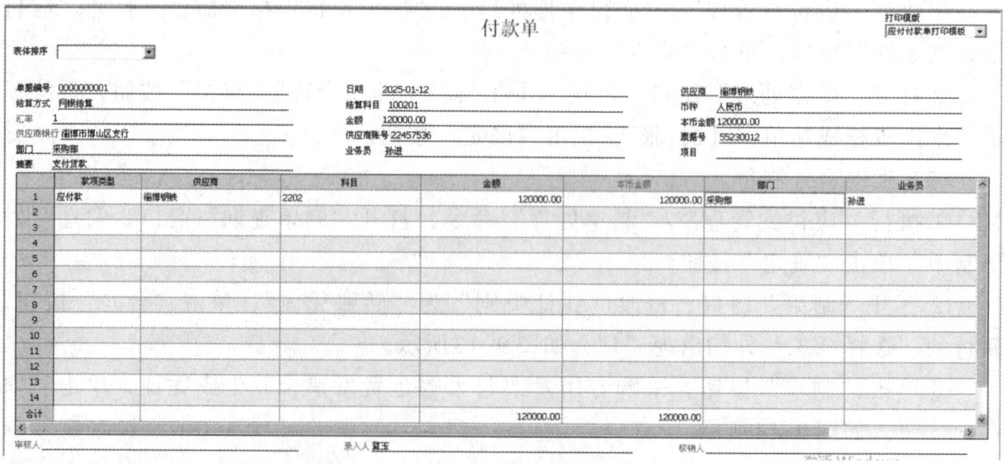

付款单

打印模版 应付付款单打印模板

表体排序

单据编号 0000000001　　日期 2025-01-12　　供应商 淄博钢铁

结算方式 网银结算　　结算科目 100201　　币种 人民币

汇率 1　　金额 120000.00　　本币金额 120000.00

供应商银行 淄博市博山区支行　　供应商账号 22457536　　票据号 55230012

部门 采购部　　业务员 孙进　　项目

摘要 支付贷款

	款项类型	供应商	科目	金额	本币金额	部门	业务员
1	应付款	淄博钢铁	2202	120000.00	120000.00	采购部	孙进
2							
3							
4							
5							
6							
7							
8							
9							
10							
11							
12							
13							
14							
合计				120000.00	120000.00		

审核人　　录入人 蓝玉　　核销人

图9-15　付款单-1

（2）审核付款单。

在“业务工作”选项卡中，执行“财务会计”/“应付款管理”/“付款单据处理”/“付款单据审核”命令，打开“付款单查询条件”窗口，单击“确定”按钮，打开“收付款单列表”窗口，依次单击“全选”“审核”按钮，系统提示“本次审核成功单据【1】张”，单击“确定”按钮。

（3）单据核销。

①执行“应付款管理”/“核销处理”/“手工核销”命令，打开“核销条件”窗口，“供应商”选择“淄博钢铁”，单击“确定”按钮，打开“单据核销”窗口。

②在“2024-12-25”的采购普通发票的“本次结算”金额栏中录入“120 000.00”，单击“保存”按钮，如图9-16所示。

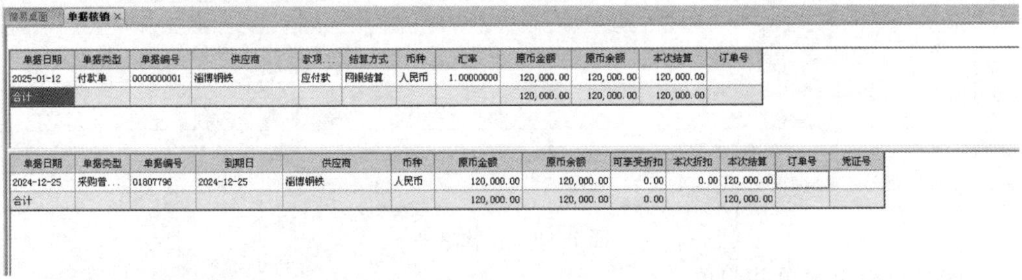

图9-16　单据核销结算

（4）付款核销制单。

①执行“应付款管理”/“制单处理”命令，打开“制单查询”窗口，勾选“收付款单制单”和“核销制单”复选框，单击“确定”按钮。

②打开“应付制单”窗口，修改“凭证类别”为“付款凭证”，单击“合并”按钮，“选择标志”栏中显示“1”。

③单击工具栏中的“制单”按钮，生成付款核销凭证，“现金流量”选择“04购买商品、接受劳务支付的现金”，单击“保存”按钮，如图9-17所示。

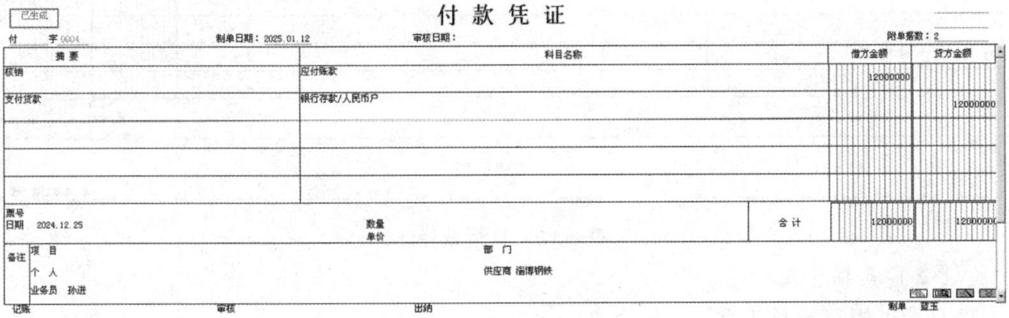

图9-17　付款核销凭证

2. 预付款。

（1）录入付款单。

①应付会计（007蓝玉）登录“企业应用平台”，操作日期为“2025-01-13”。

②在“业务工作”选项卡中，执行“财务会计”/“应付款管理”/“付款单据处

理”/“付款单据录入”命令，打开“收付款单录入”窗口，单击“增加”按钮，根据任务所给信息，填写供应商、结算方式、结算科目、金额、票号等信息。表头信息填写完毕后，单击表体的第一行，系统将表头信息自动填入表体，将“款项类型”改为“预付款”，单击“保存”按钮，如图9-18所示。

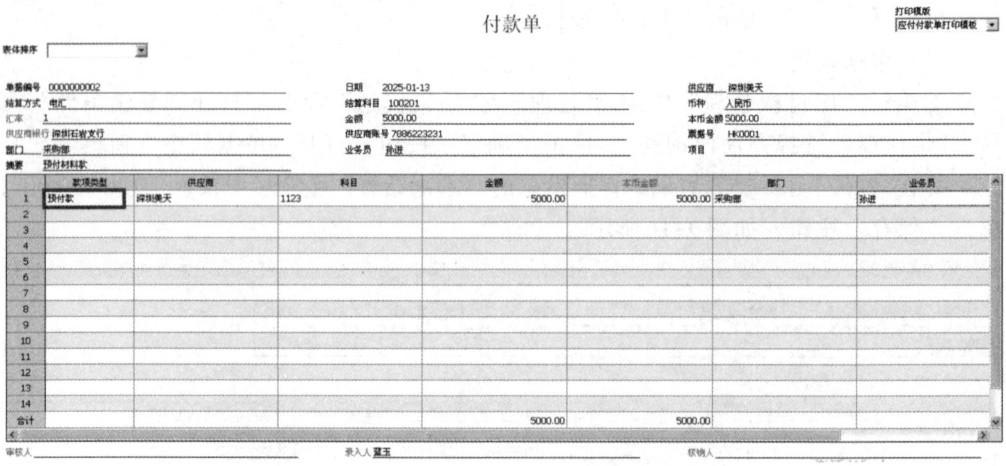

图9-18　付款单-2

（2）审核付款单并制单。

在“业务工作”选项卡中，执行“财务会计”/“应付款管理”/“付款单据处理”/“付款单据审核”命令，打开“付款单查询条件”窗口，单击“确定”按钮，打开“收付款单列表”窗口，双击打开付款单，单击“审核”按钮，系统弹出“是否立即制单？”，单击“是”按钮，生成预付款的凭证，“现金流量”选择“04购买商品、接受劳务支付的现金”，单击“保存”按钮，生成的预付款凭证如图9-19所示。

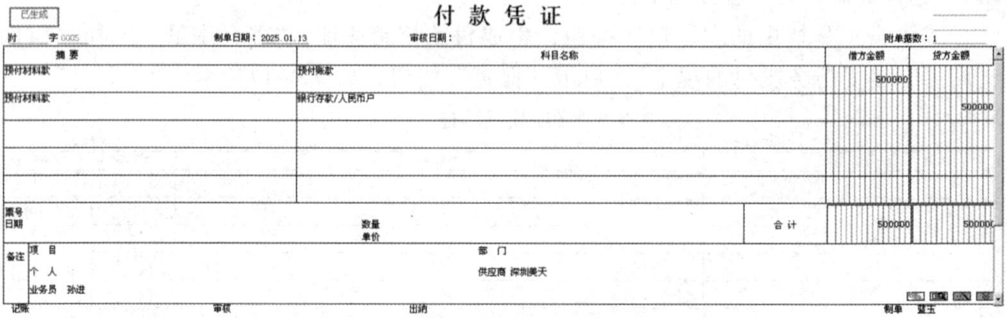

图9-19　预付款凭证

（三）票据管理

9-6

票据管理
（操作演示）

1.录入银行承兑汇票。

（1）应付会计（007蓝玉）登录“企业应用平台”，操作日期为“2025-01-25”。

（2）在“业务工作”选项卡中，执行“财务会计”/“应付款管理”/“票据管理”命令，打开“查询条件选择”窗口，单击“确定”按钮，进入“票据管理”窗口，单击工具栏中的“增加”按钮，根据任务资料，填写票据类型、票据编号、出票日期等信息，单击“保存”按钮，如图9-20所示。

打印模版组 30657 商业汇票打印模版

商业汇票

银行名称		票据类型 商业承兑汇票
方向 付款	票据编号 88802161	结算方式 商业承兑汇票
收到日期 2025-01-25	出票日期 2025-01-25	到期日 2025-04-25
出票人 青岛宏象华瑞装备科技有限公司	出票人账号 6222022002427753619	付款人银行 中国工商银行李沧第一支行
收款人 青岛沃丰钢铁有限公司	收款人账号 25443489	收款人开户银行 中国工商银行山东省胶南支行
币种 人民币	金额 2768.50	票面利率 0.00000000
汇率 1.000000	付款行行号	付款行地址
背书人	背书金额	备注
业务员 孙进	部门 采购部	票据摘要
交易合同号码	制单人 蓝玉	

	处理方式	处理日期	贴现银行	被背书人	贴现率	利息	费用	处理金额
1								
2								
3								
4								
5								
6								
7								
合计								

图9-20　商业承兑汇票

2.审核商业承兑汇票。

在“业务工作”选项卡中，执行“财务会计”/“应付款管理”/“付款单据处理”/“付款单据审核”命令，打开“付款单查询条件”窗口，单击“确定”按钮，打开“收付款单列表”窗口，双击打开付款单，单击“审核”按钮，系统弹出“是否立即制单?”，单击“是”按钮，生成凭证，修改凭证类别为“转”，单击“保存”按钮。生成的凭证如图9-21所示。

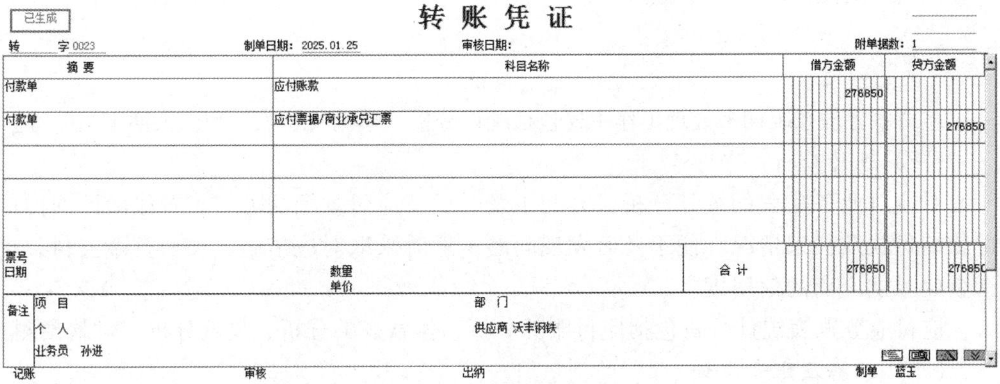

已生成

转账凭证

转　字 0023　　制单日期：2025.01.25　　审核日期：　　附单据数：1

摘要	科目名称	借方金额	贷方金额
付款单	应付账款	276850	
付款单	应付票据/商业承兑汇票		276850
票号 日期	数量 单价　　合计	276850	276850

备注　项目　　部门

个人　　供应商 沃丰钢铁

业务员 孙进

记账　　审核　　出纳　　制单 蓝玉

图9-21　转账凭证

（四）转账处理

1.应付会计（007蓝玉）登录“企业应用平台”，操作日期为“2025-01-28”。

2.在“业务工作”选项卡中，执行“财务会计”/“应付款管理”/“转账”/“应付冲应付”命令，打开“应付冲应付”窗口，选择“供应商”为“华科正大”，单击“查询”，系统显示对华科正大的所有应付款，选择目标单据（单据号为18003504），在“并账金额”处录入“272.50”，勾选“转入”栏中的供应商，选择“沃丰钢铁”。

9-7

转账处理
（操作演示）

3.单击“保存”按钮，系统弹出提示“是否立即制单?”，单击“是”按钮，系统自动生成凭证，单击“保存”按钮，凭证如图9-22所示。

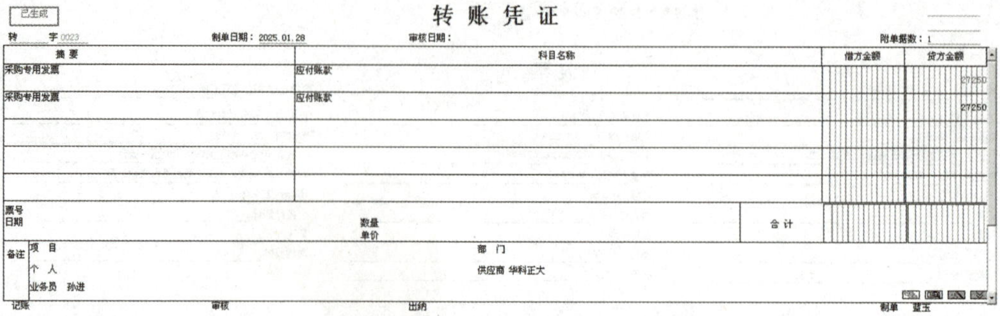

图9-22　应付冲应付凭证

（五）备份账套

用户admin登录“系统管理”，备份为“任务9-3应付款管理系统日常业务处理”账套。

任务四　应付款管理系统期末业务处理

一、任务布置

应付会计（007蓝玉）根据“项目资料-四、应付款管理系统期末业务处理”完成如下期末处理工作：

1.进行1月份应付账款账龄分析。

2.期末结账。

二、知识链接

应付款管理系统期末处理工作主要包括统计分析、单据及账表查询以及期末结账等。

（一）统计分析

对应付业务账表的统计分析，有利于及时了解应付款项的分布、各账龄区间内应付款的付款及往来情况，便于及时发现问题，适时采取对应措施，加快资金支付，提高企业对供应商的信用度。

应付业务账表统计分析包括应付账龄分析、付款账龄分析、欠款分析、付款预测。

（二）单据及账表查询

应付款管理系统提供了单据查询和账表查询的功能。通过查询，企业可以从各个角度随时了解应付款项的发生、支付、结存情况，加强对应付款项的管理和监督。

单据查询主要包括对采购发票、应付单和付款单等原始单据的查询和凭证查询。账表查询主要包括业务账表查询和科目账查询。业务账表查询是对企业应付款业务发生、收回、结存的汇总情况及明细情况的查询；科目账查询包括科目明细账、科目余额表查询，还可以实现账表、记账凭证和原始单据之间的联查。

（三）期末结账

当应付款管理系统中本月应付单、付款单等所有单据都已经审核、制单后，可以选择执行月末结账功能，执行了月末结账功能后，该月将不能再进行任何处理。结账处理之后，没有进行其他操作之前，发现结账有问题，可以取消月结。

温馨提示：

• 执行月末结账时，一次只能顺序选择一个月进行结账；

• 不能结账的情况：本月的单据（发票和应收单）没有全部审核；上月没有结账；本月还有未核销的结算单；同时启用了采购管理系统，但采购管理系统月末尚未结账；

• 如果结账期间是本年度最后一个期间，则本年度进行的所有核销、转账等处理必须制单，否则不能结转下年，而且对于本年度外币余额为零的单据必须将相应的本币余额结转为零，即必须执行汇兑损益的计算操作。

三、操作演示

9-8 账龄分析及期末结账（操作演示）

【准备工作】引入“任务9-3 应付款管理系统日常业务处理”备份账套。

（一）应付款账龄分析

1.应付会计（007蓝玉）登录“企业应用平台”，操作日期为“2025-01-31”。

2.执行“应付款管理”/“账表管理”/“统计分析”/“应付账龄分析”命令，在“查询条件选择-应付账龄分析”对话框中选择查询对象为“供应商”，单击“确定”按钮。系统自动进行账龄分析，生成“应付账龄分析”表，如图9-23所示。

应付账龄分析

金额式　币种：全部

供应商　全部　　截止日期：2025-01-31

供应商		本币余额	账期内		1-30		31-60		61-90		91以上		信用额度
编号	名称		本币金额	%	本币金额	%	本币金额	%	本币金额	%	本币金额	%	
002	青岛沃丰钢铁	207,041.00			3,041.00	1.47	204,000.00	98.53					
003	华科正大机电	28,250.00			28,250.00	100.00							
数量					2		1						
金额		235,291.00			31,291.00	13.30	204,000.00	86.70					

图9-23　应付账龄分析

（二）月末结账

1.应付会计（007蓝玉）登录“企业应用平台”，操作日期为“2025-01-31”。

2.执行“应付款管理”/“期末处理”/“月末结账”命令，双击1月“结账标志”栏，显示结账标志，如图9-24所示。

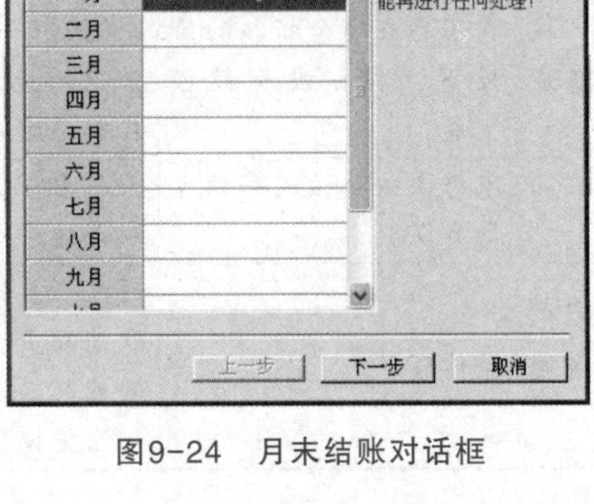

图9-24　月末结账对话框

3.单击“下一步”按钮，系统自动检查各项业务的记账和制单处理情况，弹出检查结果报告单，如图9-25所示。

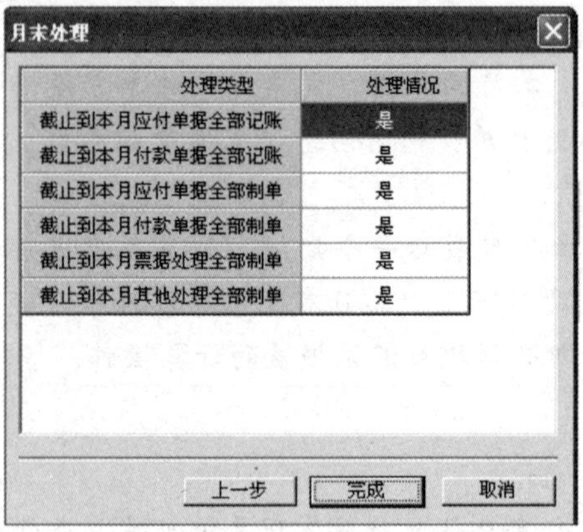

图9-25　系统自动检查结果报告

4.单击“完成”按钮，系统弹出信息提示“1月份结账成功”，单击“确定”按钮，完成月末结账操作。

（三）备份账套

用户admin登录“系统管理”，备份为“任务9-4应付款管理系统期末业务处理”账套。

常见问题和错误解析

本项目操作过程中较易发生的错误和问题总结如下，可参考“解决方法”进行修改（见表9-6）。

表9-6　常见问题和错误的原因及解决方法

序号	常见问题和错误	原因	解决方法
1	应付款管理系统查不到要审核的单据。	审核人没有审核权限或者登录日期错误。	先检查审核人是否具有相应的数据权限，然后检查登录日期，登录日期应等于或晚于业务日期。
2	录入商业承兑汇票后，直接进行制单处理，没有数据。	没有审核付款单。	商业承兑汇票填制好后，应审核付款单并进行核销处理，然后通过“收付款单制单”和“核销制单”功能进行合并制单，生成凭证。
3	付款后，单独根据“核销制单”功能无法生成凭证。	在不存在现金折扣的前提下，核销没有数据生成。	应通过“收付款单制单”和“核销制单”功能进行合并制单或修改受控科目制单方式为“明细到单据”。
4	核销时，找不到相应的付款单据。	单据未被审核或登录日期有误。	审核相应的单据，并按照正确日期进入系统。
5	核销、转账等操作完成后，发现有错误，想重新操作。	操作有误。	通过“其他处理”/“取消操作”命令，取消核销、转账、坏账、票据等业务的处理，如果已经生成了凭证，应先删除凭证，再取消处理

项目测试

项目九测试

一、单项选择题

1.在应付款管理系统中，账表查询的科目账查询功能可以完成（　　）查询。

A.科目总账　　B.科目汇总表

C.汇总记账凭证　　D.科目余额表

2.在应付款管理系统中，以下关于账龄区间设置的说法中，错误的是（　　）。

A.账龄区间不能修改和删除

B.系统会根据输入的总天数自动生成相应的区间

C.最后一个区间不能修改和删除

D.序号由系统自动生成

3.应付款管理系统的启用期间应满足的条件是（　　）。

A.启用会计期间必须等于账套的启用期间

B.启用期间必须大于账套的启用期间

C.启用期间必须等于账套的启用期间

D.启用期间必须小于等于账套的启用期间

4.在应付款管理系统中，保存票据的结果是系统自动增加了一张（　　）。

A.收款单　　B.结算单　　C.应付单　　D.付款单

5.在应付款管理系统中，不符合核销规则的是（　　）。

A.在核销时使用预收款　　B.预付款大于实际结算数，余款退回

C.在核销时使用预付款　　D.付款单与原有单据完全核销

二、多项选择题

1.在应付款管理系统中，应付款的核销方式主要包括（　　）。

A.按供应商核销　　B.按单据日期　　C.按单据核销　　D.按产品

2.在应付款管理系统中，票据管理主要是对（　　）进行日常的业务处理，所有涉及票据的开具、结算、转出、计息等日常处理都应该在票据管理中进行。

A.银行承兑汇票　　B.银行本票　　C.银行汇票　　D.商业承兑汇票

3.在应付款管理系统中，需准备（　　）数据资料。

A.存货档案　　B.部门档案　　C.供应商档案　　D.客户档案

4.在应付款管理系统中，属于账套参数设置的内容的有（　　）。

A.月末结账前是否制单　　B.应收款核销方式

C.红票对冲是否生成凭证　　D.方向相反的分录是否合并

5.在应付款管理系统中，删除凭证的前提条件是（　　）。

A.未经出纳签字　　B.未在总账中记账

C.未核销　　D.未审核

三、判断题

1.如果当月总账管理系统已经结账，在应付款管理系统还可以执行取消结账的操作。（　　）

2. 在应付款管理系统中，付款单据处理主要是对结算单据进行管理，包括付款单、收款单的录入、审核以及单张结算单的核销。（　）

3. 在制单处理中，单击“制单”命令前，不单击“合并”就可实现对单张发票和应付单分别制单。（　）

4. 在单击付款单的“保存”按钮后，系统会自动生成付款单的表体内容。（　）

同步实训

项目九同步实训

项目评价（见表 9-7）

表 9-7　　项目九评价参考表

任务	要求	评价		
		自评	师评	小组互评
9.1 认识应付款管理系统	能深入理解应付款管理系统模块功能并正确完成应付款管理系统的启用	□A□B□C	□A□B□C	□A□B□C
9.2 应付款管理系统初始设置	能根据所给资料完成应付款管理系统初始设置	□A□B□C	□A□B□C	□A□B□C
9.3 应付款管理系统日常业务处理	能根据所给资料完成应付款管理系统日常业务处理	□A□B□C	□A□B□C	□A□B□C
9.4 应付款管理系统期末业务处理	能准确查询应付款相关账表并完成期末结账工作	□A□B□C	□A□B□C	□A□B□C
自我总结与反思				

重点任务操作流程梳理

任务名称	操作流程简要概括
录入应付款管理系统期初余额	
取得专用发票的赊购	
支付欠款	
开具商业承兑汇票	
应付冲应付	

续表

操作过程中出现的错误及其原因分析

错误点	错误原因	改正方法

注：A，达标；B，基本达标；C，未达标。

项目十

供应链管理岗位实务

目标指引

知识目标

1. 熟悉供应链管理岗位职责，理解供应链管理系统初始设置的作用；
2. 掌握采购业务的基本流程及其与原始凭证的关系；
3. 掌握销售业务的基本流程及其与原始凭证的关系。

能力目标

1. 能够完成供应链各子系统启用、初始设置、参数设置和期初余额录入工作；
2. 能够完成采购业务、销售业务和库存变动业务等日常业务；
3. 能够完成销售成本结转、存货清查和结账等期末业务。

素养目标

1. 具备努力奋斗和砥砺前行的品质；
2. 具备主动解决问题和创新创造的能力；
3. 具备探索事物内在机理和运行规律的科学精神；
4. 具有良好的表达能力和沟通技巧。

供应链管理岗位工作流程

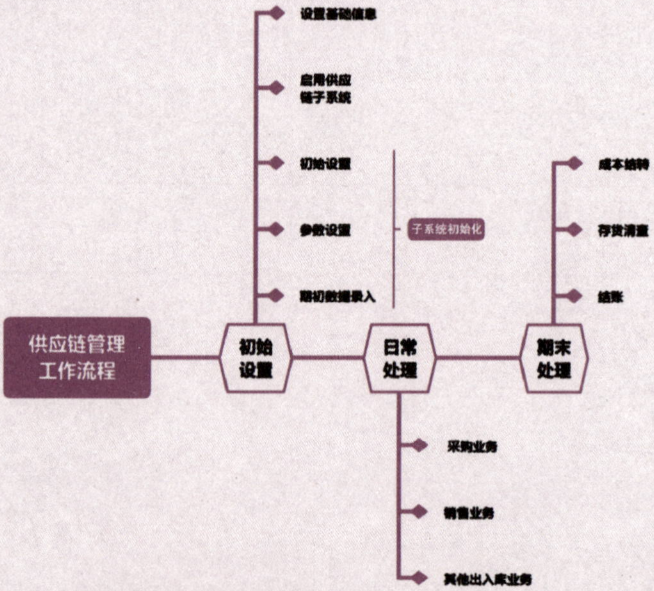

图10-1　供应链管理岗位工作流程图

价值引领

匠心求极致 为国铸重器

人物速写：董礼涛在哈电汽轮机公司从事汽轮机铣削加工工作，秉持着产业报国的初心，他一直致力于技术的钻研和创新。在从事铣工工作的30多年里，董礼涛取得了20余项国家专利，并完成了300余项技术创新，为公司创造了8 000余万元的价值。他还参与加工制造了国产首台30MW燃压机组、秦山核电站65万千瓦核电汽轮机等重点工程项目，展现出卓越的技术能力和创造力。

国产首台用于国家西气东输项目烟墩站的燃气增压设备，机组的核心部件大多是高温合金等难加工材料，结构极其复杂，需要加工的部位非常多，更难的是尺寸精度要求特别高。“当时国内没有生产过这种构造复杂的机组。”没有工艺指导，没有加工参数，董礼涛天天守在机床旁，反复调试。他根据机床本身的特性，自行设计了一套柔性工装，结构简单、制作方便，可以拆分、组合，还能适应不同结构和异形零部件的安装、定位、夹紧。该工装在燃压机组的生产过程中发挥了巨大的作用，获得了发明专利和实用新型专利。该机组在中石油西部管道一次点火成功，标志着国产化大型装备工业应用步入了一个新的历史阶段。

资料来源：王彦.大国工匠董礼涛：大担当大作为铸就大国重器［EB/OL］.［2024-03-03］. https：//wap.hljnews.cn/template/4200/5695071700780032.html.有删改。

品质/精神传承：董礼涛大师从普通一线工人到知名技能专家，从攻克技术瓶颈到步入行业领先水平，从担当企业责任到肩负国家使命，走过了近30年路程。在他看来，从制造大国转向制造强国，是我国产业工人共同的梦想。让我们传承工匠精神，筑梦为国，砥砺前行，不负韶华。

项目资料

一、供应链管理系统初始设置[①]

（一）启用供应链管理各子系统

启用应收款管理、应付款管理、采购管理、销售管理、库存管理和存货核算系统，启用日期为2025年1月1日。

（二）基础信息

1. 存货信息。

详见项目八“项目资料-—、应收款管理系统启用和基础信息补充设置-（二）基础信息补充设置-2.存货相关信息”资料。

2. 本单位开户银行信息。

详见项目八“项目资料-—、应收款管理系统启用和基础信息补充设置-（二）基础信息补充设置-1.本单位开户银行信息”资料。

3. 业务信息。

（1）仓库档案（见表10-1）。

表10-1　　仓库档案

仓库编码	仓库名称	资产仓	记入成本	计价方式
01	原料库	否	是	先进先出法
02	产成品库	否	是	全月平均法
09	其他库	否	是	先进先出法

（2）收发类别（见表10-2）。

表10-2　　收发类别

收发类别编码	收发类别名称	收发标志	收发类别编码	收发类别名称	收发标志
1	入库	收	2	出库	发
11	采购入库	收	21	销售出库	发
12	采购退货	收	22	销售退货	发
13	产品完工入库	收	23	材料领用出库	发
14	盘盈入库	收	24	盘亏出库	发
19	其他入库	收	29	其他出库	发

（3）采购类型和销售类型（见表10-3）。

① 此处为【任务一　供应链管理系统初始设置】的任务资料。

表 10-3　采购类型和销售类型

采购类型编码	采购类型名称	入库类别	销售类型编码	销售类型名称	出库类别
01	生产采购	采购入库	01	产品销售	销售出库
02	采购退货	采购退货	02	销售退货	销售退货

（4）费用项目（见表 10-4）。

表 10-4　费用项目

费用项目分类编码	费用项目分类名称	费用项目编码	费用项目名称
1	代垫费用	01	代垫运费

4. 单据编号设置。

将采购普通发票的编号方式设置为“完全手工编号”。

（三）参数设置

1. 应收款管理系统参数。

详见项目八“项目资料-二、应收款管理系统初始设置-（一）设置应收款管理系统参数”资料。

2. 应付款管理系统参数。

详见项目九“项目资料-二、应付款管理系统初始设置-（一）设置应付款管理系统参数”资料。

3. 销售管理系统参数。

报价不含税、有委托代销业务、有分期收款业务；新增退货单、新增发票默认参照发货单。

4. 库存管理系统参数。

修改现存量时点为采购入库审核、销售出库审核、产成品入库审核、材料出库审核、其他出入库审核。

5. 存货核算系统参数。

暂估方式为“单到回冲”；销售成本核算方式为“销售出库单”；委托代销成本核算方式为“按发出商品核算”。

（四）初始设置信息

1. 应收款管理系统初始设置。

详见项目八“项目资料-二、应收款管理系统初始设置”中“应收款管理系统初始科目设置、坏账准备、账龄区间设置、逾期账龄区间设置”相关信息。

2. 应付款管理系统初始设置。

详见项目九“项目资料-二、应付款管理系统初始设置”中“应付款管理系统初始科目设置、账龄区间设置、逾期账龄区间设置”相关信息。

3. 存货核算系统初始设置。

（1）存货科目设置（见表 10-5）。

表 10-5　存货科目

仓库编码及名称	存货编码及名称	存货科目
01原料库	0101 生铁	14030101 生铁
	0102 45MnB钢	14030102 45MnB钢
	0103 GCr9钢	14030103 GCr9钢
	0201 5356焊丝	14030201 5356焊丝
	0202 润滑油	14030202 润滑油
02产成品库	0301 153中桥	140501 153中桥
	0302 153后桥	140502 153后桥
	0303 13寸轮毂	140503 13寸轮毂
	0304 15寸轮毂	140504 15寸轮毂

（2）存货对方科目设置（见表10-6）。

表 10-6　存货对方科目

收发类别	对方科目	暂估科目
采购入库/采购退货	1402在途物资	2202应付账款
产品完工入库	500101直接材料	
盘盈入库/盘亏出库	1901待处理财产损溢	
销售出库/销售退货	6401主营业务成本	
材料领用出库	500101直接材料	

（五）期初余额录入

1. 应收期初数据。

详见项目八“项目资料-二、应收款管理系统初始设置-（六）应收款管理系统期初余额”相关信息。

2. 应付期初数据。

详见项目九“项目资料-二、应付款管理系统初始设置-（五）应付款管理系统期初余额”相关信息。

3. 库存管理和存货核算系统期初数据（见表10-7）。

表 10-7　存货期初数据　金额单位：元

存货编码	存货名称	所属分类码	主计量单位	税率	数量	单价	金额
0101	生铁	01	千克	13%	100 000	2.40	240 000.00
0102	45MnB钢	01	千克	13%	100 000	3.00	300 000.00
0301	153中桥	03	支	13%	60	10 000.00	600 000.00
0302	153后桥	03	支	13%	100	8 000.00	800 000.00
0303	13寸轮毂	03	个	13%	600	500.00	300 000.00

二、采购业务[①]

以下所有采购业务“部门”均为“采购部”，“业务员”均为“孙进”。

（一）普通采购业务

业务1：2025年1月1日，从淄博钢铁购入生铁15 000千克，单价2.45元，增值税税率为13%，生铁已全部验收入库。取得购销合同、增值税专用发票和入库单，合同中约定的付款条件为“2/7，1/15，n/25”。

业务2：2025年1月5日，从沃丰钢铁购入45MnB钢28 000千克，单价为2.95元，增值税税率为13%，45MnB钢已全部验收入库，款项已全部支付。取得购销合同、增值税专用发票、入库单和网银支付回单。

业务3：2025年1月7日，向淄博钢铁支付1月1日购货的货款，享受2%的现金折扣。取得电汇凭证回单。

业务4：2025年1月8日，从淄博钢铁购入生铁21 000千克，单价2.45元，增值税税率为13%，生铁已全部验收入库。同时发生运费2 200元（共2 200千米），增值税税率为9%。取得购销合同、增值税专用发票（购货和运费发票2张）和入库单。运费按金额分摊。

业务5：2025年1月9日，从沃丰钢铁购入45MnB钢17 000千克，单价为2.98元，增值税税率为13%，45MnB钢已全部验收入库。取得购销合同、入库单。

（二）采购退货业务

业务6：2025年1月10日，因质量问题将1月9日从沃丰钢铁购入的45MnB钢1 000千克退回沃丰钢铁。同时收到沃丰钢铁开具的数量为16 000千克、单价为2.98的增值税专用发票一张。

业务7：2025年1月11日，因质量问题将1月9日从沃丰钢铁购入的45MnB钢2 000千克退回沃丰钢铁。收到红字增值税专用发票和红字采购入库单。

（三）采购暂估业务

业务8：2025年1月15日，收到深圳美天提供的润滑油800千克验收入库。到月末仍未收到发票，按照单价30元暂估入账。

三、销售业务[②]

以下所有销售业务“部门”均为“销售部”，“业务员”均为“周群”。

（一）普通销售业务

业务1：2025年1月16日，销售给青岛宏利153中桥10支，单价16 000元，增值税税率为13%，产品已发出，发票已开具。取得购销合同、增值税专用发票和出库单。

业务2：2025年1月20日，收到青岛宏利1月16日销售商品的货款。取得网银收款凭证。

① 此处为【任务二　采购管理系统日常业务处理】的任务资料。
② 此处为【任务三　销售管理系统日常业务处理】的任务资料。

业务3：2025年1月21日，销售给青特科技153后桥40支，单价13 000元，增值税税率为13%，产品已发出，发票已开具，款项已收到。取得购销合同、增值税专用发票、出库单和转账进账单（对方以转账支票支付）。

业务4：2025年1月25日，销售给长春润冠13寸轮毂150个，报价为900元/个，经双方协商折扣10%，即按照报价的90%成交，增值税税率为13%，发票已开具。发出商品时发生代垫运费1 090元，以网银支付，取得物流公司开出的运输发票。取得购销合同、增值税专用发票和出库单。

（二）销售退货业务

业务5：2025年1月28日，因质量问题销售给青特科技的153后桥退回1支，已开具红字专用发票，退回的商品已入库，货款尚未退还。取得红字增值税专用发票和红字出库单。

四、库存变动业务①

以下所有库存变动业务“部门”均为“仓储中心”，“业务员”均为“王勇”。

（一）调拨业务

业务1：2025年1月28日，因质量问题将2个13寸轮毂从产成品库调入其他库。

（二）材料出库业务

业务2：2025年1月28日，制造车间因生产15寸轮毂领用生铁2 000千克、45MnB钢1 300千克。

（三）产成品入库业务

业务3：2025年1月29日，仓储中心验收入库15寸轮毂20个，验收入产成品库。总成本为12 000元，其中材料费8 320元，人工费3 200元，制造费用480元。当日完成成本分配生成对应凭证。

（四）其他出入库业务

业务4：2025年1月30日，接受捐赠100千克润滑油，单价30元，润滑油已入原料库。

业务5：2025年1月31日，根据制造车间统计，生产15寸轮毂有100千克生铁和80千克45MnB钢尚未用完，先做假退料处理。生铁单价为2.40元，45MnB钢单价为3.00元。

五、供应链管理系统期末业务②

（一）暂估业务

业务1：采购业务中的业务8到月末仍未收到发票，按照单价30元暂估入账。

（二）结转销售成本

业务2：结转销售业务中的业务1、业务3、业务4和业务5的销售成本。

---

① 此处为【任务四 库存管理系统日常业务处理】的任务资料。
② 此处为【任务五 供应链管理系统期末业务处理】的任务资料。

（三）存货清查业务

业务3：2025年1月31日，仓储中心对生铁进行盘点，发现生铁盘亏2千克。盘亏属于非正常损失，经批准计入“营业外支出”。

业务4：2025年1月31日，仓储中心对焊丝进行盘点，发现盘盈10卷，每卷单价48元。经批准冲减管理费用。

（四）各系统期末结账

业务5：采购管理系统、销售管理系统、库存管理系统、存货核算系统、应收款管理系统、应付款管理系统和总账管理系统期末结账。

10-1
供应链管理
岗位初认知
（微课）

任务一 供应链管理系统初始设置

一、任务布置

请启用应收款管理系统、应付款管理系统和供应链管理各系统，并根据项目资料进行基础信息设置，对各系统进行参数设置、初始设置和期初余额录入。

二、知识链接

（一）供应链管理岗位职责

供应链管理在企业管理中发挥着重要作用，是现代企业不可或缺的关键职能，因此供应链管理岗位在企业实践中具有重要地位。随着业财融合的深入，财务人员和业务人员的连接更加紧密，彼此需要更深入地配合，因此财务人员必须掌握供应链管理的相关知识和技能。供应链管理岗位的主要职责如下：

1. 供应链规划。

制定供应链战略和规划，提高供应链运作效率；对采购、物流和销售等方面进行规划和管理，以满足市场需求。

2. 采购管理。

通过市场调研和历史数据分析等手段，进行需求趋势预测，为企业制订采购和生产计划提供依据，以避免供需失衡的情况发生；与供应商建立并维护合作伙伴关系，评估供应商绩效，确保供应商能够按时交付所需的物料和产品。

3. 物流管理。

协调和管理物流活动，包括货物的运输、仓储和配送等；考虑运输方式、运输成本、运输时间等，建立完善的配送体系，确保产品能及时到达客户手中。

4. 销售管理。

进行客户需求分析，建立完善的客户服务体系，包括售前、售中和售后三个阶段；持续跟踪客户需求，应对市场变化，最终满足客户需求。

5. 质量管理。

对采购、销售和物流各个环节进行自我监控，确保产品和服务的质量达到预期标准。

（二）供应链管理系统初始设置

用友ERP-U8供应链管理模块包括采购管理、销售管理、库存管理、存货核算、售前分析和售后服务等子系统，其中采购、销售、库存和存货核算是主体内容。为了完成供应链管理职责，必须对供应链相关子系统进行初始化。

1. 基础信息设置。

基础信息是进行日常采购和销售业务处理的基础，包括机构人员档案、客商信息档案、存货信息、财务信息、收付结算信息、业务信息等。项目二和项目三中已经进行了大部分基础信息设置，本部分重点设置计量单位、存货类别及其档案、本单位开户银行信息、仓库档案、收发类别、采购类型、销售类型和费用项目。

2. 参数设置。

参数设置是对会计核算时点、核算方法及会计政策等所进行的选择，包括每个子系统的常规设置、凭证设置、权限与报警设置等内容。

3. 初始设置。

初始设置主要是规定自动生成凭证的规则，重点是科目设置，当然也包括会计处理方法的设置，所以初始设置是在需要自动生成凭证的子系统中进行的。初始设置包括：应收款管理系统的基本科目、控制科目、结算方式科目和坏账准备设置等；应付款管理系统的基本科目、控制科目、结算方式科目和账龄区间设置等；存货核算系统的存货科目和存货对方科目设置。

4. 期初余额录入。

期初余额是上期期末余额，在连续核算的情形下无须手工输入，因此期初余额录入往往在首次启用某一子系统时使用。首次使用供应链各子系统、应收款和应付款子系统时，需要手工录入期初余额。

三、操作演示

根据“项目资料-一、供应链管理系统初始设置”相关信息完成本任务。

【准备工作】引入“任务3-2 总账管理系统初始设置”备份账套。

（一）启用供应链管理各子系统

2025年1月1日，账套主管（001刘梅）登录“企业应用平台”，执行“基础设置”/“基本信息”/“系统启用”命令，勾选对应子系统前的方框，输入启用日期“2025-01-01”。如图10-2所示。

系统编码	系统名称	启用会计期间	启用自然日期	启用人
☑GL	总账	2025-01	2025-01-01	刘梅
☑AR	应收款管理	2025-01	2025-01-01	刘梅
☑AP	应付款管理	2025-01	2025-01-01	刘梅
☐FA	固定资产			
☐NE	网上报销			
☐NB	网上银行			
☐WH	报账中心			
☐SC	出纳管理			
☐CA	成本管理			
☐PM	项目成本			
☐FM	资金管理			
☐BM	预算管理			
☐CM	合同管理			
☐PA	售前分析			
☑SA	销售管理	2025-01	2025-01-01	刘梅
☑PU	采购管理	2025-01	2025-01-01	刘梅
☑ST	库存管理	2025-01	2025-01-01	刘梅
☑IA	存货核算	2025-01	2025-01-01	刘梅

图10-2　系统启用

（二）设置基础信息

1. 存货信息。

账套主管（001刘梅）按照项目八“任务一 认识应收款管理系统”操作演示中存货相关信息设置计量单位、存货分类和存货档案信息。

2. 本单位开户银行信息。

账套主管（001刘梅）按照项目八“任务一 认识应收款管理系统”操作演示中开户银行相关信息设置。

3. 业务信息。

10-2 仓库档案（操作演示）

（1）仓库档案。

账套主管（001刘梅）执行“基础设置”/“基础档案”/“业务”/“仓库档案”命令，单击“增加”按钮，根据表10-1资料依次输入、勾选或者选择相关信息，单击“保存”按钮设置完成第一个仓库档案。其他仓库档案如法设置。仓库档案如图10-3所示。

☑ 打印序号(N)

仓库档案

序号	仓库编码	仓库名称	部门名称	仓库地址	电话	负责人	计价方式	是否货位管理	对应条形码	参与MRP	参与ROP	仓库属性	记额(%	资产仓	控制序列号	记入成本	纳入可用量计	代管仓
1	01	原料库					先进先出法	否	01	是	是	普通仓		否	是	是	是	否
2	02	产成品库					全月平均法	否	02	是	是	普通仓		否	是	是	是	否
3	09	其他库					先进先出法	否	09	是	是	普通仓		否	是	是	是	否

图10-3 仓库档案

10-3 收发类别（操作演示）

（2）收发类别。

账套主管（001刘梅）执行“基础设置”/“基础档案”/“业务”/“收发类别”命令，单击“增加”按钮，根据表10-2资料依次输入收发类别编码“1”、收发类别名称“入库”，选择收发标志“收”，单击“保存”按钮，设置完成第一个收发类别。其他收发类别如法设置。收发类别如图10-4所示。

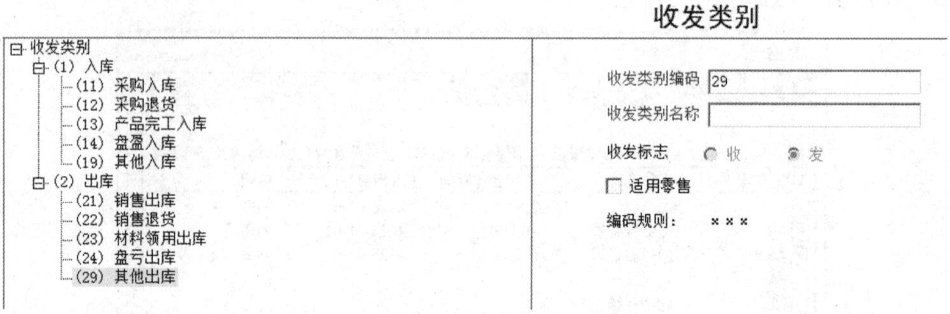

图10-4 收发类别

10-4 采购、销售类型（操作演示）

（3）采购类型。

账套主管（001刘梅）执行“基础设置”/“基础档案”/“业务”/“采购类型”命令，单击“增加”按钮，根据表10-3资料依次输入或者选择相关信息，单击“保存”按钮，设置完成第一个采购类型。其他采购类型如法设置。采购类型如图10-5所示。

采购类型

序号	采购类型编码	采购类型名称	入库类别	是否默认值	是否委外默认值	是否列入MPS/MRP计划
1	01	生产采购	采购入库	否	否	是
2	02	采购退货	采购退货	否	否	是

图10-5　采购类型

（4）销售类型。

账套主管（001刘梅）执行“基础设置”/“基础档案”/“业务”/“销售类型”命令，单击“增加”按钮，根据表10-3资料依次输入或者选择相关信息，单击“保存”按钮，设置完成第一个销售类型。其他销售类型如法设置。销售类型如图10-6所示。

销售类型

序号	销售类型编码	销售类型名称	出库类别	是否默认值	是否列入MPS/MRP计划
1	01	产品销售	销售出库	否	是
2	02	销售退货	销售退货	否	是

图10-6　销售类型

（5）费用项目。

10-5

费用项目（操作演示）

账套主管（001刘梅）执行“基础设置”/“基础档案”/“业务”/“费用项目分类”命令，单击“增加”按钮，根据表10-4资料依次输入相关信息，单击“保存”按钮，设置完成费用分类；执行“基础设置”/“基础档案”/“业务”/“费用项目”命令，单击“增加”按钮，根据表10-4资料依次输入相关信息，单击“保存”按钮，设置完成费用项目。费用项目如图10-7所示。

费用项目

日-费用项目分类
└(1) 代垫费用

序号	费用项目编码	费用项目名称	费用项目分类名称	盈亏项目	销项税率(%)	会计科目名称	备注
1	01	代垫运费	代垫费用				

图10-7　费用项目

4. 单据编号设置。

10-6

单据编号设置（操作演示）

账套主管（001刘梅）执行“基础设置”/“单据设置”/“单据编号设置”命令，打开“单据编号设置”窗口，在左侧列表中选择“采购普通发票”，单击“ ”按钮，勾选“完全手工编号”，单击“ ”按钮。单据编号设置如图10-8所示。

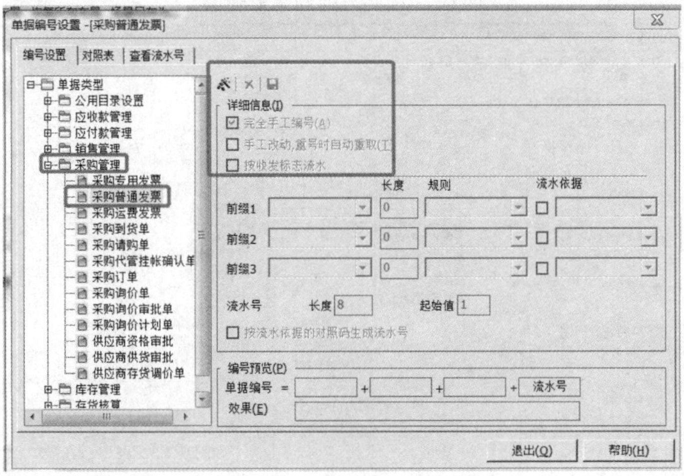

图10-8　单据编号设置

10-7

参数设置
（操作演示）

（三）设置各子系统参数

1. 应收款管理系统参数。

账套主管（001刘梅）按照项目八任务二的操作演示中“（一）设置应收款管理系统参数”进行设置。

2. 应付款管理系统参数。

账套主管（001刘梅）按照项目九任务二的操作演示中“（一）设置应付款管理系统参数”进行设置。

3. 销售管理系统参数。

账套主管（001刘梅）执行“业务工作”/“供应链”/“销售管理”/“设置”/“销售选项”命令，打开“销售选项”对话框，在“业务控制”选项卡中取消“报价含税”勾选、选择“有委托代销业务”和“有分期收款业务”；在“其他控制”选项卡中“新增退货单默认”选择“参照发货”，“新增发票默认”选择“参照发货”；单击“确定”。设置结果如图10-9和图10-10所示。

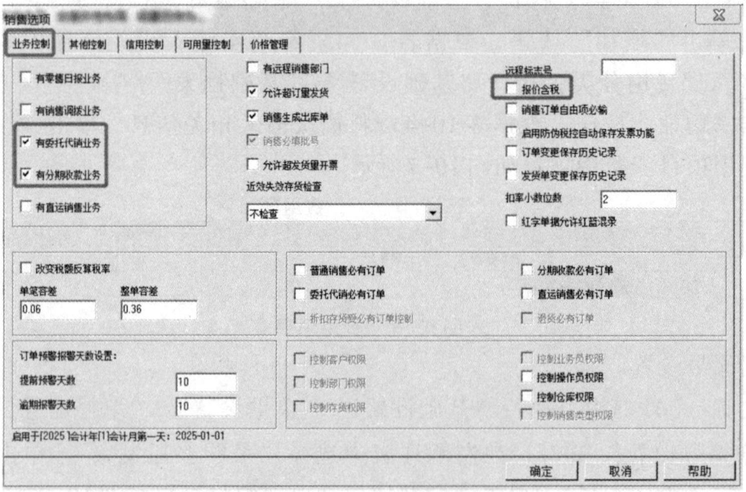

图10-9　业务控制参数设置

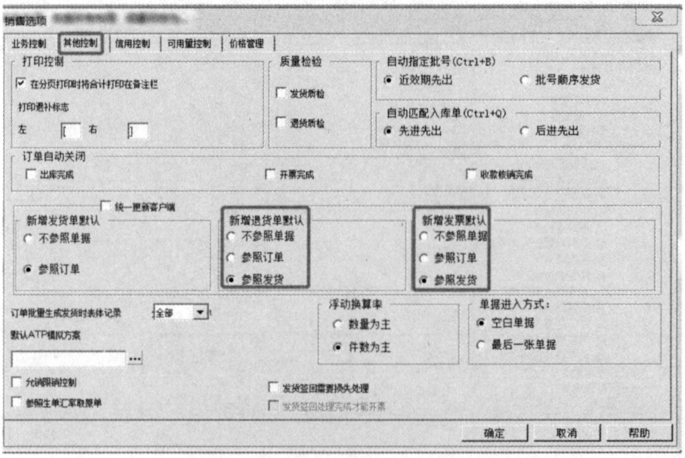

图10-10　其他控制参数设置

4. 库存管理系统参数。

账套主管（001刘梅）执行“业务工作”/“供应链”/“库存管理”/“初始设置”/“选项”命令，打开“库存选项设置”对话框，在“通用设置”选项卡中“修改现存量时点”选择全部选项，单击“确定”。设置结果如图10-11所示。

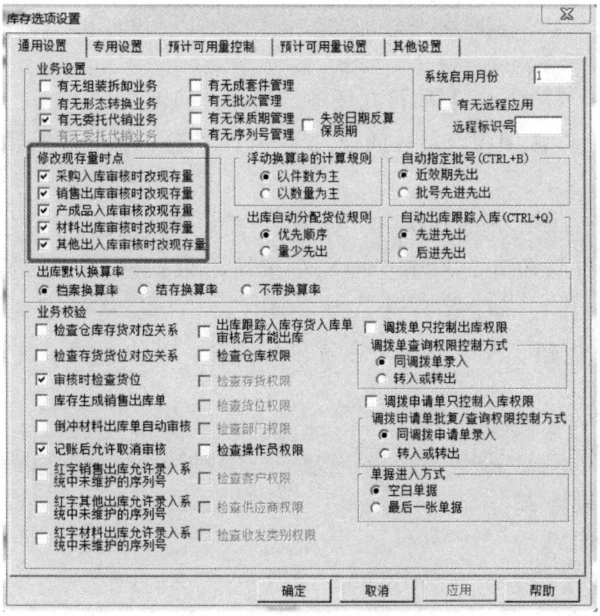

图10-11　通用参数设置

5. 存货核算系统参数。

账套主管（001刘梅）执行“业务工作”/“供应链”/“存货核算”/“初始设置”/“选项”/“选项录入”命令，打开“选项录入”对话框，在“核算方式”选项卡中“暂估方式”选择“单到回冲”，“销售成本核算方式”选择“销售出库单”，“委托代销成本核算方式”选择“按发出商品核算”，单击“确定”。设置结果如图10-12所示。

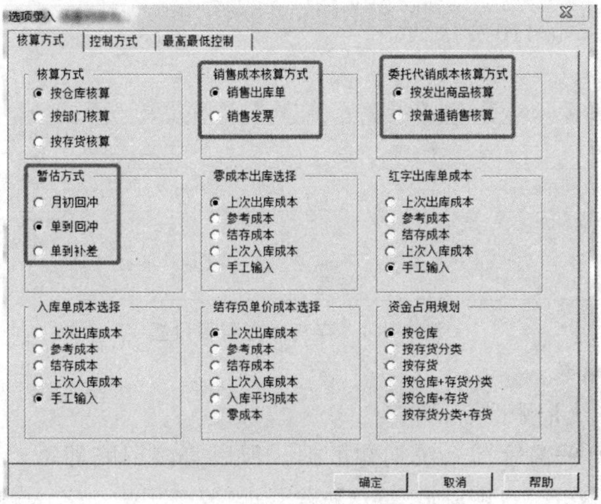

图10-12　核算方式参数设置

10-8

基础设置
（操作演示）

（四）设置各子系统初始信息

1. 应收款管理系统。

账套主管（001刘梅）按照项目八任务二的操作演示中“（二）应收款管理系统初始科目设置”“（三）坏账准备设置”“（四）账期内账龄区间设置与逾期账龄区间设置”进行设置。

2. 应付款管理系统。

账套主管（001刘梅）按照项目九任务二的操作演示中“（二）应付款管理系统初始科目设置”“（三）账期内账龄区间设置”“（四）逾期账龄区间设置”进行设置。

3. 存货核算系统。

（1）账套主管（001刘梅）执行“业务工作”/“供应链”/“存货核算”/“科目设置”/“存货科目”命令，单击“增加”按钮，根据表10-5的资料输入或者选择“仓库编码”为“01”、“存货编码”为“0101”、“存货科目编码”为“14030101”等，单击“保存”按钮，完成第一个存货科目设置。其他存货科目如法设置。设置结果如图10-13所示。

存货科目

仓库编码	仓库名称	存货分类编码	存货分类名称	存货编码	存货名称	存货科目编码	存货科目名称	差异科目编码	差异科目名称	分期收款发出
01	原料库			0101	生铁	14030101	生铁			
01	原料库			0102	45MnB钢	14030102	45MnB钢			
01	原料库			0103	GCr9钢	14030103	GCr9钢			
01	原料库			0201	5356焊丝	14030201	5356焊丝			
01	原料库			0202	润滑油	14030202	润滑油			
02	产成品库			0301	153中桥	140501	153中桥			
02	产成品库			0302	153后桥	140502	153后桥			
02	产成品库			0303	13寸轮毂	140503	13寸轮毂			
02	产成品库			0304	15寸轮毂	140504	15寸轮毂			

图10-13　存货科目设置

（2）账套主管（001刘梅）执行“业务工作”/“供应链”/“存货核算”/“科目设置”/“对方科目”命令，单击“增加”按钮，根据表10-6的资料输入或者选择“收发类别编码”为“11”、“对方科目编码”为“1402”、“暂估科目编码”为“2202”等，单击“保存”按钮，完成第一个存货对方科目设置。其他存货对方科目如法设置。设置结果如图10-14所示。

对方科目

收发类别编码	收发类别名称	存...	存...	存货编码	存货名称	部门编码	部门名称	项...	项目大...	..	项...	对方科目编码	对方科目名称	暂估科目编码	暂估科目名称
11	采购入库											1402	在途物资	2202	应付账款
12	采购退货											1402	在途物资	2202	应付账款
13	产品完工入库											500101	直接材料		
14	盘盈入库											1901	待处理财产损溢		
24	盘亏出库											1901	待处理财产损溢		
21	销售出库											6401	主营业务成本		
22	销售退货											6401	主营业务成本		
23	材料领用出库											500101	直接材料		

图10-14　存货对方科目设置

10-9

期初余额
录入
（操作演示）

（五）期初余额录入

1. 采购管理系统记账。

本实训任务无采购管理系统期初数据，所以直接记账即可。账套主管（001刘梅）执行“业务工作”/“供应链”/“采购管理”/“设置”/“采购期初记账”命令，打开“期初记账”窗口，单击“记账”按钮，单击“确定”按钮。

2. 应收期初数据。

账套主管（001 刘梅）按照项目八任务二的操作演示中“（五）期初余额录入与对账”进行设置。

3. 应付期初数据。

账套主管（001 刘梅）按照项目九任务二的操作演示中“（五）期初余额录入与对账”进行设置。

4. 库存管理系统和存货核算系统期初数据。

（1）录入库存管理系统期初数据。

账套主管（001 刘梅）执行“业务工作”/“供应链”/“库存管理”/“初始设置”/“期初结存”命令，打开“库存期初数据录入”窗口。选择仓库为“原料库”，单击“修改”按钮，根据表10-7资料输入“存货编码”为“0101”、“数量”为“100 000”、“单价”为“2.40”，单击“保存”按钮，完成第一个原料库期初数据设置。其他期初数据如法设置，注意修改对应仓库（后面3行期初数据的仓库为“产成品库”）。录入完成后单击“批审”按钮，注意每个仓库分别审核。设置结果如图10-15和图10-16所示。

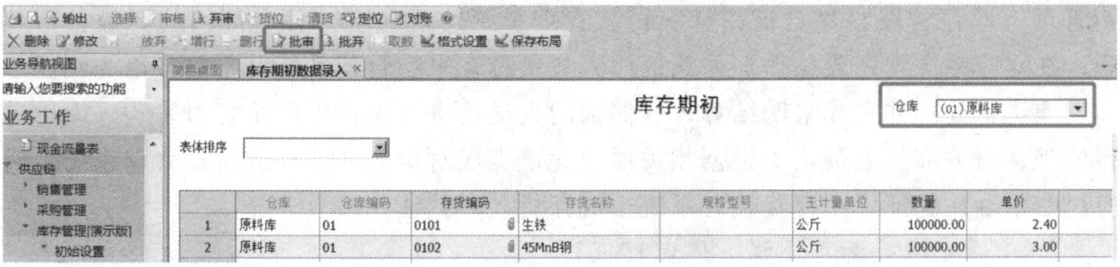

图10-15　库存期初数据——原料库

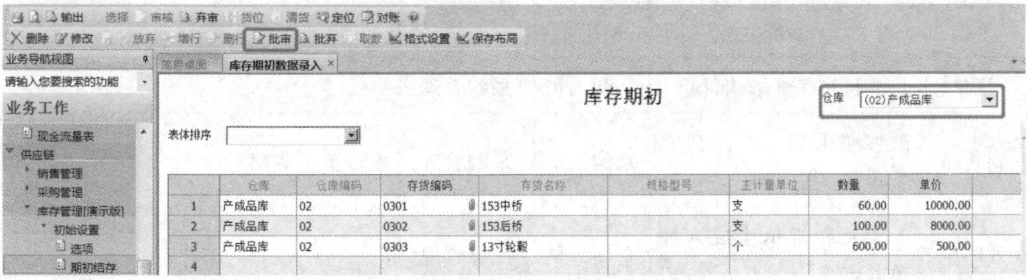

图10-16　库存期初数据——产成品库

（2）录入存货核算系统期初数据。

账套主管（001 刘梅）执行“业务工作”/“供应链”/“存货核算”/“初始设置”/“期初数据”/“期初余额”命令，打开“期初余额”窗口。选择仓库为“原料库”，单击“取数”按钮，系统自动从库存管理系统取出该仓库的期初存货信息。“产成品库”期初数据如法设置。所有仓库取数完成后，单击“记账”按钮，弹出“期初记账成功”提示框，单击“确定”按钮。

（3）库存管理系统和存货核算系统期初对账。

记账后，单击“对账”按钮，弹出“库存与存货期初对账查询条件”窗口，单击“确定”按钮，弹出“对账成功”信息提示框，再单击“确定”按钮。

（六）备份账套

用户admin登录“系统管理”，备份为“任务10-1供应链管理系统初始设置”账套。

任务二　采购管理系统日常业务处理

一、任务布置

根据“项目资料-二、采购业务”相关信息完成青岛宏象华瑞装备科技有限公司2025年1月份的日常采购业务。

二、知识链接

（一）采购业务涉及的人员及其职责

采购业务涉及企业采购部门、仓储部门、财务部门相关人员，在企业同时启用采购管理、库存管理、存货核算和应付款管理系统的情况下，各个部门的职员各司其职，在对应系统中完成操作。采购部门人员负责在采购管理系统对采购订单、到货单和发票进行处理并完成采购结算；仓储部门人员负责在库存管理系统对采购入库单进行处理；财务部门人员负责根据相关原始凭证生成对应凭证：在应付款管理系统生成应付账款确认凭证，在存货核算系统生成存货入库凭证。

（二）采购业务基本流程（见表10-8）

表10-8　采购业务基本流程

单据	步骤	操作人	系统	备注
订单	1.填制并审核采购订单	采购人员	采购管理	
到货单	2.参照采购订单生成到货单并审核	采购人员	采购管理	本步骤可省略
入库单	3.参照到货单生成入库单并审核	仓储人员	库存管理	
发票和入库单	4.参照入库单生成采购发票，并进行采购结算	采购人员	采购管理	结算：入库单和发票
发票	5.应付单据审核（即审核采购发票）	会计人员	应付款管理	

续表

单据	步骤	操作人	系统	备注
发票	6.制单——发票制单	会计人员	应付款管理	原始凭证：发票 借：在途物资 应交税费——应交增值税（进项税额） 贷：应付账款
入库单	7.正常单据记账	会计人员	存货核算	
入库单	8.生成凭证	会计人员	存货核算	原始凭证：入库单 借：库存商品 贷：在途物资
付款凭证	9.填制付款单	出纳	应付款管理	
付款凭证	10.审核付款单	会计人员	应付款管理	
付款凭证	11.付款核销	会计人员	应付款管理	
付款凭证	12.制单——收付款单制单	会计人员	应付款管理	原始凭证：付款凭证（如汇兑凭证回单） 借：应付账款 贷：银行存款

注：以上操作均以业务日期登录系统操作。

（三）采购业务的类型

采购业务包括普通采购业务、采购退货业务和采购暂估业务等。

普通采购业务是采购方根据签订的购销合同收货、取得发票并一次性付款的业务。普通采购业务包括先形成应付款项后付款的业务、一手交钱一手交货的业务（即现付业务）等。

退货业务包括结算前退货业务和结算后退货业务。结算前退货业务是在取得发票之前（即未做采购结算）发生的退货业务；结算后退货业务是在取得发票之后（即已完成采购结算）发生的退货业务。

采购暂估业务是采购方已收到货物并验收入库，直至月末仍未收到发票的业务。

三、操作演示

根据“项目资料–二、采购业务”相关信息完成本任务。

【准备工作】引入“任务10–1 供应链管理系统初始设置”备份账套。

（一）业务1操作

1.填制采购订单。

2025年1月1日，采购管理（010孙进）执行“业务工作”/“供应链”/“采购管理”/“采购订货”/“采购订单”命令，打开“采购订单”窗口。单击“增加”按钮，选择“采购类型”为“生产采购”，修改“税率”为“13”，其他信息按照业务1资料选择或者输入。单击“保存”按钮，再单击“审核”按钮。填制结果如图10-17所示。

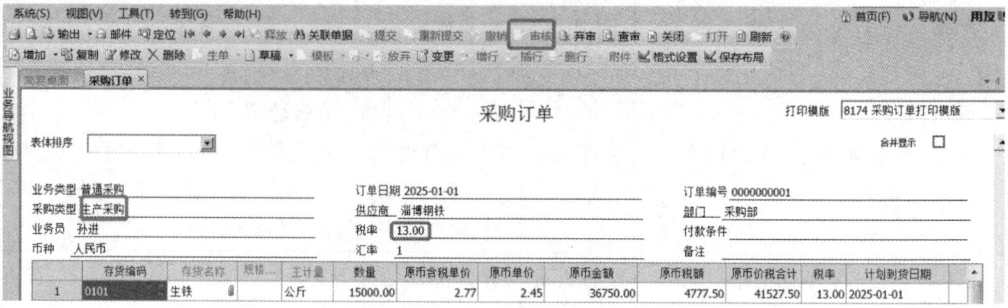

图10-17　采购订单

2. 根据采购订单生成采购到货单。

（1）2025年1月1日，采购管理（010孙进）执行“业务工作”/“供应链”/“采购管理”/“采购到货”/“到货单”命令，打开“到货单”窗口。单击“增加”按钮，选择“生单”/“采购订单”命令，打开“查询条件选择-采购订单列表过滤”窗口，单击“确定”按钮，弹出“拷贝并执行”窗口，选中所要拷贝的采购订单，如图10-18所示。

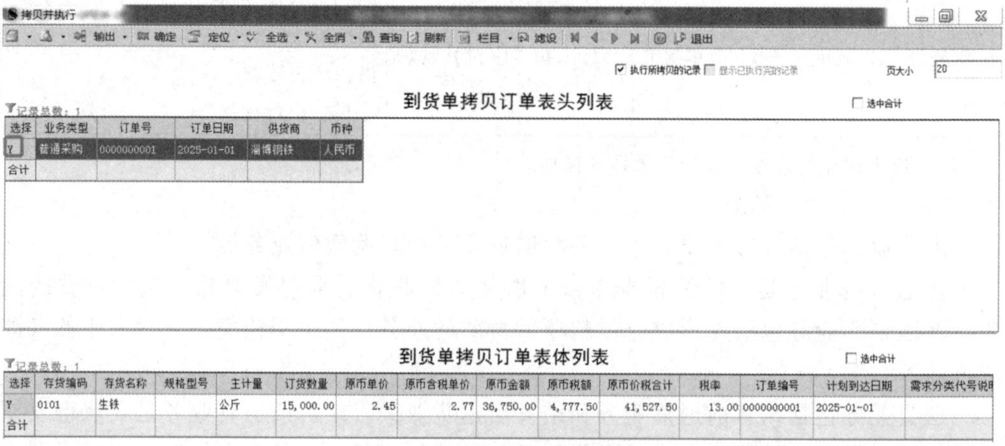

图10-18　拷贝并执行窗口

（2）单击“确定”按钮，自动生成到货单，单击“保存”按钮，再单击“审核”按钮。根据采购订单生成的到货单如图10-19所示。

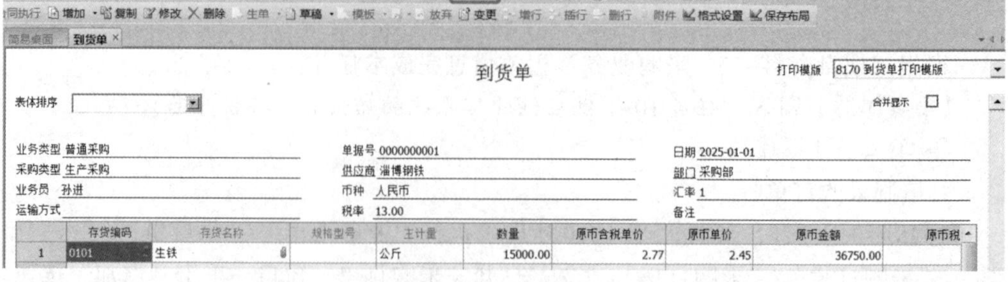

图10-19　到货单

温馨提示：

· 到货单可以手工录入，也可以参照采购订单生成。一般采用参照生成的方式，如果到货信息与采购订单信息不同，也可以参照生成之后再修改。

3. 参照到货单生成采购入库单。

（1）2025年1月1日，仓储管理（011王勇）执行“业务工作”/“供应链”/“库存管理”/“入库业务”/“采购入库单”命令，打开“采购入库单”窗口。执行“生单”/“采购到货单（蓝字）”命令，打开“查询条件选择-采购到货单列表”窗口，单击“确定”按钮，打开“到货单生单列表”窗口，选中相应的“到货单生单表头”，如图10-20所示。

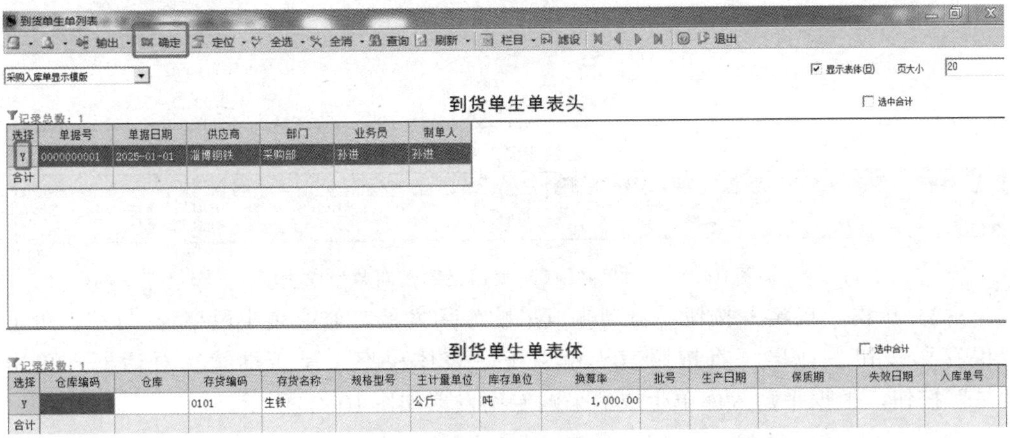

图10-20　到货单生单

（2）单击“确定”按钮，自动生成采购入库单，选择仓库为“原料库”，单击“保存”按钮，再单击“审核”按钮。根据到货单生成的采购入库单如图10-21所示。

图10-21　采购入库单

温馨提示：

· 采购入库单必须在库存管理系统录入或生成，如果需要录入，打开“采购入库单”窗口后，单击“增加”按钮录入相关信息即可；

· 在库存管理系统录入或生成的采购入库单在采购管理系统只能查看，不能修改或删除。

4. 参照采购入库单生成采购专用发票。

（1）2025年1月1日，采购管理（010孙进）执行“业务工作”/“供应链”/“采购管理”/“采购发票”/“专用采购发票”命令，打开“专用发票”窗口。单击“增加”按钮，选择“生单”/“入库单”命令，打开“查询条件选择-采购入库单列表过滤”窗口，单击“确定”按钮，打开“拷贝并执行”窗口，选中“发票拷贝入库单表头列表”中所要参照的采购入库单，如图10-22所示。

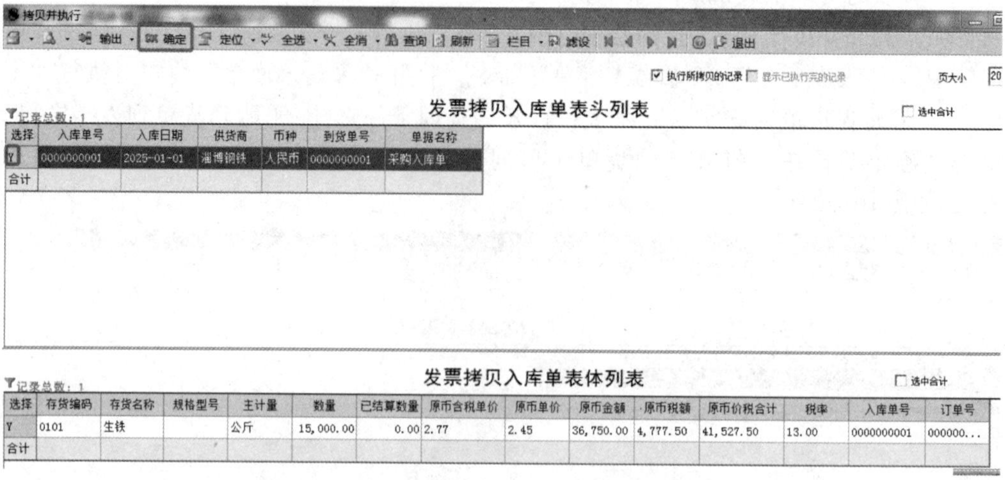

图10-22　拷贝并执行-根据采购入库单生成发票

（2）单击“确定”按钮，自动生成采购专用发票，修改表头税率为“13”，单击“保存”按钮，弹出“将按照表头税率统一表体税率，是否继续”对话框，单击“是”按钮。根据采购入库单生成的采购专用发票如图10-23所示。

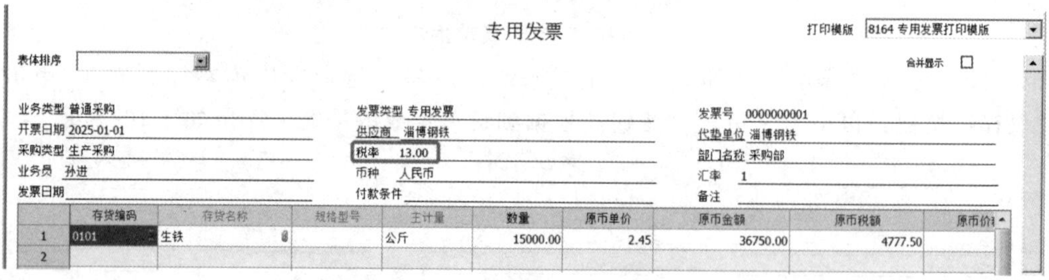

图10-23　采购专用发票

温馨提示：

· 采购发票可以手工输入，也可以根据采购订单或采购入库单生成；

· 增加采购专用发票的前提是录入开户银行信息，否则只能增加普通发票；

· 如果收到发票没有收到入库单，可以暂时对发票进行压单处理，待收到入库单时再一并录入系统并进行采购结算；也可以先将发票录入系统，便于实时统计在途物资。

5.采购结算。

（1）2025年1月1日，采购管理（010孙进）执行“业务工作”/“供应链”/“采购管理”/“采购结算”/“手工结算”命令，打开“手工结算”窗口。单击“选单”按钮，打开“结算选单”窗口，单击“查询”按钮，打开“查询条件选择-采购手工结算”窗口，单击“确定”按钮，在“结算选单”窗口选择相应的“发票”和“入库单”，如图10-24所示。

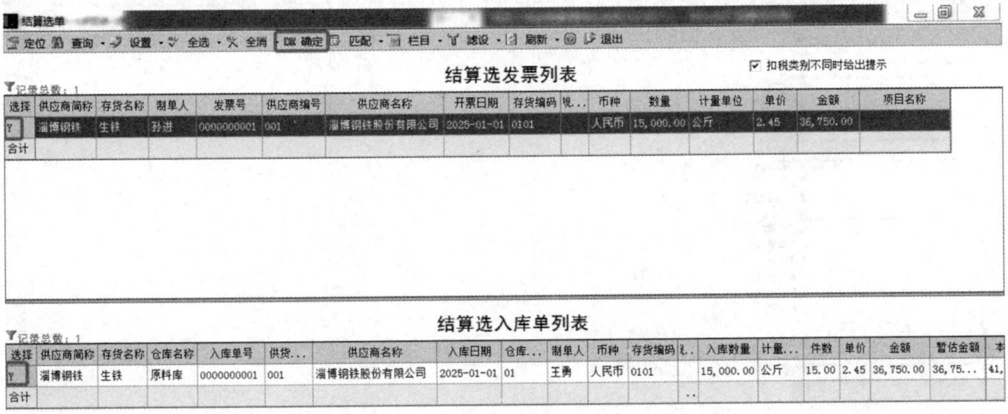

图10-24　采购结算选单-发票和入库单

（2）单击“确定”按钮，回到“手工结算”窗口，如图10-25所示，单击“结算”按钮，弹出“完成结算！”对话框。

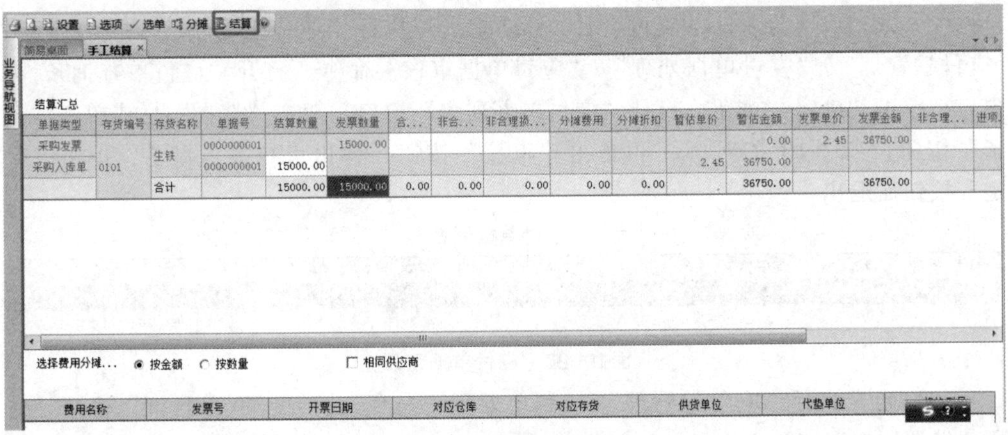

图10-25　采购结算详细信息

> 温馨提示：
>
> · 采购结算是将同一笔业务的采购入库单和发票互相确认的过程。
>
> · 采购结算有两种方式：手工结算和自动结算。前者需要操作人员选单，后者系统自动匹配采购入库单和发票。也可以直接在发票界面单击“结算”按钮进行结算，本质上这也是自动结算。
>
> · 执行“采购结算”/“计算单列表”可以查询、删除已结算业务。

6. 确认应付账款（应付单据审核及生成凭证）。

（1）2025年1月1日，账套主管（001刘梅）执行“系统服务”/“权限”/“数据权限控制设置”命令，打开“数据权限控制设置”窗口，取消“用户”等勾选或者单击“全消”按钮，再单击“确定”按钮。如图10-26所示。

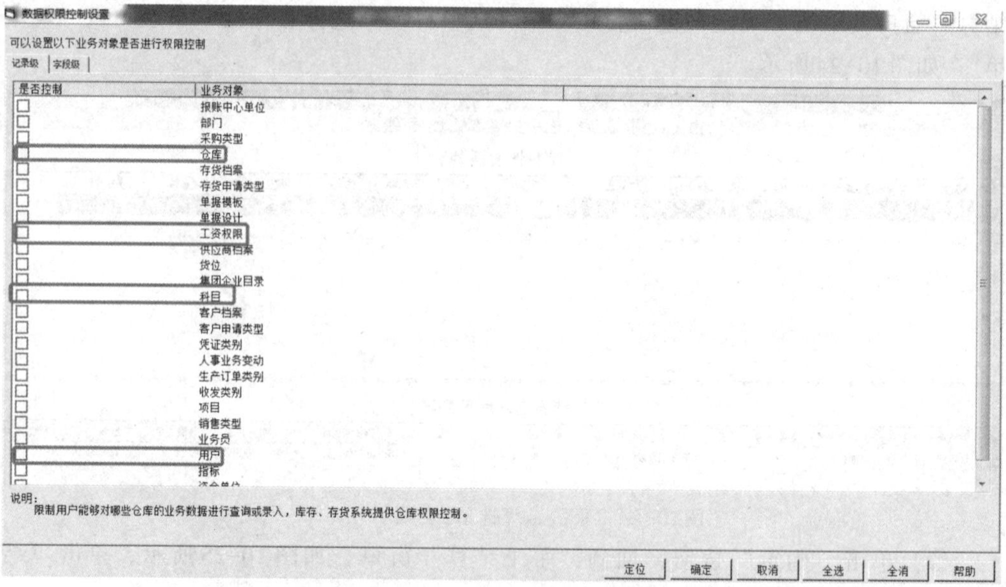

图10-26　数据权限控制设置

（2）2025年1月1日，应付会计（007蓝玉）执行“业务工作”/“财务会计”/“应付款管理”/“应付单据处理”/“应付单据审核”命令，打开“应付单查询条件”窗口，单击“确定”按钮，打开“应付单据列表”窗口，双击“选择”栏或单击“全选”按钮，如图10-27所示，再单击“审核”按钮，弹出审核报告提示，单击“确定”按钮后退出。

应付单据列表

记录总数：1

选择	审核人	单据日期	单据类型	单据号	供应商名称	部门	业务员	制单人	币种	汇率	原币金额	本币金额
Y		2025-01-01	采购专用发票	0000000001	淄博钢铁股份有限公司	采购部	孙进	孙进	人民币	1.0000...	41,527.50	41,527.50
合计											41,527.50	41,527.50

图10-27　应付单据列表

（3）蓝玉执行“应付款管理”/“制单处理”命令，打开“制单查询”窗口，选择“发票制单”。

（4）单击“确定”按钮，打开“采购发票制单”窗口，单击“全选”按钮，选中要制单的“采购专用发票”，选择凭证类别为“转账凭证”，如图10-28所示。

采购发票制单

凭证类别　转账凭证　　　制单日期　2025-01-01

选择标志	凭证类别	单据类型	单据号	日期	供应商编码	供应商名称	部门	业务员	金额
1	转账凭证	采购专用发票	0000000001	2025-01-01	001	淄博钢...	采购部	孙进	41,527.50

图10-28　采购发票制单

（5）单击“制单”按钮，生成应付账款确认凭证，再单击“保存”按钮，已生成的记账凭证如图10-29所示。

已生成

转 账 凭 证

转　字 0001　　制单日期：2025.01.01　　审核日期：　　附单据数：1

摘要	科目名称	借方金额	贷方金额
采购专用发票	在途物资	3675000	
采购专用发票	应交税费/应交增值税/进项税额	477750	
采购专用发票	应付账款		4152750
票号 日期	数量 单价	合计 4152750	4152750

备注　项　目　　部　门
　　　个　人　　客　户
　　　业务员

记账　　审核　　出纳　　制单　蓝玉

图10-29　生成的记账凭证-1

温馨提示：

·经过采购结算的发票会传递到应付款管理系统，在应付款管理系统审核，进而形成应付账款。

7. 采购成本核算（采购入库单记账及生成凭证）。

（1）2025年1月1日，存货核算会计（008王林生）执行“业务工作”/“供应链”/“存货核算”/“业务核算”/“正常单据记账”命令，打开“查询条件选择”窗口，单击“确定”按钮，打开“正常单据记账列表”窗口，双击“选择”栏或单击“全选”按钮，如图10-30所示；再单击“记账”按钮，弹出“记账成功”对话框，单击“确定”按钮后退出。

正常单据记账列表

记录总数：1

选择	日期	单据号	存货编码	存货名称	规格型号	存货代码	单据类型	仓库名称	收发类别	数量	单价	金额
Y	2025-01-01	0000000001	0101	生铁			采购入库单	原料库	采购入库	15,000.00	2.45	36,750.00
小计										15,000.00		36,750.00

图10-30　正常单据记账列表

（2）执行“存货核算”/“财务核算”/“生成凭证”命令，单击“选择”按钮，打开“查询条件”窗口，单击“确定”按钮，打开“未生成凭证单据一览表”窗口，单击“选择”栏或“全选”按钮，选中要制单的“采购入库单”，如图10-31所示。

□ 已结算采购入库单自动选择全部结算单上单据（包括入库单、发票、付款单），非本月采购入库单按蓝字报销单制单

未生成凭证单据一览表

选择	记账日期	单据日期	单据类型	单据号	仓库	收发类别	记账人	部门	部门编码	务单	业务类型	计价方式	备注	摘要	供应商	客户
1	2025-01-01	2025-01-01	采购入库单	0000000001	原料库	采购入库	王林生	采购部	3		普通采购	先进先出法		采购入库单	淄博钢铁股份有限公司	

图10-31　未生成凭证单据一览表

（3）单击“确定”按钮，打开“生成凭证”窗口，选择凭证类别为“转账凭证”，如图10-32所示。

凭证类别　转 转账凭证

选择	单据类型	单据号	摘要	科目类型	科目编码	科目名称	借方金额	贷方金额	借方数量	贷方数量	科目方向	存货编码	存货名称	存货(
1	采购入库单	0000000001	采购入库单	存货	14030101	生铁	36,750.00		15,000.00		1	0101	生铁	
				对方	1402	在途物资		36,750.00		15,000.00	2	0101	生铁	
合计							36,750.00	36,750.00						

图10-32　生成凭证

（4）单击“生成”按钮，生成入库凭证，再单击“保存”按钮，已生成的记账凭证如图10-33所示。

已生成

转 账 凭 证

转 字 0002　　制单日期：2025.01.01　　审核日期：　　附单据数：1

摘 要	科目名称	借方金额	贷方金额
采购入库单	原材料/原料及主要材料/生铁	3675000	
采购入库单	在途物资		3675000
票号 日期　数量 15000.00000公斤 单价 2.45000	合 计	3675000	3675000

备注　项 目　　部 门
　　　个 人　　客 户
　　　业务员

记账　　审核　　出纳　　制单 王林生

图10-33　生成的记账凭证-2

10-10

普通采购业务（操作演示）

（二）业务2操作

1. 填制采购订单。

2025年1月5日，采购管理（010孙进）执行“业务工作”/“供应链”/“采购管理”/“采购订货”/“采购订单”命令，打开“采购订单”窗口。单击“增加”按钮，选择“采购类型”为“生产采购”，修改“税率”为“13”，其他信息按照业务2资料选择或者输入。单击“保存”按钮，再单击“审核”按钮。填制结果如图10-34所示。

采购订单　　打印模版 8174 采购订单打印模版

表体排序　　合并显示 □

业务类型 普通采购　　订单日期 2025-01-05　　订单编号 0000000002
采购类型 生产采购　　供应商 沃丰钢铁　　部门 采购部
业务员 孙进　　税率 13.00　　付款条件
币种 人民币　　汇率 1　　备注

	存货编码	存货名称	规...	主计量	数量	原币含税单价	原币单价	原币金额	原币税额	原币价税合计	税率	计划到货日期
1	0102	45MnB钢		公斤	28000.00	3.33	2.95	82600.00	10738.00	93338.00	13.00	2025-01-05

图10-34　采购订单

2. 根据采购订单生成采购到货单。

2025年1月5日，采购管理（010孙进）执行“业务工作”/“供应链”/“采购管理”/“采购到货”/“到货单”命令，打开“到货单”窗口。单击“增加”按钮，选择“生单”/“采购订单”命令，打开“查询条件选择-采购订单列表过滤”窗口，单击“确定”按钮，弹出“拷贝并执行”窗口，选中所要拷贝的采购订单，单击“确定”按钮，自动生成到货单，单击“保存”按钮，再单击“审核”按钮。

3. 参照到货单生成采购入库单。

2025年1月5日，仓储管理（011王勇）执行“业务工作”/“供应链”/“库存管理”/“入库业务”/“采购入库单”命令，打开“采购入库单”窗口。执行“生单”/“采购到货单（蓝字）”命令，打开“查询条件选择-采购到货单列表”窗口，单击“确定”按钮，打开“到货单生单列表”窗口，选中相应的“到货单生单表头”，单击“确定”按钮，自动生成采购入库单，选择仓库为“原料库”，单击“保存”按钮，再单击“审核”按钮。

4. 参照采购入库单生成采购专用发票并进行现付结算。

（1）2025年1月5日，采购管理（010孙进）执行“业务工作”/“供应链”/“采购管理”/“采购发票”/“专用采购发票”命令，打开“专用发票”窗口。单击“增加”按钮，选择“生单”/“入库单”命令，打开“查询条件选择-采购入库单列表过滤”窗口，单击“确定”按钮，打开“拷贝并执行”窗口，选中“发票拷贝入库单表头列表”中所要参照的采购入库单，单击“确定”按钮，自动生成采购专用发票，修改表头税率为“13”，单击“保存”按钮，弹出“将按照表头税率统一表体税率，是否继续”对话框，单击“是”按钮。

（2）单击“现付”按钮，打开“采购现付”窗口。输入结算方式为“5-网银结算”，结算金额为“93 338.00”，如图10-35所示。

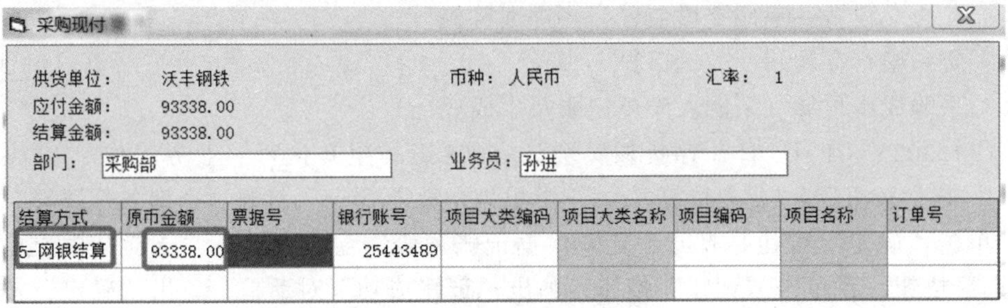

4

图10-35　采购现付

（3）单击“确定”按钮，采购专用发票提示“已现付”，如图10-36所示。

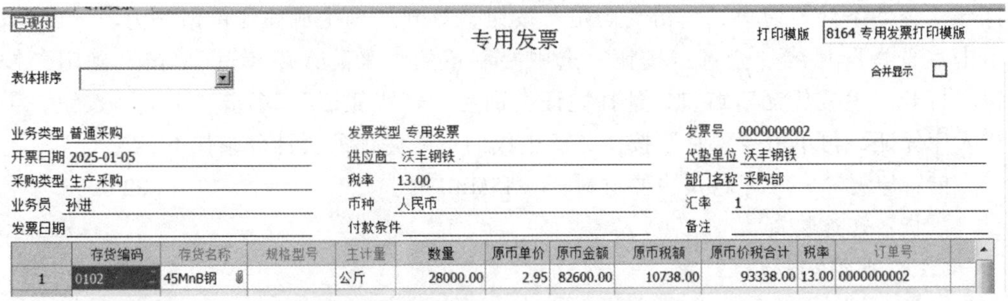

图10-36　已现付的采购专用发票

5. 采购结算。

2025年1月5日，采购管理（010孙进）执行“业务工作”/“供应链”/“采购管理”/“采购结算”/“手工结算”命令，打开“手工结算”窗口。单击“选单”按钮，打开“结算选单”窗口，单击“查询”按钮，打开“查询条件选择-采购手工结算”窗口，单击“确定”按钮，在“结算选单”窗口选择相应的“发票”和“入库单”，单击“确定”按钮，回到“手工结算”窗口，单击“结算”按钮，弹出“完成结算！”对话框。

6. 现付单据审核及生成凭证。

（1）2025年1月5日，应付会计（007蓝玉）执行“业务工作”/“财务会计”/“应付款管理”/“应付单据处理”/“应付单据审核”命令，打开“应付单查询条件”窗口，勾选“包含已现结发票”选项，单击“确定”按钮，打开“应付单据列表”窗口，双击“选择”栏或单击“全选”按钮，再单击“审核”按钮，弹出审核报告提示，单击“确定”按钮后退出。

（2）2025年1月5日，应付会计（007蓝玉）执行“应付款管理”/“制单处理”命令，打开“制单查询”窗口，选择“现结制单”。

（3）单击“确定”按钮，打开“现结制单”窗口，单击“全选”按钮，选中要制单的“现结发票”，选择凭证类别为“付款凭证”，单击“制单”按钮；再单击“保存”按钮，弹出“现金流量录入修改”对话框，“项目编码”选择“04”，单击“确定”按钮，再单击“保存”按钮。已生成的付款凭证的会计分录如下：

借：在途物资	82 600	
应交税费——应交增值税——进项税额	10 738	
贷：银行存款——人民币户		93 338

7. 采购成本核算（采购入库单记账及生成凭证）。

（1）2025年1月5日，存货核算会计（008王林生）执行“业务工作”/“供应链”/“存货核算”/“业务核算”/“正常单据记账”命令，打开“查询条件选择”窗口，单击“确定”按钮，打开“正常单据记账列表”窗口，双击“选择”栏或单击“全选”按钮；再单击“记账”按钮，弹出“记账成功”对话框，单击“确定”按钮后退出。

（2）执行“存货核算”/“财务核算”/“生成凭证”命令，单击“选择”按钮，打开“查询条件”窗口，单击“确定”按钮，打开“未生成凭证单据一览表”窗口，单击“选择”栏或“全选”按钮，选中要制单的“采购入库单”，单击“确定”按钮，打开“生成凭证”窗口，选择凭证类别为“转账凭证”，单击“生成”按钮，生成入库凭证，再单击“保存”按钮，已生成的记账凭证的会计分录如下：

借：原材料——原料及主要材料——45MnB钢	82 600	
贷：在途物资		82 600

（三）业务3操作

1. 录入付款单。

> 温馨提示：
>
> · 实务中，收付款业务由出纳进行操作，所以admin在“系统管理”中给出纳姜涛增加应收应付管理系统的收付款单编辑、查询和票据管理权限。如图10-37和图10-38所示。

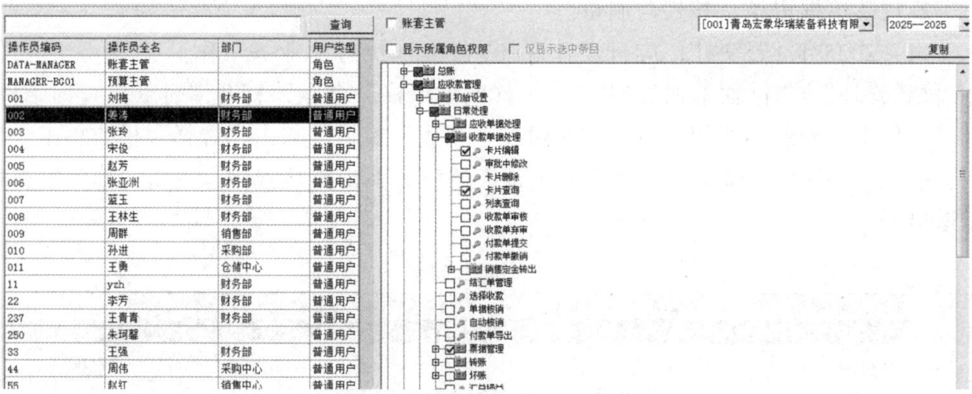

图10-37　应收款管理权限设置

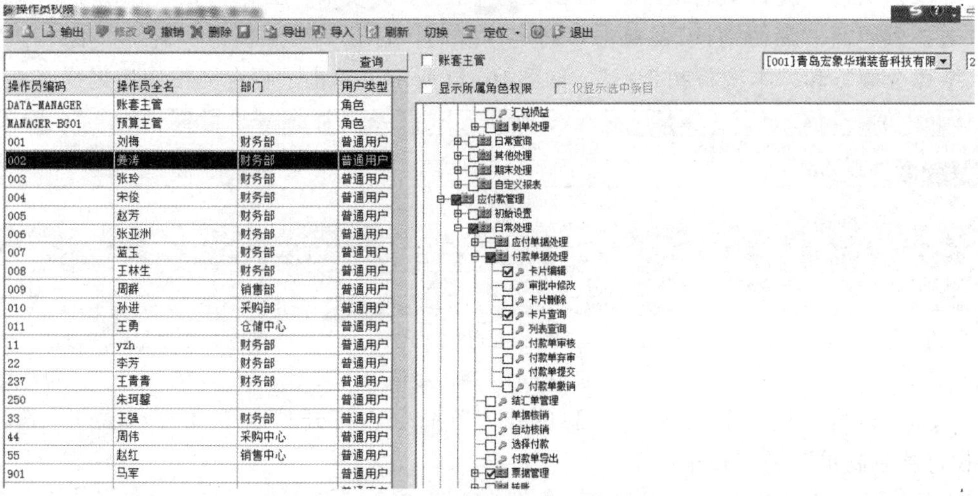

图10-38　应付款管理权限设置

2025年1月7日，出纳（002姜涛）执行“业务工作”/“财务会计”/“应付款管理”/“付款单据处理”/“付款单据录入”命令，打开“付款单”窗口，单击“增加”按钮，根据业务3资料录入电汇付款的相关信息，单击“保存”按钮。录入的付款单如图10-39所示。

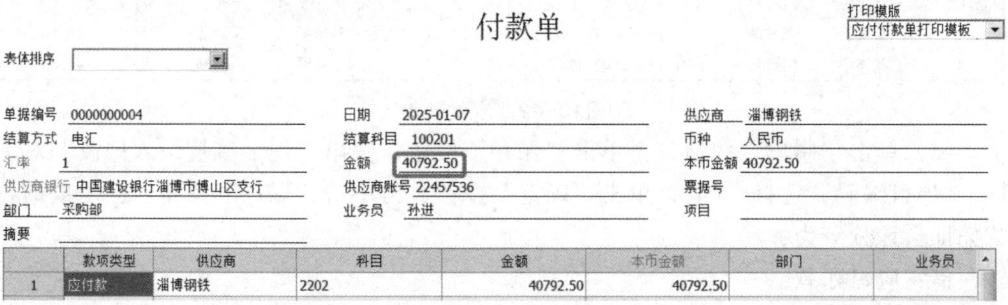

图10-39　付款单

2. 付款单据审核、核销与制单。

（1）2025年1月7日，应付会计（007蓝玉）执行“业务工作”/“财务会计”/“应付款管理”/“付款单据处理”/“付款单据审核”命令，打开“付款单查询条件”窗口，单击“确定”按钮，打开“收付款单列表”窗口，双击“选择”栏或单击“全选”按钮，如图10-40所示；单击“审核”按钮，弹出审核报告，单击“确定”按钮后退出。

收付款单列表

记录总数：1

选择	审核人	单据日期	单据类型	单据编号	供应商	部门	业务员	结算方式	票据号	币种	汇率	原币金额	本币金额
Y		2025-01-07	付款单	0000000005	淄博钢铁股份有限公司	采购部	孙进	电汇		人民币	1....	40,792.50	40,792.50
合计												40,792.50	40,792.50

图10-40　收付款单列表

（2）执行“应付款管理”/“核销处理”/“手工核销”命令，在“核销条件”窗口选择供应商“淄博钢铁”，单击“确定”按钮，打开“手工核销”窗口，输入“本次结算金额”和“本次折扣金额”，如图10-41所示，单击“保存”按钮后退出。

单据日期	单据类型	单据编号	供应商	款项类型	结算方式	币种	汇率	原币金额	原币余额	本次结算	订单号
2025-01-07	付款单	0000000005	淄博钢铁	应付款	电汇	人民币	1.00000000	40,792.50	40,792.50	40,792.50	
合计								40,792.50	40,792.50	40,792.50	

单据类型	单据编号	到期日	供应商	币种	原币金额	原币余额	可享受...	本次折扣	本次结算	订单号	凭证号
采购普通发票	01807796	2024-12-25	淄博钢铁	人民币	120,000.00	120,000.00	0.00				
采购专用发票	0000000001	2025-01-01	淄博钢铁	人民币	41,527.50	41,527.50	0.00	735.00	40,792.50	0000000001	转-0001
					161,527.50	161,527.50	0.00	735.00	40,792.50		

图10-41　手工核销

（3）执行“应付款管理”/“制单处理”命令，打开“制单查询”窗口，选择“收付款单制单”和“核销制单”。

（4）单击“确定”按钮，打开“应付制单”窗口，单击“全选”按钮，选中要制单的“付款单”和“核销”，单击“合并”按钮，选择凭证类别为“付款凭证”，如图10-42所示。

应付制单

凭证类别　付款凭证　　　制单日期　2025-01-07

选择标志	凭证类别	单据类型	单据号	日期	供应商编码	供应商名称	部门	业务员	金额
1	付款凭证	付款单	0000000005	2025-01-07	001	淄博钢...	采购部	孙进	40,792.50
1	付款凭证	核销	ZKAP0000000000001	2025-01-07	001	淄博钢...	采购部	孙进	41,527.50

图10-42　应付制单

（5）单击“制单”按钮，再单击“保存”按钮，弹出“现金流量录入修改”对话框，“项目编码”选择“04”，单击“确定”按钮，再单击“保存”按钮。已生成的付款凭证会计分录为：

借：应付账款　　41 527.50

　　贷：银行存款——人民币户　　40 792.50

　　　　财务费用——其他　　735.00

> 温馨提示：
>
> · 在企业实务中，一般出纳录入收付款单，其他人员审核和核销。
>
> · 付款核销的含义是找到付款业务对应的应付款项加以确认。
>
> · 付款核销时如果享受现金折扣，则需要计算出折扣后的付款金额，填入“本次结算”栏。
>
> · 付款单和核销一般需要合并制单，否则会生成两张凭证。

（四）业务4操作

1. 填制采购订单。

2025年1月8日，采购管理（010孙进）执行“业务工作”/“供应链”/“采购管理”/“采购订货”/“采购订单”命令，打开“采购订单”窗口。单击“增加”按钮，选择“采购类型”为“生产采购”，修改“税率”为“13”，其他信息按照业务4资料选择或者输入。单击“保存”按钮，再单击“审核”按钮。

2. 根据采购订单生成采购到货单。

2025年1月8日，采购管理（010孙进）执行“业务工作”/“供应链”/“采购管理”/“采购到货”/“到货单”命令，打开“到货单”窗口。单击“增加”按钮，选择“生单”/“采购订单”命令，打开“查询条件选择-采购订单列表过滤”窗口，单击“确定”按钮，弹出“拷贝并执行”窗口，选中所要拷贝的采购订单，单击“确定”按钮，自动生成到货单，单击“保存”按钮，再单击“审核”按钮。

3. 参照到货单生成采购入库单。

2025年1月8日，仓储管理（011王勇）执行“业务工作”/“供应链”/“库存管理”/“入库业务”/“采购入库单”命令，打开“采购入库单”窗口。执行“生单”/“采购到货单（蓝字）”命令，打开“查询条件选择-采购到货单列表”窗口，单击“确定”按钮，打开“到货单生单列表”窗口，选中相应的“到货单生单表头”，单击“确定”按钮，自动生成采购入库单，选择仓库为“原料库”，单击“保存”按钮，再单击“审核”按钮。

4. 参照采购入库单生成采购专用发票。

2025年1月8日，采购管理（010孙进）执行“业务工作”/“供应链”/“采购管理”/“采购发票”/“专用采购发票”命令，打开“专用发票”窗口。单击“增加”按钮，选择“生单”/“入库单”命令，打开“查询条件选择-采购入库单列表过滤”窗口，单击“确定”按钮，打开“拷贝并执行”窗口，选中“发票拷贝入库单表头列表”中所要拷贝的采购入库单，单击“确定”按钮，自动生成采购专用发票，修改表头税率为“13”，单击“保存”按钮，弹出“将按照表头税率统一表体税率，是否继续”对话框，单击“是”按钮。

5. 参照采购专用发票生成运费发票。

（1）2025年1月8日，采购管理（010孙进）执行“业务工作”/“供应链”/“采购管理”/“采购发票”/“专用采购发票”命令，打开“专用发票”窗口。单击“增加”按钮，选择“生单”/“采购发票”命令，打开“查询条件选择-采购发票列表过滤”窗口，单击“确定”按钮，打开“拷贝并执行”窗口，选中“发票拷贝发票表头列表”中所要拷贝的专用发票，如图10-43所示。

发票拷贝发票表头列表

记录总数：3

选择	发票号	发票类型	发票日期	供货商	币种
	0000000001	专用发票	2025-01-01	淄博钢铁	人民币
	0000000002	专用发票	2025-01-05	沃丰钢铁	人民币
Y	0000000003	专用发票	2025-01-08	淄博钢铁	人民币
合计					

发票拷贝发票表体列表

记录总数：1

选择	存货编码	存货名称	规格型号	主计量	数量	原币单价	原币含...	原币金额	原币税额	原币价税合计	税率	发票号
Y	0101	生铁		公斤	21,000.00	2.45	2.77	51,450.00	6,688.50	58,138.50	13.00	0000000003
合计												

图10-43 拷贝并执行

（2）单击“确定”按钮，自动生成采购专用发票，修改表头税率为“9”，弹出“将按照表头税率统一表体税率，是否继续”对话框，单击“是”按钮；修改表体存货编码为“0401”，数量为“2 200”，单价为“1.00”，单击“保存”按钮。运费发票如图10-44所示。

专用发票

打印模版 8164 专用发票打印模版

表体排序

合并显示 □

业务类型 普通采购	发票类型 专用发票	发票号 0000000004
开票日期 2025-01-08	供应商 淄博钢铁	代垫单位 淄博钢铁
采购类型 生产采购	税率 9.00	部门名称 采购部
业务员 孙进	币种 人民币	汇率 1
发票日期	付款条件	备注

	存货编码	存货名称	规格...	主计量	数量	原币单价	原币金额	原币税额	原币价税合计	税率	订单号
1	0401	运输费		千米	2200.00	1.00	2200.00	198.00	2398.00	9.00	

图10-44 运费专用发票

6. 采购结算。

（1）2025年1月8日，采购管理（010孙进）执行“业务工作”/“供应链”/“采购管理”/“采购结算”/“手工结算”命令，打开“手工结算”窗口。单击“选单”按钮，打开“结算选单”窗口，单击“查询”按钮，打开“查询条件选择-采购手工结算”窗口，单击“确定”按钮，在“结算选单”窗口选择相应的“发票”和“入库单”，如图10-45所示；单击“确定”按钮，回到“手工结算”窗口。

（2）单击“分摊”按钮，弹出“选择按金额分摊，是否开始计算”对话框，单击“是”按钮，弹出“费用分摊（按金额）完毕，请检查”对话框，单击“确定”按钮，如图10-46所示；单击“结算”按钮，弹出“完成结算！”对话框。

7. 确认应付账款（应付单据审核及生成凭证）。

（1）2025年1月8日，应付会计（007蓝玉）执行“业务工作”/“财务会计”/“应付款管理”/“应付单据处理”/“应付单据审核”命令，打开“应付单查询条件”窗口，单击“确定”按钮，打开“应付单据列表”窗口，双击“选择”栏或单击“全选”按钮；再单击“审核”按钮，弹出审核报告提示，单击“确定”按钮后退出。

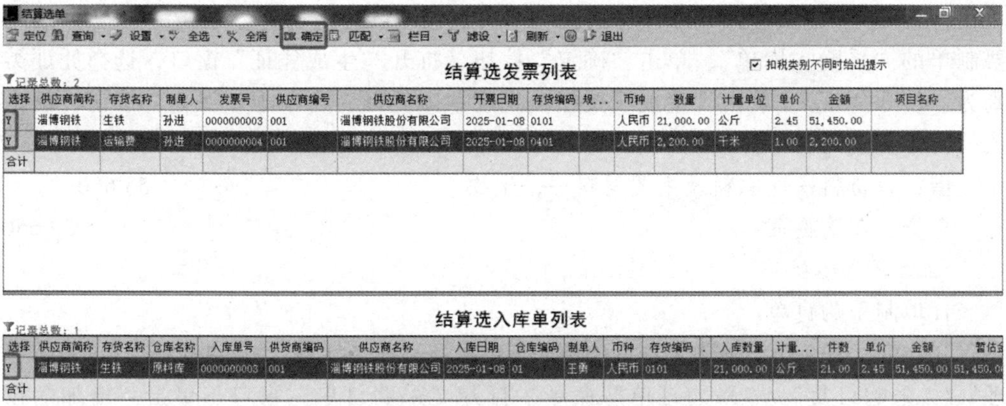

图10-45　采购结算选单-发票和入库单

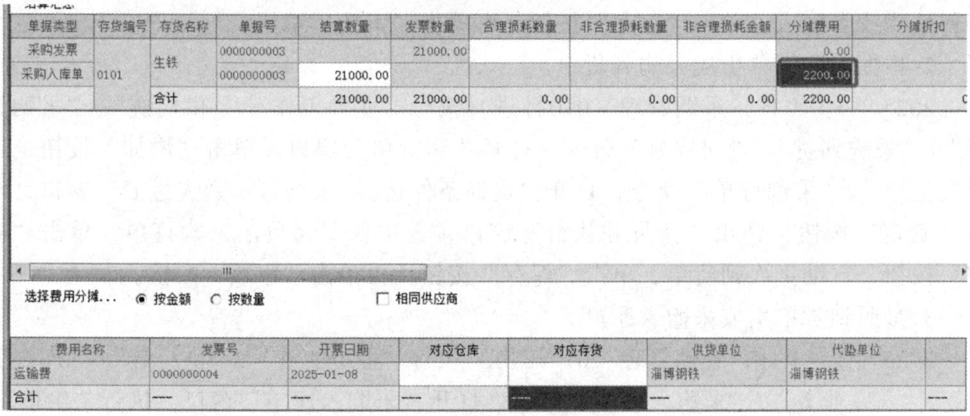

图10-46　采购结算详细信息

（2）2025年1月8日，应付会计（007蓝玉）执行“应付款管理”/“制单处理”命令，打开“制单查询”窗口，选择“发票制单”；单击“确定”按钮，打开“采购发票制单”窗口，单击“合并”选中要制单的“采购专用发票”，选择凭证类别为“转账凭证”，单击“制单”按钮，生成应付账款确认凭证，再单击“保存”按钮。已生成凭证的会计分录如下：

借：在途物资	53 650.00	
应交税费——应交增值税——进项税额	6 886.50	
贷：应付账款		60 536.50

8. 采购成本核算（采购入库单记账及生成凭证）。

（1）2025年1月8日，存货核算会计（008王林生）执行“业务工作”/“供应链”/“存货核算”/“业务核算”/“正常单据记账”命令，打开“查询条件选择”窗口，单击“确定”按钮，打开“正常单据记账列表”窗口，双击“选择”栏或单击“全选”按钮；再单击“记账”按钮，弹出“记账成功”对话框，单击“确定”按钮后退出。

（2）2025年1月8日，存货核算会计（008王林生）执行“存货核算”/“财务核算”/“生成凭证”命令，单击“选择”按钮，打开“查询条件”窗口，单击“确定”

按钮，打开“未生成凭证单据一览表”窗口，单击“选择”栏或“全选”按钮，选中要制单的“采购入库单”，单击“确定”按钮，打开“生成凭证”窗口，选择凭证类别为“转账凭证”，单击“生成”按钮，生成入库凭证，再单击“保存”按钮，已生成的转账凭证的会计分录如下：

借：原材料——原料及主要材料——生铁　　53 650

　贷：在途物资　　53 650

（五）业务5操作

1. 填制采购订单。

2025年1月9日，采购管理（010孙进）执行“业务工作”/“供应链”/“采购管理”/“采购订货”/“采购订单”命令，打开“采购订单”窗口。单击“增加”按钮，选择“采购类型”为“生产采购”，修改“税率”为“13”，其他信息按照业务5资料选择或者输入。单击“保存”按钮，再单击“审核”按钮。

2. 根据采购订单生成采购到货单。

2025年1月9日，采购管理（010孙进）执行“业务工作”/“供应链”/“采购管理”/“采购到货”/“到货单”命令，打开“到货单”窗口。单击“增加”按钮，选择“生单”/“采购订单”命令，打开“查询条件选择-采购订单列表过滤”窗口，单击“确定”按钮，弹出“拷贝并执行”窗口，选中所要拷贝的采购订单，单击“确定”按钮，自动生成到货单，单击“保存”按钮，再单击“审核”按钮。

3. 参照到货单生成采购入库单。

2025年1月9日，仓储管理（010王勇）执行“业务工作”/“供应链”/“库存管理”/“入库业务”/“采购入库单”命令，打开“采购入库单”窗口。执行“生单”/“采购到货单（蓝字）”命令，打开“查询条件选择-采购到货单列表”窗口，单击“确定”按钮，打开“到货单生单列表”窗口，选中相应的“到货单生单表头”，单击“确定”按钮，自动生成采购入库单，选择仓库为“原料库”，单击“保存”按钮，再单击“审核”按钮。

（六）业务6操作

10-11
结算前退货业务（操作演示）

1. 参照到货单生成采购退货单。

（1）2025年1月10日，采购部孙进（010孙进）执行“业务工作”/“供应链”/“采购管理”/“采购到货”/“采购退货单”命令，打开“采购退货单”窗口。单击“增加”按钮，选择“生单”/“到货单”命令，打开“查询条件选择-采购退货单列表过滤”，单击“确定”按钮，打开“拷贝并执行”窗口，选择需退货的到货单，如图10-47所示。

（2）单击“确定”按钮，生成“采购退货单”，修改数量为“-1 000”，删除“原币含税单价”，重新输入原币单价“2.98”，修改采购类型为“采购退货”，修改税率为13%。单击“保存”按钮，再单击“审核”按钮，生成的采购退货单如图10-48所示。

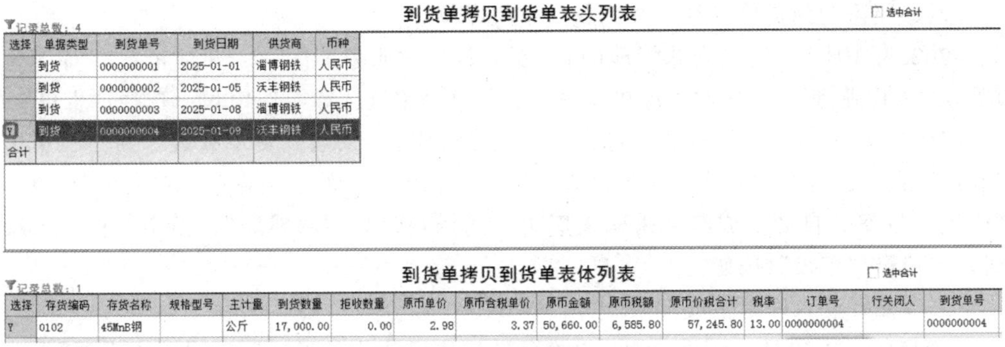

图10-47　拷贝并执行

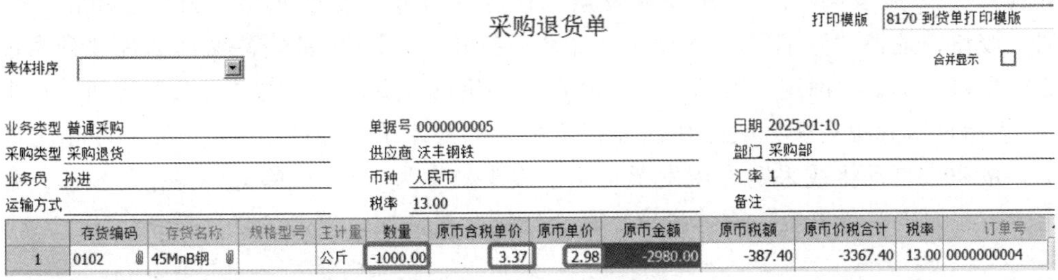

图10-48　采购退货单

温馨提示：

· 参数设置时，如果设置统一税率就不用每次在对应单据中修改税率了，详见图 10-49。

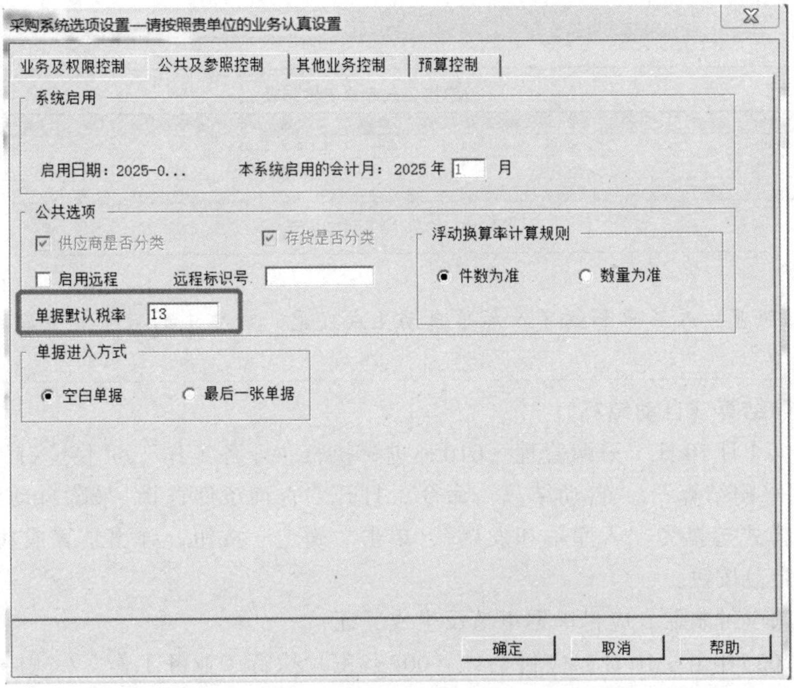

图10-49　采购参数设置-单据默认税率设置

2. 参照采购到货单（红字）生成红字入库单。

2025年1月10日，(仓储管理011王勇）执行“业务工作”/“供应链”/“库存管理”/“入库业务”/“采购入库单”命令，打开“采购入库单”窗口。选择“生单”/“采购到货单（红字）”命令，打开“查询条件选择-采购到货单列表”窗口，单击“确定”按钮，打开“到货单生单列表”窗口，选中相应的“到货单生单表头”，单击“确定”按钮，自动生成红字采购入库单，选择仓库为“原料库”，单击“保存”按钮，再单击“审核”按钮。

3. 参照红蓝入库单生成发票。

2025年1月10日，采购管理（010孙进）执行“业务工作”/“供应链”/“采购管理”/“采购发票”/“专用采购发票”命令，打开“专用发票”窗口。单击“增加”按钮，选择“生单”/“入库单”命令，打开“查询条件选择-采购入库单列表过滤”窗口，单击“确定”按钮，打开“拷贝并执行”窗口，单击“全选”按钮，选中“发票拷贝入库单表头列表”中所要拷贝的采购入库单，如图10-50所示。单击“确定”按钮，自动生成采购专用发票，修改表头税率为“13”，单击“保存”按钮，弹出“将按照表头税率统一表体税率，是否继续”对话框，单击“是”按钮。

☑ 执行所拷贝的记录　显示已执行完的记录　页大小 20

记录总数：2　**发票拷贝入库单表头列表**　☐ 选中合计

选择	入库单号	入库日期	供货商	币种	到货单号	单据名称
Y	0000000004	2025-01-09	沃丰钢铁	人民币	0000000004	采购入库单
Y	0000000006	2025-01-10	沃丰钢铁	人民币	0000000006	采购入库单
合计						

记录总数：2　**发票拷贝入库单表体列表**　☐ 选中合计

选择	存货编码	存货名称	规格型号	主计量	数量	已结算数量	原币含税单价	原币单价	原币金额	原币税额	原币价税合计	税率	入库单号	订单号
Y	0102	45MnB钢		公斤	17,000.00	0.00	3.37	2.98	50,660.00	6,585.80	57,245.80	13.00	0000000004	0000000004
Y	0102	45MnB钢		公斤	-1,000.00	0.00	3.37	2.98	-2,980.00	-387.40	-3,367.40	13.00	0000000006	0000000004
合计														

图10-50　拷贝并执行

温馨提示：

· 参照蓝字入库单和红字入库单自动生成发票，发票中的数量和金额系统自动计算。

4. 采购结算（自动结算）。

2025年1月10日，采购管理（010孙进）执行“业务工作”/“供应链”/“采购管理”/“采购结算”/“自动结算”命令，打开“查询条件选择-采购自动结算”窗口。结算模式选择为“入库单和发票”，单击“确定”按钮，弹出结算成功对话框，单击“确定”按钮。

5. 确认应付账款（应付单据审核及生成凭证）。

(1) 2025年1月10日，应付会计（007蓝玉）执行“业务工作”/“财务会计”/“应付款管理”/“应付单据处理”/“应付单据审核”命令，打开“应付单查询条件”

窗口，勾选“未完全报销”按钮，如图10-51所示，单击“确定”按钮，打开“应付单据列表”窗口，双击“选择”栏或单击“全选”按钮，再单击“审核”按钮，弹出审核报告提示，单击“确定”按钮后退出。

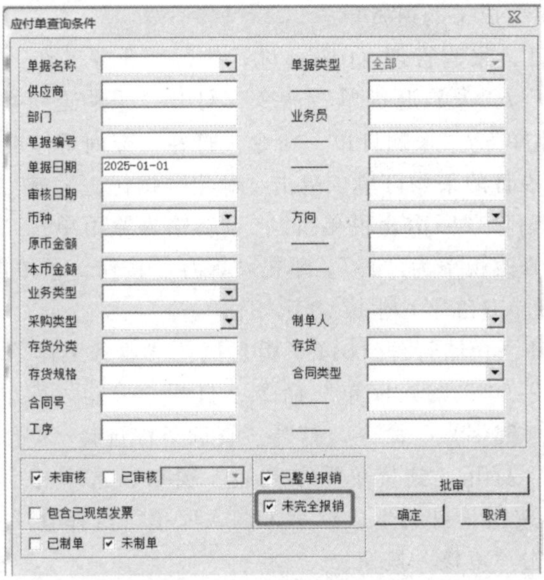

图10-51　应付单查询条件

（2）2025年1月10日，财务部蓝玉执行“应付款管理”/“制单处理”命令，打开“制单查询”窗口，选择“发票制单”；单击“确定”按钮，打开“采购发票制单”窗口，选中要制单的“采购专用发票”，选择凭证类别为“转账凭证”，单击“制单”按钮，生成应付账款确认凭证，再单击“保存”按钮。已生成凭证的会计分录如下：

借：在途物资　　47 680.00

　　应交税费——应交增值税——进项税额　　6 198.40

　贷：应付账款　　53 878.40

6. 采购成本核算（采购入库单记账及生成凭证）。

（1）2025年1月10日，存货核算会计（008王林生）执行“业务工作”/“供应链”/“存货核算”/“业务核算”/“正常单据记账”命令，打开“查询条件选择”窗口，单击“确定”按钮，打开“正常单据记账列表”窗口，双击“选择”栏或单击“全选”按钮；再单击“记账”按钮，弹出“记账成功”对话框，单击“确定”按钮后退出。

（2）2025年1月10日，存货核算会计（008王林生）执行“存货核算”/“财务核算”/“生成凭证”命令，单击“选择”按钮，打开“查询条件”窗口，单击“确定”按钮，打开“未生成凭证单据一览表”窗口，单击“选择”栏或“全选”按钮，选中要制单的“采购入库单”，单击“确定”按钮，打开“生成凭证”窗口，选择凭证类别为“转账凭证”，单击“合成”按钮，生成入库凭证，再单击“保存”按钮，已生成的记账凭证的会计分录如下。

10-12

结算后退货业务（操作演示）

借：原材料——原料及主要材料——45MnB钢　　47 680

　贷：在途物资　　47 680

（七）业务7操作

1. 参照采购订单生成采购退货单。

2025年1月11日，采购管理（010孙进）执行“业务工作”/“供应链”/“采购管理”/“采购到货”/“采购退货单”命令，打开“采购退货单”窗口。单击“增加”按钮，选择“生单”/“采购订单”命令，打开“查询条件选择-采购订单列表过滤”窗口；选择1月9日的采购订单，单击“确定”按钮，生成“采购退货单”，修改数量为“-2 000”，删除“原币含税单价”，重新输入原币单价“2.98”，修改采购类型为“采购退货”，修改税率为“13”。单击“保存”按钮，再单击“审核”按钮。

2. 参照采购到货单（红字）生成红字入库单。

2025年1月11日，仓储管理（011王勇）执行“业务工作”/“供应链”/“库存管理”/“入库业务”/“采购入库单”命令，打开“采购入库单”窗口。选择“生单”/“采购到货单（红字）”命令，打开“查询条件选择-采购到货单列表”窗口，单击“确定”按钮，打开“到货单生单列表”窗口，选中相应的“到货单生单表头”，单击“确定”按钮，自动生成红字采购入库单，选择仓库为“原料库”，单击“保存”按钮，再单击“审核”按钮。

3. 参照红字入库单生成红字发票。

2025年1月11日，采购管理（010孙进）执行“业务工作”/“供应链”/“采购管理”/“采购发票”/“红字专用采购发票”命令，打开红字“专用发票”窗口。单击“增加”按钮，选择“生单”/“入库单”命令，打开“查询条件选择-采购入库单列表过滤”窗口，单击“确定”按钮，打开“拷贝并执行”窗口，选中“发票拷贝入库单表头列表”中所要拷贝的采购入库单，单击“确定”按钮，自动生成红字采购专用发票，修改表头税率为“13”，单击“保存”按钮，弹出“将按照表头税率统一表体税率，是否继续”对话框，单击“是”按钮。

4. 采购结算（在发票界面单击“结算”按钮）。

2025年1月11日，采购管理（010孙进）在红字“专用发票”窗口，单击“结算”按钮后，在发票左上角显示“已结算”字样。

5. 确认应付账款（红字发票审核及生成凭证）。

（1）2025年1月11日，应付会计（007蓝玉）执行“业务工作”/“财务会计”/“应付款管理”/“应付单据处理”/“应付单据审核”命令，打开“应付单查询条件”窗口，单击“确定”按钮，打开“应付单据列表”窗口，双击“选择”栏或单击“全选”按钮；再单击“审核”按钮，弹出审核报告提示，单击“确定”按钮后退出。

（2）2025年1月11日，应付会计（007蓝玉）执行“应付款管理”/“制单处理”命令，打开“制单查询”窗口，选择“发票制单”；单击“确定”按钮，打开“采购发票制单”窗口，再单击“全选”按钮，选中要制单的“采购专用发票”，选择凭证类别为“转账凭证”，单击“制单”按钮，生成红字应付账款确认凭证，再单击“保存”按钮。已生成凭证的会计分录如下。

借：在途物资 5 960.00

  应交税费——应交增值税——进项税额 774.80

 贷：应付账款 6 734.80

6. 采购成本核算（红字采购入库单记账及生成凭证）。

（1）2025年1月11日，存货核算会计（008王林生）执行“业务工作”/“供应链”/“存货核算”/“业务核算”/“正常单据记账”命令，打开“查询条件选择”窗口，单击“确定”按钮，打开“正常单据记账列表”窗口，双击“选择”栏或单击“全选”按钮；再单击“记账”按钮，弹出“记账成功”对话框，单击“确定”按钮后退出。

（2）2025年1月11日，存货核算会计（008王林生）执行“存货核算”/“财务核算”/“生成凭证”命令，单击“选择”按钮，打开“查询条件”窗口，单击“确定”按钮，打开“未生成凭证单据一览表”窗口，单击“选择”栏或“全选”按钮，选中要制单的“采购入库单”，单击“确定”按钮，打开“生成凭证”窗口，选择凭证类别为“转账凭证”，单击“生成”按钮，生成红字入库凭证，再单击“保存”按钮，已生成的记账凭证的会计分录如下：

借：原材料——原料及主要材料——45MnB钢 5 960

 贷：在途物资 5 960

（八）业务8操作

1. 填制采购订单。

2025年1月15日，采购管理（010孙进）执行“业务工作”/“供应链”/“采购管理”/“采购订货”/“采购订单”命令，打开“采购订单”窗口。单击“增加”按钮，选择“采购类型”为“生产采购”，修改税率为“13”，其他信息按照业务8资料选择或者输入（不录入单价）。单击“保存”按钮，再单击“审核”按钮。

2. 根据采购订单生成采购到货单。

2025年1月15日，采购管理（010孙进）执行“业务工作”/“供应链”/“采购管理”/“采购到货”/“到货单”命令，打开“到货单”窗口。单击“增加”按钮，选择“生单”/“采购订单”命令，打开“查询条件选择-采购订单列表过滤”窗口，单击“确定”按钮，弹出“拷贝并执行”窗口，选中所要拷贝的采购订单（1月15日订单），单击“确定”按钮，自动生成到货单，单击“保存”按钮，再单击“审核”按钮。

3. 参照到货单生成采购入库单。

2025年1月15日，仓储管理（011王勇）执行“业务工作”/“供应链”/“库存管理”/“入库业务”/“采购入库单”命令，打开“采购入库单”窗口。执行“生单”/“采购到货单（蓝字）”命令，打开“查询条件选择-采购到货单列表”窗口，单击“确定”按钮，打开“到货单生单列表”窗口，选中相应的“到货单生单表头”，单击“确定”按钮，自动生成采购入库单，选择仓库为“原料库”，单击“保存”按钮，再单击“审核”按钮。

温馨提示：

· 非月末不做入库单记账，也不生成凭证。月末暂估入账处理在任务五中操作。

（九）备份账套

用户admin登录“系统管理”，备份为“任务10-2采购管理系统日常业务处理”账套。

任务三　销售管理系统日常业务处理

一、任务布置

根据“项目资料-三、销售业务”相关信息完成青岛宏象华瑞装备科技有限公司2025年1月份的日常销售业务。

二、知识链接

（一）销售业务涉及的人员及其职责

销售业务涉及企业销售部门、仓储部门、财务部门相关人员，在企业同时启用销售管理、库存管理、存货核算和应收款管理系统的情况下，各个部门的职员各司其职，在对应子系统中完成操作。销售部门人员负责在销售管理系统对销售订单、发货单和发票进行处理；仓储部门人员负责在库存管理系统对销售出库单进行处理；财务部门人员负责根据相关原始凭证生成对应凭证：在应收款管理系统生成应收账款确认凭证，在存货核算系统生成存货出库凭证。

（二）销售业务基本流程

做销售业务前，应确认“新增发票默认”，如为“参照订单”，按表10-9流程操作；如为“参照发货单”，按表10-10流程操作。

表10-9　　销售业务基本流程（新增发票参照订单）

单据	步骤	操作人	系统	备注
订单	1.填制并审核销售订单	销售人员	销售管理	
发票	2.参照订单生成销售专用发票，并进行复核	销售人员	销售管理	
销售出库单	3.参照发货单生成销售出库单并审核	仓储人员	库存管理	
发票	4.应收单据审核（即审核销售发票）	会计人员	应收款管理	
发票	5.制单——发票制单	会计人员	应收款管理	原始凭证：发票 借：应收账款 贷：主营业务收入 应交税费——应交增值税（销项税额）

续表

单据	步骤	操作人	系统	备注
销售出库单	6.正常单据记账	会计人员	存货核算	
销售出库单	7.生成凭证	会计人员	存货核算	原始凭证：销售出库单 借：主营业务成本 　贷：库存商品
收款凭证	8.填制收款单	出纳人员	应收款管理	
收款凭证	9.审核收款单	会计人员	应收款管理	
收款凭证	10.收款核销	会计人员	应收款管理	
收款凭证	11.制单——收付款单制单	会计人员	应收款管理	原始凭证：收款凭证（如进账单等） 借：银行存款 　贷：应收账款

注：以上操作均以业务日期登录系统操作。

表10–10　　**销售业务基本流程（新增发票参照发货单）**

单据	步骤	操作人	系统	备注
订单	1.填制并审核销售订单	销售人员	销售管理	
发货单	2.参照订单生成发货单并审核	销售人员	销售管理	
销售出库单	3.参照发货单生成销售出库单并审核	仓储人员	库存管理	如果在销售选项设置中勾选“销售生成出库单”，则会自动生成销售出库单，只审核即可
发票	4.参照发货单生成销售专用发票，并进行复核	销售人员	销售管理	
发票	5.应收单据审核（即审核销售发票）	会计人员	应收款管理	
发票	6.制单——发票制单	会计人员	应收款管理	原始凭证：发票 借：应收账款 　贷：主营业务收入 　　　应交税费——应交增值税（销项税额）
销售出库单	7.正常单据记账	会计人员	存货核算	
销售出库单	8.生成凭证	会计人员	存货核算	原始凭证：销售出库单 借：主营业务成本 　贷：库存商品

续表

单据	步骤	操作人	系统	备注
收款凭证	9.填制收款单	出纳人员	应收款管理	
收款凭证	10.审核收款单	会计人员	应收款管理	
收款凭证	11.收款核销	会计人员	应收款管理	
收款凭证	12.制单——收付款单制单	会计人员	应收款管理	原始凭证：收款凭证（如进账单等） 借：银行存款 贷：应收账款

注：以上操作均以业务日期登录系统操作。

（三）销售业务的类型

销售业务包括普通销售业务、销售退货业务等。

普通销售业务是销售方根据签订的购销合同发货、开具发票并一次性收款的业务。普通销售业务包括先形成应收款项后收款的业务、一手交钱一手交货的业务（即现结业务）等。

销售退货业务包括结算前退货业务和结算后退货业务。结算前退货业务是在开具发票之前发生的退货业务；结算后退货业务是在开具发票之后发生的退货业务。

三、操作演示

根据“项目资料–三、销售业务”相关信息完成本任务。

【准备工作】引入“任务10–2采购管理系统日常业务处理”备份账套。

10–13 普通销售业务1（操作演示）

（一）业务1操作

1.录入并审核销售订单。

2025年1月16日，销售管理（009周群）执行“业务工作”/“供应链”/“销售管理”/“销售订货”/“销售订单”命令，打开“销售订单”窗口；单击“增加”按钮，选择“销售类型”为“产品销售”，按照业务1资料录入订单信息，单击“保存”按钮；单击“审核”按钮。录入的销售订单如图10–52所示。

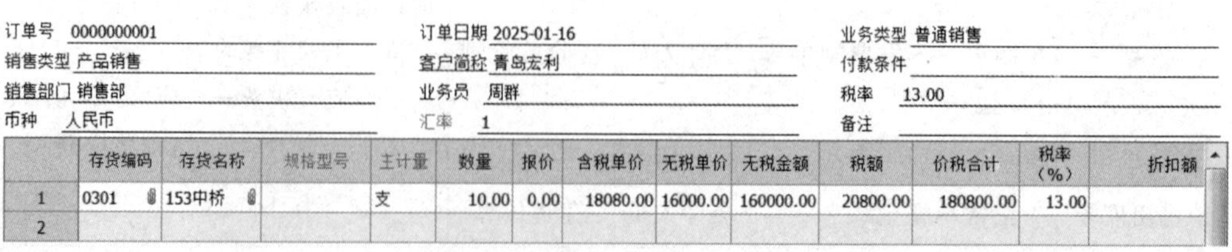
销售订单

打印模版 销售订单打印模版

表体排序

合并显示

订单号 0000000001　订单日期 2025-01-16　业务类型 普通销售

销售类型 产品销售　客户简称 青岛宏利　付款条件

销售部门 销售部　业务员 周群　税率 13.00

币种 人民币　汇率 1　备注

	存货编码	存货名称	规格型号	主计量	数量	报价	含税单价	无税单价	无税金额	税额	价税合计	税率（%）	折扣额
1	0301	153中桥		支	10.00	0.00	18080.00	16000.00	160000.00	20800.00	180800.00	13.00	
2													

图10–52　销售订单–1

2.参照订单生成发货单并审核。

2025年1月16日，销售管理（009周群）执行“业务工作”/“供应链”/“销售管理”/“销售发货”/“发货单”命令，打开“发货单”窗口；单击“增加”按钮，打开“查询条件选择-参照订单”窗口，单击“确定”按钮，打开“参照生单”窗口；选择要参照的订单，如图10-53所示，单击“确定”按钮，生成发货单；“仓库名称”选择“产成品库”，单击“保存”按钮；单击“审核”按钮。生成的发货单如图10-54所示。

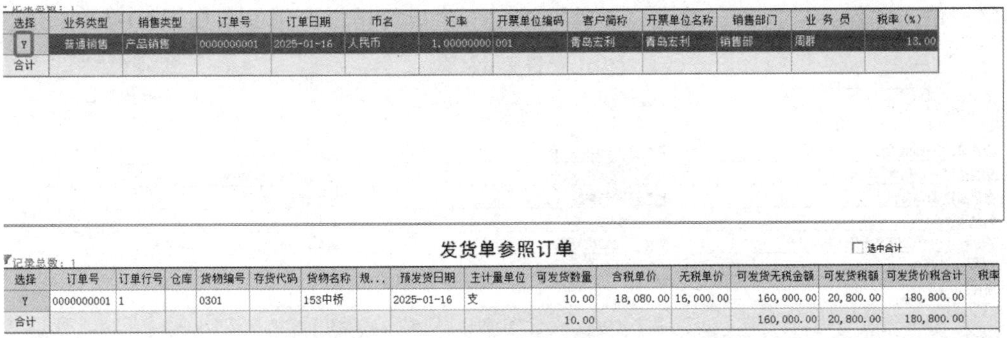

选择	业务类型	销售类型	订单号	订单日期	币名	汇率	开票单位编码	客户简称	开票单位名称	销售部门	业务员	税率（%）
Y	普通销售	产品销售	0000000001	2025-01-16	人民币	1.00000000	001	青岛宏利	青岛宏利	销售部	周群	13.00
合计												

发货单参照订单

选中合计

记录总数：1

选择	订单号	订单行号	仓库	货物编号	存货代码	货物名称	规...	预发货日期	主计量单位	可发货数量	含税单价	无税单价	可发货无税金额	可发货税额	可发货价税合计	税率
Y	0000000001	1		0301		153中桥		2025-01-16	支	10.00	18,080.00	16,000.00	160,000.00	20,800.00	180,800.00	
合计										10.00			160,000.00	20,800.00	180,800.00	

图10-53 发货单参照销售订单

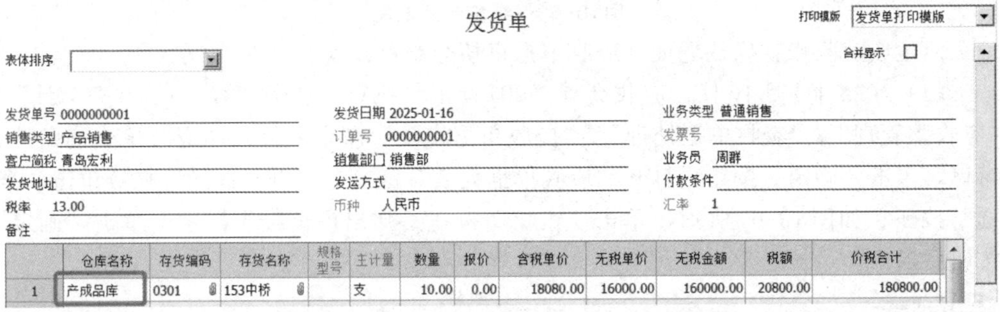

发货单

打印模版 发货单打印模版

表体排序

合并显示

发货单号 0000000001	发货日期 2025-01-16	业务类型 普通销售
销售类型 产品销售	订单号 0000000001	发票号
客户简称 青岛宏利	销售部门 销售部	业务员 周群
发货地址	发运方式	付款条件
税率 13.00	币种 人民币	汇率 1
备注		

	仓库名称	存货编码	存货名称	规格型号	主计量	数量	报价	含税单价	无税单价	无税金额	税额	价税合计
1	产成品库	0301	153中桥		支	10.00	0.00	18080.00	16000.00	160000.00	20800.00	180800.00

图10-54 发货单

3. 查看出库单并审核。

2025年1月16日，仓储管理（011王勇）执行“业务工作”/“供应链”/“库存管理”/“出库业务”/“销售出库单”命令，打开“销售出库单”窗口。单击“➡|”按钮，查找已自动生成的销售出库单，如图10-55所示；单击“审核”按钮。

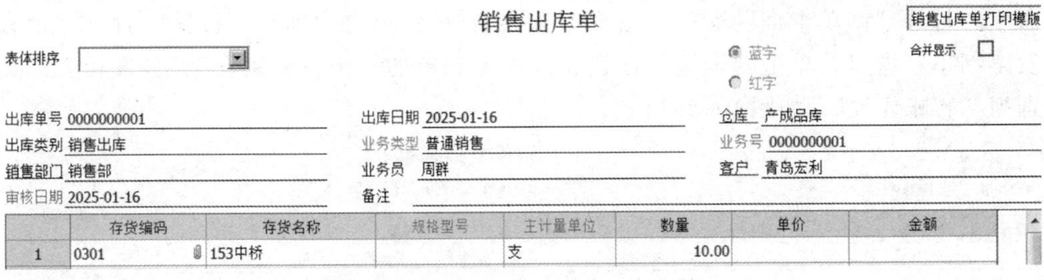

销售出库单

销售出库单打印模版

表体排序

蓝字　红字　合并显示

出库单号 0000000001	出库日期 2025-01-16	仓库 产成品库
出库类别 销售出库	业务类型 普通销售	业务号 0000000001
销售部门 销售部	业务员 周群	客户 青岛宏利
审核日期 2025-01-16	备注	

	存货编码	存货名称	规格型号	主计量单位	数量	单价	金额
1	0301	153中桥		支	10.00		

图10-55　销售出库单

温馨提示：

· 如果在销售选项设置中勾选“销售生成出库单”，则会自动生成销售出库单，只审核即可；否则，则需要录入或者根据发货单生成销售出库单，然后审核。

4. 参照发货单生成销售专用发票并进行复核。

2025年1月16日，销售管理（009周群）执行“业务工作”/“供应链”/“销售管理”/“销售开票”/“销售专用发票”命令，打开“销售专用发票”窗口；单击“增加”按钮，打开“查询条件选择-发票参照发货单”窗口，单击“确定”按钮，打开“参照生单”窗口；选择要参照的发货单，单击“确定”按钮，生成销售专用发票；单击“保存”按钮；单击“复核”按钮。生成的销售专用发票如图10-56所示。

销售专用发票

打印模版 销售专用发票打印模版

表体排序

合并显示 □

发票号 0000000001	开票日期 2025-01-16	业务类型 普通销售
销售类型 产品销售	订单号 0000000001	发货单号 0000000001
客户简称 青岛宏利	销售部门 销售部	业务员 周群
付款条件	客户地址	联系电话
开户银行 中国工商银行青岛李沧支行	账号 24578975	税号 91370211MA3D4AWKX6
币种 人民币	汇率 1	税率 13.00
备注		

	仓库名称	存货编码	存货名称	规格型号	主计量	数量	报价	含税单价	无税单价	无税金额	税额	价税合计	税率（%）	折扌
1	产成品库	0301	153中桥		支	10.00	0.00	18080.00	16000.00	160000.00	20800.00	180800.00	13.00	

图10-56 销售专用发票

5. 生成应收账款确认凭证（应收单据审核与制单）。

（1）2025年1月16日，应收会计（007蓝玉）执行“业务工作”/“财务会计”/“应收款管理”/“应收单据处理”/“应收单据审核”命令，打开“应收单查询条件”窗口，单击“确定”按钮，打开“应收单据列表”窗口；双击“选择”栏或单击“全选”按钮，如图10-57所示，单击“审核”按钮，弹出审核报告提示，单击“确定”按钮后退出。

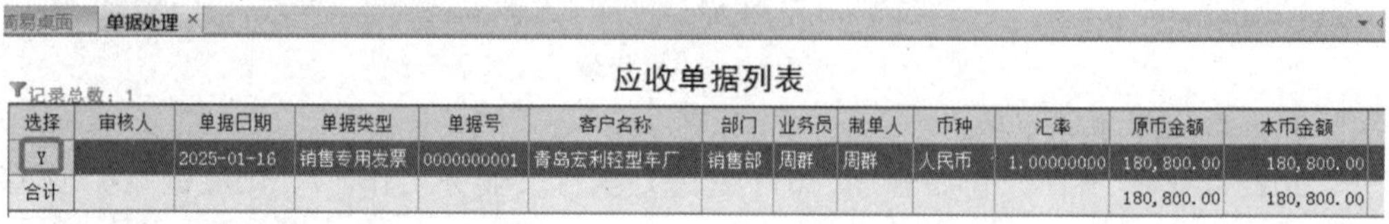

简易桌面 单据处理 ×

应收单据列表

记录总数：1

选择	审核人	单据日期	单据类型	单据号	客户名称	部门	业务员	制单人	币种	汇率	原币金额	本币金额
Y		2025-01-16	销售专用发票	0000000001	青岛宏利轻型车厂	销售部	周群	周群	人民币	1.00000000	180,800.00	180,800.00
合计											180,800.00	180,800.00

图10-57 应收单据列表-1

（2）2025年1月16日，应收会计（007蓝玉）执行“应收款管理”/“制单处理”命令，打开“制单查询”窗口，选择“发票制单”；单击“确定”按钮，打开“销售发票制单”窗口，单击“全选”按钮，选中要制单的“销售专用发票”，选择凭证类别为“转账凭证”，如图10-58所示。

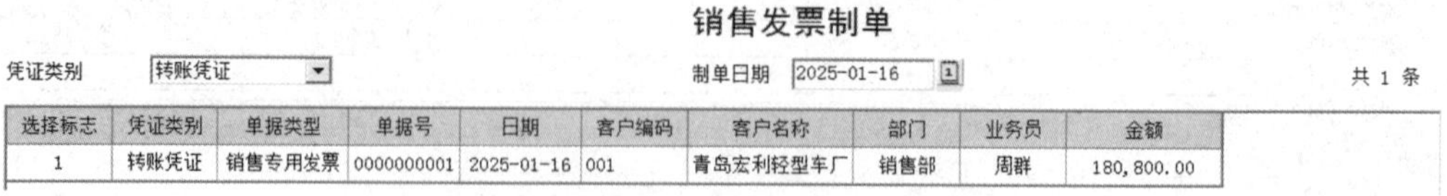

销售发票制单

凭证类别 转账凭证　　制单日期 2025-01-16　　共 1 条

选择标志	凭证类别	单据类型	单据号	日期	客户编码	客户名称	部门	业务员	金额
1	转账凭证	销售专用发票	0000000001	2025-01-16	001	青岛宏利轻型车厂	销售部	周群	180,800.00

图10-58 销售发票制单

（3）单击“制单”按钮，再单击“保存”按钮，生成应收账款确认凭证。已生成的记账凭证的会计分录如下。

借：应收账款　　180 800

　贷：主营业务收入　　160 000

　　　应交税费——应交增值税——销项税额　　20 800

6. 结转销售成本（销售出库单记账及生成凭证）。

（1）2025年1月16日，存货核算会计（008王林生）执行“业务工作”/“供应链”/“存货核算”/“业务核算”/“正常单据记账”命令，打开“查询条件选择”窗口，单击“确定”按钮，打开“正常单据记账列表”窗口，双击“选择”栏或单击“全选”按钮，如图10-59所示；单击“记账”按钮，弹出“记账成功”对话框，单击“确定”按钮后退出。

正常单据记账列表

记录总数：2

选择	日期	单据号	存货编码	存货名称	规格型号	存货代码	单据类型	仓库名称	收发类别	数量	单价	金额
	2025-01-15	0000000008	0202	润滑油			采购入库单	原料库	采购入库	800.00		
Y	2025-01-16	0000000001	0301	153中桥			销售出库单	产成品库	销售出库	10.00		
小计										810.00		

图10-59　正常单据记账列表

温馨提示：

· 销售出库单在存货核算系统记账，单价可以输入也可以不输入，如果输入则按照输入的单价乘以数量确定发出存货的成本；否则，按照初始设置时仓库档案中设置的存货发出方法，由系统自动计算发出存货的成本。

（2）2025年1月16日，存货核算会计（008王林生）执行“存货核算”/“财务核算”/“生成凭证”命令，单击“选择”按钮，打开“查询条件”窗口；单击“确定”按钮，打开“未生成凭证单据一览表”窗口；单击“选择”栏或“全选”按钮，选中要制单的“销售出库单”，如图10-60所示；单击“确定”按钮，打开“生成凭证”窗口，如图10-61所示，凭证没有金额，无法生成凭证。

□ 已结算采购入库单自动选择全部结算单上单据（包括入库单、发票、付款单），非本月采购入库单按蓝字报销单制单

未生成凭证单据一览表

选择	记账日期	单据日期	单据类型	单据号	仓库	收发类别	记账人	部门	部门编码	业务单号	业务类型	计价方式	备注	摘要	供应商	客户
1	2025-01-16	2025-01-16	销售出库单	0000000001	产成品库	销售出库	王林生	销售部	2		普通销售	全月平均法		销售出库单		青岛宏利轻型车

图10-60　未生成凭证单据一览表

凭证类别　转 转账凭证

选择	单据类型	单据号	摘要	科目类型	科目编码	科目名称	借方金额	贷方金额	借方数量	贷方数量	科目方向	存货编码	存货名称	存货代码
1	销售出库单	0000000001	销售出库单	对方	6401	主营业务成本	0.00				1	0301	153中桥	
				存货	140501	153中桥				10.00	2	0301	153中桥	
合计							0.00							

图10-61　生成凭证

温馨提示：

· 上述销售出库单无法生成凭证的原因是产成品库采用的存货发出计价方法是全月平均法，该方法到月末才能计算出平均单价，因此无法在销售的当时计算出发出存货的成本。

· 会计实务中，已销商品成本可以在销售时结转，也可以月末一次结转。本任务中的操作均采用月末一次结转销售成本的方法，因此结转销售成本的凭证详见任务六的操作演示。

10-14

普通销售
业务2
（操作演示）

（二）业务2操作

1. 录入收款单。

2025年1月20日，出纳（002姜涛）执行“业务工作”/“财务会计”/“应收款管理”/“收款单据处理”/“收款单据录入”命令，打开“收款单”窗口，单击“增加”按钮，根据业务2资料录入网银收款的相关信息，单击“保存”按钮。录入的收款单如图10-62所示。

收款单

打印模版 应收收款单打印模板

表体排序

单据编号	0000000001	日期	2025-01-20	客户	青岛宏利
结算方式	网银结算	结算科目	100201	币种	人民币
汇率	1	金额	180800.00	本币金额	180800.00
客户银行	中国工商银行青岛李沧支行	客户账号	24578975	票据号	
部门	销售部	业务员	周群	项目	
摘要					

	款项类型	客户	部门	业务员	金额	本币金额	科目
1	应收款	青岛宏利	销售部	周群	180800.00	180800.00	1122

图10-62　收款单

2. 收款单据审核、核销与制单。

（1）2025年1月20日，应收会计（007蓝玉）执行“业务工作”/“财务会计”/“应收款管理”/“收款单据处理”/“收款单据审核”命令，打开“收款单查询条件”窗口，单击“确定”按钮，打开“收付款单列表”窗口，双击“选择”栏或单击“全选”按钮，如图10-63所示；单击“审核”按钮，弹出审核报告，单击“确定”按钮后退出。

收付款单列表

记录总数：1

选择	审核人	单据日期	单据类型	单据编号	客户名称	部门	业务员	结算方式	票据号	币种	汇率	原币金额	本币金额
Y		2025-01-20	收款单	0000000001	青岛宏利轻型车厂	销售部	周群	网银结算		人民币	1.0...	180,800.00	180,800.00
合计												180,800.00	180,800.00

图10-63　收付款单列表

（2）2025年1月20日，应收会计（007蓝玉）执行“应收款管理”/“核销处理”/“手工核销”命令，在“核销条件”窗口选择客户“青岛宏利”，单击“确定”按钮，打开“单据核销”窗口，输入“本次结算金额”，如图10-64所示，单击“保存”按钮后退出。

单据日期	单据类型	单据编号	客户	款项类型	结算方式	币种	汇率	原币金额	原币余额	本次结算金额	订单号
2025-01-20	收款单	0000000001	青岛宏利	应收款	网银结算	人民币	1.00000000	180,800.00	180,800.00	180,800.00	
合计								180,800.00	180,800.00	180,800.00	

单据日期	单据类型	单据编号	到期日	客户	币种	原币金额	原币余额	可享受折扣	本次折扣	本次结算	订单号	凭证号
2024-12-01	销售普通发票	0000000001	2024-12-01	青岛宏利	人民币	308,800.00	308,800.00	0.00				
2025-01-16	销售专用发票	0000000001	2025-01-16	青岛宏利	人民币	180,800.00	180,800.00	0.00	0.00	180,800.00	0000000001	转-0010
合计						489,600.00	489,600.00	0.00		180,800.00		

图10-64　手工核销

（3）2025年1月20日，应收会计（007蓝玉）执行“应收款管理”/“制单处理”命令，打开“制单查询”窗口，选择“收付款单制单”和“核销制单”，单击“确定”按钮，打开“应收制单”窗口，单击“全选”按钮，选中要制单的“收款单”和“核销”，单击“合并”按钮，如图10-65所示。

应收制单

凭证类别 收款凭证　　制单日期 2025-01-20

选择标志	凭证类别	单据类型	单据号	日期	客户编码	客户名称	部门	业务员	金额
1	收款凭证	收款单	0000000001	2025-01-20	001	青岛宏利轻型车厂	销售部	周群	180,800.00
1	收款凭证	核销	0000000001	2025-01-20	001	青岛宏利轻型车厂	销售部	周群	180,800.00

图10-65　应收制单

（4）单击“制单”按钮，再单击“保存”按钮，弹出“现金流量录入修改”对话框，“项目编码”选择“01”，单击“确定”按钮，再单击“保存”按钮。已生成的收款凭证会计分录为：

借：银行存款——人民币户　　180 800

　贷：应收账款　　180 800

温馨提示：

· 收款核销的含义是找到收款业务对应的应收款项加以确认。

· 在应收款管理参数设置中勾选“核销生成凭证”，则核销可以生成凭证，否则核销无法生成凭证。一般，有折扣金额时核销必须生成凭证，无折扣金额可以选择核销是否生成凭证。

· 收款单和核销一般需要合并制单，否则会生成两张记账凭证。

（三）业务3操作

1. 录入并审核销售订单。

2025年1月21日，销售管理（009周群）执行“业务工作”/“供应链”/“销售管理”/“销售订货”/“销售订单”命令，打开“销售订单”窗口；单击“增加”按钮，选择“销售类型”为“产品销售”，按照业务3资料录入订单信息，单击“保存”按钮；单击“审核”按钮。

2. 参照订单生成发货单并审核。

2025年1月21日，销售管理（009周群）执行“业务工作”/“供应链”/“销售管理”/“销售发货”/“发货单”命令，打开“发货单”窗口；单击“增加”按钮，打开“查询条件选择-参照订单”窗口，单击“确定”按钮，打开“参照生单”窗口；选择要参照的订单，单击“确定”按钮，生成发货单；“仓库名称”选择“产成品库”，单击“保存”按钮；单击“审核”按钮。

3. 查看出库单并审核。

2025年1月21日，仓储管理（011王勇）执行“业务工作”/“供应链”/“库存管理”/“出库业务”/“销售出库单”命令，打开“销售出库单”窗口。单击“➜|”按钮，查找已自动生成的销售出库单；单击“审核”按钮。

4. 参照发货单生成销售专用发票、现结并复核。

2025年1月21日，销售管理（009周群）执行“业务工作”/“供应链”/“销售管理”/“销售开票”/“销售专用发票”命令，打开“销售专用发票”窗口；单击

“增加”按钮，打开“查询条件选择-发票参照发货单”窗口，单击“确定”按钮，打开“参照生单”窗口；选择要参照的发货单，单击“确定”按钮，生成销售专用发票，单击“保存”按钮。

在销售专用发票界面，单击“现结”按钮，打开“现结”对话框，选择结算方式为“转账支票”，输入结算金额“587 600.00”，单击“确定”按钮返回，销售专用发票左上角显示“现结”标志，如图10-66所示。单击“复核”按钮对现结发票进行复核。

图10-66　应付制单

温馨提示：

- 现结要在发票复核前完成。
- 进行现结和复核后的发票才能在应收管理系统进行现结制单。

5. 生成现结凭证（应收单据审核与现结制单）。

（1）2025年1月21日，应收会计（007蓝玉）执行“业务工作”/“财务会计”/“应收款管理”/“应收单据处理”/“应收单据审核”命令，打开“应收单查询条件”窗口，勾选“包含已现结发票”选项，单击“确定”按钮，打开“应收单据列表”窗口；双击“选择”栏或单击“全选”按钮，单击“审核”按钮，弹出审核报告提示，单击“确定”按钮后退出。

（2）2025年1月21日，应收会计（007蓝玉）执行“应收款管理”/“制单处理”命令，打开“制单查询”窗口，选择“现结制单”；单击“确定”按钮，打开“现结制单”窗口，单击“全选”按钮，选中要制单的“现结”单据，选择凭证类别为“收款凭证”；单击“制单”按钮，补充借方科目“100201银行存款”，回车后弹出“辅助项”对话框，单击“确定”按钮，再单击“保存”按钮，弹出“现金流量录入修改”对话框，项目编码录入“01”，单击“确定”按钮，再单击“保存”按钮，生成收款凭证的会计分录如下：

借：银行存款——人民币户	587 600	
贷：主营业务收入		520 000
应交税费——应交增值税——销项税额		67 600

6. 销售出库单记账

2025年1月21日，存货核算会计（008王林生）执行“业务工作”/“供应链”/“存货核算”/“业务核算”/“正常单据记账”命令，打开“查询条件选择”窗口，单击“确定”按钮，打开“正常单据记账列表”窗口，双击“选择”栏选择1月21日的销售出库单；再单击“记账”按钮，弹出“记账成功”对话框，单击“确定”按钮后退出。

（四）业务4操作

1. 录入并审核销售订单。

2025年1月25日，销售管理（009周群）执行“业务工作”/“供应链”/“销售管理”/“销售订货”/“销售订单”命令，打开“销售订单”窗口；单击“增加”按钮，选择“销售类型”为“产品销售”，按照业务4资料录入订单信息，单击“保存”按钮；单击“审核”按钮。录入的销售订单如图10-67所示。

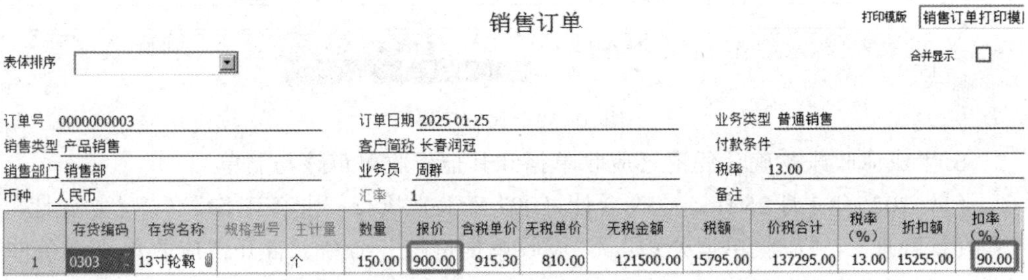

销售订单

打印模版 销售订单打印模

表体排序　　合并显示

订单号 0000000003　订单日期 2025-01-25　业务类型 普通销售

销售类型 产品销售　客户简称 长春润冠　付款条件

销售部门 销售部　业务员 周群　税率 13.00

币种 人民币　汇率 1　备注

	存货编码	存货名称	规格型号	主计量	数量	报价	含税单价	无税单价	无税金额	税额	价税合计	税率（%）	折扣额	扣率（%）
1	0303	13寸轮毂		个	150.00	900.00	915.30	810.00	121500.00	15795.00	137295.00	13.00	15255.00	90.00

图10-67　销售订单-2

> 温馨提示：
>
> · 有商业折扣时，商业折扣前的单价（即报价）输入销售订单的表体的“报价”栏，否则无法自动计算商业折扣；折扣率要输入折扣后的金额与报价的比率，比如商业折扣10%，“扣率”栏输入“90”。

2. 参照订单生成发货单并审核。

2025年1月25日，销售管理（009周群）执行“业务工作”/“供应链”/“销售管理”/“销售发货”/“发货单”命令，打开“发货单”窗口；单击“增加”按钮，打开“查询条件选择-参照订单”窗口，单击“确定”按钮，打开“参照生单”窗口；选择要参照的订单，单击“确定”按钮，生成发货单；“仓库名称”选择“产成品库”，单击“保存”按钮；单击“审核”按钮。

3. 查看出库单并审核。

2025年1月25日，仓储管理（011王勇）执行“业务工作”/“供应链”/“库存管理”/“出库业务”/“销售出库单”命令，打开“销售出库单”窗口。单击“➔|”按钮，查找已自动生成的销售出库单；单击“审核”按钮。

4. 参照发货单生成销售专用发票并进行复核。

2025年1月25日，销售管理（009周群）执行“业务工作”/“供应链”/“销售管理”/“销售开票”/“销售专用发票”命令，打开“销售专用发票”窗口；单击

“增加”按钮，打开“查询条件选择-发票参照发货单”窗口，单击“确定”按钮，打开“参照生单”窗口；选择要参照的发货单，单击“确定”按钮，生成销售专用发票；单击“保存”按钮；单击“复核”按钮。

5. 填制并审核代垫费用单。

2025年1月25日，销售管理（009周群）执行“业务工作”/“供应链”/“销售管理”/“代垫费用”/“代垫费用单”命令，打开“代垫费用单”窗口；单击“增加”按钮，按照业务4代垫运费资料输入相关信息；单击“保存”按钮，单击“审核”按钮。代垫费用单如图10-68所示。

代垫费用单

打印模版 代垫费用单打印模版

表体排序

代垫单号 0000000001　代垫日期 2025-01-25　发票号

客户简称 长春润冠　销售部门 销售部　业务员 周群

币种 人民币　汇率 1　备注

	费用项目	代垫金额	存货编码	存货名称
1	代垫运费	1090.00		

图10-68　代垫费用单

6. 生成应收账款确认凭证（应收单据和其他应收单审核与制单）。

（1）2025年1月25日，应收会计（007蓝玉）执行“业务工作”/“财务会计”/“应收款管理”/“应收单据处理”/“应收单据审核”命令，打开“应收单查询条件”窗口，单击“确定”按钮，打开“应收单据列表”窗口；双击“选择”栏或单击“全选”按钮，如图10-69所示，单击“审核”按钮，弹出审核报告提示，单击“确定”按钮后退出。

应收单据列表

记录总数：2

选择	审核人	单据日期	单据类型	单据号	客户名称	部门	业务员	制单人	币种	汇率	原币金额	本币金额
Y		2025-01-25	其他应收单	0000000001	长春润冠专用车辆有限公司	销...	周群	周群	人民币	1.00000000	1,090.00	1,090.00
Y		2025-01-25	销售专用发票	0000000003	长春润冠专用车辆有限公司	销...	周群	周群	人民币	1.00000000	137,295.00	137,295.00
合计											138,385.00	138,385.00

图10-69　应收单据列表-2

（2）2025年1月25日，应收会计（007蓝玉）执行“应收款管理”/“制单处理”命令，打开“制单查询”窗口，选择“发票制单”和“应收单制单”；单击“确定”按钮，打开“应收制单”窗口，选择凭证类别为“付款凭证”，单击“合并”按钮；单击“制单”按钮，补充贷方科目“100201银行存款”，回车后弹出“辅助项”对话框，选择结算方式为“网银结算”，单击“确定”按钮，再单击“保存”按钮，弹出“现金流量录入修改”对话框，项目编码录入“01”，单击“确定”按钮，再单击“保存”按钮，生成付款凭证的会计分录如下：

借：应收账款	138 385	
贷：主营业务收入		121 500
应交税费——应交增值税——销项税额		15 795
银行存款——人民币户		1 090

7. 销售出库单记账。

2025年1月25日，存货核算会计（008王林生）执行“业务工作”/“供应链”/“存货核算”/“业务核算”/“正常单据记账”命令，打开“查询条件选择”窗口，单击“确定”按钮，打开“正常单据记账列表”窗口，双击“选择”栏选择1月25日的销售出库单；单击“记账”按钮，弹出“记账成功”对话框，单击“确定”按钮后退出。

（五）业务5操作

10-15 销售退货业务（操作演示）

1. 参照发货单生成退货单并审核。

2025年1月28日，销售管理（009周群）执行“业务工作”/“供应链”/“销售管理”/“销售发货”/“退货单”命令，打开“退货单”窗口；单击“增加”按钮，打开“查询条件选择-退货单参照发货单”窗口，选择退货类型“已开发票退货”，单击“确定”按钮，打开“参照生单”窗口；选择1月21日青特科技的发货单，单击“确定”按钮，生成退货单；修改表体数量为“-1”，单击“保存”按钮；单击“审核”按钮。生成的退货单如图10-70所示。

退货单

显示模版 退货单显示模版

表体排序　　　　合并显示 □

退货单号 0000000004	退货日期 2025-01-28	业务类型 普通销售
销售类型 产品销售	订单号 0000000002	发票号
客户简称 青特科技	销售部门 销售部	业务员 周群
发运方式	币种 人民币	汇率 1
税率 13.00	备注	

	仓库名称	货物编码	存货名称	规格型号	主计量	数量	报价	含税单价	无税单价	无税金额	税额	价税合计
1	产成品库	0302	153后桥		支	-1.00	0.00	14690.00	13000.00	-13000.00	-1690.00	-14690.00

图10-70 退货单

2. 查看红字销售出库单并审核。

2025年1月28日，仓储管理（011王勇）执行“业务工作”/“供应链”/“库存管理”/“出库业务”/“销售出库单”命令，打开“销售出库单”窗口。单击“➡|”按钮，查找已自动生成的红字销售出库单；单击“审核”按钮。

3. 参照发货单生成红字销售专用发票并复核。

2025年1月28日，销售管理（009周群）执行“业务工作”/“供应链”/“销售管理”/“销售开票”/“红字专用销售发票”命令，打开“红字销售专用发票”窗口；单击“增加”按钮，打开“查询条件选择-发票参照发货单”窗口，发货单类型选择“红字记录”，单击“确定”按钮，打开“参照生单”窗口；选择要参照的发货单，单击“确定”按钮，生成红字销售专用发票；单击“保存”按钮；单击“复核”按钮。

4. 生成红字应收账款确认凭证（应收单据审核与制单）。

（1）2025年1月28日，应收会计（007蓝玉）执行“业务工作”/“财务会计”/“应收款管理”/“应收单据处理”/“应收单据审核”命令，打开“应收单查询条件”窗口，单击“确定”按钮，打开“应收单据列表”窗口；双击“选择”栏或单击“全选”按钮，单击“审核”按钮，弹出审核报告提示，单击“确定”按钮后退出。

（2）2025年1月28日，应收会计（007蓝玉）执行“应收款管理”/“制单处理”命令，打开“制单查询”窗口，选择“发票制单”；单击“确定”按钮，打开“销售发票制单”窗口，选择凭证类别为“转账凭证”，单击“全选”按钮；单击“制单”按钮，单击“保存”按钮，生成红字转账凭证的会计分录如下：

借：应收账款　　14 690

　贷：主营业务收入　　13 000

　　　应交税费——应交增值税——销项税额　　1 690

5. 销售出库单记账。

2025年1月28日，存货核算会计（008王林生）执行“业务工作”/“供应链”/“存货核算”/“业务核算”/“正常单据记账”命令，打开“查询条件选择”窗口，单击“确定”按钮，打开“正常单据记账列表”窗口，双击“选择”栏选择1月28日的销售出库单；单击“记账”按钮，弹出“记账成功”对话框，单击“确定”按钮后退出。

（六）备份账套

用户admin登录“系统管理”，备份为“任务10-3销售管理系统日常业务处理”账套。

任务四　库存管理系统日常业务处理

一、任务布置

根据“项目资料-四、库存变动业务”相关信息完成青岛宏象华瑞装备科技有限公司2025年1月份的日常库存变动业务。

二、知识链接

本任务中的库存业务是指采购业务和销售业务以外的原因引起的库存增减。

（一）库存业务涉及的人员及其职责

库存业务涉及企业仓储部门和财务部门相关人员，在企业同时启用库存管理和存货核算系统的情况下，两个部门的职员各司其职，在对应子系统中完成操作。仓储部门人员负责在库存管理系统对材料出库单、产成品入库单、其他出库单和其他入库单进行处理；财务部门人员负责根据相关原始凭证在存货核算系统生成对应凭证。

（二）库存业务基本流程（见表10-11）

表10-11　　库存业务基本流程

单据	步骤	操作人	系统
材料出库单、产成品入库单、其他出库单和其他入库单	1.填制对应出入库单并审核	仓储人员	库存管理
入库单	2.正常单据记账	会计人员	存货核算
入库单	3.生成凭证	会计人员	存货核算

注：以上操作均以业务日期登录系统操作。

（三）库存业务的类型

库存业务包括调拨业务、材料出库业务、产成品入库业务和其他出入库业务。

1. 调拨业务是企业的某项资产从一个仓库调入另一个仓库的业务。

2. 材料出库业务是企业各部门因生产、经营管理等原因从仓库领用原材料的业务。

3. 产成品入库业务是企业所生产的产品完工入库的业务。

4. 其他出入库业务是指除采购、销售、调拨、生产领用、完工入库等原因引起的出入库业务，如假退料业务。

三、操作演示

根据“项目资料–四、库存变动业务”相关信息完成本任务。

【准备工作】引入“任务10–3 销售管理系统日常业务处理”备份账套。

（一）业务1操作

1. 录入并审核调拨单。

10–16

调拨业务（操作演示）

2025年1月28日，仓储管理（011王勇）执行“业务工作”/“供应链”/“库存管理”/“调拨业务”/“调拨单”命令，打开“调拨单”窗口；单击“增加”按钮，按照业务1资料输入相关信息，出库类别选择“其他出库”，入库类别选择“其他入库”，单击“保存”按钮；单击“审核”按钮。录入的调拨单如图10–71所示。

调拨单

调拨单打印模版

表体排序 合并显示 □

单据号 0000000001　日期 2025-01-28　调拨申请单号

转出部门　转入部门　转出仓库 产成品库

转入仓库 其他库　出库类别 其他出库　入库类别 其他入库

经手人　审核日期 2025-01-28　备注

	存货编码	存货名称	规格型号	主计量单位	数量	单价	金额
1	0303	13寸轮毂		个	2.00		

图10–71　调拨单

> 温馨提示：
>
> · 调拨单保存和审核后，系统自动生成其他入库单和其他出库单；
>
> · 转出仓库的存货发出计价方法非全月平均法的，可以不录入单价，系统自动根据存货发出计价方法计算成本。

2. 查看并审核其他入库单和其他出库单。

（1）2025年1月28日，仓储管理（011王勇）执行“业务工作”/“供应链”/“库存管理”/“入库业务”/“其他入库单”命令，打开“其他入库单”窗口。单击“⇥”按钮，查找已自动生成的其他入库单；单击“审核”按钮。

（2）2025年1月28日，仓储管理（011王勇）执行“业务工作”/“供应链”/“库存管理”/“出库业务”/“其他出库单”命令，打开“其他出库单”窗口。单击“⇥”按钮，查找已自动生成的其他出库单；单击“审核”按钮。

3. 对其他入库单和其他出库单记账。

2025年1月28日，存货核算会计（008王林生）执行“业务工作”/“供应链”/“存货核算”/“业务核算”/“特殊单据记账”命令，打开“特殊单据记账条件”窗口；选择单据类型“调拨单”，单击“确定”按钮，打开“特殊单据记账”窗口，双击“选择”栏选择1月28日的调拨单，单击“记账”按钮，弹出“记账成功”对话框，单击“确定”按钮后退出。

温馨提示：

· 在库存商品科目不按照仓库设置明细的情况下，调拨业务无须生成记账凭证。

10-17

材料出库业务（操作演示）

（二）业务2操作

1. 录入并审核材料出库单。

2025年1月28日，仓储管理（011王勇）执行“业务工作”/“供应链”/“库存管理”/“出库业务”/“材料出库单”命令，打开“材料出库单”窗口；单击“增加”按钮，按照业务2资料输入相关信息，单击“保存”按钮；单击“审核”按钮。录入的材料出库单如图10-72所示。

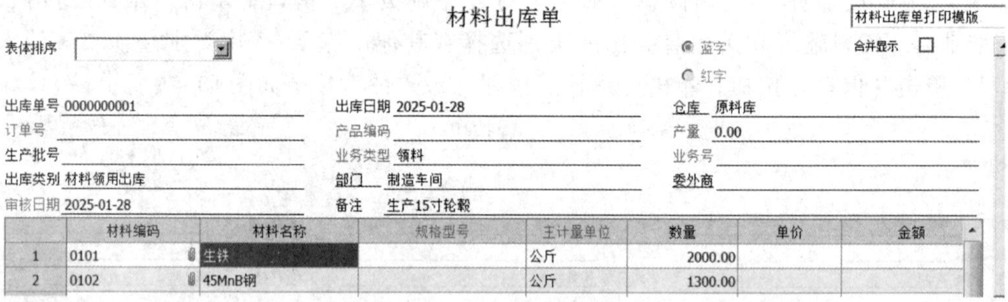
材料出库单

材料出库单打印模版

表体排序

蓝字 红字 合并显示

出库单号 0000000001　出库日期 2025-01-28　仓库 原料库

订单号　产品编码　产量 0.00

生产批号　业务类型 领料　业务号

出库类别 材料领用出库　部门 制造车间　委外商

审核日期 2025-01-28　备注 生产15寸轮毂

	材料编码	材料名称	规格型号	主计量单位	数量	单价	金额
1	0101	生铁		公斤	2000.00		
2	0102	45MnB钢		公斤	1300.00		

图10-72　材料出库单

2. 正常单据记账并生成凭证。

（1）2025年1月28日，仓储管理（011王勇）执行“业务工作”/“供应链”/“存货核算”/“业务核算”/“正常单据记账”命令，打开“查询条件选择”窗口，单击“确定”按钮，打开“正常单据记账列表”窗口，双击“选择”栏选择1月28日的材料出库单；单击“记账”按钮，弹出“记账成功”对话框，单击“确定”按钮后退出。

（2）2025年1月28日，存货核算会计（008王林生）执行“存货核算”/“财务核算”/“生成凭证”命令，单击“选择”按钮，打开“查询条件”窗口；单击“确定”按钮，打开“未生成凭证单据一览表”窗口，单击“选择”栏选中要制单的“材料出库单”，单击“确定”按钮；打开“生成凭证”窗口，选择凭证类别为“转账凭证”，单击“生成”按钮，生成材料出库凭证，选择生产成本科目的辅助项“15寸”，单击“确定”按钮，再单击“保存”按钮。已生成的转账凭证的会计分录如下：

借：生产成本——直接材料	8 700	
贷：原材料——原料及主要材料——生铁		4 800
——原料及主要材料——45MnB钢		3 900

（三）业务3操作

10-18

产品入库业务（操作演示）

1. 录入并审核产成品入库单。

2025年1月29日，仓储管理（011王勇）执行“业务工作”/“供应链”/“库存管理”/“入库业务”/“产成品入库单”命令，打开“产成品入库单”窗口；单击“增加”按钮，按照业务3资料输入相关信息，单击“保存”按钮；单击“审核”按钮。录入的产成品入库单如图10-73所示。

产成品入库单

产成品入库单打印模

表体排序　　　　◉ 蓝字　○ 红字　　合并显示 ☐

入库单号 0000000001　　入库日期 2025-01-29　　仓库 产成品库

生产订单号　　生产批号　　部门 仓储中心

入库类别 产品完工入库　　审核日期　　备注

	产品编码	产品名称	规格型号	主计量单位	数量	单价	金额
1	0304	15寸轮毂		个	20.00		

图10-73　产成品入库单

温馨提示：

· 产成品入库单无须填写单价，待产成品成本分配后自动写入。

2. 录入生产总成本并进行产成品成本分配。

2025年1月29日，存货核算会计（008王林生）执行“业务工作”/“供应链”/“存货核算”/“业务核算”/“产成品成本分配”命令，打开“产成品成本分配”窗口；单击“查询”按钮，打开“产成品成本分配表查询”窗口；选择“产成品库”，单击“确定”按钮后系统将符合条件的记录带回“产成品分配表”；输入“15寸轮毂”的金额“12 000.00”，如图10-74所示，单击“分配”按钮，系统弹出“分配操作顺利完成！”对话框，单击“确定”按钮后退出。

产成品成本分配

存货/分类编码	存货/分类名称	存货代码	规格型号	计量单位	数量	金额	单价
	存货 合计				20.00	12,000.00	600.00
03	库存商品小计				20.00	12,000.00	600.00
0304	15寸轮毂			个	20.00	12,000.00	600.00

图10-74　产成品成本分配

3. 正常单据记账并生成凭证。

（1）2025年1月29日，存货核算会计（008王林生）执行“业务工作”/“供应链”/“存货核算”/“业务核算”/“正常单据记账”命令，打开“查询条件选择”窗口，单击“确定”按钮，打开“正常单据记账列表”窗口，双击“选择”栏选择1月29日的产成品入库单；单击“记账”按钮，弹出“记账成功”对话框，单击“确定”按钮后退出。

（2）2025年1月29日，存货核算会计（008王林生）执行“存货核算”/“财务核算”/“生成凭证”命令，单击“选择”按钮，打开“查询条件”窗口；单击“确定”按钮，打开“未生成凭证单据一览表”窗口，单击“选择”栏选中要制单的“产成品入库单”，单击“确定”按钮；打开“生成凭证”窗口，选择凭证类别为“转账凭证”，单击“生成”按钮，修改“生产成本——直接材料”科目金额为“8 320.00”，选择“生产成本——直接材料”科目的辅助项“15寸”，单击“确定”按钮，增加“生产成本——直接人工”科目金额为“3 200.00”，选择“生产成本——直接人工”科目的辅助项“15寸”，单击“确定”按钮，增加“生产成本——制造费用”科目金额为“480.00”，选择“生产成本——制造费用”科目的辅助项“15寸”，单击“确定”按钮，再单击“保存”按钮。已生成的转账凭证的会计分录如下：

借：库存商品——15寸轮毂	12 000	
贷：生产成本——直接材料		8 320
——直接人工		3 200
——制造费用		480

10-19

其他入库业务（操作演示）

（四）业务4操作

1. 录入并审核其他入库单。

2025年1月30日，仓储管理（011王勇）执行“业务工作”/“供应链”/“库存管理”/“入库业务”/“其他入库单”命令，打开“其他入库单”窗口；单击“增加”按钮，按照业务4资料输入相关信息，单击“保存”按钮；单击“审核”按钮，弹出“该单据审核成功！”对话框，单击“确定”按钮。录入的其他入库单如图10-75所示。

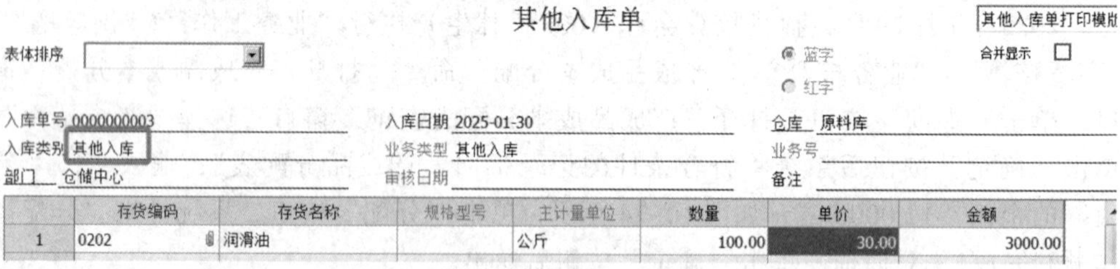

图10-75 其他入库单

2. 正常单据记账并生成凭证。

（1）2025年1月30日，存货核算会计（008王林生）执行“业务工作”/“供应链”/“存货核算”/“业务核算”/“正常单据记账”命令，打开“查询条件选择”窗口，单击“确定”按钮，打开“正常单据记账列表”窗口，双击“选择”栏选择1月30日的其他入库单；单击“记账”按钮，弹出“记账成功”对话框，单击“确定”按钮后退出。

（2）2025年1月30日，存货核算会计（008王林生）执行“存货核算”/“财务核算”/“生成凭证”命令，单击“选择”按钮，打开“查询条件”窗口；单击“确定”按钮，打开“未生成凭证单据一览表”窗口，单击“选择”栏选中1月30日的“其他入库单”，单击“确定”按钮；打开“生成凭证”窗口，补充对方科目为“营业外收入”，选择凭证类别为“转账凭证”，单击“生成”按钮，生成入库凭证，单击“保存”按钮。已生成的转账凭证的会计分录如下：

借：原材料——辅助材料——润滑油	3 000	
贷：营业外收入		3 000

（五）业务5操作

10-20

其他出库业务（操作演示）

1. 录入假退料单。

2025年1月31日，存货核算会计（008王林生）执行“业务工作”/“供应链”/“存货核算”/“日常业务”/“假退料单”命令，打开“假退料单”窗口；单击“增加”按钮，按照业务5资料输入相关信息，单击“保存”按钮。录入的假退料单如图10-76所示。

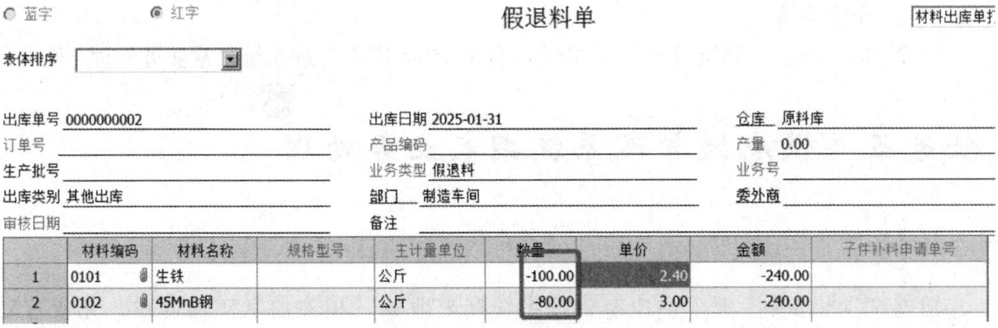

	材料编码	材料名称	规格型号	主计量单位	数量	单价	金额	子件补料申请单号
1	0101	生铁		公斤	-100.00	2.40	-240.00	
2	0102	45MnB钢		公斤	-80.00	3.00	-240.00	

图10-76　假退料单

2. 对假退料单记账并生成凭证。

（1）2025年1月31日，存货核算会计（008王林生）执行“业务工作”/“供应链”/“存货核算”/“业务核算”/“正常单据记账”命令，打开“查询条件选择”窗口，单击“确定”按钮，打开“正常单据记账列表”窗口，双击“选择”栏选择1月31日的材料出库单；单击“记账”按钮，弹出“记账成功”对话框，单击“确定”按钮后退出。

温馨提示：

· 录入假退料单之前需要给王林生增加“公共单据”权限，如图10-77所示。

· 假退料是为了保证所生产的产品成本的正确性，只在账上进行调减，不将材料退回仓库。

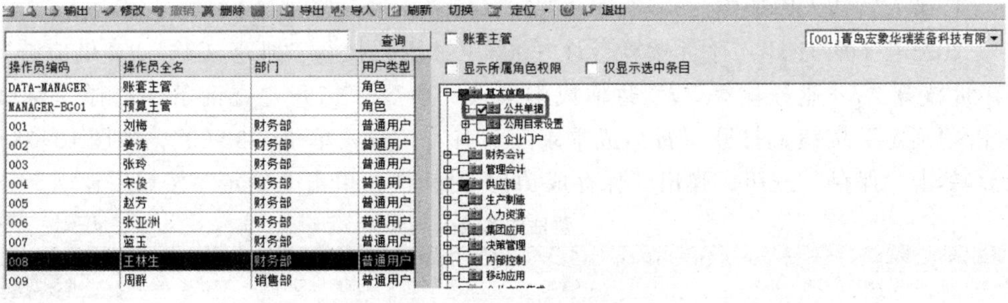

操作员编码	操作员全名	部门	用户类型
DATA-MANAGER	账套主管		角色
MANAGER-BG01	预算主管		角色
001	刘梅	财务部	普通用户
002	姜涛	财务部	普通用户
003	张玲	财务部	普通用户
004	宋俊	财务部	普通用户
005	赵芳	财务部	普通用户
006	张亚洲	财务部	普通用户
007	蓝玉	财务部	普通用户
008	王林生	财务部	普通用户
009	周群	销售部	普通用户

图10-77　增加王林生操作权限

（2）2025年1月31日，存货核算会计（008王林生）执行“存货核算”/“财务核算”/“生成凭证”命令，单击“选择”按钮，打开“查询条件”窗口；单击“确定”按钮，打开“未生成凭证单据一览表”窗口，单击“选择”栏选中1月31日的“假退料单”，单击“确定”按钮；打开“生成凭证”窗口，补充对方科目为“生产成本——直接材料”，选择凭证类别为“转账凭证”，单击“生成”按钮，选择“生产成本——直接材料”的辅助项“15寸”，单击“保存”按钮。已生成的转账凭证的会计分录如下：

借：生产成本——直接材料　480

　贷：原材料——原料及主要材料——生铁　240

　　　　　　——原料及主要材料——45MnB钢　240

（六）备份账套

用户admin登录“系统管理”，备份为“任务10-4 库存管理系统日常业务处理”账套。

任务五　供应链管理系统期末业务处理

一、任务布置

根据“项目资料-五、供应链管理系统期末业务”相关信息实训资料，完成青岛宏象华瑞装备科技有限公司2025年1月份期末业务处理。

二、知识链接

采购、销售和库存业务都是日常业务，期末业务是和日常业务相对的业务，这类业务仅在期末完成。期末业务基本包括两类：一是与会计处理相对应的期末业务，如对货到单未到的存货暂估入账、结转销售成本、存货清查等；二是各系统结账。

三、操作演示

根据“项目资料-五、供应链管理系统期末业务”相关信息完成本任务。

【准备工作】引入“任务10-4 库存管理系统日常业务处理”备份账套。

10-21

暂估业务（操作演示）

（一）业务1操作

1. 录入暂估入库成本。

2025年1月31日，存货核算会计（008王林生）执行“业务工作”/“供应链”/“存货核算”/“业务核算”/“暂估成本录入”命令，打开“查询条件选择”窗口；单击“确定”按钮，打开“暂估成本录入”窗口，输入单价“30.00”，如图10-78所示，单击“保存”按钮，弹出“保存成功！”对话框，单击“确定”按钮后返回。

暂估成本录入　　计划成本

单据日期	单据号	仓库	存货编码	存货代码	计量单位	存货名称	规格型号	业务类型	采购类型	供应商	入库类别	数量	单价	金额
2025-01-15	0000000008	原料库	0202		公斤	润滑油		普通采购	生产采购	深圳市...	采购入库	800.00	30.00	24,000.00
合计												800.00		24,000.00

图10-78　暂估成本录入

温馨提示：

· 暂估成本录入时，如果查询不到暂估业务，则查询条件窗口中的选项“包括已有暂估金额的单据”应当选择为“是”，这样就可以查看暂估业务情况了。

2. 对采购入库单记账并生成凭证。

（1）2025年1月31日，存货核算会计（008王林生）执行“业务工作”/“供应链”/“存货核算”/“业务核算”/“正常单据记账”命令，打开“查询条件选择”窗口，单击“确定”按钮，打开“正常单据记账列表”窗口，双击“选择”栏选择1月15日的“采购入库单”；单击“记账”按钮，弹出“记账成功”对话框，单击“确定”按钮后退出。

（2）2025年1月31日，存货核算会计（008王林生）执行“存货核算”/“财务核算”/“生成凭证”命令，单击“选择”按钮，打开“查询条件”窗口；单击“确定”按钮，打开“未生成凭证单据一览表”窗口，单击“选择”栏选中1月31日记账的“采购入库单”，单击“确定”按钮；打开“生成凭证”窗口，选择凭证类别为“转账凭证”，单击“生成”按钮，单击“保存”按钮。已生成的转账凭证的会计分录如下：

借：原材料——辅助材料（润滑油）　　24 000

　　贷：应付账款　　24 000

温馨提示：

· 暂估业务只收到了入库单而没有收到发票，由于没有进行采购结算，无法确定采购货物的准确成本，因此只能暂估入账，选择单据类型是“采购入库单（暂估记账）”；如果已完成采购结算，则选择单据类型是“采购入库单（报销记账）”。

（二）业务2操作

10-22

结转销售成本（操作演示）

1. 存货期末处理。

2025年1月31日，存货核算会计（008王林生）执行“业务工作”/“供应链”/“存货核算”/“业务核算”/“期末处理”命令，打开“期末处理-1月”窗口，选中“产成品库”；单击“处理”按钮，打开“仓库平均单价计算表”窗口，如图10-79所示；单击“确定”按钮，弹出“期末处理完毕！”对话框，单击“确定”按钮，返回“期末处理-1月”窗口，单击“取消”按钮退出。

仓库平均单价计算表

记录总数：3

部...	部...	仓...	仓库名称	存...	存货名称	手...	手...	手...	期初数量	期初金额	入库数量	入库金额	有...	有金额出库成本	平均单价	原单价	最...	最...	无...	无金额出库成本
		02	产成品库	0301	153中桥			支	60.00	600,000.00	0.00	0.00	0.00	0.00	10,000.00	10,000.00			10.00	100,000.00
		02	产成品库	0302	153后桥			支	100.00	800,000.00	0.00	0.00	0.00	0.00	8,000.00	8,000.00			39.00	312,000.00
		02	产成品库	0303	13寸轮毂			个	600.00	300,000.00	0.00	0.00	2.00	1,000.00	500.00	500.00			150.00	75,000.00
小计																				

图10-79　仓库平均单价计算表

2. 结转销售成本。

2025年1月31日，存货核算会计（008王林生）执行“存货核算”/“财务核算”/“生成凭证”命令，单击“选择”按钮，打开“查询条件”窗口；单击“确定”按钮，打开“未生成凭证单据一览表”窗口，单击“选择”栏选中“销售出库单”，如图10-80所示，单击“确定”按钮；打开“生成凭证”窗口，选择凭证类别为“转账凭证”，单击“合成”按钮，单击“保存”按钮。已生成的转账凭证的会计分录如下。

借：主营业务成本　487 000

　贷：库存商品——153中桥　100 000

　　　　　　——153后桥　312 000

　　　　　　——13寸轮毂　75 000

□ 已结算采购入库单自动选择全部结算单上单据(包括入库单、发票、付款单)，非本月采购入库单按蓝字报销单制单

未生成凭证单据一览表

选择	记账日期	单据日期	单据类型	单据号	仓库	收发类别	记账人	部门	部门编码	业务单号	业务类型	计价方式	备注	摘要	供应商	客户
1	2025-01-16	2025-01-16	销售出库单	0000000001	产成品库	销售出库	王林生	销售部	2		普通销售	全月平均法		销售出库单		青岛宏利轻型车厂
1	2025-01-21	2025-01-21	销售出库单	0000000002	产成品库	销售出库	王林生	销售部	2		普通销售	全月平均法		销售出库单		青岛青特汽车科技有
1	2025-01-25	2025-01-25	销售出库单	0000000003	产成品库	销售出库	王林生	销售部	2		普通销售	全月平均法		销售出库单		长春润冠专用车辆有
	2025-01-28	2025-01-28	其他出库单	0000000002	产成品库	其他出库	王林生			0000000001	调拨出库	全月平均法		其他出库单		
	2025-01-28	2025-01-28	其他入库单	0000000002	其他库	其他入库	王林生			0000000001	调拨入库	先进先出法		其他入库单		
1	2025-01-28	2025-01-28	销售出库单	0000000004	产成品库	销售出库	王林生	销售部	2		普通销售	全月平均法		销售出库单		青岛青特汽车科技有

图10-80　未生成单据一览表

10-23

存货清查（操作演示）

（三）业务3和业务4操作

1. 录入并审核盘点单。

2025年1月31日，仓储管理（011王勇）执行“业务工作”/“供应链”/“库存管理”/“盘点业务”命令，打开“盘点单”窗口；单击“增加”按钮，选择盘点仓库为“原料库”，单击“盘库”按钮，弹出“盘库将删除未保存的所有记录，是否继续”对话框，单击“是”按钮；打开“盘点处理”窗口，单击“确认”按钮，修改生铁的盘点数量为“133 998”，表体中增加一行“5356焊丝”盘盈信息，单击“保存”按钮；单击“审核”按钮，弹出“该单据审核成功！”对话框，单击“确定”按钮。录入的盘点单如图10-81所示。

盘点单

盘点单打印模版

表体排序　　　◉ 普通仓库盘点　○ 倒冲仓库盘点　　合并显示 □

盘点会计期间　　盘点单号 0000000001　　盘点日期 2025-01-31

账面日期 2025-01-31　　盘点仓库 原料库　　出库类别

入库类别　　部门　　经手人

备注

	存货...	存货名称	规...	主计...	账面数量	单价	账...	调整...	调整...	账面调节数量	盘点数量	盘点金额	盈亏数量	盈亏金额
1	0101	生铁		公斤	134000.00			0.00	0.00	134000.00	133998.00		-2.00	
2	0102	45MnB钢		公斤	140700.00			0.00	0.00	140700.00	140700.00		0.00	
3	0202	润滑油		公斤	900.00			0.00	0.00	900.00	900.00		0.00	
4	0201	5356焊丝		卷	0.00			0.00	0.00	0.00	10.00		10.00	

图10-81　盘点单

2. 查看并审核其他入库单（盘盈）和其他出库单（盘亏）。

（1）2025年1月31日，仓储管理（011王勇）执行“业务工作”/“供应链”/“库存管理”/“入库业务”/“其他入库单”命令，打开“其他入库单”窗口。单击“→|”按钮，查找已自动生成的其他入库单；单击“审核”按钮。

（2）2025年1月31日，仓储管理（011王勇）执行“业务工作”/“供应链”/“库存管理”/“出库业务”/“其他出库单”命令，打开“其他出库单”窗口。单击“→|”按钮，查找已自动生成的其他出库单；单击“审核”按钮。

3. 补充盘盈入库单单价。

2025年1月31日，存货核算会计（008王林生）执行“业务工作”/“供应链”/“存货核算”/“日常业务”/“其他入库单”命令，打开“其他入库单”窗口，单击“→|”按钮，找到已自动生成的其他入库单，单击“修改”按钮，输入单价

“48.00”，单击“保存”按钮。

4. 对其他入库单和其他出库单记账。

2025年1月31日，存货核算会计（008王林生）执行“业务工作”/“供应链”/“存货核算”/“业务核算”/“正常单据记账”命令，打开“查询条件选择”窗口，单击“确定”按钮，打开“正常单据记账列表”窗口，双击“选择”栏选择1月31日的其他入库单和其他出库单；单击“记账”按钮，弹出“记账成功”对话框，单击“确定”按钮后退出。

5. 生成凭证。

2025年1月31日，存货核算会计（008王林生）执行“存货核算”/“财务核算”/“生成凭证”命令，单击“选择”按钮，打开“查询条件”窗口；单击“确定”按钮，打开“未生成凭证单据一览表”窗口，单击“选择”栏选中1月31日的“其他入库单”和“其他出库单”，单击“确定”按钮；打开“生成凭证”窗口，补充对方科目为“待处理财产损溢”，选择凭证类别为“转账凭证”，单击“生成”按钮，生成2张凭证，单击“保存”按钮保存第1张凭证，再单击“”按钮，单击“保存”按钮，保存第2张凭证。已生成的转账凭证的会计分录如下：

借：原材料——辅助材料——5356焊丝　　480
　贷：待处理财产损溢　　480
借：待处理财产损溢　　4.8
　贷：原材料——原料及主要材料——生铁　　4.8

6. 填制盘盈盘亏处理凭证。

2025年1月31日，总账会计（003张玲）执行“总账”/“凭证”/“填制凭证”命令，填制2张转账凭证。会计分录如下：

借：待处理财产损溢　　480
　贷：管理费用——其他　　480
借：营业外支出　　4.8
　贷：待处理财产损溢　　4.8

（四）业务5操作

1. 采购管理系统结账。

2025年1月31日，采购管理（010孙进）执行“业务工作”/“供应链”/“采购管理”/“月末结账”命令，打开“结账”窗口；选中“会计月份”为“1”，单击“结账”按钮，打开“月末结账”窗口，单击“否”按钮，完成结账退出。

2. 销售管理系统结账。

2025年1月31日，销售管理（009周群）执行“业务工作”/“供应链”/“销售管理”/“月末结账”命令，打开“结账”窗口；选中“会计月份”为“1”，单击“结账”按钮，打开“月末结账”窗口，单击“否”按钮，完成结账退出。

3. 库存管理系统结账。

2025年1月31日，仓储管理（011王勇）执行“业务工作”/“供应链”/“库存管理”/“月末结账”命令，打开“结账”窗口；选中“会计月份”为“1”，单击“结账”按钮，弹出“库存启用月份结账后将不能修改期初数据，是否继续结账”对话框，单击“是”按钮，完成结账退出。

4. 存货核算系统月末处理与结账。

（1）2025年1月31日，存货核算会计（008王林生）执行“业务工作”/“供应链”/“存货核算”/“业务核算”/“月末处理”命令，打开“期末处理-1月”窗口；选中“原料库”和“其他库”；单击“处理”按钮，弹出“期末处理完毕！”对话框；单击“确定”按钮，返回“期末处理-1月”窗口，单击“取消”按钮退出。

（2）2025年1月31日，存货核算会计（008王林生）执行“业务工作”/“供应链”/“存货核算”/“业务核算”/“月末结账”命令，打开“结账”窗口；单击“月结检查”按钮，弹出“检测成功！”对话框；选中“会计月份”为“1”，单击“结账”按钮，弹出“月末结账完成！”提示框，单击“确定”按钮后退出。

5. 应收款管理系统结账。

2025年1月31日，财务部蓝玉执行“应收款管理”/“期末处理”/“月末结账”命令，打开“月末处理”窗口；双击选中一月“结账标志”，单击“下一步”，弹出单据“处理情况”，所有单据均已处理完毕，单击“完成”按钮，弹出“1月末结账成功！”提示框，单击“确定”按钮后退出。

6. 应付款管理系统结账。

2025年1月31日，财务部蓝玉执行“应付款管理”/“期末处理”/“月末结账”命令，打开“月末处理”窗口；双击选中一月“结账标志”，单击“下一步”，弹出单据“处理情况”，所有单据均已处理完毕，单击“完成”按钮，弹出“1月末结账成功！”提示框，单击“确定”按钮后退出。

7. 总账管理系统期末对账与结账。

（1）记账凭证签字、审核、记账。

①2025年1月31日，出纳（002姜涛）执行“总账”/“凭证”/“出纳签字”命令，对所有收款凭证和付款凭证批量签字。

②2025年1月31日，账套主管（001刘梅）执行“总账”/“凭证”/“审核凭证”命令，批量审核所有记账凭证；执行“总账”/“凭证”/“记账”命令，将所有记账凭证记账。

（2）其他子系统与总账对账。

①2025年1月31日，应收会计（007蓝玉）执行“应收款管理”/“账表管理”/“业务账表”/“与总账对账”命令，打开“对账条件”窗口；单击“确定”按钮，显示“与总账对账结果”，如图10-82所示，对账结果平衡。

与总账对账结果

对账不平

日期:2025-01-01至2025-0

客户		币种	应收系统				总账系统			
编号	名称		期初本币	借方本币	贷方本币	期末本币	期初本币	借方本币	贷方本币	期末本币
001	青岛宏利轻型车厂	人民币	367,300.00	180,800.00	180,800.00	367,300.00	367,300.00	180,800.00	180,800.00	367,300.00
002	青岛青特汽车科技有限公司	人民币	200,000.00	-14,690.00		185,310.00	200,000.00	-14,690.00		185,310.00
003	长春润冠专用车辆有限公司	人民币		138,385.00		138,385.00		138,385.00		138,385.00
	合计		567,300.00	304,495.00	180,800.00	690,995.00	567,300.00	304,495.00	180,800.00	690,995.00

图10-82　与总账对账结果-1

②2025年1月31日，应付会计（007蓝玉）执行“应付款管理”/“账表管理”/“业务账表”/“与总账对账”命令，打开“对账条件”窗口；单击“确定”按钮，显示“与总账对账结果”，如图10-83所示，对账结果不平衡，原因如图10-84所示。

与总账对账结果

□ 对账不平

日期:2025-01-01至2025-0

供应商编号	供应商名称	币种	应付系统 期初本币	应付系统 借方本币	应付系统 贷方本币	应付系统 期末本币	总账系统 期初本币	总账系统 借方本币	总账系统 贷方本币	总账系统 期末本币
001	淄博钢铁股份有限公司	人民币	120,000.00	41,527.50	102,064.00	180,536.50	120,000.00	41,527.50	102,064.00	180,536.50
002	青岛沃丰钢铁有限公司	人民币	204,000.00		47,143.60	251,143.60	204,000.00		47,143.60	251,143.60
004	深圳市美天润滑油有限公司	人民币							24,000.00	24,000.00
	合计		324,000.00	41,527.50	149,207.60	431,680.10	324,000.00	41,527.50	173,207.60	455,680.10

图10-83　与总账对账结果-2

对账不平的明细记录

金额式

供应商：深圳市美天润滑油有限公司　　币种：人民币

日期	单据类型	单据号	凭证号	科目	摘要	借方发生 本币	贷方发生 本币	不平原因
2025-01-31			转-0016	2202	采购入库单		24,000.00	存货核算系统制作的凭证
合计							24,000.00	其他系统制作的凭证

图10-84　对账不平的明细记录

> 温馨提示：
>
> · 对账不平的业务是暂估业务，在存货核算系统生成了暂估入账的记账凭证，因为贷记“应付账款”，所以与总账对账时也将其包括在内了，但由于此记账凭证不是在应付款管理系统生成的，所以当总账与应付款管理系统核对时就会不平衡。

（3）总账结账。

2025年1月31日，账套主管（001刘梅）执行“总账”/“期末”/“结账”命令，打开“结账”窗口；选中2025年1月，单击“下一步”按钮，进行“第1步开始结账”；单击“对账”按钮，核对2025年1月账簿；单击“下一步”按钮，显示“2025年1月工作报告”；单击“下一步”按钮，提示“2025年1月工作检查完成，可以结账”；单击“结账”按钮后退出。

（五）备份账套

用户admin登录“系统管理”，备份为“任务10-5供应链系统期末业务处理”账套。

常见问题和错误解析

本项目操作过程中较易发生的错误和问题总结如下，可参考“解决方法”进行修改（见表10-12）。

表10-12　　常见问题和错误的原因及解决方法

序号	常见问题和错误	原因	解决方法
1	本科目应为应收款管理系统受控科目。	应收账款、应收票据或者预收账款科目没勾选“客户往来”辅助项。	在科目设置界面修改对应科目，勾选“客户往来”辅助项。
2	坏账准备设置菜单不显示。	参数设置时，坏账处理方式选择错误。	在应收款管理系统，选项设置界面修改坏账处理方式。

续表

序号	常见问题和错误	原因	解决方法
3	客户录入不正确或者没有权限或者被停用。	输入客户档案时没有勾选“国内”选项。	修改对应客户档案，勾选“国内”选项。
4	库存现存量控制检查：以下存货可用量不足。	库存管理系统期初结存没对每个库逐一审核。	执行“库存管理”/“初始设置”/“期初结存”命令，在各个库单击“批审”按钮。
5	存货核算系统生成凭证无对方科目或对方科目错误。	(1) 对方科目设置错误或不全； (2) 采购类型设置中，出入库类别选择错误。	(1) 在对方科目设置中修改或者补全对方科目； (2) 在采购类型设置中修改出入库类别。
6	存货核算系统生成凭证时提示：不能使用应付款管理系统的受控科目。	科目已设置受控系统：应付款管理系统。	在科目设置界面修改对应科目，取消其受控系统。
7	存货核算系统无法取消记账。	(1) 已在存货核算系统做期末处理； (2) 后续（此业务日期以后）涉及此存货的业务已记账。	(1) 取消期末处理； (2) 取消其他已记账业务。
8	应收款管理系统应收单据审核时，查询不到要审核的发票。	(1) 填写发票后没单击“复核”按钮； (2) 应收款管理参数设置中，“权限与预警”勾选了“控制操作员权限”。	(1) 在发票录入窗口找到该发票复核； (2) 在应收款管理系统选项设置中取消“控制操作员权限”

项目测试

项目十测试

一、单项选择题

1.存货核算系统参数设置中，销售成本核算方式有两种：销售出库单和销售发票。选择“销售发票”，则收到（　　）即结转已销商品成本；选择“销售出库单”，则收到销售出库单时结转已销商品成本。

A.销售发票　　B.采购发票　　C.销售出库单　　D.收款单

2.期初发货单是指在启用月份前，货物已经发出，尚未向客户开具销售发票，将该部分发货明细录入到期初发货单中，本月在开具销售发票时，可以参照期初发货单生成发票。录入方法为“销售管理”－“设置”－“（　　）”－“期初发货单”，单击“增加”按钮，录入后保存并审核。

A.选项　　B.期初录入　　C.期初结存　　D.期初

3.如果企业存在超订单到货及入库的情况，则需在采购管理系统（　　）设置中勾选“允许超订单到货即入库”。

A.参数　　B.初始　　C.期初　　D.科目

4.如果在（　　）系统选项设置中勾选“销售生成出库单”，则会自动生成销售出库单，只审核即可。

A.采购管理　　B.销售管理　　C.库存管理　　D.存货核算

5.在销售选项设置中，“新增发票默认”勾选“（　　）”，单击“增加”按钮时，系统默认参照发货单生成发票。

A.参照订单　　B.参照销售出库单

C.参照发货　　D.参照发票

二、多项选择题

1.一般在基本科目设置中，将应付科目设置为220201，预付科目设置为112301；如果在控制科目设置中将应付科目和预付科目设置成其他科目（如220202、112302），则自动生成凭证时将选择在控制科目设置中所设置的科目即（　　）或（　　）；控制科目设置依据可以在参数设置中的（　　）更改。

A.220202　　B.112302　　C.控制科目依据　　D.220201

2.应付款管理系统自动生成凭证的贷方一般为2202应付账款或2201应付票据：在初始设置的基本科目设置中将“（　　）”设置为2202、银行承兑汇票和商业承兑汇票设置为（　　），就可以自动生成凭证的贷方。应付款管理系统自动生成凭证的借方一般为22210101应交税费——应交增值税（进项税额）、1402在途物资：在初始设置的基本科目设置中将“（　　）”设置为22210101，即可自动生成借记“22210101”；在初始设置的（　　）设置中将“采购科目”设置为1402，即可自动生成借记“1402”。

A.应付科目　　B.2201　　C.税金科目　　D.基本科目

3.如果企业有直运业务，且在采购管理系统参数设置中勾选了“直运业务必有订单”，那么在销售管理系统的参数设置中也应勾选“（　　）”和“（　　）”。

A. 有直运销售业务　　B. 有委托代销业务

C. 直运销售必有订单　　D. 销售业务必有订单

4. 应收账款的受控系统如果设置为应收款管理系统，则表示该科目只能在应收款管理系统使用；如果要使应收账款科目在总账管理系统使用，应在（　）系统参数设置（“设置”–“选项”–“凭证选项卡”）中勾选“（　）”选项。

A. 应收款管理　　B. 总账

C. 可以使用应收受控科目　　D. 可以使用应付受控科目

5. 在应收款管理系统录入期初余额时，如果录入“应收票据”科目的期初余额，选择的单据可能为（　）。

A. 商业承兑汇票　　B. 银行汇票

C. 银行承兑汇票　　D. 银行本票

6. 在应收款管理系统录入期初余额时，如果录入“应收账款”科目的期初余额，选择的单据为（　）。

A. 普通发票　　B. 商业汇票

C. 增值税专用发票　　D. 收款单

7. 在结算方式科目设置中，科目为银行存款的有（　）。

A. 转账支票　　B. 电汇　　C. 托收承付　　D. 委托收款

8. 收款单据录入并审核后生成的凭证的会计分录，借记“银行存款”，贷记（　）。

A. “应收账款”　　B. “预收账款”　　C. “预付账款”　　D. “应付账款”

三、判断题

1. 如果企业存在委托代销业务，在销售管理系统参数设置中勾选“有委托代销业务”选项即可。此时，“销售订单”的业务类型中即增加“委托代销”类型。（　）

2. 没有期初数据时，采购系统不需要进行期初记账。（　）

3. 在采购管理系统录入启用月份前已收到供应商的货物，但尚未收到采购发票的暂估入库明细，应当在采购管理系统执行“采购入库”/“采购入库单”命令，录入期初余额。（　）

4. 如果企业有代管采购业务，则需要在销售管理系统参数设置中勾选“启用代管业务”。（　）

5. 如果企业要求每笔采购业务必须有采购订单，则要在采购管理参数设置中勾选“普通业务必有订单”。（　）

6. 在收付结算设置时，如果现金支票和转账支票结算方式勾选“票据管理”选项，并在总账参数设置（“总账”–“设置”–“选项”–“凭证选项卡”）中勾选“支票控制”，则在总账填制凭证时会弹出“票据登记”对话框，要求登记支票登记簿。（　）

7. 在应付款管理系统的基本科目设置中，税金科目为“应交税费——应交增值税（销项税额）”。（　）

8. 在应付款管理系统的基本科目设置中，预付科目为“预付账款”。（　）

9. 销售过程中代垫运费时，录入运费发票并审核后生成的凭证的分录，借记“应收账款”，贷记“银行存款”。（　　）

同步实训

项目十同步实训

项目评价（见表 10-13）

表 10-13　　项目十评价参考表

任务	要求	评价		
		自评	师评	小组互评
10.1 供应链管理系统初始设置	能正确完成基础信息设置、参数设置、初始设置和期初余额录入	□A □B □C	□A □B □C	□A □B □C
10.2 采购管理系统日常业务处理	能正确完成普通采购业务、采购退货业务和采购暂估业务处理	□A □B □C	□A □B □C	□A □B □C
10.3 销售管理系统日常业务处理	能够正确完成普通销售业务和销售退货业务处理	□A □B □C	□A □B □C	□A □B □C
10.4 库存管理系统日常业务处理	能够正确完成调拨业务、材料出库业务、产成品入库业务和其他出入库业务处理	□A □B □C	□A □B □C	□A □B □C
10.5 供应链管理系统期末业务处理	能够正确完成销售成本结转、存货清查业务和各子系统期末结账	□A □B □C	□A □B □C	□A □B □C
自我总结与反思				

重点任务操作流程梳理

任务名称	操作流程简要概括
普通采购业务	
普通销售业务	

续表

操作过程中出现的错误及其原因分析		
错误点	错误原因	改正方法

注：A，达标；B，基本达标；C，未达标。

主要参考文献

［1］新道科技股份有限公司. 业财一体信息化应用（中级）［M］. 北京：高等教育出版社，2020.

［2］汪刚，史耀雄. 会计信息系统［M］. 7版.北京：高等教育出版社，2024.

［3］庞靖麒，马娟.ERP供应链管理系统［M］. 北京：北京理工大学出版社，2022.

［4］刘大斌，余冰冰，何连峰，等. 会计信息系统应用——供应链［M］. 北京：清华大学出版社，2023.

［5］宋红尔. 会计信息化——财务篇［M］. 3版.大连：东北财经大学出版社，2022.

［6］李爱红，许捷. 会计信息系统应用［M］. 3版.北京：高等教育出版社，2022.

［7］毛华扬，张荷娇，许杰. 会计信息系统原理与应用［M］. 2版.北京：中国人民大学出版社，2023.

［8］刘春玉.会计信息系统［M］. 北京：经济科学出版社，2019.

［9］牛永芹，杨琴，陶克三.ERP供应链管理系统［M］. 5版.北京：高等教育出版社，2023.

［10］章惠敏，石建平.业财一体信息化应用［M］. 北京：清华大学出版社，2024.

［11］罗姆尼，施泰因巴特，萨默斯，等.会计信息系统［M］. 张瑞君，程玲莎，译.15版.北京：中国人民大学出版社，2022.

［12］王中孝，刘鹏.会计信息化［M］. 5版.大连：大连理工大学出版社，2023.